应用型国际贸易专业规划教材

国际投资

（第三版）

杜奇华　主编

对外经济贸易大学出版社
中国·北京

图书在版编目（CIP）数据

国际投资／杜奇华主编．—3 版．—北京：对外经济贸易大学出版社，2019.6
应用型国际贸易专业规划教材
ISBN 978-7-5663-2092-6

Ⅰ.①国… Ⅱ.①杜… Ⅲ.①国际投资-高等学校-教材 Ⅳ.①F831.6

中国版本图书馆 CIP 数据核字（2019）第 211225 号

国际投资（第三版）

杜奇华 主编
责任编辑：王延新

对外经济贸易大学出版社
北京市朝阳区惠新东街 10 号 邮政编码：100029
邮购电话：010-64492338 发行部电话：010-64492342
网址：http://www.uibep.com E-mail：uibep@126.com

北京时代华都印刷有限公司印装 新华书店经销
成品尺寸：185mm×260mm 19.75 印张 456 千字
2019 年 9 月北京第 3 版 2019 年 9 月第 1 次印刷

ISBN 978-7-5663-2092-6
印数：0 001-3 000 册 定价：49.00 元

第三版前言

本书是在2013年第二版的基础上修订的，该版更加注重投资的实践性、科学性和多元性，并对每章的相关内容、统计数据以及全部案例进行了更新，以使读者了解和掌握最新的国际投资方式。

本书的编写工作得到许多学者的支持——第一章至第四章由杜奇华编写，第五章由杜奇华和刘敏编写，第六章由杜奇华和杨帆编写，第七章由杜奇华和王姝编写，第八章由杜奇华和李润丰编写，第九章至第十章由廖瑜编写，第十一章由杜尊维编写，第十二章至第十三章由祖江红编写。

本书尽管进行了新的修改和补充，但是书中难免会有不准确和不完善的地方，敬请广大读者批评指正，以便今后再次修订时进行完善。

作者

2019年4月

CONTENTS

目录

第一章

国际投资导论

学习目标

通过对本章的学习，掌握资本、投资和国际投资的概念，掌握国际投资的各种方式以及国际投资的研究方法，熟悉国际投资的特征，了解国际投资的主体和客体以及国际投资的最新发展趋势。

第一节　国际投资概述

一、国际投资的概念

（一）投资与资本

1. 投资的含义

投资（Investment）是人类进行和组织社会生产和再生产的主要行为之一，它一般是指投资主体（资源所有者或使用者）为获得预期回报而将资源（货币或其他形式资产）转化为资本、投入经济活动的行为过程。投资的特点主要表现在以下四个方面：

（1）投资是经济主体进行的一种有意识的经济活动。经济主体即投资主体，它既可以是自然人，也可以是法人。法人是人格化的经济组织，如政府、企事业单位、国际经济组织等。因此，投资活动既可以是私人投资，也可以是公共投资。

（2）投资的本质在于其经济行为的获利性。也就是说，投资者的目的是以投入一定量的货币或其他资产，获得更高的经济回报，即能够使其“资本增值”或得到更高的“经济效益”。

（3）投资是把一定量的收入转换为资产的过程。其中，收入泛指政府的财政收入、企事业单位的利润和个人工资收入等；资产泛指机器设备、原材料、厂房用地等实物资产，现金及其他货币形式的金融资产，土地等有形资产和专利、商标、技术诀窍等无形资产。因此，收入转化为资产可以泛指剩余价值转化为资本、剩余产品转化为积累、消费基金转化为积累基金、储蓄转化为投资等各类情况。

（4）投资的过程存在着风险。由于投资者所期望的收益是在未来获得的，在未来到来之前，或者说在收益得到之前，可能会出现各种难以预料的风险因素及由此造成的损失，这就是与投资行为形影不离的投资风险。也就是说，投资必然同时具备收益性和风险性，而且二者呈正相关关系，即预期收益越大，风险也会越高。

2. 资本的含义

目前国际学术界对资本的认识还未形成统一的认识，但从其涵盖的内容来看，资本可分为狭义的资本、中义的资本和广义的资本。狭义的资本指的是企业的注册资本或所有者权益，持有这一说法的学者为数很少；中义的资本是指那些可用货币单位计量且被其所有者或使用者用于增值的资源，采用这一观点的学者将资本分为现金资本和非现金资本两大类；广义的资本则泛指一切被其所有者或使用者用作增进其自身利益手段的资源，它们被区分为人力资本和物力资本，其中，人力资本的形成需要消耗一定的物力资本，但人力资本通过其个体的劳动又可以创造出一定的物力资本，即物化了的人力资本。

总之，资本是投资的源泉，在科学技术飞速发展的今天，生产所依赖的资本形式呈现出了多样化。除了传统的资金、土地、生产资料以外，对技术、信息和管理等形式的资本依赖程度在不断地加强。

3. 投资与投机

长期以来，“投机”（Speculation）在我国一直被作为贬义词来使用，并认为投机是非法谋取利益的一种行为。但在西方国家中，“投机”则是中性词，它是指在做出大胆预测的前提下冒较大风险去追求较高利益的行为。

在金融和投资领域中，投机行为大量存在。国内许多媒体和一些学者倾向于将证券市场中以获取买卖差价为目的的短线操作行为称作投机，而将兼顾资本利得和红利分配的长线操作行为称作投资。从获取收益和承担亏损的角度而言，投资和投机并无实质区别，只是在证券投资领域，经济学者约定俗成地使用投机、套期保值（Hedge）和套利（Arbitrage）这三个概念来区分三种不同的投资行为。在现实经济生活中，我们也很难明确地把投资与投机行为区分开，因为二者都是为了获得一定的回报，希望回报率越高越好，同时二者又都要冒一定的风险，并希望风险越小越好。

尽管如此，投资与投机还是有一定的区别，主要表现在以下几个方面：

（1）投资活动既有金融投资也有实物投资，其交易多表现为实际的交割；而投机活动基本上只在金融投资领域和期货交易中进行，其交易多表现为买空卖空的信用交易。

（2）投资者的行为具有长期性，因为他们往往以获取长期而稳定的收益为目标；而投机者的行为则是短期的，这是因为他们往往急功近利，想抓住市场价格短期涨落的机会来博取溢价，其目的仅在于谋取短期利益。

（3）投资者由于着眼于获取长期的稳定收益，因而所冒的风险相对较小；而投机者由于着眼于短期的厚利，因而所冒的风险相对较大。

（二）国际投资的概念

从投资学的角度讲，投资本身是没有国际、国内之分的，但由于国家的存在，各国经济制度和经济政策不同，以及各国政府对外国资本流入或本国资本流出的态度不同，投资收益和风险出现了人为的而非经济本身的因素，进而导致了投资分国内和国际两个概念。许多经济学家根据历史的沿袭，从不同侧面对国际投资进行了研究并做出了不同的定义。如从投资源于储蓄即延期消费的角度，从投资源于不同对象的角度，从投资的收益与风险呈同比例关系的角度等，都可以给出不同的国际投资的定义。但是，从现代国际投资的实践来看，无论在其主体、对象、目标、方式、工具方面，还是就其在促进世界经济发展中的地位和作用方面，国际投资都已成了一个非常宽泛的范畴。

所谓国际投资，即指各类具有独立投资决策权并对投资结果承担责任的投资主体，包括跨国公司、跨国金融机构、官方与半官方机构和居民个人等，将其拥有的货币、实物及其他形式的资产或生产要素，经跨国界流动与配置形成实物资产、无形资产或金融资产，并通过跨国运营以实现其价值增值的经济行为。

作为跨国性经济行为，国际投资涉及两类国家，即投资国和东道国。投资国亦称资本流出国或对外投资国，指从事对外投资活动的经济主体所在的国家。东道国亦称资本流入国、资本接受国或被投资国，是指允许和吸收外国资本在本国进行投资和接受外国资本贷款的国家。因此，国际投资一般由两部分构成：一是向国外投资，对投资国特别是对发达国家来说，对外投资是为过剩资本寻找出路以谋求海外高额利润的重要途径；二是向国际筹资，即引进海外资金，对东道国特别是对发展中国家来说，这是吸引并利用外资解决国内资金短缺，引进国外先进技术和管理知识，以促进本国的经济发展的重要渠道之一。就一个国家而言，参与国际投资活动可以以两种不同的身份出现——或投资国，或东道国：以投资国的身份出现时，其经济行为表现为对外投资；以东道国的身份出现时，其经济行为表现为引进外资。

但是，在现实经济生活中，就一国而言，往往难以做出明确的投资国与东道国的划分，如根据资本注入的形式来看，几乎所有的东道国都既是生产资本注入国，又是借贷资本流入国。第二次世界大战之后，国际政治经济格局发生了巨大变化，投资国与东道国的性质、数量、结构发生了较大的变化。就国际投资中的某一项投资而言，一国是投资国还是东道国，其身份是确定的；但就一国参与国际投资整体而言，则它既可能是投资国，也可能是东道国，而更为普遍的则是兼有投资国与东道国的双重身份，也就是说，此国既发展对外投资，又在一定程度上大力引进外资。

（三）国际投资的内涵

随着国际投资的发展，国际投资的内容和形式不断丰富，它已不能简单地被视为国内投资在跨国层面上的自然延伸。除了具有一般国内投资的营利性和风险性两个基本特征以外，国际投资的内涵还应包括以下几个方面：

1. 国际投资蕴含着对资产的跨国运营过程

国际投资蕴含着对资产的跨国运营过程，这是国际投资区别于其他国际经济交往方式的重要特征。首先，国际投资不同于国际贸易，因为国际贸易主要是商品的流通与交换；其次，国际投资不同于国际金融，因为国际金融反映的是货币在国与国之间的运动和转移；最后，国际投资也不完全等同于国际资本流动，因为国际资本流动是泛指资本的跨国界输入或输出，而国际投资则是国际资本最重要的组成部分，它需要将上述投资客体加以整合运营，即还具有经营性、获利性等特征。正是因为国际投资蕴含着对资产的跨国运营过程，所以国际投资又要面对更为复杂巨测的投资环境，从而具有比一般的国内投资更高的风险。

2. 国际投资的根本目的是实现价值增值

投资的目的是获取预期回报，国际投资自然也不例外。鉴于国际投资相对于一般投资更具多样化和复杂性的特点，国际投资预期回报的内涵可理解为价值增值，其中包括多重的价值目标，既可能是一般意义上的经济价值，也可能是政治价值、社会价值和公益价值等。但是不管国际投资的直接目标多么复杂，其根本目的仍然是实现价值增值。

二、国际投资与资本流动

（一）国际投资与国际资本流动

国际资本流动是指资本在国与国之间的转移、输出或输入，也就是资本的跨国界流动，即资本从一个国家（或地区）转移到另一个国家（或地区）。国家间为了某种经济目的所进行的经济交易是国际资本流动的产生原因。从广义上理解，国际资本流动包括了国际货币资本、国际商品资本和国际生产资本以及它们不断相互转化的综合流动；从狭义来理解，国际资本流动主要是指国与国之间接投资的货币资本与国际直接投资的实物资本的流动。

国际资本流动和国际投资都表现为资本在国与国之间的转移，它们有很多的相同之处，但是绝不能把二者完全等同看待。首先，国际资本流动所包含的内容比较广泛，它构成了国际投资的基础；而国际投资是国际资本流动的主要表现形式。也就是说，在观察同一现象时，国际资本流动的角度要比国际投资更广阔一些，包括的范围也更大一些。其次，国际资本流动只是从一国与他国资金往来的角度划分的，它并不完全以营利为目的，其中既包含了趋利性的国际投资，也包含了带有跨国资金融通性质的非投资内容。例如，一国从另一国得到长期贷款，可能用于进口，并没有形成国际投资；而国际投资的本质特征在于它的趋利性，现期的投入是为未来获得更大的产出。

（二）国际投资与资本输出

资本输出（Capital Export）是资本主义国家或私人资本家为了获取高额利润（或利息）和对外扩张而在国外进行的投资和贷款。从历史上看，资本输出是在民族生产力不断发展的基础上产生和发展的，它包括货币、商品、技术、劳务等多种形态，对世界经济的形成和发展都具有重要的促进作用。按照资本输出主体的不同，资本输出可以分为私人资本输出和国家资本输出；按照输出资本类型的不同，可以分为借贷资本输出（即对外国政府及私人企业提供贷款）和生产资本输出（即在外国投资开办各类企业）。总之，资本输出是国际投资的最初表现形式，二者之间既有联系又有区别。

资本输出与国际投资的联系主要体现在表现形式和目的上。从表现形式来看，二者都是资本从一国（或地区）流向另一个国家（或地区）的经济行为；从目的来看，二者都是为了追求利润的最大化。

但是资本输出与国际投资又有着本质的区别。首先，二者性质不同：资本输出一般指垄断资本主义国家将其过剩资本输出到落后殖民地国家，带有明显的不平等性质；而国际投资则泛指国与国之间的投资活动，更能体现主权国家之间平等互利进行投资以及双向流动等特点。其次，二者所体现的经济关系不同：资本输出所体现的是资本主义国家与殖民地半殖民地国家之间的剥削与被剥削的关系；而国际投资则体现了投资国与东道国之间的平等合作关系。再次，二者的直接目的不同：资本输出的直接目的是追求高额利润；而国际投资的直接目的是带动商品出口、降低产品成本、分散资产风险、引进先进技术和设备等。最后，二者所造成的经济后果不同：资本输出造成的是资本输出国与接受国之间剥削关系的扩大以及加速资本输入国经济发展的双重后果；而国际投资所带来的是增强投资国的国际竞争力、缓解东道国的资本短缺、促进东道国经济发展的双重后果。

三、国际投资的主体与客体

（一）国际投资的主体

投资主体，是指具有独立投资决策权并对投资结果负有责任的经济法人或自然人。国际投资的主体可以分为跨国公司、国际金融机构、官方与半官方机构、个人投资者四大类。

1. 跨国公司

跨国公司（Transnational Corporation）是国际直接投资的主体。本书主要围绕这一投资主体进行分析，所以有关跨国公司的具体内容将在后面章节中详细介绍。

2. 国际金融机构

国际金融机构（International Financial Institution）包括跨国银行和非银行金融机构，它是指由会员认购股份组成的专门从事某些特殊国际金融业务的金融机构。根据其会员的组成及其所从事的业务范围的不同，国际金融机构可以大致区分为全球性国际金融机构和区域性国际金融机构两大类。它们是参与国际证券投资和金融服务业直接投资的主体，主要从事某些较为特殊的国际信贷业务。

3. 官方与半官方机构

官方是指一国政府，半官方是指超国家的国际性组织。这类投资主体包括各国政府部门和各类国际性组织，它们主要承担某些带有国际经济援助性质的基础性、公益性的国际投资，如对东道国政府发放政府贷款（Government Loan）或称政府优惠贷款（Government Concession Loan）、出口信贷、世界银行贷款等。当然，政府贷款一般要以两国外交关系良好、有合作诚意为前提条件，放贷国政府往往会给政府贷款附加一些条件。

4. 个人投资者

自然人或称个人作为国际投资主体一般参与国际间接投资，参与国际直接投资的个人相对较少。其中，个人参与国际间接投资的方式一般是国际证券投资，适合个人买卖或持有的国际证券投资品种或工具主要有国际投资基金（International Investment Fund）、外国债券（Foreign Bonds）和存托凭证（Depositary Receipts）等品种，买卖这些国际证券投资品种一般并不需要作为投资主体的个人离开自己的母国；而个人参与国际直接投资的方式一般是在东道国设立个人独资企业（Individual Proprietorship），或者与其他个人或企业合作在东道国设立合伙制企业（Partnership）或公司制企业（Corporation），这就要求投资者不得不离开自己的母国。

（二）国际投资的客体

投资客体是指为实现投资目标而进行经营操作的对象或载体。随着商品经济的高度发展，尤其是科学技术在社会各方面的渗透，可以用来投资的资本已不再是单纯的货币，而是包括了多种形式的资产。所以，国际投资的客体也已呈现出多元化趋势，主要包括货币性资产、实物资产和无形资产。

1. 货币性资产

货币性资产（Monetary Assets）包括现金、银行存款、应收账款、国际债券、国际股票以及衍生工具等其他货币形式。其中，股票、企业债券和政府债券等有价证券本身具有资本属性，它们自身没有任何价值，仅代表取得收益的权利，故称为虚拟资本（Fictitious Capital）。不过，虚拟资本也可以用来进行再投资，如将债券转换为股票或以一个公司的股票换取另一个公司的股票等。

2. 实物资产

实物资产（Real Assets）包括土地、建筑物、机器设备、零部件和原材料等。其中，建筑物和机器设备等用于投资的较多，被称为资本货物（Capital Goods）或生产者货物（Producer Goods）。

货币性资产和实物资产都表现为有形资产（Tangible Assets）。

3. 无形资产

无形资产（Intangible Assets）包括生产诀窍、管理技术、商标、商誉、技术专利、情报信息、销售渠道等可以带来经济利益的各方面优势。

总之，上述各类资产和劳动力一起，构成了生产要素（Factors of Production），而国际投资所从事的跨国资本交易活动具有带动各种生产要素和产品转化的功能。正是由于国际投资的主体既可能采用一种客体投资形式，又可能同时采用多种客体投资形式，所以国际投资才具备了多样化和复杂性等各种特征。

四、当代国际投资的特征

投资就要讲究投入产出。从这一点来看，国际投资与国内投资只是投资活动所涉及的区域划分不同而已，它们的本质都是一致的，最终目标均为利润最大化。但是，国际投资毕竟是在主权国家间的流动，其基本特征体现在它的跨国性。从这一点来看，由于投资主体和投资对象都发生了变化，因此，国际投资在实际运作中的关系更复杂了，目标多元化了，风险也更大了。具体来看，当代国际投资具有以下几个特征：

（一）国际投资的领域呈现不完全竞争性

国际投资活动体现着一定的国家利益和民族利益，各主权国家受政治、经济、自然、文化、社会等各方面因素的影响，将世界市场分隔为多个部分。因此，尽管国际投资是涉及双方利益的一致性而发生的，但也必然包含了双方利益的矛盾或冲突。在这种情况下，国家作为社会的主权代表，就必须对国际投资进行干预与协调，以利于它的发展。从这个角度来看，国际投资具有不完全竞争性。

（二）国际投资的目的呈现多样性

国内投资的主要目的是为了获利和促进本国国民经济的发展，它的直接目标和最终目标是一致的，即追求盈利的最大化；而国际投资的目的则比较复杂，其直接目标一般是开拓和维护出口市场、降低成本、分散资产风险、学习国外先进技术以及获得东道国资源等。在实现资本保值、增值这一总体目标的前提下，有的国际投资活动在于建立和改善与东道国的双边或多边经济关系，有的国际投资活动在于带动两国间的贸易往来和其他合作项目的开展，还有一些则带有明显的政治目的。总之，国际投资除了获利的目的外，还常常有其他方面的考虑，这与其追求盈利最大化的最终目标是不完全一致的。

（三）国际投资的主体呈现双重性

投资主体是指具有独立投资决策并对投资结果负有主要责任的经济法人或自然人。国内投资的主体主要是各级政府、企业和个人，他们之间并不存在国家与国家之间的关系；而国际投资的主体主要是跨国公司和跨国银行，这些投资主体不仅资金实力雄厚、技术先进、管理现代化，拥有独特的运行机制和经营方式，在世界各地设有众多的分支机构，而且就某一项投资而言，无论这一投资主体为国外的官方投资还是私人投资，政府面临的都是与投资主体和投资国的双重关系。

（四）国际投资所使用的货币呈现多元化

国内投资一般是使用本国货币，因此，其评价标准是单一货币；国际投资一般使用的是在国际货币市场上可自由兑换的那些国家的货币，如英镑、美元、日元、马克等。由于各国货币管理制度的不同和汇率的变化，使投资者的活动常受到不同程度的制约。即使是发行硬通货国家的投资者进行国际投资，也必然会发生投资者所在国货币与投资对象国（地区）货币的相互兑换，这是因为在投资对象国（地区）中只流通本国（地区）货币。由于各国所使用的货币不同，其货币制度也千差万别，特别是汇率的变动、货币本位的差别等都决定了货币的国际间相对价格具有差异性，这必然又会影响到国际投资的规模、流向和形式等。

（五）国际投资的环境呈现差异性

投资环境是指影响投资活动整个过程的各种外部条件，即人为资源、自然资源、经济政策、社会文化等诸多因素形成的有机统一体。进行国内投资，投资者所面临的投资环境具有单一性，投资者对本国的政治环境比较熟悉，易于了解，对经济环境具有较大的适应性；进行国际投资，投资者所面临的投资环境往往与国内环境相差极大，而且呈多样化和复杂状态。在国际投资中，各国的政治环境不同，经济环境差异较大，法律环境也很复杂，同时还会遇到语言不同、风俗习惯各异等方面的障碍。对这些差异性较大的投资环境能否全面了解并很快适应，直接影响着投资者的投资效益。

（六）国际投资的运行呈现曲折性

投资本身是一项综合性和复杂性的事业，涉及经济生活的各个方面。与国内投资相比较，国际投资的运行更为复杂和曲折。一方面，这种曲折性表现在投资前期的准备工作上。例如，对东道国的投资环境需进行全面细致的调查研究，与东道国政府合作要进行详尽的商务谈判等。另一方面，这种曲折性还表现在投资项目运行中诸多问题的处理上。例如，资金的调动、产品的销售等常会受到东道国的种种限制，各种经济纠纷的解决也常会因为受非经济因素的影响而困难重重。

（七）国际投资的过程呈现更大风险性

国内投资的环境单一，投资风险一般也比较小，故进行国内投资仅需要考虑安全性、收益性和变现性这三项基本因素即可。而国际投资面临的投资环境复杂多变，所以进行国际投资会遇到若干在国内遇不到的风险因素：如汇率风险，国际投资必然会涉及不同货币间的兑换问题，由于国际资金市场上的汇率经常变动，常会导致投资者手中的货币出现大幅度贬值，造成投资者的非经营性损失；又如国家政治风险，由于东道国政府更迭而出现对外政策的巨变，由于东道国的民族纠纷和内战，使外资企业的安全性难以得到保障，由于国际社会对东道国的经济封锁，使外资企业的经营难以正常进行，等等；这些都会给投资者造成预期之外的经济损失，也使国际投资的决策变得更加复杂。因此，除了考虑安全性、收益性和变现性以外，进行国际投资还必须考虑国外的国家风险、政治风险、国际汇率、利率波动风险等。

五、国际投资对经济的影响

跨越国界的投资活动直接影响着东道国和投资国经济发展进程，当然他们受到的影响进而又会影响到世界经济的发展。这种影响既有积极的，也有消极的。

（一）对东道国经济的影响

1. 对东道国国际收支的影响

就短期而言，外国资本的流入对东道国的国际收支是有利的，因为资本的流入不仅使东道国的外汇收入得以增加、国际收支状况得到改善，而且由此引发产品的大量出口以替代产品的进口，进而使国际收支得以改善。

但是，外国资本的流入影响并非都是积极的，因为外国资本流入也会导致技术、原材料、设备和零部件的进口，而且从长期看，资本的注入毕竟是一次性的，在较短一段时间内，投资收益的回流将是投资者的最终目的，这必然对东道国国际收支产生负面影响。

2. 对东道国对外贸易的影响

国际投资对东道国的影响较为复杂，这主要体现投资产品的流向及原材料和零部件的来源。如果投资者将在东道国生产的产品主要销往母国或其他国家，那么国际投资则产生了促进贸易发展的效应；如果投资者将在东道国生产的产品主要在东道国销售，就很可能是贸易替代型的。如果在东道国所产产品的原料或零部件主要来源于国外，而且产品又主要以内销为主，则国际投资会使东道国产生贸易逆差；如果在东道国所产产品的原料或零部件主要来源于国内，而且产品又主要以外销为主，则国际投资会对东道国的贸易产生积极的影响。

当今的国际投资活动中，东道国虽然大都采用有利于外资进入的政策，但东道国对外资一般都是有选择的，他们不仅要考虑外资的进入对对外贸易的影响，也要考虑对本国产业结构和技术进步的影响。多数发展中国家更侧重外资对技术进步和产业结构的影响，当然它们的最终目的还是要通过技术进步和产业结构的调整，来增强经济和技术实力，进而扩大出口；而技术先进和实力强大的国家则可能更多地考虑外资对本国对外贸易的影响问题。

3. 对东道国就业的影响

外资的流入无疑会增加东道国的就业机会，这是因为外资进入东道国某些空缺或薄弱的领域，会使该领域的竞争能力加强或建立新的产业，尤其是投资用于以国外为主要销售市场的产品生产，进口替代的作用会大大增加东道国的就业数量或增加新的就业机会，从而达到输出转移就业的目的。

此外，吸收外国投资还可以提高就业质量，外国企业为东道国的各类劳动力提供较好的工资待遇、工作条件和社会福利，使东道国的劳动力得到较高的收入和工作环境，如果外国投资企业对东道国劳动力进行业务培训，还可提高劳动力的基本素质。

4. 对东道国产业结构的影响

作为投资者，无论在发展中国家投资，还是在发达国家投资，为了达到有收益的目的，其引用的技术必须要领先于或平行于东道国的技术，这不仅促进了东道国技术的进步，而且推动了东道国产业结构的升级。在很多情况下，东道国通过利用外资建立起自己的新兴产业，如美国在欧洲的投资，使欧洲国家出现了石油化学产业。国际投资对东道国产业结构升级的作用，在发达国家向发展中国家的投资中表现得最为明显。

（二）对投资国经济的影响

1. 对投资国国际收支的影响

对外投资对投资国来说，在对外投资的初始阶段，投资企业会以货币资本的方式对外直接投资，致使资金大量外流，使国际收支处于不利的状况。资金外流的同时也会使外流资金的产品替代投资国产品的出口，甚至会使国外的产品回流到投资国，也会对投资国的国际收支产生不利影响。对外投资对投资国国际收支的不利影响往往是短期的。

从长期来看，对外投资者进入投资的盈利阶段后，将利润不断地回流到投资国以及对外投资带动的投资国原材料、中间产品、制成品的出口等，又会使国际收支产生一定的积极效应。

总体上看，对外投资对投资国虽然在短期内有一定的负面影响，但长期积极影响要远远大于负面影响，这是因为对外投资者的最终目的还是盈利，况且投资者一般都有较强的融资能力，后期所需投资资金一般都在东道国和国际金融市场上通过融资获得，投资国得到的则是回流的利润。

2. 对投资国对外贸易的影响

对外投资对投资国对外贸易所产生的影响，学术界对此有较大的分歧。曼德尔和维农认为投资与贸易是替代关系，即对外投资对投资国的对外贸易会产生负面影响，理由是，在海外投资生产，虽然扩大了市场，但会使投资国产品的出口大幅度下降，技术的扩散也会增加外国产品的竞争能力，从而也会影响投资国产品的出口。而坚持投资与贸易是互补关系的是帕维斯和小岛清，他们认为，对外投资不仅是资本的流动，同时也是技术、知识和中间产品的整体转移，它实际上是为投资国创造了贸易机会。

这两种观点主要是从不同的角度得出的，如果投资国在国外投资生产与母国相同的产品，即水平型分工，则国外产品凭借在劳动力、运输等成本方面的优势，确实对投资国产品会产生替代作用。如果投资者在海外投资的产品是能够促使母国原材料、零部件、成品和技术出口的产品，即垂直分工，那对投资国产品的出口当然会带来积极的效应。此外，在科学技术日益复杂的今天，对外投资还可以通过售后服务、技术服务、金融等来带动技术贸易和服务贸易的发展。从这个意义上说，对外投资对投资国产生的贸易促进效应要大于贸易的替代效应。

3. 对投资国就业的影响

从对外直接投资表面显现来看，对外投资会使与对外投资相同的本国产业内的就业人数减少或失去就业机会，但从另一个角度看，对外投资由于带动了技术转让和服务贸易的发展，进而又增加了很多新的就业机会。此外，对外投资的行业往往都是投资国生产效率低的劳动密集型产业，这会使投资国的劳动力转向就业与劳动生产率更高的产业，由第二产业流向第三产业，从而提高就业质量。有大量研究表明，投资对投资国的就业所产生的积极效应大于负面效应。

4. 对投资国产业结构的影响

投资者在投资活动的整个过程中，不仅促进了东道国产业结构的升级，也优化了投资国的产业结构，随着投资国的资本输出并伴随着投资国由第一或第二产业向第二或第三产业转移，由劳动密集型向资本密集型和知识密集型的产业转移，由技术含量低和低附加值的产业向技术含量高和高附加值的产业转移。这实际上符合从初级产业向制造业产业转移、再转向服务业的发展趋势。总之，第二次世界大战后的对外投资总是伴随着投资国产业结构的不断升级。

5. 对资本聚集的影响

对东道国的投资往往会对东道国产生资本聚集效应。海外投资者资金的注入，往往改善东道国的投资环境，使外国资本不断涌入，再加上外国投资者不断地追加投资，使东道国的资本不断聚集。此外，东道国为加大外资的效应也往往提供辅助投资，从而使东道国的存量资本不断地增加，外国资本不断流入会进一步刺激更多的外国投资者注入新的资本。

（三）对世界经济的影响

国际投资活动不仅影响着世界经济活动，而且决定着世界经济发展的速度，跨国公司近四十年来的发展使科学技术飞速进步和世界经济迅猛发展，他们的投资规模和流向影响着世界上的各种经济活动。

1. 促进了资本国际化和生产的国际化

科学技术的发展和管理的科学化支持着各种形式的国际投资活动。现代通信技术为企业在全球范围内设立子公司和分公司提供了物质基础，以人为本的科学的管理方法使母公司能有效地控制全球范围内的各子公司和分公司的生产，因此，从事国际化生产的跨国公司如雨后春笋般迅速繁衍，使跨国公司从 1980 年的 1 万个发展到 2011 年年底的近 7.1 万个。

生产国际化也必然导致资本的国际化，资本国际化主要是指货币资本国际化、生产资本国际化和商品资本国际化。货币资本国际化，主要是规模庞大的国际化生产需要巨额的资本，于是国际范围内的资本借贷和证券投资活动十分活跃；生产资本国际化主要是指一个产品需要经过若干个国家的若干个生产企业才能最后完成，以至于都很难判断该产品的原产地；商品资本国际化主要表现为零部件、中间产品和半成品以及技术等在国际范围内广泛流动。国际投资活动促使资本在国际上良性循环和生产在国际范围内有序进行。

2. 促进了科学技术的发展

国际直接投资的主体是跨国公司，而跨国公司凭借它的生产规模和技术优势不断将世界资本进行聚集，超额的垄断利润也使跨国公司有足够的资金和技术实力不断地进行技术创新，是他们将世界上的制造业从劳动密集型产业变成资本密集型和知识密集型产业，进而又繁衍出以新能源、新材料、电子技术、生物工程、航天技术、海洋生物技术和智能机器人为代表的高新技术产业。雄厚的资本是跨国公司从事科学技术研究的子弹，而国际投资则是他们从事科学研究的武器。国际投资正在成为科学技术进步和创造高新技术产业的一种手段。

3. 促进了区域经济一体化

发达国家之间相互投资所导致的技术进步，缩小了国土的范围，拉近了他们之间的距离，这也使他们在科技水平、财政政策、货币政策、金融体制、社会政策上日益接近。这种接近进而使他们通过区域经济一体化的形式来统一他们经济和社会等各项政策，以消除由于国际政策的不同而给投资者带来的各种障碍。国际投资活动极大地加快了区域经济一体化的进程。

第二节　国际投资的产生及其发展

一、国际投资的产生

国际投资最初的表现形式为资本输出，它是在资本主义国家内部出现资本过剩，本国市场趋于饱和，而新兴世界市场又通过殖民战争得以开辟的条件下产生的，其历史可以追溯到 18 世纪中后期。当时，英国完成了具有历史意义的工业革命，这标志着英国是第一个从工场手工业占统治地位的国家变成了机器大工业占优势的国家，资本主义制度在英国取得了完全的胜利。一方面，工业革命的胜利推动了英国社会生产力的巨大发展，积累了大量的资本，使当时的伦敦成了为其他国家工业革命提供资金的资本市场；另一方面，英国的工业资本家为了满足工业革命造成的对原材料和生活资料的极大需求而大举进行海外投资，形成一批从事掠夺性经营的殖民地公司，如中国人熟悉的从事对华鸦片贸易的东印度公司等。随后，其他资本主义工业国也先后加入了积极开展对外投资、扩展国际市场的活动，这就是在历史上最早开展的国际投资活动。国际投资实际上是商品经济发展到一定阶段的产物，它伴随着国际资本的产生而产生，并随着国际资本的发展而发展。

二、国际投资的发展

国际投资是科学技术进步和国际生产分工加深的必然结果，并随着生产力提高以及国际政治、经济格局的演变呈现出特定的发展过程。纵观整个国际投资的发展历程，大致可分为起步、低迷徘徊、恢复增长、逐渐发展和高速增长五个阶段。

（一）起步阶段（18 世纪末至 1914 年）

从 18 世纪末一直到第一次世界大战前夕，是国际投资的起步阶段，这一时期是资本主义的自由竞争阶段，工业革命推动下的科学技术的迅速进步，使生产力大大提高和国际分工格局基本形成。随着工业资本和金融资本的相互渗透，国际投资活动日益活跃。这一阶段国际投资活动的主要特征表现在以下几个方面：

第一，从事国际投资的国家较少，基本上局限于英国、法国、德国、美国和荷兰等少数资本主义工业化国家，而英国的对外投资则一直居于主导地位。到 1914 年，主要资本主义国家的资本输出总额为 440 亿美元。其中，英国达到了 145 亿美元，仍居首位，是最大的资本输出国。

第二，国际投资主要流向北美洲、拉丁美洲、大洋洲等自然资源丰富的国家以及亚洲、非洲的一些殖民地半殖民地国家，并主要用于这些国家的铁路、资源开发业以及公用事业。

第三，以借贷资本和证券为代表的国际间接投资是当时的主要投资形式，国际直接投资所占的比重较小。直到 1914 年，国际投资中的 90% 都是证券投资，而生产性直接投资仅占到了 10% 的比例。

第四，由于东道国或者处于自由竞争的资本主义阶段，或者已沦为殖民地半殖民地，私人的海外投资较少受到当地政府的干预和限制，因此，这一时期的国际私人投资异常活跃。到 1914 年为止，各主要资本主义工业国对外投资总额超过了 410 亿美元，其中绝大部分都是私人对外投资。

（二）低迷徘徊阶段（1914~1945 年）

这一阶段因处于两次世界大战之间，战争和经济危机造成国际资本严重短缺，形成国际投资低迷徘徊的特点。这一阶段国际投资的主要特征体现在以下四个方面：

第一，国际投资的总额下降。从总体上来看，由于两次世界大战和 20 世纪 30 年代资本主义世界经济大危机的发生，导致世界主要投资国的对外投资速度增长缓慢，各类国际投资活动陷入停顿甚至倒退状态。到 1945 年第二次世界大战结束时，世界主要国家的国际投资总额下降至 380 亿美元。

第二，国际投资的格局发生重大变化。在这一时期，源于战争借款的增加和对外投资额的削减，再加上对外投资的贬值，都严重削弱了英国、法国等传统国际投资大国的地位；德国也由于支付战争赔偿费、协约国的投资被没收以及在其他地区的投资贬值，由国际债权国沦为净债务国；而位居英国之后的美国却借着战争的机遇，作为一个主要的对外投资大国开始迅速崛起。

第三，尽管这一阶段的国际投资方式仍然以国际间接投资为主，例如，1920 年，美国的私人海外投资中有 60% 为证券投资，又如 1930 年，英国的对外投资中有 88% 为间接投资，但是，国际直接投资的规模正在迅速扩大，而国际间接投资已相应地受到一定程度的影响。

第四，国际投资的主体发生了变化。1914 年以前，对外投资基本上局限于私人对外投资。1914 年以后，虽然私人对外投资仍占主导地位，但由于当时国际政治、经济形势动荡，政府对外投资的规模迅速扩大。

（三）恢复增长阶段（1946~1979 年）

这一阶段是从第二次世界大战后到 20 世纪 70 年代末，殖民主义体系在此期间崩溃。因此，西方国家不能再继续无偿占有原殖民地的经济资源，而必须通过贸易和投资方式来获得，这也促进了国际投资活动的恢复和发展。这一阶段国际投资的主要特征是：

第一，国际投资的规模迅速扩大。在这段时期中，世界政治局势相对平稳，又兴起了第三次工业革命，因而促使国际投资迅速恢复并呈现增长态势，发达资本主义国家的对外投资总额由 1945 年的 510 亿美元增长至 1978 年的 6 000 亿美元。此外，诸如中国香港、韩国、新加坡、中国台湾、印度、巴西、墨西哥、阿根廷等发展中国家和地区也逐渐开始发展国际投资。

第二，国际投资的格局再次发生变化。第二次世界大战使得除美国以外的各参战国经济惨遭破坏，美国获得了世界政治、军事、经济的霸主地位，从而迅速且大规模地向外扩张，并最终取代了英国，成为国际资本的主要来源地和世界主要债权国。但从 20 世纪 60 年代末期起，美国的国际收支开始呈持续逆差状态，到 20 世纪 70 年代初，由于受到国际石油危机的严重打击，美国的世界债权国的地位发生了动摇。

第三，国际投资的方式由以国际间接投资为主转变为以国际直接投资为主。电子计算机、喷气式飞机、原子能等的相继问世，以及交通运输、通信技术、企业组织结构和管理方式的不断创新，都为跨国经营带来了方便，使资本、技术、管理技能等要素在生产经营中的联系日趋紧密，并最终推动了国际直接投资逐步取代国际间接投资而成为国际投资主流的趋势。国际直接投资额从 1945 年的 200 亿美元增至 1978 年的 3 693 亿美元，它所占国际投资总额的比重也由 1945 年的 39.2% 上升至 1978 年的 61.6%。

（四）逐渐发展阶段（20 世纪 80 年代）

进入 20 世纪 80 年代以来，虽然国际投资的发展表现出时起时伏的特点，但是，总的来看，这一阶段的国际投资还是保持了较快的增长势头，其主要特征也发生了以下变化：

第一，国际直接投资的规模迅速扩大。进入 20 世纪 80 年代以后，一些主要对外投资大国国际直接投资的增长速度放慢了。尽管如此，由于参与国际直接投资的国家和地区不断增加，国际直接投资的规模仍在不断扩大，再加上经济全球化的迅猛发展，都使国际直接投资进入飞速发展的新阶段。与 1986 年的 7 755 亿美元相比，1990 年国际直接投资总额已经突破 10 000 亿美元。

第二，国际投资的格局再次发生重大变化。第二次世界大战后由美国一国独霸国际投资领域的格局，已被美国（当时世界上的头号债务国）、日本（当时世界上的头号债权国）、西欧“三足鼎立”的新格局所代替。此外，广大发展中国家逐渐兴起，它们以更为积极、主动的态度参与国际投资，成为国际投资领域越来越活跃的角色，使国际投资领域呈现出多元化的发展趋势。

第三，国际投资的流动方向转向了以发达国家为主。早期的资本输出主要是由发达资本主义国家向其殖民地国家和附属国的单向流动。但第二次世界大战后的资本流动则发生了较大变化，国际投资中的较大比重（尤其是国际直接投资）更多地流向了发达的资本主义国家。如 1989 年，日本对外直接投资的 48% 投向了美国，22% 投向了欧共体。据联合国《1992 年世界投资报告》统计，1990 年流向发达国家的国际直接投资额占全世界国际直接投资总额的 80% 以上。其中，美、日、欧三国（地区）所吸收的国际直接投资额就达到了总额的 70%。

第四，国际投资的参与方式更加灵活。第二次世界大战以前，国际直接投资的方式基本上都是股权参与，而且是拥有或控制分支机构的全部股权；第二次世界大战后，除了对高技术部门的海外投资仍较多地采用全资拥有的股权参与方式外，与东道国兴办合营企业的方式已在许多国家和许多部门被采用，许多非股权参与的方式也获得了广泛发展。

（五）高速增长阶段（20 世纪 90 年代）

20 世纪 90 年代以来，随着世界经济一体化进程的发展，国际投资规模持续扩大，国际资本市场和投资活动表现出以下特点：

第一，国际直接投资总额大幅上升。随着西方发达国家经济出现复苏，国际直接投资止跌回升，1993 年达到 2 080 亿美元，1995 年扩大到 2 330 亿美元。与此同时，发达国家资本需求增加，对外投资的集聚化进一步加强，美国重新恢复了世界最大的对外投资和吸引外资国家的地位。发展中国家吸引跨国投资增长很快，1995 年总额达到 900 亿美元，为 1991 年的两倍多，主要集中流向亚洲和拉美等十几个国家，中国成为居世界第二位的引资国。

第二，国际直接投资产业分布的转化。随着世界产业结构从低级向高级演进，国际投资的产业结构和分布已开始由资源和劳动密集型产业转向技术密集型的制造业和服务业，由传统工业转向新兴工业。高新技术企业、金融保险业、贸易服务业正日益成为投资的重点。20 世纪 70 年代，世界各国有关服务业的对外投资占 25%，到 20 世纪 90 年代已增至 50% 以上。发达国家在服务业上的投资发展极为迅速。20 世纪 90 年代占服务业外来投资存量 80% 以上的投资投向了发达国家，尤其集中于金融、贸易等行业。即使在发展中国家，第三产业的投资比重也一直处于上升态势，由 20 世纪 70 年代占 23.5% 提高到目前的 1/3 左右。随着科技的进步，服务业和高技术、高附加值产业在各国国内生产总值中的地位上升，国际投资正在进一步向技术、知识密集型产业和服务业倾斜。

第三，国际投资主体向多元化发展。长期以来，世界主要投资国一直为西方发达国家。美、日、西欧"大三角"国家（地区）的对外投资一直占据全球对外投资的绝大部分份额，其中 1991 年这一比重达到 86%。进入 20 世纪 90 年代，发展中国家，特别是新兴工业化国家和地区的对外直接投资迅速发展。1980～1984 年，发展中国家的对外直接投资仅占世界总投资的 5.0%，到 1995 年，这一比例上升到 15%，金额达 470 亿美元。发展中国家的对外投资在世界总投资中所占份额虽然不高，但增长速度惊人。传统的美、日、西欧三足鼎立的模式正在向多极化的模式转变。

第四，跨国并购成为国际直接投资的重要方式。20 世纪 90 年代，外国企业在美国创建、收购兼并企业的总金额中，收购兼并占 80% 以上。在美国对外直接投资中，企业并购的比率也在增加，西欧各国的交叉投资中，企业并购也占很高比例并呈增加之势。1991 年，全世界涉及 10 亿美元以上的跨国并购案为 7 起，涉及金额达 204 亿美元。而到了 2000 年，全世界涉及 10 亿美元以上的跨国并购案猛增到 175 起，涉及金额高达 8 660 亿美元①。

第五，国际投资流向重点在区域经济集团内部。20 世纪 90 年代，随着世界经济区域化、集团化的发展，对外直接投资流向也出现了明显的区域偏好。以欧共体为例，区域内部的交叉投资十分普遍，占其外来直接投资总额的比率 1992 年已达 67.2%。1993 年美国对外投资的 1/5 流入加拿大，而加拿大的对外投资总额的 2/3 被美国所吸引。在亚太地区，亚太经合组织 1994 年的区域内直接投资比率已高达 55.9%。

第六，新兴的发展中国家成为国际投资的热点。虽然全球国际直接投资的主要流向仍是发达国家，但流入发展中国家的数额占总投资的比重不断提高。1995 年流向发展中国家的国际直接投资额达 900 亿美元，占总流量 2 350 亿美元的 38.3%，重点流向东亚、东南亚、欧美和中欧、东欧等一些经济增长迅速、充满活力的新兴地区。1995 年流入发展中国家的外国直接投资总额有 80% 被 10 个经济增长较快的亚洲和欧美国家吸收，其中东亚、东南亚吸收的外资占流向发展中国家的 2/3②。

三、国际投资的最新发展趋势

步入 21 世纪以来，国际分工不断深入，经济进一步全球化，贸易和投资自由化，以资本和技术要素为主的各种生产要素在国际移动，使国际投资活动呈现以下发展态势：

（一）全球外国直接投资增速下降

经过 2000 年的大幅增长，2001 年全球的外国直接投资流入量比上一年猛跌 51%，降到 7 350 亿美元，这是 10 年来的第一次下降，也是 30 年来最大的一次降幅。发达国家下跌了 59%，只有 5 030 亿美元；发展中国家下降了 14%，只有 2 050 亿美元。流入 49 个最不发达国家的外国直接投资只有全球总额的 0.5%③。

2002 年，全球外商直接投资流入额下跌了 1/5，跌至 6 510 亿美元；2003 年，全球外商直接投资总额继续下降，降至 5 600 亿美元，这是 1998 年以来的最低水平。在全球 195 个经济体中，有 108 个经济体的外资流入额下跌。下降原因在于世界大部分地区经济增长放慢，复苏前景不乐观，流入发达国家的外国直接投资减少。2003 年，流入发达国家的外国直接投资较上一年锐减 25%，仅为 3 670 亿美元，其中，流入美国的仅 300 亿美元④。证券市场价值缩水、公司利润率下降、某些产业公司重组步伐的放慢、跨国公司并购价值减少以及一些国家结束私有化等因素也同样不可忽视。

不同国家和地区所受的影响是不同的，受影响最大的是一些发达国家。英美两国外国直接投资（FDI）流入量减少最多，26 个发达国家中的 16 个都出现了下降。但也有

---

① World Investment Report 2002, OECD.

② World Investment Report 1997, OECD.

③ World Investment Report 2002, OECD.

④ World Investment Report 2004, OECD.

明显的例外，如德国、日本和芬兰就出现了增长。在发展中国家中，所有地区的 FDI 流入量都在下降。拉丁美洲和加勒比地区以及非洲受到的影响最大。流入亚洲和太平洋地区的 FDI 流量下降最少，这主要得益于流入中国的外国直接投资的持续增长，中国以创纪录的 527 亿美元流入量成为 2002 年全球最大的外国直接投资接受国，这是发展中国家首次成为外国直接投资的首选地。马来西亚和巴基斯坦则增长显著。与近年来的趋势一致，中东欧的外国直接投资流入量继续保持增长，中东欧外国直接投资流入量整体增长达到了 290 亿美元的创纪录水平。2003 年全球外国直接投资流量呈不均衡下降，国际直接投资总体流量保持稳定。随着跨国并购活动的恢复以及经济增长的加速，从 2004 年开始，全球外国直接投资流量出现回升，为 6 120 亿美元，较 2003 年增长了 6%；2005 年达到 8 970 亿美元，比 2004 年增加了 46%。

联合国贸易和发展组织的数据显示，2008 年全球直接投资（FDI）流入量为 1.697 万亿美元，比 2007 年的 1.979 万亿美元下降了 14%，这一下滑趋势持续到 2009 年。尽管全球经济在 2011 年持续动荡，全球直接投资（FD1）增长 17%，达 1.5 万亿美元。2016 年 FDI 全面复苏的道路还很曲折，全球直接投资流量下降 2%，达 1.75 万亿美元。发达国家的流入量温和上涨，发展中国家的流入量有所下滑。其中，发达国家 FDI 流入量增长 7%，发展中国家下降 14%，只有 6 460 亿美元。

（二）大型跨国公司主宰全球经济

主宰全球经济局面的仍然是世界上最大的跨国公司。随着国际化大生产的发展，跨国公司在世界经济全球化中所起的作用越来越大。据联合国 2011 年世界投资报告显示，目前全球约有 7.1 万家跨国公司，2010 年其设在国外的分支机构雇员约有 6 822 万人，而 1990 年仅有 2 400 万人。2010 年外国子公司在全球的销售额和增值分别达到了 33 万亿美元和 7 万亿美元，出口额超过 6 万亿美元，约占全球出口总额的 1/3；对外直接投资存量从 1990 年的 2.094 万亿美元上升到 2010 年的 20.408 万亿美元。2010 年，全球跨国公司在国内和国外创造的增值约为 16 万亿美元，约占全球 GDP 的 1/4。

（三）外国直接投资流量新趋势

2011 年，各主要经济组别的 FDI 流入量都有所增长。流入发达国家的 FDI 增长了 21%，达 7 480 亿美元；流入发展中国家的 FDI 增长了 11%，达到创纪录的 6 840 亿美元；转型期经济体上升 25%，达 920 亿美元。发展中经济体和转型期经济体在全球 FDI 总额中分别占 45% 和 6%。

流入东亚和东南亚地区的 FDI 增长了 14%，达到 3 360 亿美元。该区域占全球流入总量的比例已经从全球金融危机爆发前的 12% 提高到 22%。特别值得注意的是，东南亚 FDI 发展势头日益强劲：流入东盟的 FDI 达到 1 170 亿美元，增长了 26%，增长速度远高于东亚的 9%。

受南美的 FDI 增长驱动，流入拉美和加勒比海地区的外资增长了 16%，至 2 170 亿美元。该地区最大的东道国巴西的 FDI 流入量达 667 亿美元。该区域的部分国家日益注重产业政策的运用，并通过提高关税等政策鼓励当地生产。此类政策已经开始影响跨国公司的生产选址，并导致所谓“壁垒跳跃”（Barrier-hopping）型的 FDI 流入。

非洲和最不发达国家 FDI 流入量连续 3 年下降，但非洲的前景良好。2011 年流入非洲 FDI 下降的主要原因是从北非的撤资。相反，流入撒哈拉以南非洲的 FDI 有所复苏，达 370 亿美元，接近历史最高峰值。

（四）政府加速开放外国直接投资政策

面对外国直接投资流入量下跌现象，许多政府加速放开外国直接投资政策。2002 年 70 个国家对本国法规所作的 248 处修订中，236 处修订有利于外国直接投资。亚洲是自由化速度最为迅猛的资本输入区域之一。包括拉丁美洲和加勒比国家在内，越来越多的国家不仅放开了外国投资政策，而且还实行了更有针对性和更有选择性的投资目标战略和投资促进战略。

（五）签订了更多的双边投资保护协定和双边税收协定

越来越多的国家签署了双边投资保护协定和双边税收协定。这是一个较长期的趋势，而不仅是面对外国直接投资下跌而采取的应对措施。1980 年全球投资保护协定和双边税收协定分别只有 181 个和 719 个，到 2011 年则分别增至 2 807 个和 2 976 个。

贸易与投资协议数目也增加了。许多贸易协议直接涉及投资问题或对投资具有间接作用，这一趋势明显有别于以前缔结的区域贸易协议和双边贸易协议。在发达国家中，欧盟缔结的协议数目最多，且主要是与中欧和东欧国家以及地中海国家合作伙伴缔结的。欧盟 2004 年增加的 10 个新成员也会推动这些区域的外国直接投资。

亚太区域缔结的这类协议数目的速增有助于提高竞争力，吸引更多的外国直接投资，并有助于更好地应对竞争加剧带来的挑战，东盟起了带头作用。在拉丁美洲和加勒比区域，《北美自由贸易协定》产生的作用最明显不过了，《北美自由贸易协定》扩大了外国直接投资流量。非洲在设立有效的自由贸易与投资区方面仍进展缓慢。非洲增长和机会法案（AGOA）并非一项自由贸易协议，而是一项单方优惠办法，它有望扩大非洲区域的贸易与投资。

（六）中国将成为全球最具活力的外商投资地区

2002 年，我国外国直接投资流入量为 527 亿美元。2011 年与 2002 年相比，我国实际使用外资金额增长了 120%，年均增长 9.2%，在全球的排名由第四位上升至第二位，并已连续 20 年保持发展中国家首位。其中，服务业吸收外资占全国实际使用外资总量的比重从 2002 年的 23% 提高到 2011 年的 47.6%，占比首次超过制造业。电子信息、集成电路等技术密集型产业吸收外资继续得到发展，新能源、新材料、节能环保等战略性新兴产业的外商投资也日益形成规模。据科学技术部统计，截至 2010 年年底，外商投资的高新技术企业占全国高新技术企业总数的比例达 23.8%。外资对高科技产业投资的溢出效应、示范效应和竞争效应为我国自主创新的开展提供了良好的基础，有力地促进了我国国内相关行业整体技术水平的提升；而且，外商对华投资从传统的加工装配环节逐步向产业链的高端延伸，在华设立的地区总部、研发中心、结算中心、物流中心等功能性机构不断增多，服务范围不断扩大。如截至 2011 年年底，外资研发中心已达 1 600 多家，其中，近 50% 的研发中心从事先导技术研究，60% 以上的研发中心将全球市场作为其主要服务目标。这使得中国产业的发展更加全面，有效提升了中国在全球分工中的地位，同时，也明显地增强了中国为国际产业界提供当地配套和跨国服务的能力。

2003~2011 年，中国共计批准设立外商投资企业 31.4 万家，实际使用外资金额

7 192.2 亿美元。截至 2011 年年底，中国累计设立外商投资企业超过 73.8 万家，实际使用外资超过 1.2 万亿美元。2011 年与 2002 年相比，实际使用外资金额增长了 120%，年均增长 9.2%，在全球的排名由第四位上升至第二位，并已连续 20 年保持发展中国家首位。在联合国贸发会议等权威机构开展的投资前景预测中，中国多次成为跨国公司海外投资首选地。目前，外商投资企业已经成为我国国民经济的重要组成部分，在中国经济社会发展中发挥着重要作用。2011 年，占中国企业总数不足 3% 的外商投资企业，实现工业产值 22 万亿元，占全国工业产值的 26.1%；进出口额 18 602 亿美元，占全国进出口总额的 51.1%。外商投资企业直接就业人员约 4 500 万。

第三节　国际投资研究的内容与方法

一、国际投资研究的内容

国际投资学是研究资本在国际的运动过程及其对世界经济影响的客观规律的学科。由于国际投资活动是整个国际经济活动的一个有机组成部分，毫无疑问，对它的研究不能孤立地进行，而必须同时研究它和其他国际经济活动以及有关国家的国内经济活动的相互关系和影响。

具体地说，国际投资学研究的基本内容主要包括国际投资理论、国际投资主体、国际投资客体以及国际投资管理等。国际投资理论研究主要包括对国际投资的基本概念、国际投资分类、国际投资动机以及国际投资理论问题的研究；对国际投资主体的研究主要是指对跨国公司的发展、组织结构、经营战略以及各类从事国际投资活动的国际机构的研究；国际投资活动客体研究主要是指对国际投资方式的研究，其中包括对直接投资方式和各种类型的间接投资方式的研究；国际投资管理研究主要是研究投资环境、投资项目的可行性及投资活动面临的各种风险。

总之，作为一门应用学科，对国际投资活动，特别是国际投资活动的理论和实务方面的研究均是建立在理论与实践相结合、宏观与微观相联系的基础之上。随着世界经济的快速发展和区域经济一体化的不断深入，国际投资学将会面对更多值得研究的问题。

二、国际投资学与相关学科的关系

国际投资学作为一门新兴学科的出现，是人类社会实践发展和知识深化的必然结果。但是，长期以来国际投资学的有关内容包括在相关的学科之中。随着国际投资实践的发展和国际投资理论研究的深入，国际投资学已成为一门独立的经济学科。为了更准确地把握国际投资学的研究对象，我们必须进一步分析国际投资学与相关学科的关系。

（一）西方投资学与国际投资学的关系

从本义上说，西方投资学的研究对象是证券投资微观理论，如证券组合理论、金融资产定价模型等。它与国际投资学之间既有联系，又有区别。

二者之间的联系主要表现在国际间接投资理论是在西方国内证券投资理论基础上发展起来的，它是证券组合理论向国际领域的延伸与发展。此外，二者之间的区别也较为明显，这又体现在以下两方面：第一，国际投资学的研究范围不仅包括证券投资领域，还包括直接投资领域；第二，贯穿国际投资学的一个核心问题在于“跨国性”的研究，即为什么不在国内而要去境外投资，而西方投资学的核心却没有体现出这一点。

（二）国际贸易学与国际投资学的关系

国际贸易学是研究商品和劳务在国与国之间的运动过程及其客观规律的学科，它与国际投资学都是国际经济学的分支学科，二者之间既有联系又有区别。

1. 国际贸易学与国际投资学的联系

（1）二者的研究领域都涉及商品和劳务在国与国之间的流动

国际贸易学研究商品和劳务的跨国界流动；而国际投资学的研究范围则既包含了商品和劳务的跨国界流动，又包含了货币的跨国界流动。

（2）二者相互影响

一方面，国际贸易活动往往是国际投资行为的基础和先导。许多企业通常是首先通过产品出口来开辟国外市场，并进一步了解国外市场的需要，当发现某一产品在国外就地生产、就地销售或向本国返销更为有利可图时，就会把原来向国外出口产品转变为向国外进行投资，这实际上是受成本驱使的。另一方面，国际投资又会对国际贸易产生反作用。因为国际投资行为的发生，会引起购买力在国与国之间的转移，从而带动国际贸易的发展，而当国际直接投资完成，形成生产能力后，又会引起东道国进口的减少。总之，现今的国际贸易大部分是与国际投资有直接或间接联系的，它们之间存在错综复杂的关系，相互影响。

2. 国际贸易学与国际投资学的区别

（1）二者的研究领域不同

国际贸易学的研究范围既包含了资本的跨国界流动，又包含了非资本的跨国界流动，侧重点是商品和劳务的非资本特性。而国际投资学仅仅研究那些已转化为资本的商品和劳务的跨国界流动，侧重点是商品和劳务的资本特性。

（2）二者研究的侧重点不同

国际贸易学对商品流动的研究侧重于交换关系方面。从原则上讲，国际贸易活动是在价值相等的基础上实现使用价值的交换，商品最终进入消费领域；而国际投资学则侧重于对商品生产属性方面的研究。从根本上看，国际投资活动是把商品作为生产要素投入生产领域并实现价值增值。

（3）二者分析问题的角度不同

国际贸易学重在研究一国商品的国际竞争能力，以便获得更大的比较利益；国际投资学重在研究一国参与国际生产的能力，以便创造更大的比较利益。

（4）二者对经济活动产生的影响不同

当代经济活动实践表明，推动国际经济发展的主要动力，已经由国际贸易转向国际投资，这已从国际投资的增长幅度较长期地快于国际贸易增长幅度的事实中得到体现。

另外，国际投资作为国际经济往来的一种形式，不仅在国家之间表现出已超过贸易往来的趋势，而且与国际贸易不同的是，国际投资的互补性体现在要素而不是产品方面，尤其是直接投资具有带动资金、技术设备、管理等要素全面转移的功能。因此，从根本上看，国际投资是体现企业乃至一个国家对国际经济活动深入参与的更高形式。

（三）国际金融学与国际投资学的关系

国际金融学是研究货币在国与国之间的运动过程及其客观规律的科学。它与国际投资学同样既有密切联系，又有明确区别。

1. 国际金融学与国际投资学的联系

（1）二者的研究领域都包括货币资本的国与国之间转移

国际金融学研究货币的跨国界流动；而国际投资学的研究范围则既包含了货币的跨国界流动，又包含了商品和劳务的跨国界流动。

（2）二者相互影响

一方面国际金融领域的利率、汇率变动将影响国际证券投资的价格和收益分配，也会影响国际直接投资的利润，从而进一步影响国际投资的流向和规模；另一方面，国际投资的效果好坏，也将影响货币的流向，从而引起国际金融领域利率和汇率的变动。设备、专利等非货币形态生产要素的流动，在用于投资时，虽然不会立即引起货币的回流，但在资本撤回或利润汇回时，最终会转化为货币形态，从而成为国际金融活动的组成部分。因此，国际金融和国际投资在研究中也会共同涉及一些相互制约的因素。

2. 国际金融学与国际投资学的区别

（1）二者的研究领域不同

国际金融学仅仅研究货币领域；而国际投资学不仅涉及货币要素，还研究各种生产性要素，如设备、原材料、技术、管理、专利等，国际投资对货币资本的研究是将其作为能够带来增值的交易关系的要素之一。

即使在对货币的研究范围方面，二者的研究重点也不相同。国际金融学还研究各种短期资金的流动以及各种非投资活动引起的货币转移，如国际贸易活动引起的货币转移，国际援助引起的国际货币转移，以及利率、汇率变动引起的国际货币转移等；而国际投资涉及的主要是中长期资本的运动以及资本所能取得的经济收益。

（2）二者研究的侧重点及行为主体不同

国际金融学着重研究资本运动对国际收支平衡、汇率和利率波动及对一国长期经济贸易地位的影响等问题，其行为主体是国家或国际组织；国际投资学着重研究资本运动所能取得的经济收益，其最主要的行为主体是私人投资者，即跨国公司。

（3）二者分析问题的角度不同

国际金融学主要是分析国际资本运动对国际金融市场、国际货币体系、各国国际收支状况等方面的影响；国际投资学主要是分析国际资本运动对国际竞争、国际贸易以及对投资国和东道国经济发展的影响。

综上所述，国际投资学与西方投资学、国际贸易学和国际金融学之间尽管有不同的交叉相关的研究内容，但作为一门关于投资的学科，更应注重于利用资本要素以实现增值的研究与创新。

三、国际投资学的研究方法

科学的研究方法是人们正确认识事物不可缺少的条件。研究国际投资学，既要重视理论研究的指导原则，又要重视具体的研究方法，要运用马克思主义唯物辩证法方法论的原则去分析和研究国际投资活动中的各种矛盾运动，并揭示其内在的规律性。为此，研究国际投资学必须坚持以下基本观点和方法：

（一）总量分析与个量分析相结合

个量分析就是把复杂的国际投资活动分解为若干简单的要素和方面，以便单独地考察它们，认识每个组成要素固有的性质和特征；总量分析就是把分解的各个要素和方面结合成一个整体，把国际投资活动作为统一的整体来认识，以正确反映国际投资各要素和各方面之间的内在联系。

通过个量分析和总量分析，既能认识国际投资活动的各个方面、各种组成要素的性质和特征，又能将国际投资活动的各个组成要素、各个方面综合起来，作为一个有机整体来研究，以全面地、正确地认识国际投资活动的运动规律。也就是说，对于国际投资项目，在分析它给投资者带来的微观效益的同时，还要考虑它将给国家的宏观经济总量造成的影响，从而达成最佳的政策协调状态。

（二）静态分析与动态分析相结合

静态分析就是在承认国际投资相对稳定的前提下，对某一时间点上的国际投资活动的现状进行分析，这种分析的方法可以考察某一时期国际投资活动的发展状况和特点；动态分析就是在承认国际投资总是处在不断地运动、变化、发展的前提下，对某一时期国际投资活动所发生的变化进行序列分析，以研究国际投资活动的变化和发展过程，考察其发展的方向和趋势。二者是互为前提、互相补充的。

我们对国际投资的研究，不仅要了解其现状，如投资规模存量、行业结构等，更要分析其发展趋势，如流量、投向变化等，从而及时地调整策略，取得成功。因此，应该把静态分析和动态分析有机地结合起来，这样不仅可以考察国际投资活动的过去、预测其发展的趋势和前景，而且，对于揭示国际投资活动的发展规律具有重大意义。

（三）定性分析与定量分析相结合

定性分析就是运用正确的立场、观点来揭示国际投资活动中的各种质的规律性和本质联系；定量分析就是运用数学方法对国际投资活动中的各种数量关系和数量变化进行定量描述，以深化对国际投资从量变到质变的规律性的认识。

对于国际投资活动的现象和结果，不仅需要在总体上给予定性的判断和预测，还需要进行定量的计算和分析。对此，西方长期以来形成了一套现代化管理方法，广泛深入地运用经济数学，如对投资项目进行可行性研究，对投资效果进行投入产出分析，对金融资产设立定价及风险控制模型等，使国际投资活动建立在科学精确的基础之上。

（四）历史分析与逻辑分析相结合

国际投资学是国际投资实践活动的经验总结和理论概括。在国际投资学的研究中，必须运用历史分析的方法，分析国际投资的产生、发展和演变过程，准确描述国际投资发展的客观过程。但是，国际投资的发展不仅表现为一个历史过程，而且也必须遵循其内在的逻辑次序。运用逻辑分析方法进行分析，有助于寻找出国际投资活动的客观规律。事实上，国际投资活动内在的逻辑次序及其发展的历史进程是一致的。因此，在国际投资学的研究中，必须坚持历史分析与逻辑分析相结合的研究方法。

（五）抽象分析与实证分析相结合

作为一门新兴的应用经济学科，国际投资学必须根据前人揭示的经济学原理，从理论上分析国际投资实践活动，总结国际投资运行的规律。但同时也应看到，国际投资学是在国际投资实践中产生的，而国际投资实践繁杂多样，只有在具体实证分析的基础上才能进行理论分析，否则，凭空得出的理论是难以解释国际投资实践活动的。当代一些著名的国际投资学流派的理论，都是在具体实证分析某一国（或某类国家）对外投资活动的基础上得出的。因此，在国际投资学的研究中，必须坚持抽象分析与实证分析相结合的研究方法。

（六）理论总结与实践操作相结合

只有通过具体的国际投资实践活动，才能探求其内在的客观联系，从而归纳成为理论，再度指导实践过程，并不断修正、发展，形成适合国情的国际投资学。

四、研究国际投资学的意义

研究任何一门学科，只有在认识到它的实际作用的基础上，才会产生内在的动力。研究国际投资学的意义就在于以下几个方面：

首先，从宏观层面来看，研究国际投资学是深刻认识世界经济形势的需要。近几十年来世界经济发展的历史和现实表明，国际投资在世界各国对外经济关系和国内经济发展方面的地位和作用越来越重要了。从发展趋势来看，国际投资的增长速度快于国际贸易，这反映了以生产国际化为基础的国际分工日益深化。有不少国家对来自外国的商品进口实行这种或那种限制，但对来自外国的投资则采取欢迎态度，甚至提供一些优惠措施。国际投资造成了许多国家经济中“你中有我，我中有你”的局面，增加了它们之间的相互依存性，成为国际经济合作的强有力的纽带。

其次，研究国际投资学还是我国经济建设和对外开放不断深入发展的需要。过去的二十几年中，我国的改革开放事业有了长足的发展，国民经济持续快速地增长，经济运行正在逐步地联入世界经济运行的总轨道之中。在引进外资方面我们已取得了很大的成就，大量的国际直接投资资本和间接投资资本被我国吸引进来，有力地促进了我国经济的发展。但是，在对外投资方面，我们做得还远远不够，或者说是刚刚起步。形成这种状况的原因是多方面的，其中，对国际投资学不熟悉、对国际资本运动的机制和规律不了解是重要原因之一。因此，为了继续贯彻执行对外开放政策，还需要解决怎样利用外资、怎样到国外进行投资等问题，这就需要我们全面、详细地学习和掌握国际投资的理论与实务知识。

最后，从微观层面来看，研究国际投资学是投资者寻求最佳投资方式、获得最好投资效益的需要。国际投资发展到现代，出现了很多新式的投资方式。在不同的投资背景、不同的投资对象、不同的投资目的或条件下，应该选择不同的投资方式，才能使投资者在最短的时间里、以最小的代价获得最好的投资效益。学习国际投资学，正是为了熟悉和掌握各种不同投资方式的特点及其相关的利与弊，学习如何避免投资风险，如何寻求最安全可靠的投资途径，以便使手中的有限资本能在竞争激烈的国际投资领域中得到迅速的增值。

第四节 国际投资的分类

一、国际投资的传统分类

鉴于投资主体、投资目标、投资要素、投资方式、投资流向、投入与产出关系等诸多因素的内在统一，国际投资的内容十分丰富、方式也呈多种多样。由于不同的国际投资方式的特点和功能是不一样的，其所要求的投资环境和条件也不尽相同，因而会对投资者和引进外资者产生不同的经济效益。了解和掌握国际投资方式，对于投资者和引进外资者来说都是十分重要的。国际投资按照不同的分类标准，可以有以下四种不同的分类：

（一）按投资对象不同可划分为实业投资和金融投资

早期，西方学者把投资行为作为金融活动的一个组成部分来看待，认为投资行为主要是通过购买各种债券或股票来实现的。近代，人们开始从更广泛的角度来看待投资，认为一切为获得未来收益而进行的现期投入都算作投资行为，他们已开始把更多的注意力转移到了与物质生产紧密相连的投资行为上来。因此，按照投资对象的不同，国际投资可以分为实业投资（Industry Investment）和金融投资（Financial Investment）。

实业投资和金融投资的主要差异在于是否与自然界有密切关系：其中，实业投资不仅涉及人与人之间的金融关系，而且涉及人与自然界的关系，如开办厂矿和开垦农场的行为；而金融投资只涉及人与人之间的财务交易，并不涉及与自然界的关系，如进行一笔借款或贷款，购买或转卖债券或股票、领取股息等行为。尽管我们有这一区分，但在现代经济社会中，这两类投资之间并不是互斥的，而应该是互补的，如高度发达的金融投资可以使实业投资更为方便迅捷。

（二）按投资期限不同可划分为长期投资和短期投资

按照投资期限长短的不同，国际投资可以分为长期投资（Long-term Investment）和短期投资（Short-term Investment）。

按照国际收支统计分类：投资期限在一年以内的债权称为短期投资，如证券投资者购买股票、债券等国外证券，并在短期内将证券转手出售；与之相对的是，投资期限在一年以上的债权、股票以及实物资产等称为长期投资，如投资者在国外投入资本兴建企业等。但在实践中，尤论官方或民间，一般的国际投资项目均以一年以上贷款居多，因此也有另外一种观点，即以投资期限是否超过 5 年作为划分长期投资和短期投资的依据。

（三）按投资主体不同可划分为公共投资（官方投资）和私人投资

正是由于财富可能属于私人，也可能属于官方，因此，按照投资主体的不同或称按照投资资本的来源及用途的不同，国际投资可以分为公共投资（Public Investment）和私人投资（Private Investment）。

1. 公共投资

公共投资通常是指由一国政府或国际组织（如世界银行、国际货币基金组织等）用于社会公共利益而进行的投资，这类投资的特点多为项目贷款，如某国政府投资为东道国兴建机场、铁路、体育场所等。

一般情况下，公共投资的流向多是民间资本认为收益低且风险大的国家。这类投资的目的并不仅仅是自身的经济效益，它们可能是为了向国际收支困难的国家提供援助，以避免出现由于一国不景气而造成其他国家经济衰退的连锁反应；也可能是以提供出口信贷的方式促进出口国产业的发展，或是仅以援助借款国经济的恢复及发展为目的。总之，这种投资一般不以营利为主要目的，而是以友好关系为前提并带有一定的国际经济援助的性质。

2. 私人投资

私人投资一般是指一国的个人或企业以营利为目的而对东道国经济活动进行的投资，如私人或私人企业购买其他国家企业发行的股票或公司债券，或将资本投放到另一个国家兴办企业的行为。私人投资的投资主体多为私有跨国公司。这些跨国公司除在国内从事生产经营活动以外，还在国外从事投资，设立自己的子公司，它们的生产和经营在世界的生产和贸易中占有相当大的比重，对世界经济的发展具有很大的推动作用。因此，私人投资无论是从投资者的数目还是从投资的总金额来看，都是当前国际投资中最活跃和最主要的部分，因而这类投资也是国际投资学研究中的主要内容。此外，需要指出的是，在国际直接投资的统计中，一国政府或国际组织进行的投资，也归入私人直接投资的范围。

（四）按投资性质不同可划分为国际直接投资和国际间接投资

按照投资性质（投资主体是否拥有对海外企业的实际经营管理权）的不同，国际投资可以分为国际直接投资（International Direct Investment）和国际间接投资（International Indirect Investment），这也是我们在实务和理论研究中最有意义的划分方法。

1. 国际直接投资

国际直接投资又称为对外直接投资、境外直接投资、外国直接投资或海外直接投资，是国际投资的主要形式之一，其基本标志可以用国际货币基金组织（IMF）的定义来说明："从事获取投资者所在国之外企业的长期利益的投资活动，投资者的目的是能够对企业的经营管理拥有有效的控制。"这个定义反映了当今国际直接投资的实际情况，具有一定的权威性。

从这一定义可以看出，国际直接投资是指资本输出国的自然人、法人或其他经济组织依照东道国的有关法规，在东道国单独出资或与其他投资者共同出资创立新企业，或增加资本扩展原有企业，或收购现有企业形成经营性资产，并按照东道国的有关法规和与其他投资者所签订的有关投资协议获取该经营性资产的经营收益或承担其经营亏损的行为或过程。也就是说，国际直接投资是投资者以拥有或控制国外企业经营管理权为核心，以获取利润为主要目的而进行的投资，这种投资不单纯是资金的外投，而是资金、技术、经营管理知识等生产要素由投资国的特定产业部门向东道国特定产业部门的转移。

国际直接投资的建立包括“到海外创办新企业”（“绿地投资”）、购买外国企业的股票并达到控股水平、利用以前国际直接投资的利润在海外再投资三种形式。此外，从所有权角度划分，国际直接投资主要包括国际合资经营企业、国际合作经营企业和国际独资经营企业三种基本形式。

2. 国际间接投资

国际间接投资是国际资本流动的一种重要形式，也是传统的国际投资形式。19 世纪末、20 世纪初，垄断代替自由竞争后，资本输出的主要形式就是国际间接投资；第二次世界大战后，随着生产的国际化和国际直接投资的迅猛发展，国际间接投资在国际投资总额中的比重有所下降；但到了 20 世纪 80 年代以后，随着资产证券化的蓬勃发展，国际间接投资又再次成为国际投资的一种重要形式。如今，仅将国际间接投资视为国际证券投资已经是一种狭义的定义；而从广义上来看，除国际直接投资以外的各种国际资本流动形式均可纳入国际间接投资的范畴。

国际间接投资，又称为对外间接投资或国际金融投资，是指一国的个人、企业或政府通过购买外国的公司股票、公司债券、政府债券、衍生证券等金融资产，按期收取股息、利息，或通过买卖这些证券赚取差价收益的投资。

从上述定义可以看出，国际间接投资是一种仅以获取资本增值或实施对外援助与开发，而不以控制经营权为目的，以购买外国公司的股票和其他证券以及提供国际信贷为手段，以取得利息或股息等为形式，以被投资国的证券为对象的跨国投资，它主要包括以下两种投资方式：

（1）国际证券投资

国际证券投资是指一国居民与第三国居民之间进行股票、债券以及其他各种衍生金融工具交易的投资方式，它主要包括股本证券投资和债务证券投资，其中债务证券投资又可进一步划分为长期债券、中期债券、货币市场工具和其他衍生金融工具。

（2）国际信贷投资

国际信贷投资是指由一国的政府、银行或由国际金融组织向第三国政府、银行及其他自然人或法人提供借贷资金，后者要按约定时间还本付息的一种资金运动形式或投资形式，它包括政府贷款、国际金融组织贷款和国际商业银行贷款三种形式。

3. 国际直接投资与国际间接投资的区别

无论是国际直接投资还是国际间接投资，二者的最终目的都是营利。但是，作为国际投资的两种不同方式，国际直接投资和国际间接投资又有所区别，这主要体现在以下四个方面：

（1）能否有效地控制国外企业的经营管理权

国际直接投资与国际间接投资的基本区分标志是投资者能否有效地控制作为投资对象的国外企业，即是否能掌握对国外企业经营管理的有效控制权。其中，国际直接投资的特点是投资者对所投资的外国企业拥有有效的控制权；而国际间接投资一般是通过国际证券市场进行的，投资者一般不亲自建立公司企业，也不负责公司企业的经营管理，因而不构成对企业经营管理的有效控制。

一般来说，对国外企业实现有效控制的基本途径就是控股。根据国际货币基金组织的解释，这种有效控制权是指投资者拥有企业一定数量的股份，因而能行使表决权并在企业的经营决策和管理中享有发言权。也就是说，股权地位的差别是国际直接投资中投资者拥有不同控制权的直接原因，投资者对企业的控制权与其对此企业股份的拥有权相适应，拥有的股权比例越高，控制权也就越大。这是在理论上区分国际直接投资与国际间接投资的标志。

但在实际运作过程中，这种有效控制权的界限往往又是模糊的，国际直接投资所要求的有效控制权往往并不与股份拥有比例构成确定的数量关系。这是因为按照国际投资实践的通行原则，这种有效控制权是指投资者实际参与企业经营决策的能力和在企业经营管理中的实际地位。目前，国际上还没有形成对于国际直接投资范畴所需拥有的最低股权比例的统一标准，但为了便于统计上的分类，许多国家以及国际组织都相应地规定了在持有国外企业的股票时，划分国际直接投资与国际间接投资的不同的“量的界限”，即构成国际直接投资所需拥有的最低股权比例的不同标准。例如，美国商务部1956年规定，如果某国外公司完全受美国公司控制，或者某国外公司50%的股东权益由一群相互无关的美国人掌握，或者某国外公司25%的股东权益由一个有组织的美国集团拥有，或者某国外公司10%的股东权益是由一个美国人（法人）所拥有，则对该公司的投资即可视为美国的国际直接投资；加拿大政府规定，当一个外国企业的50%或更多的投票股份为加拿大居民所持有时，或者当一个加拿大企业的50%或更多的投票股份被外国人所持有时，原则上都认为存在控制；日本外汇管理法规定，拥有国外法人发行的股票总数或出资额的10%以上，或者持有10%以上的国外法人证券及超过一年以上的贷款，或者持有10%以下的股票，但通过拥有国外法人的发行证券或者提供超过一年以上的贷款，而向海外派遣董事长、长期提供原材料或销售产品提供重要的技术，并为此保持长久关系的投资经营活动，均可视为是国际直接投资；相比之下，德国、英国和法国规定的“门槛”则比较高，只有当外国投资者拥有这些国家企业25%（德国）或20%（英国和法国）的股票或债券，才可算是国际直接投资；根据我国国家统计局的定义，如果一个企业全部资本中25%或以上来自外国或地区（包括我国港、澳、台地区）投资者，该企业就被称为外国（商）投资企业，不满足有效控制权标准的国际投资就被视为国际间接投资。由此可见，各国的实际划分标准不尽相同，但确定国际直接投资的最低比例一般是在5%~50%之间。此外，国际货币基金组织编写出版的《国际收支手册》认为，一个紧密结合的集体在其所投资的企业中拥有25%或更多的投票权，可以作为控制所有权的合理标准，一个外国投资者拥有东道国企业10%或更多的股份可以算作是国际直接投资。但是，这些只是为了满足统计时的需要，国际货币基金组织在具体操作时还允许一定的变通。有时候，尽管某一集体拥有此企业的股份不足25%（或某一外国投资者拥有此企业的股份不足10%），甚或并不拥有此企业的股份，但只要它对这家企业的经营管理拥有有效的发言权，仍可以被视为是国际直接投资。在这种情况下，对国外企业的有效控制体现在此投资者通过其所拥有的技术和管理技能对国外企业经营资源的直接支配程度上。

总之，由于不同企业的组织形式和股权结构不同，投资者取得有效控制权所需要的股权比例也有所不同。尽管如此，从当今国际投资的发展趋势来看，投资者为了降低投资风险，更多地会采取低股权或非股权的参与方式，所以，对国际直接投资范畴的有效控制权所需的股权比例的要求也相应地有所降低。目前，按照国际惯例，超过企业10%股权的外国投资即可被视为国际直接投资。

（2）二者资本移动形式的复杂程度不同

一般来说，国际直接投资比国际间接投资资本移动的形式复杂：国际直接投资是生产资本在国与国之间的流动或转移，它所体现的不仅是货币资本的国际转移，还有生产资本和商品资本的国际转移以及无形资产的输出，它是企业生产和经营活动向国外的扩展，国际直接投资过程与资本、劳动力、生产设备、技术诀窍和专利、管理技术、自然资源等各类生产要素的跨国界移动紧密联系在一起，它在确认资产作价、谈判以及实际操作过程等各方面都要比国际间接投资复杂一些；而国际间接投资的性质则相对比较简单，它一般仅仅体现为国际货币资本的流动或转移，其过程也相应地比较简单。

（3）投资者获取收益的具体形式不同

国际直接投资主要是获取利润收益，因此，其收益大部分是浮动的，它随投资企业经营状况的变化而变化；而国际间接投资者主要是获取利息收益和股息收益，因而除了购买少量普通股者之外，其收益相对固定。

（4）投资者投资风险的大小不同

国际直接投资的风险一般要大于国际间接投资。这是因为，国际直接投资一般都要参与企业的具体生产经营活动，它们与项目的联系密切，这类项目较长的生产周期必然会导致国际直接投资的周期也较长，再加上国际直接投资的收益多为浮动性的，它们会受到诸多难以准确预测的经济及社会因素的影响，这些必然会加大投资者的风险；而国际间接投资的风险相对就小得多，一方面是因为国际间接投资的周期较短，另一方面是因为国际间接投资的收益相对固定。

以上所述为国际直接投资与国际间接投资的主要区别。而事实上，这二者是相互影响、相互交融于现实经济活动中的，它们共同影响着国际收支的平衡。不论是国际直接投资或是国际间接投资，它们不仅存在相互带动的关系，而且还能以股权投资、跨国并购、可转换公司债券、债转股以及风险投资等各种途径相互转化。

二、对新兴国际投资方式的认识与分类

随着世界经济的不断发展和科学技术的不断进步，各国之间的经济联系和交往日趋紧密。与此同时，在利益规则的驱使下，各国之间在贸易、金融、技术等领域中的竞争也愈加激烈。正是在这种背景下，当代的国际投资方式不断地创新和发展，并形成一系列新兴的国际投资方式——国际灵活投资。

所谓国际灵活投资，是指不同国家的双方当事人就某一共同参加的商品生产和商品流通业务达成协议，采取一些灵活方式进行的投资活动。在国际投资领域中，这类业务活动并不是像国际直接投资或国际间接投资那样的纯粹的投资活动，而是把

投资与贸易活动紧密结合在一起，将投资行为和目的实现隐含在商品或劳务的贸易活动之中，它们一方面和国际直接投资或国际间接投资相联系，另一方面又与国际贸易、国际金融、国际技术转让以及国际经济合作等相融合，并不断适应发达国家与发展中国家的实际情况而推陈出新。因此，国际灵活投资方式的选择日益受到各国的重视，这类投资方式主要有补偿贸易、加工装配贸易、国际租赁、国际工程承包、BOT投资和风险投资等。

（一）补偿贸易

20世纪60年代末、70年代初，国际补偿贸易在传统的易货贸易的基础上逐渐发展起来，它是指进口方在外汇资金短缺的情况下，原则上以不支付现汇为条件，而是在信贷的基础上从国外卖方引进机器、设备、技术资料或其他物资，待工程建成投产后，以其生产的产品或者商定的其他商品或劳务分期偿还价款的一种投资和贸易相结合的、灵活的国际投资方式。

由于国际补偿贸易可以解决国际投资和国际贸易中的外汇短缺问题，因此，这种投资方式广泛应用于发达国家与发展中国家之间以及发达国家之间，它的具体形式主要有以下三种：

1. 直接补偿

直接补偿又称产品返销或回购，指进口方用引进设备或技术所生产的全部或部分产品分期偿还进口技术设备的价款，这是当前补偿贸易的基本形式。

2. 间接补偿

间接补偿又称互购，指进出口贸易双方商定的其他产品或劳务分期偿付进口技术、设备价款。

3. 综合补偿

综合补偿是指补偿贸易中进口设备和技术等的价款，以一部分直接产品和一部分间接产品进行偿付。

（二）加工装配贸易

作为集国际贸易与国际投资于一体的比较灵活的新型的国际直接投资形式，国际加工装配贸易是利用外资和本国（本地区）的劳务相结合的一种方式，它不需要东道国的投资，并可利用现有的厂房、土地、劳动力等，达到引进先进技术和利用外国投资的目的，因此，这种投资方式特别适合于缺少外汇、技术相对落后的发展中国家和地区。国际加工装配贸易的具体形式主要有以下四种：

1. 进料加工

进料加工指一国厂商从国外进口原料进行加工后，再把成品销往国外，其特点是自进原料、自行加工、自主出口、自负盈亏，是原料进口与成品出口之间没有必然联系的一种加工装配贸易形式。

2. 来料加工

来料加工指由外方（委托方）提供部分或全部原材料、辅助材料和包装物料，必要时也提供某些设备，东道国企业（承接方）按委托方在合同中规定的质量、规格、款式和技术等要求进行加工生产，生产的成品按规定时间交给委托方销售，承接方只收取加工费的一种加工装配贸易形式。来料加工是一种委托加工关系，这是其与进料加工的主要区别。

3. 来件装配

来件装配指由国外委托方提供所需的元器件、零部件、包装物件及技术，必要时提供某些专用设备，由承接方按委托方的设计、规格、工艺及商标要求进行装配，组装的成品交给对方销售，承接方只收取装配费的一种加工装配贸易形式。

4. 来样加工

来样加工指由委托方提供样品或图纸，承接方企业提供全部原料和辅料进行生产并收取成品出口的全部货款的一种加工装配贸易形式。来样加工不仅简单易行，而且创汇水平较高，因而适合于自然资源丰富、劳动力价格低廉并拥有特殊加工技艺的中小型企业和乡镇企业。

（三）国际租赁

国际租赁是指一国的租赁公司（出租人）将机器设备等物品长期出租给另一国的企业或组织（承租人）使用，在租期内承租人按期向出租人支付租赁费的一种国际投资形式。这是一种兼有商品信贷和金融信贷两重性质的新型贸易方式，是企业获得设备的一种独特的筹资手段，它能有效地发挥投资、融资和促进销售三种作用，因而逐渐受到世界各国企业的重视。国际租赁的具体形式主要有以下六种：

1. 经营租赁

经营租赁是指出租人根据租赁市场的需求购置设备，以短期融资的方式提供给承租人使用，出租人负责提供设备的维修与保养等服务，并承担设备过时风险的一种可撤销的、不完全支付的租赁方式。这种租赁方式的租期较短，其租赁对象多为有一定市场需求的通用设备，如电子计算机、复印机、汽车、仪器等。

2. 融资租赁

融资租赁又称金融租赁，指在企业需要添置设备时，不是以现汇或向金融机构借款去购买，而是由租赁公司融资，把租赁来的设备或购入的设备租给承租人使用，承租人按合同的规定，定期向租赁公司支付租金，租赁期满后可以选择退租、续租或留购的一种融资方式。

3. 杠杆租赁

杠杆租赁又称衡平租赁，指由出租人提供购买拟租赁设备价款的20%~40%，其余60%~80%由出租人以设备作抵押向银行等金融机构贷款，便可在经济上拥有设备所有权及享有政府给予的税收优惠，然后将用该方式获得的具有所有权的设备出租给承租人使用的一种租赁方式。杠杆租赁实际上是把投资和信贷结合起来的一种融资方式，它适用于价值百万元以上的以及有效寿命在10年以上的大型设备或成套设备，如飞机、卫星系统等。

4. 售后租赁

售后租赁简称回租，指承租人将其所拥有的设备出售给出租人，然后承租人再从出租人手里将出售给出租人的设备重新租回来的一种租赁方式。回租的租赁物多为已使用过的旧设备，回租新设备的情况极为少见。

5. 维修租赁

维修租赁主要是指运输工具的租赁，出租人把运输工具出租给承租人使用后，还提供诸如运输工具的登记、上税、保险、维修、清洗和事故处理等一系列服务的一种租赁方式。由于维修租赁的出租人除了出租设备以外，还要提供其他服务，所以租金要高于融资租赁，但一般要低于经营租赁，它适用于飞机、火车等技术较复杂的运输工具。

6. 综合租赁

综合租赁是一种租赁与贸易相结合的租赁方式，如租赁与补偿贸易相结合、租赁与加工装配业务相结合、租赁与包销相结合以及租赁与出口信贷相结合等。

（四）国际工程承包

国际工程承包是指一国的承包商以自己的资金、技术、劳务、设备、原材料和许可权等，承揽外国政府、国际组织或私人企业即业主的工程项目，并按承包商与业主签订的承包合同所规定的价格、支付方式收取各项成本费及应得利润的一种国际投资方式。国际工程承包的方式主要有以下六种：

1. 总包

总包是指从投标报价、谈判、签订合同到组织合同实施的全部过程（包括整个工程的对内和对外转包与分包），均由承包商对业主（发包人）负全部责任的国际工程承包方式。

2. 单独承包

单独承包指由一家承包商单独承揽某一工程项目的国际工程承包方式，它适用于规模较小、技术要求较低的工程项目。

3. 分包

分包指业主把一个工程项目分成若干个子项或几个部分，分别发包给几个承包商，各分包商都对业主负责的国际工程承包方式。

4. 二包

二包指总包商或分包商将自己所包的工程的一部分转包给其他承包商的国际工程承包方式。二包商不与业主发生关系，但总包商或分包商选择的二包商必须征得业主的同意。

5. 联合承包

联合承包指由几个承包商共同承揽某一个工程项目，各承包商分别负责工程项目的某一部分但共同对业主负责的国际工程承包方式，它一般适用于规模较大和技术性较强的工程。

6. 合作承包

合作承包指两个或两个以上的承包商，事先达成合作承包的协议，各自参加某项工程项目的投标，不论哪家公司中标，都按协议共同完成工程项目的建设，对外则由中标的那家承包商与业主进行协调的国际工程承包方式。

（五）BOT投资

BOT投资是自20世纪80年代以来日渐活跃的投资方式，它又称为公共工程特许权，是英文Build-Operate-Transfer的缩写，意即建设—经营—转让。典型的BOT投资是指政府同私营机构（在中国表现为外商投资）的项目公司签订合同，由该项目公司承担一个基础设施或公共工程项目的筹资、建造、营运、维修及转让；在双方协定的一个固定期限内（一般为15~20年），项目公司对其筹资建设的项目行使运营权，以便收回对该项目的投资，偿还该项目的债务并赚取利润；协议期满后，项目公司将该项目无偿转让给东道国政府。不论是欧美发达国家还是广大发展中国家，都常常采用BOT投资来建设大型基础项目，如英法两国曾采用这种投资方式合作建成横穿英吉利海峡连接两国的欧洲隧道。

BOT投资主要适用于一国的基础设施和公共部门的建设项目，它在发展过程中出现了一系列演变方式，主要有以下几种：（1）BOO（Build-Own-Operate），意为建设—拥有—经营；（2）BOOT（Build-Own-Operate-Transfer），意为建设—拥有—经营—转让；（3）BOOST（Build-Own-Operate-Subsidize-Transfer），意为建设—拥有—经营—补贴—转让；（4）BTO（Build-Transfer-Operate），意为建设—转让—经营；（5）BLT（Build-Lease-Transfer），意即建设—租赁—转让；（6）BT（Build-Transfer），意即建设—租赁—转让；（7）BMT（Build-Manage-Transfer），意即建设—管理—转让。BOT的各种变形方式各有其特点，但它们又都与BOT投资方式有某些相似的地方。

（六）风险投资

风险投资是指为获取高技术成功的巨大收益，而愿冒一定风险将资本以股权形式投入成长中的高风险企业并参与风险企业的创建与管理，待风险企业成熟后出售股权、收回投资的一种新型投资机制。

一方面，风险投资并不仅仅是指风险资本或钱，它的内涵远比这深远得多，其实质是一种科研、企业和金融有机结合的投资机制，它是高技术产业化过程中由风险投资公司、风险企业、风险资本和风险技术四个部分组成的一个有效使用资金的支持系统；另一方面，风险投资也不同于一般投资，其投资对象主要是高技术企业，它的特点是智力与资金紧密结合，风险投资者还承担着技术开发与市场开拓的风险，因而它会对项目进行严格的选择、评审，并积极参与该项目的管理以尽可能地减少风险性，它还会以投资组合的方式（即以某些项目的高额回收补偿另一些项目的风险亏损），来保证资金的回收、维持收支平衡并在此基础上再逐步发展。

◇ 本章小结

本章主要介绍了有关国际投资的基本概念，国际投资的主体与客体，国际投资的产生与发展，国际投资研究的内容与方法，国际投资的分类；分析了国际投资的特征，国际投资的发展趋势，国际投资与其他学科的关系，国际投资对世界经济的影响等。

◇ 关键概念

资本（Capital）、投资（Investment）、国际投资（International Investment）、国际直接投资（International Direct Investment）、国际间接投资（International Indirect Investment）

◇ 案例分析

1988 年的秋天，巴菲特开始买入可口可乐。一直到 1989 年的春天，巴菲特已经买下了价值 10.7 亿美元的可口可乐股票，占可口可乐总股本的 7%。自从巴菲特买了股票后，我们总能看到他在镁光灯下喝可口可乐。现在，我们都知道巴菲特从可口可乐这一家企业就赚了上百亿美金。

可口可乐诞生于 1886 年，是一种含咖啡因的碳酸饮料，可口可乐公司成立于 1892 年。20 世纪 70 年代，由于经营不佳，可口可乐一度萎靡。1981 年，来自古巴的化学家罗伯托·古崔塔被任命为可口可乐的 CEO，他上任后进行了一系列的改革，成效逐步显现，可口可乐在国外的市场也逐步打开。1987 年之前近 50 年，巴菲特一直是百事可乐的忠实消费者和粉丝。1987 年在白宫举行的一个宴会上，巴菲特遇到可口可乐公司的首席运营官唐·基奥，基奥建议巴菲特放弃百事可乐，去尝尝可口可乐的新品——樱桃可乐。巴菲特尝了一下，感觉不错，从此改喝可口可乐，令家人和朋友们大跌眼镜。巴菲特为何如此钟爱可口可乐？当被再次问及可口可乐是否会影响其健康时，巴菲特表示："我一生中都在吃我喜欢吃的东西，这瓶可口可乐，它有 12 盎司，我每天大概喝 5 听。大概有 1.2 盎司的糖在每罐当中。你可以看一下每个人不同的糖热量的摄入，我相信我会更愿意从可乐中摄入 1.2 盎司的糖而因此感到开心。从 1982 年开始我就一直沿用这样的生活方式。"可口可乐对于巴菲特就像人类需要水一样，必不可少。巴菲特为何巨额投资可口可乐？

国际化潜力：如果光从报表上来看，我们是很难看出可口可乐的增长潜力的。但巴菲特相信在可口可乐的品牌背书下，可口可乐能够实现国际化。管理层：1985 年，可口可乐曾经历过一次危机，管理层决定将可口可乐的口味改变，而当时在做盲测的时候，更多的人是喜欢新口味的。但新口味的可口可乐一上线，却导致销量大减，原因是很多人认为这是对可口可乐品牌的背叛，对美国精神的不认同。在推出新口味三个月后，管理层决定回归原始配方。这次"危机"让管理层回归可口可乐的核心业务、放弃非核心业务并且开始开拓国外市场。市场环境：1987 年 10 月，美股经历了崩盘，而可口可乐公司也从高点下跌了 30%。当市场恢复平静后，巴菲特便开始买入。

巴菲特的投资公司伯克希尔·哈撒韦持有可口可乐公司 9.3% 的股份，是最大股东，所持股份价格约 170 亿美元。据彭博数据，巴菲特作为可口可乐大股东的时间已超过 25 年，其间投资金额约为 13 亿美元。BBC 援引伯克希尔·哈撒韦最新一期年报数据，公司除去股息后，已经通过对可口可乐公司的投资赚取了超过 150 亿美元。目前身家约 750 亿美元、位列全球第三富的巴菲特还曾公开维护过可乐这种含糖量较高的饮料。他在去年的公司年度大会上表示，他喝汽水获得的快乐感比吃蔬菜获得的健康价值更重要。

可口可乐公司为了推广 2017 年 3 月 10 日在中国大陆市场面市的樱桃味可乐饮品，把巴菲特的头像印在了饮料瓶身和易拉罐上，并配有"沃伦·巴菲特挚爱之选"字样。这一包装为中国市场在短期内限量专供。"股神"沃伦·巴菲特为自己持股的可口可乐公司“代言”了，还专供中国市场。可口可乐这一推广策略显然是考虑到了巴菲特在中国的影响力和极佳的口碑。

◇ 练习与思考

1. 选择题（其中至少有一个是正确的）

(1) 国际投资的主体包括（　　）。

A. 跨国公司　　B. 国际金融机构

C. 官方与半官方机构　　D. 个人投资者

(2) 按照投资性质不同，国际投资可分为（　　）。

A. 实业投资和金融投资　　B. 公共投资和私人投资

C. 国际直接投资和国际间接投资　　D. 长期投资和短期投资

(3) 下列关于国际投资对东道国的影响，说法正确的是（　　）。

A. 外国资本的流入可以使东道国的外汇收入增加，国际收支状况得到改善

B. 外资的流入可以推动东道国的产业结构升级

C. 国际投资可以优化投资过的产业结构

D. 国际投资活动可以促进科学技术的发展，促进区域经济一体化

(4) 以下不属于国际补偿贸易具体形式的是（　　）。

A. 直接补偿　　B. 间接补偿

C. 综合补偿　　D. 差异补偿

2. 判断题

(1) 除了考虑安全性、收益性和变现性以外，进行国际投资还必须考虑国外的国家风险、政治风险、国际汇率、利率波动风险等。

(2) 补偿贸易的具体形式主要有直接补偿、间接补偿和综合补偿三种。

(3) 国际直接投资和国际间接投资的基本区分标志是资本移动形式的复杂程度不同。

3. 简答题

(1) 简述投资和投机活动的区别。

(2) 简述当代国际投资的特征。

(3) 简述国际直接投资和国际间接投资的区别。

(4) 简述国际金融学和国际投资学的区别。

◇ 本章参考书目

[1] 杨大楷. 国际投资学 [M]. 上海：上海财经大学出版社，2010.

[2] 阎敏. 国际投资学 [M]. 武汉：武汉大学出版社，2010.

第二章

国际投资理论

学习目标

通过对本章的学习，掌握主流的国际投资理论，熟悉早期的国际直接投资理论和发展中国家的对外直接投资理论，了解有关国际投资理论的理论研究和国际投资理论的最新发展态势。

第一节　国际直接投资理论

一、垄断优势理论

1960年，美国麻省理工学院的学者斯蒂芬·海默（Stephen H. Hymer）在他的博士论文《国内企业的国际经营：对外直接投资研究》中首先提出了以垄断优势来解释对外直接投资的理论。海默的垄断优势理论（Monopolistic Advantage Theory）第一次论证了外国直接投资不同于一般意义上的金融资产投资，从而开创了以外商直接投资为研究对象的新的研究领域。他的理论后经其导师金德尔伯格（Charles P. Kindleberger）进行了补充和发展，金德尔伯格在《对外直接投资的垄断理论》（Monopolistic Theory of Direct Foreign Investment）等论文中着重强调了市场结构的非完美性和跨国公司的垄断优势①，如又有某项专门技术的控制权、某些原材料和核心中间产品的垄断权、规模经济、销售渠道的垄断权等。1976年海默又通过对美国企业的研究，并于1976年在麻省理工学院出版的《国内公司与国际化经营：一项国际直接投资的研究》中较系统地阐述了美国公司的对外直接投资理论，从而使垄断优势理论更加完善。垄断优势理论的提出标志着独立的国际直接投资理论开始形成，垄断优势理论是以产业组织理论为基础，因此也被称为产业组织理论。

海默通过对美国企业进行了大量的实证分析后发现，美国公司的对外投资仅限于少数几个行业，这些行业对利率的差异并不敏感，他们的海外资产中有相当一部分是通过在海外举债筹集的，对外直接投资与垄断的工业部门结构有关。海默认为，跨国公司拥

---

① 李清柳．西方国际直接投资理论的发展．金融教学与研究，1997（2）．

有的垄断优势是它们开展对外直接投资的决定因素，美国企业之所以从事对外直接投资是因为其比东道国同类企业有更强的垄断优势，不是追求利率的差异，而是要获得高于在本国投资的企业所获取的投资收益，其他国家企业的对外直接投资也与部门的垄断程度较高有关。跨国公司所具有的垄断优势一般有技术优势、资本筹集优势、规模经济优势、管理优势和来自产品市场不完全的垄断优势等。

海默的垄断优势理论开创了国际直接投资这一研究领域，首先它突破了从资本流动的角度来分析国际直接投资的分析模式，提出了生产要素市场的不完全竞争是导致对外直接投资的根本原因；其次是把国际直接投资与国际间接投资明确地区分开来，使后来更多的学者开始探讨跨国公司的各种行为的内在、外在原因，探讨融资与投资活动的相互关系和相互影响。应该说垄断优势理论为后来国际直接投资的研究和发展奠定了基础。垄断优势理论的局限性在于它的研究基础是第二次世界大战后美国制造业少数具有资金和技术优势的部门的境外直接投资活动，探讨的问题不仅是局部的而且是静态的，它并没有深入研究企业如何才能具备垄断优势，因此该理论缺乏动态分析。

二、内部化理论

内部化理论（The Theory of Internalization）也称市场内部化理论，它是 20 世纪 70 年代以后西方跨国公司研究者为了建立所谓跨国公司一般理论所提出和形成的理论。1937 年美国学者科斯（R. H. Coase）就在一篇题为《企业的性质》的论文中，探讨了在市场交易中发生的交易成本问题。他认为企业的内部化组织则是一种低成本有效的生产联系方式，当企业的内部组织交易的成本低于市场交易的成本时，企业就会倾向于内部化交易。

第二次世界大战以后，很多西方学者将科斯定理直接引入国际直接投资理论中来解释国际直接投资的动因。英国里丁大学学者巴克莱（Peter J. Buckley）和卡森（Mark Casson）分别于 1976 年和 1978 年合作出版了《跨国企业的未来》和《国际经营论》，在书中他们以市场不完全为假设，把科斯的市场交易成本理论融入国际直接投资理论，提出更具现实意义的具体市场。他们认为，把外部市场建立在公司内部，用内部市场取代外部市场，可以降低生产成本，即通过市场内部化可以取得降低外部市场的交易成本的额外收益。1979 年，卡森在《跨国企业的选择》中对内部化概念做了进一步的理论分析。1981 年加拿大学者拉格曼（Allan M. Rugman）出版了《跨国公司内幕》一书，对内部化理论做了更为深入的探讨，扩大了内部化理论的研究范围。

内部化理论探讨的是在企业内部建立市场的过程，以企业的内部市场代替外部市场，从而解决由于市场不完整而带来的不能保证供需交换正常进行的问题。企业内部的转移价格起着润滑剂的作用，使内部市场能像外部市场一样有效地发挥作用。跨国化是企业内部化超越国界的表现，他从中间产品的性质与市场机制的矛盾中来论证内部化的必要性，这在一定程度上解释了企业通过直接投资可以取得内部优势，使交易成本最小化，从而保证跨国经营的优势。

该理论认为：市场内部化的过程取决于四个因素：

（1）产业特定因素（Industry-Specific Factor），主要包括产品性质、外部市场结构和规模经济等有关的因素；

（2）区位特定因素（Region-Specific Factor），主要包括区位地理上的距离、文化差异和社会特点等引起交易成本的变动；

（3）国家特定因素（Country-Specific Factor），主要包括东道国的政治、法律和财经制度对跨国公司业务的影响；

（4）公司特定因素（Firm-Specific Factor），主要包括不同企业组织内部市场的管理能力。

在这几个因素中，产业特定因素是最关键的因素。因为，如果某一产业的生产活动存在多阶段生产的特点，那么就必然存在中间产品（原材料、零部件，信息、技术、管理技能等）；若中间产品的供需在外部市场进行，则供需双方无论如何协调，也难以排除外部市场供需间的摩擦和波动，为了克服中间产品市场的不完全性，就可能出现市场内部化。另外，企业特定因素市场内部化会给企业带来多方面的收益。

内部化理论的主要观点是，由于市场存在不完全性导致交易成本上升，企业通过外部市场的买卖关系导致企业需要付出许多额外成本，不能保证企业实现利润的最大化。因此，企业进行对外直接投资，建立企业内部市场，即通过跨国公司内部形成的公司内部市场，克服外部市场上的交易障碍，弥补市场机制不完整缺陷所造成的风险与损失。内部化理论并不认为市场不完全性是由规模经济、寡占或关税壁垒等原因所致，而是某些市场失效（Market Failure）、某些产品的特殊性质或垄断势力存在的结果。

内部化是建立在交易成本基础之上的解决跨国公司形成动因的一种理论，其最重要的贡献是研究跨国公司的角度发生了变化，垄断优势理论主要是从市场的不完全竞争和寡占的角度分析发达国家对外直接投资的动机和决定因素，而内部化理论则从企业国际分工、不同国家企业之间的产品交换形式和国际生产组织形式等角度来研究国际直接投资的动机和行为；此外，内部化理论还解释了跨国公司对外直接投资的动因。

但该理论也显示出许多方面的缺陷。例如：它只强调了成本与利润之间的关系，未能考虑在现存的世界经济结构中制约跨国公司发展的各种因素尤其是非生产要素对跨国公司对外直接投资的巨大影响。

三、产品生命周期理论

在20世纪60年代以前，国际贸易发展十分迅速，跨国投资的现象也日益普遍，对国际贸易和国际投资的分析还割裂开来。美国哈佛大学跨国公司研究中心教授雷蒙德·维农（Raymond Vernon）于1966年在《经济学季刊》上发表的《产品周期中的国际投资与国际贸易》一文中提出了产品生命周期理论（The Theory of Product Life Cycle）。该理论在垄断优势理论的基础上，将垄断优势、产品生命周期和区位因素结合起来，来解释国际直接投资的动机、时机和区位的选择。

产品生命周期理论继承了垄断优势理论中的跨国企业所具有的垄断优势的分析，同时结合产品兴衰循环的周期过程，来探讨垄断优势的分散和转移，维农把一种产品的生命周期划分为创新、成熟和标准化三个阶段，某种产品所处的产品生命周期的不同阶段决定了不同的生产成本和生产区位，同时也决定了跨国公司在不同的阶段采用不同的贸易和投资战略。

维农认为，在产品的创新阶段，新产品刚刚投入市场，创新企业垄断着新产品的生产技术，产品的生产主要集中在美国国内，新产品的需求也主要在国内，而且是满足国内少数高收入阶层的消费需求。至于其他经济结构和消费水平与美国类似的国家如果对这种新产品有需求，则美国企业主要通过出口而不是直接投资来满足这些国家的市场需求，这一阶段一般不会出现国际直接投资行为。

产品进入成熟期以后，产品逐渐趋于标准化，最有效的生产工序已经形成，产品的生产技术基本稳定，在国内竞争日趋激烈、国内市场日趋饱和、国外市场对这类产品的需求不断扩大以及世界各国纷纷实行贸易保护主义的情况下，创新国企业开始进行对外直接投资，在国外建立企业，将生产逐渐地迁移到国外。对外投资选择的地区一般都是那些劳动力成本略低于创新国，但消费水平与创新国相似、生产条件好的地区。通过对外投资可以弥补市场垄断程度减弱带来的损失，并防止或消除这些地区潜在的竞争对手。

在产品的标准化阶段，产品的生产技术、工艺、规格和样式等都已完全标准化，产品已完全成熟。随着技术的扩散，创新国企业的技术优势已经不复存在，产品的生产已完全标准地程序化了，众多的企业开始进入市场，在生产中对技术的要求和生产者技术熟练程度的要求均比以前减弱了，企业之间的竞争更加激烈，其竞争的焦点和基础是成本和价格，因此，企业开始在世界范围内寻找产品生产成本更低的地区进行投资设厂，于是自然资源丰富、劳动力成本低的发展中国家就成为创新国对外投资选择的最佳区位。当另一新产品推出时，原产品生命周期终结，新产品则进入一个新的产品生命周期。

维农的产品生命周期理论的贡献主要体现在将垄断优势、产品生命周期和区位因素结合起来，来解释国际直接投资的动机、时机和区位的选择，这就是对外直接投资理论从动态的角度分析对外直接投资。维农还把国际直接投资同国际贸易和产品的生命周期结合起来解释美国第二次世界大战后对外直接投资的动机与区位的选择，使国际投资理论既可以解释对外直接投资，也可用来解释新产品的国际贸易。维农的产品生命周期理论的缺陷也是明显的，由于产品生命周期理论是以特定时期美国制造业企业的对外直接投资活动为背景展开研究的，所以这一理论对非制造业企业、对发展中国家、对非出口替代领域和高科技与研发领域的对外投资行为无法做出科学的解释。

四、比较优势理论

比较优势理论（The Theory of Comparative Advantage）也称产业选择理论、边际产业扩张论、切合比较优势理论，是日本一桥大学小岛清（Kiyoshi Kojima）教授在 20 世纪 70 年代提出来的。针对日本与欧美对外直接投资的不同特点，小岛清认为垄断优势理论和产品生命周期理论是解释美国跨国公司对外直接投资问题的理论，没有考虑其他国家对外直接投资的特点，不能解释日本的对外直接投资问题。小岛清对日本企业的对外投资做了大量的分析和研究，并根据国际贸易的比较优势理论，提出了符合日本国情的对外直接投资理论，即比较优势理论。

小岛清认为国际分工与比较成本的原则是一致的，不同国家劳动和经济资源的比率存在差异，导致比较成本和比较利润率出现差异。垄断优势理论过分强调了对外直接投资的微观经济因素的分析，却忽略了宏观经济因素的分析。根据比较成本和比较利润来分析对外贸易和对外投资更具普遍性。

小岛清在对日美经济及投资状况进行深入分析的基础上，得出美国的垄断优势和产品生命周期理论无法解释日本的对外直接投资行为。日本的对外直接投资与美国相比有四点明显的不同：

小岛清的比较成本理论是建立在比较成本原理基础上的，采用正统的国际贸易理论2×2模型，即对两个国家两种产品进行分析。其核心内容是，对外直接投资应该从本国已经处于或即将处于比较劣势的产业依次进行。在本国已趋于比较劣势的生产活动都应通过直接投资依次向国外转移，因此可以扩大投资国与东道国的比较成本差异，实现数量更多的贸易，使两类国家在直接投资中都能受益，形成新的互补格局。在小岛清的对外投资理论的解释中，将投资国已经处于或即将处于比较劣势的产业称为边际产业。小岛清认为，边际产业是指已处于比较劣势的劳动力密集部门或者某些行业中装配或生产特定部件的劳动力密集的生产环节或工序，这些产业在投资国已失去发展空间，但在东道国可能正处于优势或潜在的优势地位。日本的传统工业部门很容易在海外找到立足点，传统工业部门到国外生产要素和技术水平相适应的地区进行投资，其优势远比在国内新行业投资要大①。

小岛清的比较优势理论是利用国际分工的比较成本原理进行宏观的考察，并在详细分析和比较日本和美国对外直接投资的特点之后，得出日本企业对外投资发展之路的结论。(1) 国际贸易理论和国际投资理论都可以统一到比较成本理论上进行解释。各国应投资拥有比较优势的产业并出口其产品，减少或不再投资比较劣势的产业并进口其产品，双方均可得到贸易利益。(2) 日本进行对外投资时要创造和扩大对外投资。从本国已经处于或即将处于比较劣势的产业依次进行对外直接投资，不仅可以带动机器设备的出口，国外廉价的产品还可以返销国内或其他国家，东道国国民收入提高后会进口更多的日本产品，因此日本的对外投资是属于贸易创造型的。(3) 应从比较成本的角度对两种或两种以上的产品或产业进行分析，建立在对一种产品或产业基础之上的分析是缺乏科学性的。(4) 应在比较成本差距较大的基础上进行投资。小岛清认为，发达国家之间的对外投资大都是因为贸易壁垒引起的，而且是建立在比较成本差距很小的基础上进行的，很难产生经济效益，发达国家应该停止这类投资。(5) 对外投资应从与东道国技术差距最小的产业开始依次进行，这样可以在发展中国家找到立足点，占领当地市场，对双方都会产生更大的比较优势和创造更高的利润。

垄断优势理论首次将国际贸易理论和国际投资理论在比较成本的基础上融合起来。具提出的对外直接投资理论与对外贸易并不相悖，而是相互促进，摒弃了对外投资替代了国际贸易的论点；否定了垄断优势在对外直接投资中的决定性作用，强调了运用与东道国相适应的技术进行投资；论证了中小企业拥有的技术更适合东道国的生产要素结

① 小岛清（日）. 对外贸易论 . 南开大学出版社，1987.

构，因而较好地解释了发达国家在20世纪70年代以后出现的中小企业对外进行直接投资的原因和动机；比较优势理论与垄断优势理论和产品生命周期理论一样，也是立足日本企业的实际情况，因此现在它已无法解释发展中国家开始向发达国家的投资现象。因此，小岛清的比较优势理论也不具有普遍的指导价值。

五、国际生产折衷理论

垄断优势理论、内部化理论、产品生命周期理论、比较优势理论都是作者在对本国的具体情况进行了深入分析和研究后提出来的，它们很难具有普遍意义。20世纪60~70年代呈现的那种国际生产格局比较单一，以美国为基地的跨国公司在国际生产中占有重要地位，国际生产主要集中在技术密集的制造业部门和资本密集的初级工业部门，投资主要流向西欧、加拿大及拉美国家，海外子公司大多采用独资形式的现象出现了很大的变化。国际生产格局在20世纪70年代以后呈现出复杂的趋势——西欧和日本的跨国公司兴起，发达国家间出现相互交叉投资现象，一些跨国公司开始向新兴工业化国家（地区）和其他发展中国家投资，合资形式成为海外企业的主要形式，在他们眼里不具备从事对外直接投资条件的发展中国家也开始加入对外投资者的行列——上述理论对这些现象都无法进行解释。英国里丁大学教授邓宁（John. H. Dunning）1977年在诺贝尔经济学奖的学术会议上宣读了一篇题为《贸易、经济活动的区位与跨国企业：这种理论探索》的论文，提出了国际生产折衷理论（The Eclectic Theory of International Production）。后来他将其有关折衷理论的一系列阐述和论文汇集成一部著作《国际生产和跨国公司》，并于1981年出版发行。他的理论将企业的特定垄断优势、国家的区位与资源优势结合起来，为国际经济活动提供了一种综合分析的方法，所以他的理论也可称为国际生产综合理论①。

国际生产折衷理论的核心是“三优势模式”（O. I. L. Paradigm）。它从产业组织理论和国际贸易理论中选择了他认为最关键的变量：厂商特定所有权优势（Ownership-Specific Advantages）、内部化优势（Internalization-Specific Advantages）和国家区位优势（Location-Specific Advantages）。三个变量不分主次，它们之间的相互联系和不同组合决定了国际投资活动方式。只有当上述三个条件都得到满足时，投资者才愿意进行对外直接投资。

（一）所有权优势

所有权优势主要是指企业所独有的，国外企业无法获得的或在国际市场上优越于其他厂商的特定优势。邓宁认为跨国公司所拥有的所有权优势主要包括三个方面：一是资产性的所有权优势（Asset Ownership Advantage），它是指如设备、先进技术和原材料等价值资产优势；二是交易性的所有权优势（Transactional Ownership Advantage），它是指管理、专利、商标、信息、货币、商誉等无形资产优势；三是规模经济优势，它包括成本和创新等优势。

---

① 余海峰、冯忠铨．二战后国际投资理论的发展演变．经贸论坛，2001（2）．

（二）内部化优势

内部化优势是指企业为避免外部市场的不完全性对企业经营不利，通过对外直接投资将其资产或所有权内部化过程中所拥有的优势。市场的不完全主要是指结构性的市场不完全和自然性的市场不完全，政府干预和贸易壁垒属于结构性的市场不完全，而信息等属于自然性的市场不完全。邓宁认为，市场的不完全可以使企业的所有权优势逐步丧失，企业将拥有的资产通过对外投资转移给国外子公司，即将企业优势内部化，可以比通过交易转移给其他企业获得更多的利益。

（三）区位优势

邓宁所讲的区位优势指的是可供投资的国家或地区对投资者来说在投资环境方面所具有的优势。区位优势是投资者选择投资地点的重要条件，形成区位优势的条件主要有以下因素：一是自然因素，包括自然资源禀赋、劳动力资源和地理条件，这类因素会直接影响运输成本和生产成本；二是经济因素，包括经济发展水平和经济结构，这类因素会影响企业产品的生产量和销售额；三是制度和政策因素，包括贸易壁垒及政府对外国投资的政策，它会影响到投资者的成本和生产活动。在邓宁看来，一家企业具备了所有权优势，并有能力将这些优势内部化，还不能完全解释清楚直接投资活动，还必须加上区位优势。

国际生产折衷理论借鉴和综合了以往国际直接投资理论的精华，较为全面地分析了企业发展对外直接投资的动因和决定因素，其高度的概括性和广泛的涵盖性得到了理论界的普遍认同。其主要贡献在于引入所有权、内部化和区位优势三个变量因素来对投资决策进行分析，较好地解释了企业选择参与国际经济活动方式的理论依据，创建了一个关于国际贸易、对外直接投资和国际协议安排三者统一的理论体系。国际生产折衷理论是目前国际上有关研究跨国公司的理论中最具影响力的理论，但还是有一些学者认为该理论有很多不足之处，主要表现为国际生产折衷理论将所有权、内部化和区位优势三个因素等量对待，没有强调它们之间的关系对直接投资的影响，这就使该理论仍然停留在静态的分析中。

六、小规模技术理论

传统的国际直接投资理论把技术优势和规模经济作为企业对外投资的先决条件。但是在技术、资本、管理和规模等方面均不如发达国家的发展中国家的企业开始走上对外直接投资的道路，不少发展中国家的企业还打入发达国家市场，传统国际投资理论对此已无法做出科学的解释。

美国哈佛大学教授刘易斯·威尔斯（Louis T. Wells）在对发展中国家的对外直接投资行为进行了深入的研究后，于 1977 年发表了题为《发展中国家企业的国际化》一文，文中提出了小规模技术理论，他在 1983 年出版的《第三世界跨国公司》一书中，对小规模技术理论又做了进一步的论述。威尔斯的小规模生产理论被西方理论界认为是研究发展中国家对外直接投资最具有代表性的理论。

威尔斯小规模技术理论的核心观点是，发展中国家的跨国企业也拥有竞争优势，其技术优势具有十分特殊的性质，而这种技术优势主要来自生产的低成本，它与母国的市场结构密切相关[①]。具体来说，发展中国家跨国公司的技术优势主要体现在三个方面：

第一，拥有为小市场需求服务的小规模生产技术。由于发展中国家收入低，制成品市场的规模一般不大，发达国家跨国企业大规模生产技术很难从中获益，而发展中国家的企业一般是先引进技术，然后不断加以改造，使其生产技术适合小规模生产，提供品种繁多的产品，以满足发展中国家多样化的市场需求，这也正是发展中国家企业的技术优势所在。

第二，拥有当地采购和特殊产品优势。威尔斯发现，发展中国家的企业，在引进技术以后，往往用本国的原材料和零部件进行生产，以弥补技术引进导致进口增加使生产成本上升带来的损失。另外，发展中国家的对外直接投资往往还带有鲜明的民族特色，尤其在某一国的海外移民达到一定规模时，他们生产的产品总是满足海外同一种族的需要，即能够提供具有民族文化特点的特殊产品，而这些民族产品生产利用的往往是母国的资源，从而享有成本优势。例如，华人社团的形成，带动了一大批东南亚的投资者投资食品加工、餐饮、新闻出版等行业。

第三，拥有物美价廉优势。发展中国家的跨国企业往往采用低价营销战略，这往往是他们占据市场份额的主要手段。发展中国家的跨国公司之所以能做到低价销售其产品，主要是因为发展中国家的生产成本与发达国家相比，不仅是劳动力成本和母国的原材料成本普遍较低，而且广告支出较少，因为发展中国家的跨国公司很少使用广告手段来推销它们带有民族性质的产品。

威尔斯的小规模技术论的贡献在于将发展中国家跨国企业的自身优势与发展中国家自身的市场特征结合起来，并将发展中国家跨国企业的优势解释为相对优势，摒弃了只能以技术的垄断优势进行对外投资的观点。这种相对优势在多元化、多层次以及不断变换的世界市场中有很强的竞争力。但该理论也存在明显的缺陷，威尔斯始终将发展中国家的技术创新活动局限于对现有技术的继承和使用上，认为发展中国家生产产品所使用的技术是降级技术，这会导致发展中国家企业在国际生产中被边缘化，鉴于此种观点，小规模生产理论更无法解释发展中国家高新技术企业的对外投资行为。

七、技术地方化理论

技术地方化理论与小规模技术理论是在同样的背景下提出的，在发展中国家对外投资现象日益普遍的情况下，很多西方学者都意识到传统的对外直接投资理论已经解释不了这种现象，他们开始对发展中国家进行大量的调研，探求新的理论以解释发展中国家企业的对外投资行为。英国经济学家拉奥（Sanjaya Lall）在对印度跨国公司的竞争优势和投资动机进行了深入研究之后，提出了解释发展中国家跨国公司对外直接投资行为的技术地方化理论。

拉奥所讲的技术地方化，是指发展中国家的跨国公司可以对外国技术进行消化、改进和创新，从而使得产品更适合自身的经济条件和需求。和小规模技术理论一样，技术地方化理论也是从技术角度来分析发展中国家跨国公司竞争优势的，拉奥强调发展中国

---

① 刘易斯·威尔斯（美）. 第三世界跨国企业. 上海翻译出版公司，1986.

家的创新过程是企业技术引进的再生过程，而非单纯的被动模仿和复制。拉奥认为，发展中国家企业之所以能形成自己的特殊竞争优势，是由四个方面的条件决定的：一是技术的地方化是因为发展中国家投资环境不同于发达国家，而且与发展中国家的要素价格和要素质量有关；二是经过改造的产品更适合发展中国家自身的需求，只要它们把引进的技术进行一定程度的改造，产出的产品就可以更好地满足当地或邻国消费者的需要，这本身就是一种竞争优势；三是经过发展中国家企业改造后的适合小规模生产的技术，与未经改造的西方国家的技术相比，在当地的生产中能产生更高的经济效益；四是虽然发展中国家的产品无法与发达国家的名牌产品相比，但由于发展中国家消费者的购买能力的限制，使发展中国家的廉价产品拥有更多的市场。

与威尔斯的小规模技术理论相比，拉奥分析了使发展中国家企业产生竞争优势的各种因素，它的技术地方化理论不再认为发展中国家跨国公司是被动地接受发达国家的降级技术，或被动地模仿和复制发展中国家的技术，对技术的改进也是一种技术创新。因此，尽管拉奥对发展中国家优势和技术创新的解释是粗线条的，但他的理论在一定程度上论证了发展中国家企业参与跨国生产活动的可能性，这是技术地方化理论的最大贡献。

八、技术创新产业升级理论

20 世纪 80 年代以后，随着发展中国家经济的发展，发展中国家的对外投资现象不仅日益普遍，而且已经成为发达国家跨国公司从事国际化生产和经营的主要竞争对手，特别是像韩国、新加坡等新兴工业国家大举向发达国家投资，传统的国际直接投资理论在这种趋势面前显得无能为力。英国学者坎特威尔（John Cantwell）与其学生托兰惕诺（Paz. E. Tolentino）对发展中国家对外直接投资问题进行了系统的考察，提出了发展中国家技术创新产业升级理论。

技术创新产业升级理论强调技术创新对一国的经济发展至关重要，是一国产业和企业发展的根本动力。但发展中国家跨国公司的技术创新与发达国家跨国公司的技术创新活动有所不同，发展中国家跨国公司的技术创新活动具有明显的“学习”特征，换句话说，这种技术创新活动主要利用特有的“学习经验”和组织能力，为的是掌握和开发现有的生产技术，由于投入所限，它们缺乏研发能力。坎特威尔和托兰惕诺认为，不断的技术积累可以促进一国经济的发展和产业结构的升级，而技术能力的不断提高和积累与企业的对外直接投资直接相关，它影响着发展中国家跨国公司对外直接投资的形式和增长速度。他们还认为，发展中国家的对外直接投资的产业分布和地理分布随着时间的推移而逐渐变化。在产业分布上，先是开展以自然资源开发为主的纵向一体化活动，然后再进行以进口替代和出口导向为主的横向一体化活动；先是传统产业，然后逐渐延伸到高科技产业。在地理分布上，先是在周边国家投资，在积累了经验后再向其他更远的国家或地区投资。

坎特威尔和托兰惕诺的技术创新产业升级理论最大的贡献是，强调了发展中国家的技术创新来自经验的积累。他们认为，发展中国家引进技术的过程就是学习和积累经验的过程，从而导致发展中国家在经验积累的基础上进行技术创新。与此同时，该理论对发展中国家的投资活动在产业上和地理上进行了布局。这种解释和布局不仅符合发展中国家的实际情况，而且对发展中国家的对外直接投资活动具有普遍的指导意义。

第二节　国际证券投资理论

一、证券投资组合理论

证券投资组合理论（Portfolio Theory）起源于20世纪初，当时西方发达的证券市场很不规范，投机气氛十分猖獗，致使证券市场风险极大，直至美国于1933年和1934年分别颁布了《证券法》和《证券交易法》才使证券市场得以规范。为了规避风险，出现了后人所称的“传统的证券投资理论”。传统的证券投资理论就是以分散风险为原则，并根据基本分析和技术分析来选择证券和组成投资组合。

传统的证券投资组合理论认为，证券投资需要经过确定组合管理的目标、构建证券组合和进行经济效益的评估三个步骤。投资者买卖证券的目标一般有三类：一是能给投资者带来稳定的收益，这类投资者是较为保守的投资者；二是力求实现较大的资本增值，这类显然是肯冒较大风险的投资者；三是希望在风险能承受的范围内，既能得到稳定的收益，也可获得一定程度资本增值的中性收益，这类则是介于前两者之间的较为中性的投资者。在确定了其中的一个目标以后构建资产组合，第一类投资者应该选择安全性高和收益稳定的债券组合；第二类投资者则可以选择风险较高且收益较高的成长型股票组合；第三类投资者所做的投资组合则是股票和债券两种，其中债券和股票的具体比例根据投资者的偏好而定，需要注意的是，其投资组合的基础是基础分析和技术分析。最后进行投资组合的效益评价，效益评价是在投资的过程中进行的，效益评价不仅要比较效益，还要对同等效益证券的风险进行评估，随着时间的推移和整个经济环境的变化，不断地对其投资组合进行修正。

在此背景下，美国纽约大学巴鲁克学院经济学教授哈里·马柯维茨（Harry M. Markowitz）于1952年3月在《金融杂志》发表的学术论文《资产选择：有效的多样化》中，首次运用定量的分析方法，并采用风险资产的预期收益和方差表示风险，来研究资产的选择和组合问题。1959年他又出版了代表作《资产选择：有效的多样化》一书，完善了他的证券组合理论。马柯维茨的证券组合理论克服了传统理论仅靠基础分析和技术分析的主观判断来选择证券组合的缺陷，从而开创了现代证券投资组合理论，并为现代证券投资理论的发展奠定了基础。

马柯维茨认为，在风险一定的情况下，人们总愿意持有收益最大的资产；在现实生活中收益最大的资产总是伴随着较大的风险，但人们总是厌恶风险，所以理性的投资者对风险的厌恶表现为投资风险较小的资产。马柯维茨认为，资产的预期收益不能作为投资者选择资产的唯一依据，而是应该将资产的收益和风险结合起来考虑。因此，他的证券组合模型做了三个假设：

（1）投资者在决策中只关心预期收益率；

（2）投资者厌恶风险但预期收益率又很高；

（3）证券市场不存在摩擦。

马柯维茨在建立方差模型时，借用了这三个假设，并通过数理模型导出了投资者在有效边界上选择证券组合的技术路径。

马柯维茨的证券组合理论用量化的方法来进行证券投资组合分析，结束了只进行技术分析和基本分析的证券投资的理论研究时代，它也为证券投资理论研究的发展奠定了基本的理论框架。但是马柯维茨的证券投资组合理论是建立在所有的资产都是有风险的基础之上的，忽略了对无风险证券的理论研究，这是他的证券组合理论不够全面之处。由于证券投资者关心的主要问题，就是在获取较大利益的情况下如何回避风险的问题，这就使马柯维茨理论的缺憾显得微不足道。

二、资本资产定价理论

资本资产定价理论（Capital Asset Pricing Theory）也起源于20世纪60年代初，几乎是在与证券组合理论相同的背景下产生的，是相对于以基本分析和技术分析来选择证券和组成投资组合的传统证券投资理论而出现的。1962年马柯维茨提出证券投资组合理论以后，金融资本投资的理论问题基本得到解决，投资者在资本市场上的运作似乎找到了规避风险的有效武器，但是实物资本在金融上的分散风险问题还没有解决。

1964年，美国斯坦福大学教授威廉·夏普在马柯维茨证券组合理论的基础上，结合有效市场理论（Efficient Market Hypothess），分析了证券组合的预期收益与预期风险之间的理论关系，从而提出了资本资产定价理论。资本资产定价理论是通过建立一种适合于资本资产的定价模型来论证风险和收益率之间的关系，对证券均衡价格的确定做出了系统的解释，因此也被称为资本资产定价模型（Capital Asset Pricing Model，CAPM）。后来经过林特（John Lintner）、莫森（John Mossin）对该理论的完善，形成了今天的资本资产定价理论。作为马柯维茨证券组合理论延伸的资本资产定价理论具有开拓性的意义，因为它不仅适用于金融资产的投资，同样也适用于产业资本的投资，成为现代金融投资理论的核心。

夏普建立的资本资产定价模型与马柯维茨的理论一样，也同样建立在一定的假设基础之上，其具体假设内容包括：

（1）资本市场不存在摩擦。这是指任何人可以无障碍地进入这个市场上，市场上的税收和交易成本为零，投资者可以自由地买空卖空，投资者买卖证券的交易单位没有限制，信息和资金可以自由流动，每个投资者只能被动地接受价格。

（2）所有的投资者都是风险的厌恶者。即所有的投资者都根据期望收益率和方差进行资产的选择，追求的是在同样期望收益率下的最小风险，在同样风险下的最大的期望收益率。

（3）投资者的预期相同。即对期望收益率、标准差、协方差的预期是相同的。

（4）单个投资者对资本市场没有影响。即单个投资者在证券市场上的各种投资行为不会对整个证券市场或证券市场上的某种证券的价格产生影响。

（5）存在无风险利率。即投资者可以以同一利率借贷资金。

（6）投资期限是一致的。即所有投资者在资本市场上对任何投资品种的投资期限是相同的。

在这些假设条件下，夏普通过其建立的资产定价模型论证了资产的期望收益率与风险的内在联系，以及如何根据资产的风险对资产进行合理的定价。夏普的资本资产定价模型理论，是证券界建立的第一个对资本资产进行定价的模型，这一定价模型后来被投资者用来做资本预算和投资决策，被评级机构用来测评管理者的业绩，被立法机构用来规范一些慈善机构的费用率，现在已成为投资者在证券市场上进行证券投资活动的主要工具。为此，夏普还获得了 1990 年的诺贝尔经济学奖。但是，资本资产定价模型只注意证券组合因素对资本收益的影响。忽略了其他因素对证券投资活动收益的影响。也就是说，在现实的证券市场中，即使在市场上的投资者非常理智的情况下，证券的有效组合也很难既落在资本市场线上，也同时落在证券市场线上，因为投机程度和人们对未来各种事物的预期是有很大差异的，资本资产定价模型对这些问题都没有给予很好的考虑。

三、套利定价理论

证券组合理论和资本资产定价理论解决了在一定收益水平下，如何使风险最小化的问题。但是投资组合理论对期望收益率与风险关系的测算，是通过计算证券组合的期望收益和方差，这不仅要知道单个证券期望收益率及其方差和协方差，而且对不同证券之间的相关性进行研究，计算过程十分复杂。资本资产定价理论需要严格的假设条件，这些假设条件在现实的证券市场上是难以满足的，因此，证券组合理论和资本资产定价理论应用起来都很困难。美国经济学家斯蒂芬·罗斯（Stephen Ross）从全新的角度来探讨期望收益率问题，并于 1976 年 12 月在《经济理论》杂志上发表了一篇题为《资本资产套利定价》的论文，提出了资本市场均衡下资本资产套利定价理论（Arbitrage Pricing Theory，APT）①。

套利定价理论将所有的资产收益都用一组因素的线性组合来描述。他认为，在同一个完全竞争的商品市场上，同一产品会以相同的价格出售，那么在复杂的证券市场上，所有证券的收益率也应是同样的，如果价格不同，就应该通过贱买贵卖来套利。该理论简单实用，更适合大众投资者。

套利定价模型的假设条件为：②

（1）市场上存在的证券数量是无限的；

（2）套利组合要求投资者不得追加资金；

（3）套利组合对任何因素的敏感度为零；

（4）套利组合的期望收益率大于零；

（5）证券市场允许买空卖空。

套利定价模型也是描述均衡市场中证券或证券组合的期望收益率与风险之间的关系的理论，但他将资本资产定价理论的负载程序大大简化了，应该说，这是对资本资产定

① Stephen Ross. The Arbitrage Theory of Capital Asset Pricing. Journal of Economic Theory，1976（12）.

② 威廉·F. 夏普，戈登·J. 亚历山大，杰弗里·V. 贝利（赵锡军译）. 中国人民大学出版社，1998 .

价理论的一大改进。此外，套利定价理论的限制条件要比资本资产定价理论宽松。套利定价理论主要是让投资者寻找那些价值被低估的证券，并估出每种证券受各种因素影响的程度，然后判断套利机会，建立套利组合，从而博取高于资本市场的正常收益。但是，该理论没有明确指出影响某一证券收益的具体因素，这是该模型的一个致命的缺陷。

四、有效市场理论

法国数学家巴利亚早在 1900 年依据对股市的长期研究，就提出了有效市场和随机漫步的思想，但没引起理论界的注意。英国统计学家莫里斯·肯德尔（Maurce Kendall）在 1953 年对股市研究后也发现，股价的变动是随机的，无规律可言。后来随机漫步的思想得到了萨缪尔森的推崇，并得出在股市上挣钱和在赌场上赢钱难度相等的结论。巴利亚也好，肯德尔也好，他们都是在仅仅对股市研究的基础上提出的随机漫步的思想。他们既无法估算股价的变动模式，也无法用经济学理论去解释这种现象，所以这一思想还难以成为一种解释证券市场活动的理论。1970 年 5 月，美国芝加哥大学教授尤金·法玛（Eugene Fama）发表了一篇题为《有效资本市场：理论与实证研究的回顾》的论文，首次提出了有效市场假说（Efficiency Market Hypothesis，EMH）这一概念。他认为信息会使证券价格进行波动，当证券价格能够反映投资者可以获得的信息时，即信息可以用证券价格得以体现的时候，证券市场就是有效市场。

有效市场理论的主要观点包括以下几个方面内容：

（1）市场信息是完全充分的。市场上信息是随时随地出现的，它们独立地进入市场，证券价格波动也是随意的，证券价格波动仅仅是对即时信息的反应，与上一次价格的变动是没有联系的。

（2）追求利润最大化的投资者充斥着整个市场，他们不受其他人对市场和证券评论的影响，而是根据自己的判断和得到的信息独立地对股票进行买卖操作。

（3）对市场上的最新信息，所有的投资者都能及时、准确地对市场做出反应，调整股票结构，致使股价波动，没人能够利用新信息在市场上获取超额利润。

有效市场理论以现实市场情况为出发点，在信息披露充分的情况下，任何利好消息都能使某只股票或整个市场快速上涨；任何利空消息同样也会使某只股票或整个市场快速下跌。证券市场上的证券价格就是实际的真实反映。

当然，市场有效假说也是建立在一定的前提条件下的，其主要包括：交易不存在障碍、信息公开程度高、证券价格不受个别投资者的影响，以及市场上都是追求利润最大化、被动接受市场价格的投资者。法玛认为当证券市场价格能够充分反映投资者可以获得的信息时就是有效市场。

法玛根据信息集合的不同将有效市场分为弱式有效市场、半强式有效市场和强式有效市场三类。弱式有效市场（Weak-form Efficiency）是指证券市场上的证券价格反映了从市场交易数据中可以得到的历史的全部信息。半强式有效市场（Semistrong-form Efficiency）是指证券价格既能反映历史信息，也能反映其他公开信息。其他公开信息主要包括公司的盈利预测、股息的分配方案和财务报表等。强式有效市场（Strong-form

Efficiency）是指证券价格不仅能反映历史信息和其他公开信息，而且也能反映内幕消息。

有效市场理论的假设条件的要求较高，尤其是强有效市场理论的条件难以达到。虽然世界各国都制定了有关对证券市场进行监管的法律，但目前世界上还没有哪一个国家拥有有效的方法来杜绝公司内部人员和券商在重要信息公布以前，不利用其内部信息获取超额利润。许多研究实例表明，到目前为止，世界各国的证券市场一般都属于弱式有效市场，少数国家达到了半强式有效市场，还没有国家达到强式有效市场的水平，因此也有学者认为，强式有效市场的假说是不成立的。

五、期权定价理论

期权定价问题从期权交易的产生就有很大的疑问，因此造成期权市场风险极大。早在19世纪末、20世纪初，就有学者开始研究期权定价问题，其中较著名的有法国的数学家刘易斯·贝施勒（Louis Bachelier），但都无果而终，直至1973年，美国芝加哥大学教授费舍尔·布莱克（Ficher Black）和斯坦福大学教授莫朗·舒尔斯（Myron Scholes）提出了布莱克-舒尔斯期权定价模型（Black-Scholes Option Pricing Model，简称BS模型）后才有所突破。但布莱克-舒尔斯期权定价模型只能对不支付红利的欧式股票期权进行定价分析。同年，美国哈佛商学院的教授默顿（Merton）提出了支付红利的欧式股票期权定价模型。1976年，布莱克又提出了期货期权定价模型。随着期权定价理论被广泛地应用，20世纪80年代以后，衍生金融品种不断创新，衍生金融市场不断发展。

布莱克-舒尔斯期权定价理论的假设条件主要包括：

（1）不存在无风险套利机会；

（2）无风险利率在期权的有效期内保持不变；

（3）不存在任何的税收和交易成本；

（4）市场允许买空卖空证券；

（5）所有的证券交易都是连续的；

（6）期权只有在到期日才被执行；

（7）在期权的有效期内不支付红利。

期权定价理论成功地给出了欧式看涨期权和看跌期权的解析表达式，为在股票、债券、货币和商品在内的衍生金融市场上，以货币定价的衍生金融工具的合理定价奠定了基础，同时促进了衍生金融工具的不断创新和衍生品种的不断增多。但布莱克-舒尔斯期权定价模型只能对不支付红利的欧式股票期权进行定价分析。这就使该理论本身不能对后来出现其他衍生金融品种进行有效定价分析，进而引发出金融市场上分析其他衍生金融品种理论的诞生。

六、投资行为金融理论

投资行为金融理论实际上并不是一个完整系统的理论，它只不过试图对金融市场上的一些怪异的现象进行解释。

20 世纪 30~40 年代，金融市场上的很多投资者都不是金融投资者，最多是属于行为投资者，他们并非总是理性的，甚至不惧风险。1952 年，马科维茨（Markowitz）提出了期望理论（Prospect Theory），该理论认为，投资者对收益的效用函数是凹函数，对损失的效用函数是凸函数，他们在盈利时表现为对风险是回避的，亏损时则表现为偏好风险，而且预期损失带来的苦恼要大于预期收益带来的愉悦。此后，行为组合理论（Behavioral Portfolio Theory）和行为资产定价模型（Behavioral Asset Pricing Model）也相继出现。行为组合理论并不把行为金融理论与现代金融理论对立起来，而是将它们结合起来探讨金融投资问题。在此基础上，一种从投资决策的行为模式入手，针对投资者怪异行为的、强调将心理学和投资决策相结合的证券投资理论，即投资行为金融模型于 20 世纪 90 年代便应运而生。

（一）正反馈投资模型

正反馈投资模型是德龙等人于 1990 年在题为《正反馈投资战略和几个不稳定的投机》一文中提出来的。该理论的主要观点是，市场上的投资者容易受市场上的一些噪音即市场上流传的消息的影响：在某只证券价格上涨时，一些反应迅速的投资者往往跟着去购买，其他投资者在不知情的情况下往往会追涨；当某只股票下跌时，他们也会迅速卖出证券，其他不知情的投资者也会随之做出反应。不知情的投资者的追随行为，往往助长了投资者的行为，最终导致反应过度。该理论实际上是对投资者反应过度行为的一种解释，很多人把此理论称为羊群效应理论。

（二）BSV 模型

BSV 模型因由巴韦里斯（Barberis）、施勒费尔（Shlefferis）和维希尼（Vishny）提出而得名。BSV 模型于 1998 年提出，根据该模型的结论，投资者在证券市场上一般会犯两种错误：一种是由于投资者过于重视近期一些数据的变化，忽略这些数据总体所代表的含义，从而使投资者犯有选择性偏差错误；另一种是由于投资者不能根据情况的变化及时修正预测模型，因而会出现保守性偏差。投资者在市场中，由于过分注重近期数据的变化，会忽略先期出现的利空和利好，从而对原来的方案做出调整，对近期信息出现过度反应，会使证券价格出现扭曲。如果投资者出现保守偏差，会使证券价格不能及时准确对收益和未来趋势做出反应。

（三）DHS 模型

DHS 模型提出于 1999 年，因丹尼尔（Daniel）、赫舒拉发（Hirshleifer）和萨布拉曼尼亚姆（Subrahmanyam）提出而得名。DHS 模型认为，金融市场上由有信息的投资者和无信息的投资者组成，证券的价格又由有信息的投资者决定，因为他们根据自己从各种途径得到的信息，对某些证券产生偏爱，由于他们的偏爱而产生的投资行为导致股价波动，而无信息的投资者是没有偏爱的，不存在判断偏差。有信息的投资者由于过度相信自己的判断，往往会低估证券风险。而无信息的投资者由于对公共信息反映不足，往往会产生短期股价趋势的持续，一旦对公开信息做出反应时，也会出现长期反转。

（四）HS 模型

HS 模型是由洪（Hong）和斯坦（Stein）提出的。该理论强调投资者的行为机制，认为消费者主要有两类：一类是观察消息者，他们往往根据获得的有价值的信息对未来进行预测，并不局限于过去和当前价格的变化，他们往往出现反应迟钝；另一类是动量交易者，动量交易就是投资者对价格和交易量提前做出设定，一旦满足设定的动量要求，投资者就会进行买卖操作，这些动量交易者用历史和当前的数据对未来进行预测，往往又会导致反映过度。

投资行为金融理论算作一个较为年轻的学派，尚未形成一个完整的理论体系，该理论只是从心理学的角度，对证券市场上的一些非理性的怪异行为做出解释。由于该理论承认投资者心理上的多样性，并将投资决策与心理学结合起来，探讨的对象又是金融市场常见的投资者的具体行为，因而使得该理论更贴近现实，并有很强的可操作性。

◇ 本章小结

本章主要介绍了垄断优势、内部化、产品生命周期、比较优势、国际生产折衷、小规模技术理论、技术地方化理论、技术创新产业升级理论等国际直接投资理论，并介绍了证券投资组合理论、资本资产定价理论、套利定价理论、有效市场理论、期权定价理论等国际证券投资理论。

◇ 关键概念

垄断优势理论（Monopolistic Advantage Theory）、内部化理论（The Theory of Internalization）、比较优势理论（The Theory of Comparative Advantage）、国际生产折衷理论（The Eclectic Theory of International Production）、小规模技术理论（Miniature Technology Theory）、技术地方化理论（Technical Localization Theory）

◇ 案例分析

海尔的国际化生产战略便是遵循产品生命周期发展规律的原理，使海尔集团自1984年创立以来，从一个亏损147万元的濒临倒闭的小厂，由小到大、由弱到强、由国内到国外，一跃成为品牌价值为440多亿人民币，全球销售额达768亿元人民币，拥有包括白色家电、黑色家电、米色家电在内的69大门类10 800多个规格品牌群的具有一流国际化水平的国有特大型企业。海尔集团为中国家电名副其实的老大。

纵观海尔集团的发展历程，其生产战略按产品生命周期理论来划分，现可以分成以下两个阶段：

第一阶段为1984~1998年，根据产品生命周期理论，技术水平不高、只具有相对成本优势的海尔集团正处于中小企业阶层。这一时期，海尔集团的国际化生产战略便是不断吸收、引进国内外先进的生产技术，提升自己的管理水平，提升自己产品的附加值。这一时期的海尔从1984年引进德国利勃海尔的亚洲最先进的四星级电冰箱生产线开始，通过与中国科学院、北京航空航天大学、飞利浦集团等国内外著名的科学研究所、大学、跨国公司合作，不断增强自己的科技水平。同时，通过兼并、控股等一系列资本运营手段，逐步壮大自己的综合实力，进而通过自己强大的技术水平和雄厚的经济实力，不断地进行技术创新、管理创新，不断进行技术管理和资本的积累。如此周而复始，使集团的年平均增长率达到 80% 以上。

这一阶段的海尔的科研实力和技术实力还不足够强，他们选择了去技术、管理综合水平比其稍低的印尼、菲律宾、印度，以维持其所有权优势，并通过内部化优势表现出来。如 1996 年 6 月在印尼成立海尔莎保罗（印尼）有限公司，1997 年在菲律宾成立海尔-LKG 电器有限公司，在马来西亚组建海尔工业（亚细安）有限公司，就是这一国际化生产战略的体现。

第二阶段是从 1998 年至今，在这一时期，通过第一阶段的技术、管理和资本上的积累，使海尔集团已经迈入国际化大公司的行列，海尔集团拥有的技术、管理优势与世界先进水平保持了同步发展，部分甚至领先世界水平。所有这一切，使海尔集团基本具备了产品生命周期理论中所阐述的对外扩张的生产战略的实力。因此，在这一阶段，海尔集团在“先有市场，再有工厂”的思想的指导下，开始了在海外建立生产工厂、基地的历程。

这一阶段，随着企业的技术、管理、资金等所有权优势的不断增加和前一层次国际化生产战略推行中的国际化生产战略经验的逐步积累，海尔集团已经基本具备了进入国际一流企业行列的条件。此时，海尔的国际化生产战略也发生调整。以 1999 年 4 月，美国海尔中心在美国南卡罗来纳州首府哥伦比亚市附近的汉姆顿建立生产基地为标志，海尔集团先后在美国、日本、意大利等建立了生产基地，并依次分别组建了美国海尔、日本海尔、欧洲海尔，使其国际化生产战略延伸到了被誉为国际一流冰箱技术发源地的美国、日本、欧洲，对惠而浦、三洋、伊莱克斯、通用电器等全球家电巨头发起了冲击，并迫使通用电器这样的巨头退出了电冰箱行业。事实证明，海尔的这一国际化生产战略是正确的，海尔也因此不俗的战绩。

◇ 练习与思考

1. 选择题（其中至少有一个是正确的）

（1）市场内部化的过程主要取决于哪些因素（　　）。

A. 产业特定因素　　B. 区位特定因素

C. 国家特定因素　　D. 公司特定因素

（2）下面关于小岛清的比较优势理论说法正确的是（　　）。

A. 他认为，垄断优势理论过分强调了对外直接投资的微观经济因素的分析，却忽略了宏观经济因素的分析

B. 该理论的核心内容是，对外直接投资应该从本国已经处于优势的产业依次进行

C. 否定了垄断优势在对外直接投资中的决定性作用，强调了运用与东道国相适应的技术进行投资

D. 比较优势理论与垄断优势理论和产品生命周期理论一样，也是立足日本企业的实际情况，因此现在它已无法解释发展中国家开始向发达国家的投资现象

（3）根据有效市场理论，世界各国的证券市场一般都属于以下哪种市场（　　）。

A. 弱式有效市场　　B. 半强式有效市场

C. 强式有效市场　　D. 强式有效市场或半强式有效市场

2. 判断题

（1）垄断优势理论对对外直接投资进行了动态的分析，有效指导企业获取垄断优势。

（2）产品生命周期理论在垄断优势理论的基础上，将垄断优势、产品生命周期和区位因素结合起来，来解释国际直接投资的动机、时机和区位的选择。

（3）夏普通过其建立的资产定价模型论证了资产的期望收益率与风险的内在联系，以及如何根据资产的风险对资产进行合理的定价。

（4）布莱克-舒尔斯期权定价理论可以对美式股票期权进行定价分析。

3. 简答题

（1）请简述国际生产折衷理论的核心“三优势模式”的具体内容。

（2）请简述比较优势理论的核心内容。

（3）请简述证券投资组合理论的意义和局限性。

（4）简述有效市场理论的主要观点。

◇ 本章参考书目

［1］杨大楷．国际投资学［M］．上海：上海财经大学出版社，2010.

［2］阎敏．国际投资学［M］．武汉：武汉大学出版社，2010.

第三章

国际直接投资

学习目标

通过本章的学习，应掌握国际直接投资的含义，熟悉国际直接投资的动机和国际直接投资企业的主要形式，了解影响国际直接投资的主要因素。难点在于对影响国际直接投资主要因素的理解。

第一节　国际直接投资概述

一、国际直接投资的含义及其发展的原因

（一）国际直接投资的含义

国际直接投资（International Direct Investment）又称对外直接投资（Foreign Direct Investment，FDI）。国际上的很多机构都对国际直接投资进行过解释，其中较具权威性的是世界银行所下的定义。按照世界银行所做的解释，外国直接投资是投资者在其所属的经济体以外的地方，为获得对一个企业经营的持续的管理权（10%及其以上有投票权的股份）而进行的投资的净流入量。

按照我国大多数学者的解释，国际直接投资是指投资者在其境外设立新企业，扩展原有企业，兼并或收购本国、东道国或东道国以外国家的企业，对本国、东道国或东道国以外国家企业控股的一种行为。实际上，国际直接投资是以收益为目的，以控制国（境）外企业的经营管理权为核心的对外投资行为。至于控股权达到企业股权的何种程度才算直接投资，各国的规定是不同的，一般在10%～25%之间。直接投资要求投资者不仅能行使表决权，而且在企业的经营和管理中享有决策权。

（二）国际直接投资迅速发展的原因

20世纪60年代以后，以跨国公司为主体的国际直接投资迅速发展，其主要原因在于国际分工的新发展、科技创新引起的生产工具的革新、国际经济一体化趋势的加强以及发达国家鼓励对外投资和发展中国家吸引外资的政策四个方面。

1. 国际分工的新发展

国际分工的新发展是国际投资发展的客观前提。国际分工是生产力发展和科学技

术进步的必然结果，是社会分工超越国界的产物，也是国际经济交往的客观前提。第二次世界大战以后，首先是世界政治格局发生了根本性的变化。原先的帝国主义殖民体系土崩瓦解，许多弱小国家摆脱了帝国主义的控制，成为独立的主权国家，新的国际经济秩序开始建立。其次是随着第二次世界大战后经济的恢复发展，新兴工业部门不断出现及其发展使各国在产业部门间的分工出现多样化，国际分工不断向纵深发展。国际分工的深度发展使不同发展水平的国家根据产业发展递进规律进行更为复杂的分工，这时不仅有一般的国际分工，还出现了部门内部的国际分工，这都为国际投资提供了充分的新舞台。从这一时期开始的以企业利益为主体，以在全球范围组织生产经营活动为使命的更大规模、更迅速开展的国际投资是以国际分工新发展为客观前提的。

2. 科技创新引起的生产工具的革新

科技创新引起的生产工具的革新是国际投资大发展的物质基础。自20世纪50年代开始的以原子能、电子计算机、空间技术、材料科学、生物工程为基础的第三次科学技术革命，遍及各科学和技术领域，并把科学和技术紧密结合起来而形成新的生产力因素。第三次科技革命推动了生产力的发展，首先促使了交通、通信的现代化和管理的计算机化，使得人类在联系上的距离大大缩短，为跨国公司在世界范围内组织生产创造了物质前提。所以说，科技创新为国际直接投资的发展提供了物质条件。

3. 国际经济一体化趋势的加强

国际经济一体化趋势的加强为国际投资活动提供了渠道。新科技革命促进生产力发展，在世界经济生活中造成的最终结果是经济生活的国际化。当代国际经济联系越来越密切，任何国家都不可能在全封闭的状态下求得生存和发展，国家间的经济相互依赖性加强，具体表现为国际经济一体化趋势的加强。实际上，国际经济一体化反映了当代经济生活国际化的要求，既是跨国公司在全球范围内进行大规模的国际直接投资、组织跨国界的生产经营活动的结果，又为其更大规模的扩展提供了畅通的渠道。

4. 发达国家鼓励对外投资和发展中国家吸引外资的政策

发达国家鼓励对外投资和发展中国家需要引进外资，促进了国际投资的发展。在经济生活国际化、国际经济一体化趋势逐渐加强的情况下，各发达国家政府出于维护和增强本国利益的需要，都采取鼓励对外投资、扶植本国跨国公司成长和发展的政策措施，其中主要包括：组织国有或公私合营的跨国公司从事海外扩张；向跨国公司的国外直接投资提供融资便利和投资风险保证；向跨国公司开拓国际市场上有竞争力的新产品提供研制费用；对跨国公司的海外利润在税收上给予优惠，并鼓励其在海外的利润再投资；利用提供国际发展援助的机会，诱使受援国接受有利于本国跨国公司发展的条件；等等。

与此同时，第二次世界大战后殖民主义体系的瓦解，使许多殖民地、半殖民地国家获得了主权独立。但是，这些发展中国家在其经济发展过程中，遇到了资金缺乏、生产技术水平落后、人员素质不高和管理经验不足等困难，而发达国家的跨国公司在进行国外直接投资时，往往具有将资本、技术、培训、贸易和环境保护等结合起来的优势。这样，发展中国家在希望尊重自己国家主权的前提下，吸收外国投资的愿望能够与跨国公司投资的优势结合起来。一方面，外国资金的流入填补了发展中国家国内“投资-储蓄”的缺口，从而获得了经济发展所急需的资金；另一方面，通过吸收外国投资，还可以引进物化了的先进技术，提高了现有资本和新增资本的生产力。此外，外国公司较高的资本-劳动生产率还会对发展中国家的国内投资效益带来积极影响，进而通过竞争压力、示范学习效应和对当地人力资源的开发，以及与当地供应商和消费者的前向、后向联系等，促进当地企业提高效率。跨国公司庞大的贸易销售网络为发展中国家的出口增长提供了便利，有利于发展中国家外汇的增加等。基于以上利益，发展中国家纷纷制定吸引外资的优惠政策，也就为国际投资的扩展提供了良好的外部条件。

二、影响国际直接投资活动的主要因素

影响国际直接投资活动的主要因素既有宏观的，也有微观的；既有国内的，也有国外的。其主要表现在以下几个方面：

（一）国际经济的增长状况

国际直接投资的规模变化总是随国际经济增长的起伏而变化的。国际经济发展较快时，国际投资的增长一般也较快；反之，国际经济增长低迷，国际投资的增长也必将受到影响。特别是那些对外直接投资数量较多的发达国家，经济增长的状况直接影响其对外投资的状况。

（二）东道国的投资环境与外资政策

投资者进入东道国投资，肯定要考虑当地投资环境的优劣以及东道国外资政策的完备和优惠程度，这两者之间存在正相关关系。

（三）投资母国的政策

如果母国政府对本国企业和个人的对外投资采取比较自由的政策，则有利于对外投资规模的扩大；如果采取较为严格的限制政策，则对外投资的发展将会缓慢。近年来，绝大多数国家对本国企业的对外直接投资采取了逐步放宽的政策。母国政府采取什么样的对外投资政策与母国的经济发展水平、市场经济成熟程度以及该国应对经济全球化的措施直接相关。

（四）国际直接投资政策的协调

政策协调包括双边即两国之间的，也包括区域的和多边的。政策协调顺利有助于保障和促进投资的进行。投资政策的协调主要是通过签订不同层次的国际投资条约与协定实现的。

（五）国际产业转移

国际产业转移与商务成本提高、技术进步和产业结构调整相关，国际产业转移的进程对国际分工格局有直接影响。与产业国际转移相伴随的是资本、技术、管理和人员等生产要素的国际移动，是企业的国际迁徙。

（六）自由贸易区（Free Trade Area，FTA）等区域经济一体化组织的发展

区域经济一体化组织包括特惠关税区、自由贸易区、关税同盟、共同市场和经济同盟等。目前，世界上签署了大量的自由贸易区协定，其中一些包含鼓励和促进成员之间相互投资的内容。如果是签订共同市场或经济同盟的协定，则必然包含加快成员之间资

本要素移动的内容。另外，自由贸易区等区域经济一体化组织的发展对区域外国家商品的进入具有一定的限制作用，而对区域内国家的商品而言，则基本上实现了自由移动和自由贸易，这也迫使和诱导区域外国家增加对区域内国家的直接投资。由此看来，自由贸易区等区域经济一体化组织的发展也是影响国际投资的一个重要因素。

（七）跨国公司的发展和跨国化指数的提高

开展对外直接投资的企业有中小型的，也有大型的，同样，跨国公司也是大中小型都有。各种类型的跨国公司是国际直接投资的主要承担者和从事者，跨国公司的发展就意味着国际直接投资的扩大。跨国化指数（The Transnationality Index，TNI）是根据海外资产占总资产的比率、海外销售额占总销售额的比率和海外雇员占总雇员的比率这三个比率的平均数计算得出的。跨国公司跨国化指数的提高表明其国际化程度的提高，同时也表明其对外投资的增加。近些年来，跨国公司的跨国化指数一直在稳步上升。

第二节　国际直接投资动机

由于国际直接投资活动是以各种形式的收益为目的的，所以每个投资主体都有其具体的投资动机。不同的投资动机决定了投资者不同的投资和管理方式。因此，确定投资动机不仅是投资者在对外投资前所必须做的，而且了解外国投资者的动机也是更有效地利用外资最基本的前提。

一、市场导向型动机

这种类型的投资主要以巩固、扩大和开辟市场为目的，具体又可分为以下几种不同的情况：

第一，投资企业本来是出口型企业，它在本国进行生产，通过出口使商品进入国外市场，但由于东道国或区域性经济集团实行了贸易保护主义，影响和阻碍了企业的正常出口，因而企业转为对外投资，在当地设厂，就地生产、就地销售，维持原有的市场或开辟新的市场。有时也会转向没有受到出口限制的第三国投资生产，再出口到原有市场所在国。

第二，企业对国外某一特定市场的开拓已达到一定程度，为了给顾客提供更多的服务，巩固和扩大其市场份额，在当地直接投资进行生产和销售或者在当地投资建立维修服务和零部件供应网点。例如，机电产品在国外某一市场销售达到一定规模后，就有必要加强售后服务，建立一些维修服务和零部件供应网点。又如，食品制造商或汽车制造商在国外有足够规模的生产设施，需要就地取得食品容器或汽车零配件，这时，制造容器或零配件的公司就会配合需要，在国外投资建厂，以便就地供应，以免失去顾客或买主。

第三，企业为了更好地接近目标市场，满足当地消费者的需要而进行对外直接投资。如快餐食品、饮料和食品原料等不能久储或不耐长途运输，而其顾客却分散在世界各地，为了更好地接近或维持国外销售市场，企业不得不在国外投资设立网点，以利于就近提供新鲜食品。至于无形商品服务，有些商品几乎无法储存与运输，所以要想抢占市场就必须通过对外投资在国外设立企业，边生产、边出售。

第四，企业的产品在国内市场占有比例已接近饱和或是受到其他企业产品的有力竞争，企业在国内的进一步发展受到限制，冲破限制的有效办法之一就是对外投资，开发国外市场，寻求新的市场需求。总之，市场方面的考虑在对外投资决策中占据主导地位。

二、降低成本导向型动机

出于这种动机所进行的投资主要是为了利用国外相对廉价的原材料和各种生产要素等，以降低企业的综合生产成本，提高经营效益，保持或提高企业的竞争能力。这一类投资可以分为以下几种具体情况：

（1）出于自然资源方面的考虑。如果原料来自国外，最终产品又销往原料来源国，那么在原料产地从事生产经营活动可节省与原料进口和产品出口相关的运输费用；此外，企业为了获得稳定的原材料供应，也会在资源丰富的国家投资建立原材料开采或生产性企业，以满足本企业原材料供应的需要。

（2）出于利用国外便宜的劳动力和土地等生产要素方面的考虑。对于劳动密集型工业发达的国家来讲，之所以进行对外投资，主要是想利用发展中国家廉价的劳动力，以降低生产成本。如果本国土地要素价格偏高，企业也有可能通过对外投资将生产经营转移到土地价格较低的国家去。

（3）出于汇率变动方面的考虑。汇率的变动会直接导致出口商品价格的变动。当一国的货币升值时，会使其出口商品以外币表示的价格升高，会影响其商品在国际市场的竞争力。在这种情况下，该国企业往往会扩大对外直接投资，以克服本币升值的不利影响。

（4）出于利用各国关税税率的高低来降低生产成本的考虑。如果一个国家的关税税率高，那么其他国家的企业就可能为了降低产品成本而在该国投资进行生产；反之，如果一个国家的关税税率低，国内市场上进口商品竞争力强，则会促使该国企业到生产成本更低的国家投资建厂。

（5）出于利用闲置的设备、专利与专有技术等技术资源方面的考虑。以对外投资形式向国外输出闲置的设备与技术资源，可减少在国外企业的生产与经营成本，并可实现规模生产，提高经营效益。

三、技术与管理导向型动机

这种投资主要是为了获取和利用国外先进的技术、生产工艺、新产品设计和先进的管理知识等。有些先进的技术和管理经验通过公开购买的方式不易得到，于是可以通过在国外设立合营企业或兼并与收购当地企业的方式获取。获取和充分利用这些技术和管理经验，可促进投资企业的发展，提高竞争力。技术与管理导向型投资具有较强的趋向性，一般集中在发达国家和发达地区。美国全国理事会发表的一份报告曾指出，日本通过与美国公司和大学建立合资项目，获取美国大量的尖端生物工程技术。

四、分散投资风险导向型动机

这种投资主要是为了分散和减少企业所面临的各种风险。投资者在社会稳定国家投资的目的是寻求政治上的安全感，因为社会稳定国家一般不会采取没收、干预私有经济等不利于企业的措施，企业在这类国家从事生产经营决策的灵活性较大。再有，这些国家一般不会出现给企业生产经营活动造成极大影响的国内骚动或市场销售状况的突发性变动。很明显，企业的投资过分集中在某个国家、某个地区或某个行业，一旦遇到风险时，就会由于回旋余地不大而出现较大损失。企业所要分散的风险主要是政治风险，同时也包括经济的、自然的和社会文化方面的风险。一般而言，直接投资是出于对国际投资风险的考虑，但在某些情况下，也有出于国内风险原因而进行对外投资的。如一家企业在世界各地进行投资生产与经营活动，不仅可以起到扩大销售的积极作用，而且还可以带来原材料、技术、人员以及资金等多元化的供应来源，从而使企业不受一国国内条件有限的制约。

五、优惠政策导向型动机

投资者进行对外投资的主要目的是利用东道国政府的优惠政策以及母国政府的鼓励性政策。东道国政府为了吸引外来投资常会制定一些对外来投资者的优惠政策，如优惠的税收和金融政策，优惠的土地使用政策，以及创造尽可能良好的投资软、硬环境等，这些优惠政策尤其是税收上的优惠政策会诱导外国投资者做出投资决策。同样，母国政府对对外投资的鼓励性政策也会刺激和诱发本国企业或个人做出对外投资决策，如鼓励性的税收政策、金融政策、保险政策以及海外企业产品的进口政策等。

除了以上五种投资者所具有的较普遍的国际直接投资动机之外，还有一些其他动机，如全球战略导向型动机（投资的主要目的是提高企业的知名度，在世界范围内树立良好的企业形象，以实现其全球发展战略）、信息导向型动机（主要目的是获取国际经济贸易方面的最新动态）、“随大流”型动机（跟随本企业的竞争对手或本行业的带头企业进行对外投资）、公司决策者个人偏好型动机（因公司决策者对某个国家或地区的某方面事物的偏好而决定进行的投资）、为股东争利导向型动机（进行对外投资的目的是给企业的股东特别是普通股股东争取更多的利益）等。

在分析和理解国际直接投资的动机时应注意下列几个问题：

（1）国际直接投资的动机多是从必要性的角度分析的，而对可能性方面考虑得比较少。把必要性与可能性结合起来进行分析是国际直接投资理论应解决的问题，因而为了加强对国际直接投资动机的理解，还应学习和研究一下国际直接投资的主要理论。

（2）上述各种投资的动机都是国际直接投资的经济动机，并未考虑政治与军事方面的动机。

（3）国际直接投资的根本目的是利润最大化。各种类型国际直接投资动机是追求利润最大化的不同途径与方式。在获取利润的问题上，有直接与间接、局部与整体、近期与远期之分，这也导致投资动机呈现多样化。另外，不同企业的内外条件与所处环境之间存在相当大的差异性，这也使不同企业在追求相同的目标时采取了不同的手段。

(4) 国际直接投资的动机是可以相互交叉的。投资者就一个项目的对外投资可能有一个动机，也可能有两三个动机或前述全部动机。同时并存的动机越多，在投资得以完成之后对投资者的好处就越大。例如，一家美国企业在中国广东省深圳经济特区投资建立了一家劳动密集型企业，其产品 90% 以上在中国市场销售，这家美国企业的在华投资可能具有这样几个动机：降低成本导向型动机、市场导向型动机和利用中国政府给予外商投资企业的优惠政策导向型动机等。

(5) 不同类型国家之间直接投资的主要动机是不相同的。发达国家之间出于市场导向型和分散投资风险导向型动机的相互投资相对较多；发展中国家之间的投资出于市场导向型和降低成本导向型动机多于其他动机；发达国家向发展中国家的投资主要是出于市场的动机和降低成本的动机；发展中国家向发达国家的投资多数考虑的是市场、技术、管理和分散风险等。

第三节 国际直接投资的企业形式

一、国际独资企业

(一) 国际独资企业的含义

国际独资企业（Sole Proprietorship or Individual Enterprise）是指由某一外国的投资者依据东道国的法律，在东道国境内设立的全部资本为外国投资者所有，投资者独自享有企业利润并独自承担经营风险的企业。国际独资企业的经营优势在于所有权与经营权独占，从而使之具有许多经营方面的优势。

独资企业是历史最悠久的企业形式，但这类企业在现代经济社会中的数量仍占绝大多数。如在美国，独资企业约占整个企业总数的 79%，近 1 000 万家。在其他国家，包括发达国家也十分盛行。究其原因，主要是由于它作为一种企业形式，对投资者具有很多有利之处。

这也是某些发达国家的跨国公司坚持在东道国设立自己的独资企业的重要原因之一。

(二) 设立国际独资企业的好处

1. 相对其他企业形式而言，独资企业受政府控制较少

这主要是因为多数国家规范独资企业的法律极少，而且主要集中在对其所从事业务活动范围的限制上，而不像公司企业那样，必须遵守管辖它的数量庞杂的法规。

2. 企业经营管理具有特别的灵活性

因为经营管理大权高度集中在企业主手中，企业主实施管理的自由度很大，既没有董事会（或管理委员会）的制约，也没有股东们的干预。

3. 它的税负比较轻，作为创办独资企业的投资者，只需缴纳一次所得税

因为独资企业是自然人企业，所以按大多数国家税法规定，独资企业缴纳了企业所

得税后，企业主可以免缴个人所得税。而公司企业的股东（投资者），在公司缴纳了法人所得税后，还必须缴纳股息税及个人所得税。

4. 容易保守业务秘密

在竞争性的市场经济中，保守秘密是很重要的。企业的成功往往是在保守商业秘密基础上取得的。社会对中小型企业的销售量、利润、财务状况知道得越少，一般来说就越有利。独资企业除在所得税表格中需要填写的项目以外，其他方面都可以保密。因此，独资企业属于保密性最好的一类企业形式。

5. 竞争性和进取性较强

举办独资企业，面临激烈竞争，由于势单力薄，遭受失败的可能性特别大，大多数企业是在大中（公司）企业的竞争夹缝里求生存、谋发展的，这就要求它们进行顽强的奋斗。独资企业的这种地位，决定了其竞争力强的特点。

（三）国际独资企业的形式

1. 国外分公司

国外分公司是指一家母公司为扩大生产规模或经营范围在东道国依法设立的，并在组织结构和资产上构成母公司不可分割部分的国外企业。它本身在法律上和经济上没有独立性，即不具有法人资格。

（1）国外分公司的特点

① 分公司没有自己独立的公司名称和公司章程，而只能使用与总公司同样的名称和章程。

② 分公司的主要业务活动完全由总公司决定，分公司一般是以总公司的名义并根据它的委托进行业务活动。

③ 分公司的资产全部属于总公司，因此，总公司要对分公司的债务承担无限责任。

（2）国外分公司的好处

设立国外分公司是直接投资的形式之一，它主要有以下好处：

① 在国外建立分公司进行投资，手续比较简单，而且只需缴纳少量的登记费用就可以在这个国家取得分公司的营业执照。申请时，一般要提供总公司的营业状况等材料和一些法定文件，包括它的资产负债表、损益表等财务报表。此外，还应提交分公司经理人选的一些简况以及总公司对其规定的权限范围等说明。

② 总公司能够直接地、全面地领导和控制分公司的经营活动。因为分公司仅仅是总公司的一部分，其管理人员是以完全受母公司控制为条件而受雇的。而母公司控制子公司就相对复杂一些，因为子公司是一个独立的法人，具有自己的董事会。因此母公司只能通过子公司的董事会，再由董事会通过子公司的具体管理人员对其进行领导和控制。

③ 分公司的所在国对分公司在国外的财产没有法律上的管辖权，而子公司的所在国对其国外的财产具有法律上的管辖权。这是因为分公司不具有法人资格，而子公司是其所在国或者东道国的法人。因此，分公司在其东道国之外转移财产比较方便。

④ 设立分公司对总公司在纳税上具有一定的优惠，主要表现在如下两个方面：

一是对于来自国外分公司的所得或者亏损是并入总公司的盈亏额一起计算应纳所得

税额（即税前利润额）的。因此，如果总公司在其母国当年盈利多，其纳税额也高，但如果它在国外的分公司发生了亏损，则该亏损额可以从其母国总公司的税前利润中减除，然后总公司再进行纳税。其结果，分公司在国外亏损的一部分（一般接近于亏损的一半）就由总公司的母国政府通过税的形式进行了补贴。这显然对总公司在国外设立分公司以探索投资经验是有利的。我国的合资经营企业所得税法第 1 条就有类似规定：合营企业在中国境内和境外的分支机构，从事生产、经营所得，由总机构汇总缴纳所得税。第 16 条又规定，合营企业及其分支机构，在国外缴纳的所得税，可以在总机构应纳所得税额内抵免。

二是对外国分公司汇出的利润一般不作为红利而缴纳利润汇出税，而子公司汇出去的利润则必须要缴纳利润汇出税。即分公司在其所在国只缴所得税，不缴汇出税，而子公司不仅须缴所得税，如把利润汇出境外，还必须缴利润汇出税，即需两次纳税。因此，分公司就能获得少纳一次税的优惠。例如：澳大利亚税法规定，分公司的利润所得税率是 51%，而子公司的所得税率是 46%。但是当子公司把它的税后利润汇回去的时候，还要交纳汇出利润额的 30% 作为汇出税，实际上子公司要交的税是 46% +30% ×（1-46%）= 62.2%，与分公司相差 11.2%，那就相当高了。因此，澳大利亚和其他的一些国家签订了避免双重征税条约，相互减免汇出税，如与美国签订了避免双重征税协定，把税后利润的汇出税率相互降为 15%，就是这样的话，子公司实际缴纳的税还要大于分公司缴纳的税，为 46% +15% ×（1-46%）= 54.1%，即子公司在某国或东道国实际缴纳的税率比分公司要多出 3.1%。

（3）国外分公司的缺点

① 总公司要对分公司的债务负无限连带责任，这对投资者（总公司）显然是不利的。

② 分公司在国外完全是作为外国企业而从事经营活动的，它没有其所在国的股东，因此，其影响面就比较小，开展业务活动比较困难，因为它没有当地股东帮助其扩大影响和展开业务。

③ 分公司登记注册时必须提交总公司在全世界范围内的经营状况的资料，这样显然会给总公司带来不便。

④ 分公司在终止或撤离所在国时，只能够出售其资产，而不能出售其股票（股份），也不能采取与其他公司合并的方式。

⑤ 在国外设立分公司常会引起总公司所属国税收减少，因此，其所属国对分公司的法律保护措施较弱。

世界各国对外国公司在本国内开设分公司是有不同法律规定的。一般来说，西方资本主义国家和一部分发展中国家对外国公司在本国内设立分公司是持欢迎态度的。但也有些发展中国家，如印度、尼泊尔等国通常是禁止外国公司在本国内设立分公司的。还有些国家，如伊拉克、阿尔及利亚等国，则把外国的分公司视为掮客，不愿与之交往。因此，在决定是否在外国开设分公司之前，了解该国对待外国分公司的基本态度是十分必要的。

2. 国外子公司

国外子公司是指由母公司投入全部股份资本，依法在东道国设立的独资企业。它虽然受母公司控制，但在法律上是独立的企业法人。

（1）国外子公司的特点

① 子公司具有自己独立的公司名称和公司章程。

② 子公司具有自己独立的行政管理机构。如果子公司采取股份有限公司的形式，它具有自身的股东大会和董事会；如果属于中小型的有限责任公司，那么它只具有董事会。总之，子公司的行政管理机构都是独立的。

③ 子公司具有自己的资产负债表和损益表等财务报表，具有独立的财产，进行独立核算，自负盈亏。

④ 子公司可以独立地以自己的名义进行各类民事、法律活动，包括进行诉讼。

（2）国外设立子公司的利弊

① 在税收方面，多数国家的税法规定，只有当子公司的利润实际上汇回母公司的时候，才在母公司的所属国纳税，否则，子公司没有义务向其母公司的所属国纳税。这是由子公司在其所在国是独立的法人所决定的。这与分公司就不同，分公司即使不将其利润汇回总公司，总公司也有义务在其母国为分公司在国外的盈利缴纳所得税。因此，如果母公司在国外，尤其是在一些避税地（港）设立子公司，然后再开展业务活动，可以获得纳税方面的好处。

② 子公司可以在其所在国获得股权式投资的灵活性。因为子公司是在其所在国以企业法人资格注册登记的公司，它有权在该国通过其母公司的担保向公众或其他企业出售股票或以其他招募股本的方式来增加其资本和扩大其影响。这样做，实际上也是在帮助母公司扩展它的营业范围和势力范围。

③ 可以独立地在其所在国银行贷款，而不必像分公司那样在其所在地贷款必须由其总公司担保。

④ 子公司在其所在国终止营业时，可采用出售股票（股份）、与其他公司合并或变卖资产的方式回收投资。

⑤ 设立子公司的手续较分公司复杂，费用也较高，产品进入东道国市场的竞争激烈等。

3. 国际避税地公司

国际避税（Tax Avoidance）指跨国纳税人（自然人或法人）利用各国税法内容的差异，采取变更经营地点或经营方式等各种合法的形式和手段来谋求最大限度地减轻国际纳税负担的行为。国际避税是在各国税法不完善的基础上产生的，它具有与逃税（Tax Evasion）所不同的性质。国际避税的结果是进行国际投资和经营的企业得以减少所缴纳的税款，提高收益水平。国外许多公司在进行国际性生产和经营的决策时，往往也把避税的因素考虑进来。从国际避税的发展趋势来看，设立避税地公司和利用转移价格避税是很普遍的做法。

避税地（Tax Haven）可以理解为外国投资者能够赚取利润或拥有财产而无须缴纳高额税款的国家或地区。简单地说，是指无税或低税的国家或地区。因此高税率国家的母公司（跨国公司或企业甚至个人）可以首先在避税地（港）设立一个子公司，然后把在海外经营所得的一部分甚至全部利润汇到这个子公司，而不汇回国内的母公司。这样，母公司可以在其所属国免缴所得税而在子公司的所在国只缴少量的甚至不缴所得税，从而达到“合法”逃税的目的。这种办法在发行债券时，被广泛地采用，即由设立在避税地（港）的子公司充当母公司的债券发行人，而由其母公司任保证人，发行债券所募集的款项则由子公司贷给母公司。这就为母公司节省了大量发行债券的应缴的税款。但是要指出的是，避税地（港）对外国母公司在本地区设立子公司，在法律上也有一定限制，这主要体现在要求子公司对其负债与股本之间保持一定的比例，即债与股之比（Debt Equity Ratio）必须适当，即规定子公司的负债不得超出股本（自有资金）太多，就是债与股之比不能太高。这是在避税地（港）设立子公司进行逃税的母公司必须严肃考虑的问题。目前属于避税的国家和地区主要有巴哈马、百慕大、开曼群岛、瑞鲁、巴拿马、哥斯达黎加、牙买加和中国香港等。从地理分布上看，这些避税地（港）主要在靠近美洲的大西洋和加勒比海地区以及欧洲、远东和大洋洲地区。大多数的避税地（港）通常没有太高的财政支出或者有其他财政收入，无须以所得税作为其财政收入的主要来源。多数的避税地（港）都具有良好的基础设施（如机场、码头、邮政、通信、金融服务）和宽松的金融环境，能适应外国公司的经营需要，能够为外国公司的设立和经营提供便利的条件。

避税地公司是一种特殊类型的公司，一般是指跨国公司为了税收上的利益在避税地（港）设立的国外公司。在避税地（港）活动的公司主要有以下几种类型：（1）持股公司，是指在其他公司里拥有一定数量股份从而能取得有效控制权的公司，它的收益主要来自股息和资本所得。（2）投资公司，是指专门进行各类证券投资的公司。（3）金融公司，是指专门为本公司体系内各经营实体提供融资便利而设立的内部金融机构。（4）贸易公司，是指主要经营商品劳务和租赁等项业务的公司。上述这些公司又被称为基地公司，它们以避税地（港）为基地，转移和积累在第三国经营业务或投资而产生的利润。

避税地公司的基本作用在于它能为资本再投入和资本转移提供便利，从而使整个公司得到财务或税收上的利益。这种利益的取得往往通过各种公司内的转移价格来实现。转移价格是公司体系内部各种交易的内定价格。转移价格的确定要服从于母公司总体战略目标的需要。转移价格具有随意性、机密性和独立于外部市场价格的特点。跨国公司通过转移价格来调整公司体系内各公司的生产成本，转移公司的利润收入。从税收方面考虑，就是利用转移价格把高税地区的经营利润转移到低税地区或避税地（港），从而得以减少实际缴纳的税额。

二、国际合资经营企业

（一）国际合资经营企业的含义

国际合资经营企业（Joint Venture）是指由两个或两个以上国家或地区的投资者，在选定的国家或地区（一般在投资者中的一方所在国家或地区）投资，并按照该投资国或地区的有关法律组织建立起来的，以营利为目的的企业。合资经营企业由投资人共同经营、共同管理，并按投资股权比例共担风险、共负盈亏。

联合国工业发展组织在 1968 年编写的《发展中国家工业合营企业协议手册》中，将合营企业分为两种基本类型，即股权式合营企业与契约式合营企业。股权式合营企业是以货币计算各方投资的股权和比例，并按股权和比例分担盈亏的具有法人地位的合营实体；契约式一般不是严格用各自投入的资本多寡来决定合作各方面的权利和义务，而是按契约的约定分享利润和承担风险。在我国，合资经营企业指的是股权式合营企业，而契约式合营企业则是指合作经营企业或合作经营项目。

（二）合资企业的形式

1. 无限责任公司

它是指由两个以上的股东组成的对公司债务承担无限责任的公司，即所有股东用自己的全部财产对公司债务承担责任，而不仅是用投入企业中的资本承担公司债务。无限责任公司的特点有：

（1）全体股东对公司债务负有连带责任，即数人共同对同一债务负责。当公司资产不足以清偿其债务时，债权人可以对公司的全部股东，也可对部分或一位股东要求偿还全部债务，而不管该股东出资多少。因此，无论哪个股东都有清偿全部债务之责任。

（2）股东有权直接参加公司事务的管理，公司所有权和行政管理权融为一体。

（3）股本可以任意增加或减少，无须得到当地政府的核准。

（4）不必公开任何经济账目，包括董事会和审计员的报告。

这种无限责任公司在发达国家虽然还有，但已日趋减少。在发展中国家和地区与外国投资者联合创办的企业，基本上不采用这种形式。

2. 有限责任公司

它是指由两个以上的股东组成的仅以投入企业中的资本额承担债务的公司。有限责任公司有如下特点：

（1）不得发行股票，股东各自的出资额一般由股东协商而定，股东交付股金后，公司出具股份证书，作为股东在公司中享有权益的凭证。

（2）股份不允许在证券交易所公开出售，也不得任意转让；特殊情况需要转让，必须经全体股东一致同意。西方国家公司法规定，股东欲转让其股份，其他股东有优先购买权。

（3）股东人数较少。西方国家公司法对股东人数有最高限额的规定。

（4）股东可以作为公司雇员直接参加公司的管理，法律允许公司所有权和行政管理权合二为一。

3. 股份有限公司

它是指通过法定程序向公众发行股票筹集资本，股东的责任仅限于出资额的一种公司企业组织。在西方国家，绝大多数跨国公司和合资经营企业都采取股份有限公司的形式。股份有限公司有如下特点：

（1）股份可以自由转让，其股票可以在社会上公开出售。股东人数众多，企业规模庞大。

（2）股东个人的财产与公司财产是分离的，股东对公司债务不负任何责任，一旦公司破产或解散后进行清算，公司债权人无权直接向股东起诉，只有公司以本身的全部资产对公司的债务负责。

(3) 绝大多数公司的股东不担任公司的管理者。负责股份公司日常营业活动的是董事会和经理。

(4) 账目必须公开。在每个财政年度终了时公布公司年度报告，包括董事会的年度报告、公司损益表和资产负债表等。

股份有限公司就它的资金来源、营业范围、经营规模来说，相较于有限责任公司，都具有更广泛的社会性和国际性。

4. 两合公司

一般有两种形式，一种是无限责任和有限责任的两合公司，它是由无限责任股东和有限责任股东共同组成的公司，不通过发行股票筹集资本。无限责任股东用自己的全部财产对公司债务负责；有限责任股东仅以投放在公司的资本对公司债务负责。无限责任股东负责公司的管理工作；有限责任股东一般只是负责监督。另一种是无限责任和有限责任的两合股份公司，其特点是可以通过出售股票募集资本。这种形式的公司，目前在资本主义国家还有一定数量存在，但已经不如有限责任公司和股份有限公司那样普遍。

我国的中外合资经营企业是根据我国《中外合资经营企业法》的规定组建的，其组织形式为有限责任公司。股东是固定的，合营各方的注册资本如果转让，必须经合营各方同意。开设在我国境内的合资经营企业，其一切活动应遵守中华人民共和国法律、法规和有关条例的规定。

三、国际合作经营企业

(一) 国际合作经营企业的概念

国际合作经营企业（Cooperation Enterprise）是指外国投资者和东道国投资者在签订合同的基础上依照东道国法律共同设立的企业。它的最大特点是合作各方的权利、义务均由各方通过磋商在合作合同中订明，是典型的契约式合营企业。

总的说来，国际合作企业与国际合资企业在利弊上大体相似，只是合作企业由于以合同规定作为各方合作的基础，所以在企业形式、利润分配、资本回收等方面可以采用比较灵活的方式，适应合作各方不同的需要。

(二) 国际合作经营企业的形式

1. “非法人式”的合作经营企业

“非法人式”的合作经营企业是由两国以上合营者作为独立经济实体，通过契约组成的松散的合作经营联合体，不具有法人的地位。这种合作经营企业没有独立的财产所有权，而只有财产管理权和使用权。合作经营各方仍以各自的身份在法律上承担责任，合作经营企业的债权债务，由合作经营各方按照合同规定的比例承担。合作经营企业单位的经营管理，可由各方派代表组成联合管理机构进行管理，也可委托合作经营中的一方或聘请无关的第三方负责承担。合作经营企业对承担债务，一般都以其全部出资为限，实行有限责任制。

2. “法人式”的合作经营企业

“法人式”的合作经营企业是由两国或两国以上的合营者在东道国境内，根据该国有关法律通过签订合同建立的契约式合营企业。这种合作经营企业具有独立的财产权，法律上有起诉权和被诉权，订立企业章程，建立独立的公司组织，并成立董事会为该企业的最高权力机构，任命或选派总经理对企业进行经营管理。其对外承担的债务责任，以法人的全部财产为限，实行有限责任制。

◇ 本章小结

本章主要介绍了有关国际直接投资的概念，影响国际直接投资的主要因素；阐述了国际独资企业、国际合资企业、国际合作企业等国际直接投资的基本方式。

◇ 关键概念

国际直接投资（International Direct Investment）、独资企业（Sole Proprietorship）、合资企业（Joint Venture）、合作企业（Cooperation Enterprise）

◇ 案例分析

曾炒得沸沸扬扬的收购悍马（Hummer）案，最终以失败告吹。美国东部时间 2010 年 2 月 24 日，通用汽车公司在美国底特律总部宣布，由于中国四川腾中重工机械有限公司（下称“腾中重工”）未能按期完成对悍马的收购，此项交易失败。北京时间 2 月 25 日，腾中重工也发表声明称，由于在双方商定的期限内未能获得中国相关监管机构对悍马交易的批准，腾中重工经与通用汽车磋商，决定停止推进交易的相关行动，并终止 2009 年 10 月签署的《最终协议》。在当天举行的中国商务部例行新闻发布会上，商务部新闻发言人姚坚回答媒体提问时称：“迄今为止，中国政府监管部门并未收到腾中重工收购悍马品牌的正式申请，收购案的终止是企业自己的选择，不存在未能获得审批的问题。”

根据国家发改委 2004 年颁布，至今仍在实施的《境外投资项目核准暂行管理办法》第十二条规定，国家对境外投资资源开发类和大额用汇项目实行核准管理。中方投资额超过 1 亿美元的境外投资，企业必须递交申请书，主要内容包括境外企业的名称、注册资本、投资金额、经营范围、经营期限、投资资金来源情况的说明、投资的具体内容、股权结构、投资环境分析评价等。在开展对外谈判前要向国家发改委报备，得到确认函后才能进行谈判。超过 1 000 万美元以上的非资源开发项目由国家发改委核准，超过 5 000 万美元的项目国家发改委审核后报国务院核准。而腾中重工收购悍马，计划收购资金超过 1 亿美元。

据腾中重工方面介绍，此次交易的告吹是由于双方商定的期限内，未能获得中国相关监管机构的批准。腾中重工方面表示，将尊重这一结果，但对无法完成这次交易感到非常遗憾。公司对这一收购倾注了巨大的心力，因为腾中重工相信此次交易会为公司提供一个难得的机会，以具吸引力的价格收购一个全球性品牌。同时，透过腾中重工及其他投资者的投资注入亦可为悍马的现有管理团队提供资源来推出环保型的运动车，从而满足现有主要市场的需要，并吸引包括中国在内的新兴市场。

据了解，2009 年 6 月初，通用汽车在启动破产保护程序不久，便与腾中重工达成收购悍马品牌的初步协议。而根据双方最终协议，腾中重工将以 1.5 亿美元左右收购悍马，腾中重工将获得悍马品牌、商标与商品名称的所有权。

而作为收购方的腾中重工，也不断对外界表明其雄伟蓝图，在收购后将承续与悍马经销网络相关的现行经销商合约，悍马的经销网络将在全球拓展优化。在一个过渡期内，将委托通用汽车为其组装车辆，提供关键部件以及商业服务。而两家组装车厂将一直代工至 2011 年 6 月份。

由于腾中重工是四川省的一个民营企业，只能先把材料递到四川省商务厅，再由四川省商务厅递至国家商务部。但是，商务部相关人员表示，对于腾中重工收购悍马一事，商务部曾专门向发改委、四川省商务厅等相关部门咨询过，但他们同样未收到此案件的申请。

最终历时 9 个月的收购宣告失败，但政府审批并不是故事的唯一焦点，从中吸取教训的也绝不只是民营企业。

◇ 练习与思考

1. 选择题（其中至少有一个是正确的）

（1）以下关于国外分公司说法正确的是（　　）。

A. 是母国为扩大生产规模或经营范围在东道国依法成立的。

B. 在法律和经济上有独立性，具有法人资格。

C. 有自己独立的公司名称和公司章程。

D. 分公司的所有资产全部属于子公司。

（2）国际直接投资的根本动机和目的是（　　）。

A. 降低成本　　B. 拓展市场

C. 利润最大化　　D. 分散风险

（3）为国际直接投资的发展提供物质基础的是（　　）。

A. 国际分工的发展　　B. 生产力的发展

C. 国际经济一体化的发展　　D. 各国政策扶持

2. 判断题

（1）当一国的货币贬值时，该国企业往往会扩大对外直接投资。

（2）发达国家之间出于市场导向型和分散投资风险导向型动机的相互投资相对较多。

（3）分公司在国外完全是作为外国企业而从事经营活动的，没有其所在国的股东。

3. 简答题

（1）简述国际直接投资的基本概念。

（2）简述从事国际直接投资的主要动机。

（3）简述国际直接投资的基本方式。

（4）简述设立国际独资企业的好处。

◇ 本章参考书目

[1] 赵春明. 跨国公司与国际直接投资［M］. 北京：机械工业出版社，2012.

[2] 鲁晓东. 国际直接投资［M］. 北京：经济管理出版社，2011.

第四章

国际直接投资方式

学习目标

本章的目的是使学生了解创建、兼并以及非股权参与等国际直接投资的基本方式，掌握跨国并购的特点和各种理论，熟悉企业从事跨国并购的主要动因等，并理解跨国并购的特点和各种理论。

第一节 创建方式

一、创建方式的定义及其特点

创建方式也称绿地投资（Green Field Investment），是指跨国公司等投资主体在东道国境内依照东道国的法律设立的部分或全部资产所有权归外国投资者所有的企业。从创建的定义来看，创建新企业会直接导致生产能力、产出和就业的增长，而简单意义上的收购则意味着仅仅是企业所有者的更改。

绿地投资作为国际直接投资中取得实物资产的重要方式是源远流长的。早期跨国公司的海外拓展业务基本都是采取这种方式，后来随着跨国收购兼并的兴起，它所占的比例有所下降，但就在跨国收购兼并风行的今天，绿地投资仍不失其重要性，仍以收购兼并所无法具备的特点不时地受到投资者的青睐。

绿地投资与并购方式比较，其特点是显而易见的。绿地投资的突出优点是：在创建新企业的过程中，跨国经营企业独立地进行项目的策划、建设并实施经营管理，投资者能够在很大程度上把握项目的风险，并能在较大程度上掌握项目策划各个方面的主动权。其突出的缺点是：创建新企业需要大量的筹建工作，而且建设周期长、速度慢、缺乏灵活性，因而整体投资风险较大。

二、创建方式的基本形式

创建国外企业，其形式可分两种：一是建立国际独资企业，二是建立国际合资企业。国际独资企业的形式有国外分公司、国外子公司和国外避税地公司。国际合资企业的形式有股权式合资企业和契约式合资企业。上述企业的具体内容已在第三章中做了详细阐述。

第二节 跨国并购

一、兼并与收购的概念

企业跨国并购的概念是由企业国内并购的概念引申扩展而来的。企业并购（Mergers & Acquisitions）包括兼并和收购两层含义。取得其他企业的产权兼并是兼并方与被兼并方合为一体，而收购是收购方实现对被收购方的控制，收购方的法人地位不变，被收购方的法人地位也可能不变。从广义看，收购可视为兼并的一种特殊形式。国际上习惯将兼并和收购合在一起使用，统称为M&A，在我国称为并购。

（一）兼并

兼并（Mergers）是指两个或两个以上的企业按照某种协议联合组成一个企业的产权交易行为，通常是指一家企业以现金、证券或其他形式购买取得其他企业的产权，使其他企业丧失法人资格或改变法人实体，并取得对这些企业决策权和控制权的经济行为。

（二）收购

收购（Acquisitions）是指一企业以某种条件获得另一企业的大部分产权，从而处于控制地位的产权交易行为，通常也是一家企业以现金、证券或其他形式购买另一家企业的部分或全部资产或股权，以获得该企业的控制权。

收购的对象一般有两种，即股权和资产。收购股权与收购资产的主要区别在于：收购股权是购买一家企业的股份，收购方将成为被收购方的股东，因此要承担该企业的债权和债务；而收购资产则仅仅是一般资产的买卖行为，由于在收购目标公司资产时并未收购其股份，因此收购方无须承担其债务。

（三）兼并与收购的异同点

1. 兼并与收购的相同点

收购与兼并有许多相似之处，主要表现在：

（1）基本动因相似。基本上，要么是为扩大企业的市场占有率，要么是为扩大经营规模、实现规模经营，要么是为拓宽企业经营范围、实现分散经营或综合化经营。总之，都是增强企业实力的外部扩张策略或途径。

（2）都以企业的产权为交易对象。

2. 兼并与收购的区别

兼并与收购的区别在于：

（1）在兼并中，被合并企业作为法人实体不复存在；而在收购中，被收购企业可仍以法人实体的形式存在，其产权可以是部分转让。

（2）兼并后，兼并企业成为被兼并企业新的所有者和债权债务的承担者，是资产、债权和债务的统一转换；而在收购中，收购企业是被收购企业的新股东，以收购出资的股本为限承担被收购企业的风险。

（3）兼并多发生在被兼并企业财务状况不佳、生产经营停滞或半停滞之时，兼并后一般需调整其生产经营、重新组合其资产；而收购一般发生在企业正常生产经营状态下，产权流动比较平和。

由于在运作中兼并和收购的联系远远超过其区别，所以兼并、合并与收购常作为同义词一起使用，统称为购并或并购，泛指在市场机制作用下企业为了获得其他企业的控制权而进行的产权交易活动。所以在以后的讨论中我们就不再强调这三者的区别，并把并购一方称为并购企业，把被并购一方称为目标企业。

从经济发展的历史进程上看，企业跨国并购是在企业国内并购的基础上发展起来的，但企业跨国并购涉及两个或两个以上国家的企业及其在国际上的经济活动，它的内涵及其对经济发展的影响与一般的国内并购有着很大的不同。下面将在以上一般并购概念的基础上介绍跨国并购的定义、类型、方式及运作程序，并对跨国并购的特点做一个简要的分析。

二、跨国并购的基本含义

跨国并购（Cross-border M&A）是指跨国公司等投资主体通过一定的程序和渠道，取得东道国某现有企业全部或部分资产所有权的投资行为。

跨国并购是国内企业并购的延伸，涉及两个以上国家的企业、两个以上国家的市场和两个以上政府控制下的法律制度。它除了具有国内并购的基本含义外，还具有一些与国内并购所不同的特点：

第一，跨国并购主要是指跨国收购而不是跨国兼并。跨国收购的目的和最终结果并不是改变公司的数量，而是改变目标企业的产权关系和经营管理权关系。而跨国兼并则意味着两个以上的法人最终变成一个法人，不是母国企业消失，就是目标企业消失。这种情况在跨国并购中是很少见的，也与跨国公司的全球发展战略不相吻合。

第二，基于跨国并购的跨国性，其发生的原因与国际因素具有更大的相关性。因此，对跨国并购的分析和研究要综合考虑世界市场的竞争格局、世界经济一体化进程、区域集团化趋势、跨国投资的国际协调等因素。

第三，跨国并购具有比国内并购更多的进入障碍，主要表现在并购母国和并购目标国之间在经济利益及竞争格局、公司产权及管理模式、外资政策及法律制度和传统文化等方面。

第四，国内并购非常直观地表现为市场份额的改变和市场集中程度的提高；而跨国并购分别就并购母国和并购目标国市场而言，并未直接表现为市场份额和市场力的改变，而是表现为并购者对市场份额的占有程度和市场竞争能力的扩展，表现为世界市场份额和市场力集中程度的改变，它对国内市场的影响是潜在的，即通过两国或两国以上比较优势的组合和各类资源的配置，对国别市场的未来变化起作用。

第五，跨国并购的主体更多的是跨国公司，而跨国公司实施并购计划更多的是从全球发展战略的角度来考虑经济利益的得失问题，这就使跨国并购理论与一般并购理论有显著不同之处。

三、跨国并购的特点

（一）与创建方式相比较，跨国并购的优点

1. 市场进入方便灵活，资产获得迅速

利用收购和兼并的方式有可能得到东道国一些现成的和有用的生产要素，如土地、厂房和熟练劳动力等，可以大大缩短项目的建设周期和投资周期，从而使跨国公司可以迅速获得资产，目标市场的进入也更加机动灵活。

2. 获得廉价资产

跨国公司以收购与兼并方式获取资产的出价往往低于目标公司资产的真实价值。造成目标公司资产价值低估可能是出于以下三种情况：

（1）收购公司比目标公司更清楚地了解目标公司资产潜在的真实价值。

（2）目标公司在经营中陷入困境而使收购公司可以压低价格收购。

（3）收购公司利用东道国股市下跌时以低价购入目标公司的股票。

3. 比较容易得到当地的融资

跨国公司收购与兼并目标企业，使得原来对该企业提供信贷资金的银行等债权人有可能继续维持与该企业的借贷关系。

4. 获得被收购企业的市场份额，减少竞争

跨国并购不仅可以直接获得被收购企业的原有资产，而且收购方企业可以直接占有被收购企业原有的销售市场，利用被收购企业的销售渠道。此外，收购原有企业一般不会增加原有的市场供给，从而减少了竞争对手，也可以避免因厂商增加而导致平均销售额下降的风险。

5. 利用适合当地市场的原有的管理制度和管理人员

当跨国公司因发展迅速而缺乏管理人员或者收购方母国的投资环境与目标国有较大差异时，收购是企业跨国经营企业决策应优先考虑的方式。

6. 便于企业扩大经营规模，实现多元化经营

跨国公司要跨越原有的生产范围，实现多样化经营，在缺乏有关新行业生产和销售等方面的技术和经验时，收购东道国现有企业是实现多元化经营的一种迅速而又行之有效的途径。

（二）跨国并购的障碍及问题

1. 东道国的限制

为了保护本国的民族工业，防止外国投资者在某些部门处于垄断地位，东道国政府有时会限制某些行业的并购。

2. 原有契约及传统关系的束缚

被收购企业同其客户、供货商和职工已具有的一些契约上或传统上的关系，往往成为跨国公司继续管理的障碍，如我国存在的企业间的“三角债”问题和企业与银行之间的债务问题等。

3. 价值评估的困难

对跨国企业的价值评估是跨国收购的最关键也是最复杂的环节。由于国际会计准则差别、市场信息障碍和无形资产评估等问题的存在，对目标企业的价值评估显得非常困

难，从而加大了决策的难度。

4. 企业规模和选址上的制约

由于被收购企业的规模、行业和地点都是固定的，所以通过收购东道国原有企业，跨国公司很难找到一个与自己全球发展战略要求的地点及生产规模等都相符的企业。

5. 失败率较高

实际统计数字表明，跨国并购方式的经营失败率要高于创新企业的经营失败率。除了以上几方面的原因之外，被收购企业原有的管理体制与收购企业的不适应和观念转变的不及时也是造成较高失败率的重要因素。

四、跨国并购的类型

跨国公司采取并购方式进行直接投资，其动机包括开拓国际同类市场，取得产品商标、品牌和已有的行销网络，保证原材料的供应和产品的销售市场，经营领域、区域和资产的多元化等。由此可以将跨国并购分为不同的类型。

（一）从跨国并购双方的行业关系划分，跨国并购可以分为横向并购、纵向并购和混合并购

1. 横向并购（Horizontal M&A）

横向并购又称水平式并购，是指两个或两个以上国家生产或销售相同或相似产品的企业之间的并购。并购方与被并购方处于同一行业，生产或经营同一产品，生产的工艺也相近，并购后可按收购企业的要求进行生产和加工。

这种跨国并购的目的通常是扩大世界市场的份额或增加企业的国际竞争力或垄断实力，确立或巩固企业在行业内的优势地位，扩大企业规模。并购双方比较容易整合，进而形成规模经济和内部化交易，促进利润的增长。横向并购是跨国并购中经常采用的形式。

2. 纵向并购（Vertical M&A）

纵向并购又称垂直式并购，是指两个或两个以上国家生产相同或相似产品但又处于不同生产阶段的企业之间的并购。这种并购是对生产工艺或经营方式上有前后关联的企业的并购，是生产、销售的连续性过程中互为购买者和销售者，即生产经营上互为上下游关系的企业之间的并购。比如加工制造企业并购与其有原材料、运输、贸易联系的企业，并购双方是原材料供应者或产成品购买者，所以对彼此的生产状况比较熟悉，并购后比较容易融合在一起。

并购的目的通常是低价扩大原材料供应或扩大产品的销路，组织专业化生产和实现产销一体化。纵向并购一般较少受到各国有关反垄断法律或政策的限制。

3. 混合并购（Conglomerate M&A）

混合并购又称复合并购，是指两个或两个以上国家不同行业的企业之间的并购。这种并购是对处于不同领域、产品属于不同市场且与其产业部门之间不存在特别的生产技术联系的企业进行收购。如钢铁企业并购石油企业，因而产生多种经营企业。采取这种方式可通过分散投资、多样化经营降低企业风险，达到自愿互补、优化组合、扩大市场

活动的范围。

这种并购方式同跨国公司的全球发展战略和多元化经营战略密切联系在一起，减少了单一行业的经营风险，降低了生产成本，增强了企业在世界市场上的整体竞争实力。它与前两种方式的不同之处在于它的目的往往是隐蔽的，不易被发现和限制。

（二）从并购行为的结果来看，跨国并购可以分为部分并购和整体并购

1. 部分并购

部分并购又称参与股份，是指将企业的资产和产权分割为若干部分进行交易而实现企业并购的行为，收购企业（Acquiring Company）只取得被收购企业（Acquired Company）的部分资产所有权。这种收购的结果一般不会对被收购企业产生实质性影响。

部分并购具体包括三种形式：（1）对企业部分实物资产进行并购。（2）将产权划分为若干份等额价值进行产权交易。（3）将经营权划分为几个部分，如营销权、商标权、专利权等，进行产权转让。部分并购的优点在于可扩大企业并购的范围；弥补大规模整体并购的巨额资金的缺口；有利于企业设备更新换代，使企业将不需要的厂房、设备转让给其他并购者，更容易调整存量结构。

2. 整体并购

整体并购是指收购企业取得被收购企业的全部资产所有权，整体并购又称全部并购，它是资产和产权的整体转让，是产权的权益体系或资产不可分割的并购方式。这种收购的结果是被收购企业不复存在，或成为收购企业资产的一个组成部分。

整体并购的目的是通过资本迅速集中，增强企业实力，扩大生产规模，提高市场竞争能力。整体并购有利于加快资金、资源集中的速度，迅速提高规模水平与规模效益。实施整体并购也在一定程度上限制了资金紧缺者的潜在购买行为。

（三）从并购公司是否和目标公司接触来看，跨国并购可以分为直接并购和间接并购

1. 直接并购

直接并购也称为友好接管（Friendly Takeover）或善意并购，是指收购公司直接向目标公司（Target Company）提出拥有所有权的要求，双方通过一定的程序进行磋商，共同商定条件，根据双方的协议完成所有权的转移。

如果收购公司提出的是部分所有权要求，目标公司就可能允许收购公司取得增发的新股；若收购公司提出的是全部所有权要求，则双方可在共同利益的基础上磋商所有权转让的条件和形式。此外，如果目标公司由于经营不善或遇到债务危机，也可以主动提出所有权转让。

直接并购有利于降低并购行动的风险和成本，使并购双方能够充分交流、沟通信息，目标公司主动向并购公司提供必要的资料。同时，善意行为还可避免因目标公司抗拒而带来的额外支出。但是，善意并购使并购公司不得不牺牲自己的部分利益，以换取目标公司的合作。而且漫长的协商、谈判过程也可能使并购行动丧失其部分价值。

2. 间接并购

间接并购是指收购公司并不向目标公司直接提出收购的要求，而是通过在市场上收

购目标公司已发行和流通的具有表决权的普通股，从而取得目标公司控制权的行为。

间接并购一般不是建立在共同意愿的基础上，很可能导致公司间的激烈对抗，这种意愿相悖的收购称为敌意收购（Hostile Takeover），成功率是比较低的。在这类收购中，收购公司并非只满足于取得部分所有权，而是要取得目标公司董事会的多数股权，强行完成对整个目标公司的收购。

敌意收购的优点在于并购公司完全处于主动地位，不用被动权衡各方利益，而且并购行动节奏快、时间短，可有效控制并购成本。但敌意并购通常无法从目标公司获取其内部实际运营、财务状况等重要资料，给公司估价带来困难，同时还会招致目标公司抵抗甚至设置各种障碍。所以，敌意并购的风险较大，要求并购公司制定严密的收购行动计划并严格保密、快速实施。另外，由于敌意并购易导致股市的不良波动，甚至影响企业发展的正常秩序，各国政府都对敌意并购予以一定的限制。

（四）按并购交易是否通过证券交易所，跨国并购划分为要约收购和协议收购

1. 要约收购（Offer Acquisition）

要约并购是指并购公司通过证券交易所的证券交易，持有一个上市公司已发行股份的 30% 时，依法向该公司所有股东公开发出收购要约，按符合法律的价格以货币付款方式购买股票，获取目标公司股权的收购方式。要约收购直接在股票市场中进行，受到市场规则的严格限制，风险较大，但自主性强，速战速决。上面讲的敌意并购多采取要约收购方式。

2. 协议收购（Negotiated Acquisition）

协议并购是指并购公司不通过证券交易所，直接与目标公司取得联系，通过谈判、协商达成共同协议，据以实现目标公司股权转移的收购方式。协议收购易取得目标公司的理解与合作，有利于降低收购行动的风险与成本，但谈判过程中的契约成本比较高。协议收购一般都属于善意并购。

（五）按照目标公司是否是上市公司，跨国并购可以分为私人公司并购和上市公司并购

1. 私人公司并购

私人公司并购是指并购公司在非证券交易所对非上市公司的收购。这种并购一般是通过公司股东之间直接的、非公开的协商方式进行的，只要目标公司的大部分股东愿意出售其持有的股份，私人公司的控制权便由并购公司所掌握，并购行为也告完成。但这类并购规模较小，风险也较大。

2. 上市公司并购

上市公司并购是指并购公司在证券交易所通过对上市公司股票的收购而实现的并购。目前具有重大影响的跨国并购都是通过证券市场实施的。

（六）按照并购的融资渠道划分，跨国并购可以分为杠杆收购、管理层收购和联合收购

1. 杠杆收购（Leveraged Buyout）

杠杆并购是指收购公司投资设立一家直接收购公司，该公司以其资本及未来买下的目标企业的资产和收益为担保进行举债，如向银行借款、发行债券、向公开市场借贷

等，以借贷的资本获得目标公司的股权或资产，完成对目标企业的收购，并用目标公司的现金流量偿还负债的并购方式。由于这种方法只需以较小的资本代价就能完成，因而被称为杠杆收购。

杠杆收购的突出特点是并购公司不需要投入全部资金即可完成并购。并购完成后，并购公司一般会把目标公司的资产拆分并变卖，以偿还并购所借款项；正因为如此，杠杆收购风险较高，涉及支付能力和偿还债务能力；在高风险的同时，杠杆收购有极高的股权回报率的可能，并且由于债务资本的利息在税前支付，故相当于政府间接地给予杠杆收购公司以补贴。被收购公司在被收购前若有亏损，其亏损亦可递延，冲抵被杠杆收购后各年份所产生的盈利。

杠杆收购具有很高的风险性，高额举债要以收购完成以后出售企业的部分优良资产来偿还。如果被收购企业的资产无法顺利变卖，就会影响收购企业的收购能力。另外，如果利率回升也可能出现难以支付利息的情况。因此，一旦条件发生了不利的变化，收购企业就可能无法达到收支平衡，从而面临着因无法偿还债务而倒闭的危机。

2. 管理层收购（Management Buyout）

管理层收购是指一个企业的管理层人员通过大举借债或与外界金融机构合作，收购一家企业（通常是该管理层人员管理的企业）的行为，可以视作杠杆收购的一种。

管理层收购由于大举借债而使收购具有很大的风险性，但由于收购人就是目标企业的经营管理人员，他们熟悉企业的内部情况，一般都具有避免风险的把握。

3. 联合收购（Consortium Offer）

联合收购是两个或两个以上的收购人事先就各自取得目标企业的一部分以及所承担的收购费用达成协议而后进行的收购行为。

联合收购的收购人必须是两个或两个以上，被收购企业不是整体出卖给收购人而是各收购人取得被收购企业的不同部分。

五、跨国并购理论

西方跨国公司并购理论中有代表性的理论有效率理论、信息和信号理论、代理问题与管理者主义、自由现金流量假说、市场势力理论、税收考虑和再分配假说等。

（一）效率理论

该理论认为公司并购具有潜在的社会效益，包括提高管理层的经营业绩和获得某种形式的协同效应，它具体又包括六种分理论。

1. 差别效率论

这是公司并购的最一般理论，它认为并购活动产生的基本原因是交易双方的管理效率相同，实际中总存在效率低于社会平均水平或没有充分发挥经营潜力的企业。该理论可通俗表述为：如果甲公司的管理比乙公司更有效率，在甲公司并购乙公司后，乙公司的效率将提高到甲公司的水平，整个经济的效率水平也会随公司并购活动而得到提高。如果严格阐述该理论，它可以称为管理协同假说，即具有一个高效率管理队伍的公司，其管理能力超过了其日常管理需求，它可以并购一家管理效率低的公司来充分利用其过剩的管理资源。这里有两个假设条件：第一，如果收购方有剩余的管理资源能轻易释放，那么不一定需要并购活动；但如果管理层作为一个团队（Team），其管理效率具有不可分性，或者具有规模经济，那么可以通过并购其他企业来利用其过剩的管理资源。第二，低效率企业通过直接雇佣管理人员或与外部管理者签订合同的手段来增加管理投入和提高管理绩效是不可行的，而需要被并购。只有在满足这两个条件的情况下，公司并购才具有协同效应，因为它把目标公司非管理性的组织资本与并购公司过剩的管理资本有机地结合了起来。

2. 无效率管理者理论

该理论很难和上面的差别效率理论及后面的代理理论相区分。无效率管理包括两种情况：一是既有管理层未能充分发挥其经营潜力，而另一控制集团介入就能提高其管理效率；二是目标公司管理绝对无效率，几乎换任何一个外部经理层都能比现有管理层做得更好。该理论为混合兼并提供了一个理论基础，而在差别效率理论中，收购公司的管理方力图补足被收购公司的管理人员，并且在被收购公司的特定业务活动方面具有经验，因此适用于解释横向兼并。无效率管理论则更适用于混合兼并，即为从事不相关业务的公司间的并购活动提供理论基础。它有三个理论假设：一是目标公司的所有者或股东无法更换其管理者，只能通过代价高昂的并购更换无效率的管理者；二是替换不称职的管理者只是并购的一种动因，假设并购后企业有收益则是并购的另一动因；三是并购后目标公司的管理者将被替换。

3. 经营协同效应论

该理论认为，由于在机器设备、人力或企业管理费支出等方面具有不可分割性，所以产业存在规模经济的潜能，横向、纵向甚至混合兼并都能实现经营协同效应。企业往往是对某些已有的要素没有充分利用，而对其他要素又没有足够的投入。例如，甲公司擅长营销但不精于研究开发，而乙公司刚好相反时，甲公司并购乙公司就可以优势互补而产生经营上的协同效应。另外，公司有规划和控制才能的人员可能没有被充分利用，并购后公司人员达到规模经济要求的数量，并购公司原有的人员得到充分利用，同时也不再需要向其他公司转移人员。注意，该理论也暗含一种假定：即行业中存在规模经济，而且在并购之前公司的经营活动水平达不到规模经济的要求。

4. 多角化经营理论

企业进行多角化分散经营有许多原因，其中包括管理者和其他雇员需要分散风险，保护公司的组织资本和声誉资本以及财务和税收方面的收益。首先，股东可以在不同的资本市场上通过证券组合分散不同的公司投资风险，而公司雇员分散其劳动收入来源的机会有限。一般的，公司雇员具有该公司的专属知识，这些知识只对该公司有价值，在现有公司工作有比在其他公司工作相比较高的劳动生产率，从而取得较高的报酬。因此，他们重视工作稳定、换取更多专业知识和高薪的机会，高薪又需要职位的提升。公司多样化经营可以给管理者和其他员工带来工作稳定和升迁机会。这也适用于既是管理者又是所有者的人。其次，公司对雇员能力的认识是随时间积累的，在某种程度上也是公司专属的，它可以将雇员与工作岗位进行有效的匹配，使人尽其才，形成有效的员工组合。如果公司破产，那么这种组合形成的组织机构的价值也就不复存在。但若公司多样化经营，则可将这些队伍转移到正在发展和盈利的业务中。因此，多样化分散经营可以保证公司业务的平稳过渡、公司团队和机构组织的连续发展。再次，公司还具有声誉资本，这是通过长期对公司所特有的广告、研究与开发、固定资本、人员培训和机构发展等方面的投资形成的，它将顾客、供给商、雇员与公司联系在一起，多样化经营可以保护这种声誉资本，因为一旦公司被清偿，它们就会消失。最后，分散经营可以提高公司的负债能力，降低由并购引起的现金流的波动。虽然多样化经营未必一定通过并购来实现，还可以通过内部发展来完成，但通过并购可迅速达到多样化扩展的目的。

5. 长期战略规划理论

该理论的一个理论基础是认为通过并购可以实现分散经营。战略规划不仅与经营决策有关，与公司的环境和顾客也有关。该理论隐含着公司通过并购可以实现规模经济和挖掘公司目前尚未充分利用的管理潜力。它的另一个理论基础是公司通过外部的分散经营，可以扩充其现有管理能力所需要的管理技能。公司不是通过内部发展获得新的能力和新的市场，而是采用并购方式，由于时机选择比较重要，通过并购活动进行调整的速度要快于通过内部发展的调整速度，而且还有实现管理协同效应的机会。

6. 价值低估理论

该理论认为，当目标公司的市场价值由于某种原因而未能反映出其真实价值或潜在价值时，并购活动将会发生。用投资的 q 理论来说，其中 q=公司股票的市值/公司资产的重置价值，如果 q<1，通过并购可以达到扩大生产等目的，且比新建节省成本。其中，公司市值被低估一般有以下几种原因：（1）管理层无法使公司的经营潜力得到充分发挥；（2）收购公司拥有外部市场所没有的、有关目标公司真实价值的内部信息；（3）由于通货膨胀造成资产的市场价值与重置成本的差异，而出现公司价值被低估的现象。该理论与差别效率理论和无效率管理者理论没有太大区别，企业在公司资产价值低于其重置成本时出售，是因为并购企业比一般企业更有效率，或者至少比被并购企业富有效率。

（二）信息和信号理论

信息假说认为当目标公司被收购时，资本市场将事先对该公司的价值做出评估，它包括两种形式：一是并购传递了目标公司股票价值被低估的信息，并且促使股票市场对这些股票重新做出估价，而目标公司并不需要采取任何特别的行动。二是收购要约会激励目标公司的管理层从事更有效率的管理活动，除了收购要约，并不需要其他任何外部动力来促进企业股票价值的重新高估。信息假说的一个变形是信号理论，它说明特别的行动会传递其他形式的重要信息。例如，公司收到收购要约会给市场传递这样的信息：该公司拥有人们尚未认识到的额外价值，或企业未来的现金流量会增长；但一企业用普通股并购其他企业时，可能会被目标企业或其他有关各方视作并购企业的普通股价值被高估的信号；但企业重新购回其股票时，市场又认为其提供这样一种信号：管理层有其企业股票价值被低估的信息，该企业将会获得有利的新的发展机会。

（三）代理问题与管理者主义

在管理者只拥有公司的一小部分股权时就会产生代理问题。管理层只有公司的小部分所有权时，他们会偏向于非现金的额外支出，如豪华办公室、专用汽车等，因为这些支出由公司大股份所有者负担。在股权极为分散的大公司，单个股东更没有动力花成本监控管理者。产生代理问题的基本原因是管理者和所有者之间的和约不可能无成本地签订和执行，由此产生的代理成本包括：（1）所有人与代理人的签约成本；（2）委托人监督与控制代理人的成本；（3）保证代理人进行最优决策或执行次优决策的成本；（4）剩余损失即代理人决策偏离委托人福利最大化目标而对委托人造成的福利损失，它是由于完全履行合约的成本超过其收益的缘故。该理论对公司并购的解释可归纳为以下三种观点：

1. 收购可以降低代理成本

公司的代理问题可经由适当的组织等激励机制设计解决，一是当公司的经营权与所有权分离时，决策的拟定和执行与决策的审批和监控应加以分离。前者是代理人的职权，后者归所有者管理，这是通过内部机制设计来控制代理问题。二是建立适当的奖励机制和经理市场，前者通过奖金和股票期权激励代理人提高业绩，后者通过劳动力市场评价确定管理者的声誉和工资水平。三是股票市场提供外部监督手段，因为股价可以反映管理者的业绩，股价过低会向管理者施加压力搞好经营。当以上机制都不足以控制代理问题时，收购是最后一道外部控制机制，通过并购可以使外部管理者战胜现有的管理者和董事会，取得对目标企业的决策控制权。

2. 管理者主义

与以上观点相对立，有人认为收购只是代理问题的一种表现形式，而不是解决办法。穆勒认为管理者有扩大企业规模的动机，他假定代理人的报酬是公司规模的函数，因此，代理人有动机通过收购使公司规模扩大，而忽视公司的实际投资收益率。因此，管理主义者认为，并购只是公司管理者低效率的代理问题的一种表现形式，而没有解决代理问题。

3. 骄傲假说

该理论假定管理者由于野心、自大或骄傲而在估计并购机会时犯了过分乐观的错误。并购企业在确定一个潜在的目标企业时，需要对后者的价值进行评估，只有在股价超过其当前的市场价值时才会并购。但如果没有协同效应和其他并购收益时，估价的平均值将等于当前的市场价值。只有在估价极高时，才会提出收购要约。即收购者在评估目标公司时，往往过于乐观，尽管该项交易并无投资价值。并购是部分竞购者自以为是的结果，他们傲慢地认为自己的估价是正确的。并购溢价只是一种误差，是并购者在估价时犯的错误。如将并购都归因于骄傲理论，必须具备强式效率市场的前提。因为它假设市场有很高的效率：股价已经反映了所有的信息；进行资源的重新配置无法带来收益，而且不能通过公司间重组和并购来改善经营管理。但在实际的经济体系中，强式效率市场是很难存在的，因此骄傲假说只能部分解释收购活动的产生。

（四）自由现金流量假说

自由现金流量假说也源于代理成本问题，它认为管理者和股东之间在自由现金流量支出方面存在利益冲突，有关这方面的代理成本是导致并购发生的一个主要原因。这里的自由现金流量指的是公司的现金在支付了所有净现值为正的投资计划后所剩余的现金量。该理论认为，要想使公司有效率和股价最大化，自由现金流量必须完全交付给股东，而这降低了经理人的权力，避免代理问题的产生，同时使公司以后再投资融资时更受资本市场的约束。除了减少自由现金流量外，该假说认为适度的债权由于在未来必须支付现金，比管理者采用现金股利发放来得有效，更容易降低代理成本。该假说强调，尤其是在已面临低度成长而规模逐渐缩小，但仍有大量现金流量产生的组织中，控制财务上的债权比较重要。也就是说，公司可通过收购活动，适当地提高负债比例，可减少代理成本，增加公司的价值。

（五）市场势力理论

一般认为，收购可以提高公司的市场占有率，由于市场竞争对手的减少，可以增加公司对市场的控制力。但有的学者认为市场占有率的提高，并不代表规模经济或协同效应的实现。只有通过水平或垂直式收购整合，使市场份额上升的同时又能实现规模经济或协同效应，这一假说才能成立。反之，若市场占有率的提高建立在不经济的规模之上，则该项收购可能会带来负效应。

（六）税收考虑

税收上的好处能够部分解释收购的产生，尤其是在公司合并上，当公司有过多账面盈余时，合并另一公司可以降低赋税支出。如果政府主动以减免税收的方式鼓励公司的合并，这一好处将更加明显。因此，有些并购可能是出于税收最小化方面的考虑，这又取决于各国的税收制度规定。

（七）再分配假说

这种理论认为公司并购活动中股东价值增加的来源是资源在利害关系人之间的再分配，即股东收益的增加是以牺牲其他利害关系人的利益为代价的，其他利害关系人包括债券持有者、政府和企业工人。例如，价值可能是从债券持有人手中转移到股东手中，也可能从劳动者手中转移到股东或消费者手中。

以上公司并购理论虽然是一般的并购理论，但由于跨国并购也是企业并购的一种，因此又适用于跨国并购。

六、国际并购动因

（一）企业发展的需要

企业增长或许是国际兼并最重要的动因。增长对任何企业的福利都很重要，而并购提供了迅速增长的方式。一是跨国并购是跨国公司达到其长远战略目标的需要；二是国内市场饱和或国内经济体太小，无法容纳公司庞大的增长，可以实行跨国并购。国内市场的主要企业因为规模经济会拥有较低成本，海外扩张会使中等规模企业达到所需规模，以提高竞争能力。这是近来某些日本中型公司与美国企业兼并的一个原因。最后，尽管拥有最高效的管理和技术，为了能够进行全球业务，进行跨国并购可以达到有效全球竞争要求的规模和实现规模经济。

（二）技术

技术因素从两方面影响国际兼并：技术上有优势的企业，为利用技术优势，进行国外收购；或者一家技术上劣势的企业将国外有技术优势的企业作为收购目标，以提高自身在国内外的竞争地位。在国际兼并中，收购的企业必须具备普通管理机能上的优势，诸如计划和控制，或者研究和发展。收购者选择一个技术上劣势的目标，因为这种劣势使其不断丢失市场份额及其市场价值，通过将技术输入被收购企业，收购者能提高自己在国内外的竞争地位和盈利性。另外，现金充足但技术落后的公司，试图通过收购获得所需的技术以维持其在世界舞台上的竞争地位。

（三）产品优势与产品差异

一家企业在国内市场因其产品优良而有了声誉，其产品在国外市场也同样能被接受，多样化经营和产品差异之间有很强的相关关系。

（四）政府的政策

政府的政策、法规、关税和配额在许多方面能影响国际兼并。为保护国内工业而建立的关税和配额，使出口显得尤其脆弱。而这些限制能鼓励国际兼并，尤其当被保护的市场巨大时。环境和政府法规是想通过新建方式引进国外市场企业所需的时间和成本，这就促使跨国企业并购那些拥有现成设备的公司。

（五）汇率

外汇汇率从很多方面影响国际兼并。国内货币对外币的相对坚挺或疲软能够影响跨国并购的实际价格、其所筹集资金、管理所收购公司的生产成本及返回至母公司利润的价值。会计惯例的变动能引起货币转换的盈利和亏损。管理汇率风险是跨国企业开展业务的额外成本。

（六）政治、经济稳定性

政治和经济的不稳定会大幅度增加风险。政治稳定性的考虑包括：政府更换的频率，权力转移的时间，一届政府与下一届政府执政的政策区别有多大，统治的政党之间的差异程度等。必须对政府干涉的可能性做出估计。（例如，一方面，补贴、减少税收、贷款保证等；另一方面，自始至终剥夺其所有权）。有利的经济因素包括低的或至少是可预测的通货膨胀，劳工关系是经济稳定的另一个重要因素。而汇率的稳定是经济稳定的另一个因素。

（七）劳动力成本和生产率差异

前面已提及劳工关系，劳动力环境明显影响生产成本；但这里，我们更直接关心的是劳动力成本和生产率。例如，1975~1980 年，不断下跌的美元确实导致美国劳动力成本的相对下降，鼓励了国外企业收购美国公司。

（八）银行追随顾客

厂商与银行建立的长期合作关系，是银行业国际并购的重要原因。如果银行的相当部分客户在国外投资，银行也应相应扩展到国外，否则有些业务将丢让给东道国的银行。

（九）多样化经营

跨国并购从地理上通过生产线的延伸，能够达到多样化经营。不同的经济并非完全相关，跨国并购减少了单一依赖国内经济存在的风险，因此，跨国并购不但可以减少非系统风险，而且能减少系统风险。

（十）确保原材料供应

这是跨国并购的一个重要原因，特别是对于国内资源匮乏的并购公司，跨国并购是预先消除进出口原材料障碍的手段。

七、跨国并购的融资方式

跨国并购的融资方式主要是通过现金收购、股票替换、债券互换以及这三种方式的综合使用，另外还有承担债权债务的情况。

（一）现金收购

现金收购是指不涉及发行新股票或新债权的企业收购，包括以票据形式进行的收购。在支付票据的情况下，被收购企业的股东获得收购方的某种形式的票据，其中不包括任何股东权益因素，属于某种形式的延期现金支付。所以这种支付安排也可以认为是被收购企业的股东向收购方提供了资金融通。

在现金收购中，购买方支付了议定的现金后即取得被收购企业的所有权，而目标公司的股东一旦得到对其所拥有股份的现金支付即失去其所有权。

现金并购有以下两种情况：

（1）并购方筹集足额的现金购买被并购方全部资产，使被并购方除现金外没有持续经营的物质基础，成为有资本结构而无生产资源的空壳，不得不从法律意义上消失。

（2）并购方以现金通过市场、柜台或协商购买目标公司的股票或股权，一旦拥有其大部分或全部股本，目标公司就被并购了。

（二）股票替换

股票替换是指并购公司增加发行本公司的股票，以新发行的股票替换被收购公司原有的股票，以此完成对目标公司的收购。通过这种途径完成的收购一般称为企业兼并，其特点是目标公司的股东并不因此而失去其所有权，而是被转移到了并购公司，并随之成为并购公司的新股东。

这种股票交易方式的并购也有两种情况：

（1）以股权换股权。这是指并购公司向目标公司的股东发行自己公司的股票，以换取目标公司的大部分或全部股票，达到控制目标公司的目的。通过并购，目标公司或者成为并购公司的分公司或子公司，或者解散并入并购公司。

（2）以股权换资产。并购公司向目标公司发行并购公司自己的股票，以换取目标公司的资产，并购公司在有选择的情况下承担目标公司的全部或部分责任。目标公司也要把拥有的并购公司的股票分配给自己的股东。

由这种方式形成的企业兼并不同于一般的企业合并。企业合并是指两个独立公司的股东同意通过股票替换组成一个扩大的公司，即通过发行一种全新的股票而组成一家新公司。由此可见，股票替换导致的是收购企业的扩大和被收购企业的消失，而企业合并则是以双方同时消失其实体，又同时拥有新的实体为结果。

（三）债券互换

债券互换是增发并购公司的债券，用于代替目标公司的债券，使目标公司的债权转换到并购公司。债券的类型包括担保债券、契约债券和债券式股票等。

（四）承担债权债务

承担债权债务的情况基本发生在企业兼并活动中，特别是优势企业兼并劣势企业时。劣势企业在经营时负债累累，其实有资产与负债基本相等，优势企业想要兼并劣势企业就要承担劣势企业的全部债权债务，包括其全部现有资产，但不需要另外支付任何对价。也就是说在目标公司资不抵债或资产债务相等的情况下，并购方以承担被并购方全部或部分债务为条件，取得被并购方的资产所有权和经营权。

在这种方式下，支付价格不是一个明确的价格，而是目标企业债务和整体产权之比。支付也是一种特殊方式的支付，也就是兼并方以替目标企业向其债权人偿还债务的方式来间接完成向企业的支付。

八、跨国并购的运作

不论何种程序的企业并购基本上都需要通过公司的董事会制定一个合理的决议，并在此决议的基础上签订企业并购合同。

(一) 关于企业并购的董事会决议和股东决议

并购双方的董事会应各自通过并购的决议，其主要内容包括：

(1) 拟进行并购的公司名称及拟进行并购成立的公司名称；

(2) 并购的条款及条件；

(3) 把每个公司股份转换为存续公司的股份、债务或其他证券，全部或部分地转换为现款或其他财产的方式和基础；

(4) 因并购而引起存续公司的公司章程更改的声明以及就新设立的公司而言，依公司法所设立的各公司章程所必须载明的所有声明；

(5) 有关并购所必须或合适的其他条款。

董事会将通过的决议提交股东大会讨论，并由大会予以批准。美国公司法一般规定，在获得有表决权的多数股份持有者的赞成后，决议通过。德国公司法则规定，凡股份有限公司的并购决议，需要全部有表决权的股东的3/4通过方为有效。

(二) 并购合同

并购各方应签订并购合同，并购合同必须经各方董事会和股东大会的批准。并购合同应载明以下事项：

(1) 存续公司增加股份的总数、种类和数量；

(2) 存续公司对被并入公司的股东如何分配新股；

(3) 存续公司应增加的资本额和关于公积金的事项；

(4) 存续公司应支付现金给并入公司的股东的具体规定；

(5) 并购各方召开股东大会批准合同的时间；

(6) 进行兼并的具体时间。

如果公司属于新设公司，那新设并购公司合同则应包括如下内容：

(1) 新设公司发行股票的种类和数量；

(2) 新设公司的总部所在地；

(3) 新设公司的资本额和公积金的规定；

(4) 并购各方召开股东大会批准该公司成立的时间和进行并购的具体时间。

并购合同一经股东大会批准，应在限定时间到相关管理部门登记。此时存续公司应当进行变更登记，新设公司应该进行设立登记。注册后，被解散的公司应进行解散登记。只有在有关管理部门登记注册后，并购才能正式生效。并购一经登记，因并购合同而解散的公司的一切资产和债务由存续公司或新设公司承担。

（三）并购程序

企业并购的一般程序为：

1. 制订并购计划

企业在制订并购计划时需要考虑的内容很多，主要包括企业自身的长远发展规划、并购活动的目的、利益等内容。

2. 可行性分析

这是企业进行并购的一个重要的步骤。在企业的并购战略中，可行性分析包括的内容主要有以下几点：

（1）并购是否可取。只有当目标企业的市价低于其重置资本时，企业进行并购才是合算的。但在并购过程中应考虑两个因素：① 并购过程中，跨国公司不一定全部购买目标企业，因此，收购目标企业股权数量不同，其出价也会不同；② 从会计角度来看，对目标企业不同的评估方法得来的重置资本可能不同，其预期收益也会发生变化。因此，在决定并购是否可取的过程中应考虑上述两点。

（2）寻找并购对象。这一点实际上应同上一步同时进行，对目标企业的经营状况、财务状况、市场地位等因素进行透彻的分析，以便做出最佳的选择。

（3）考虑融资及税制结构、法律条文的影响。企业并购往往需要大量的资金，所以企业在进行并购的可行性分析时，应该明确此项计划的融资策略。另外，各国的税收政策、有关法规等也必须予以充分的考虑，以免在战略实施过程中因违法而破产。

（4）制订具体的实施方案。对参与并购的人员、中介机构的选择、并购技术上的处理等方面做出详细的规定，以便时机成熟后实施既定方案。

3. 并购合同的实施

并购合同的实施就是根据并购合同对目标企业进行并购。

4. 并购的善后事宜

跨国公司并购一家企业后，应进一步加深对被并购企业的了解，制订好以后的人事、物资分配计划，缩小双方的文化差异，加强管理阶层的紧密合作，改善被并购企业的财务状况等。

第三节　非股权参与方式

一、非股权经营的含义

（一）非股权经营的概念

非股权经营（Non-equity Participation）是指跨国公司在东道国企业中不参与股份，通过向东道国企业提供技术、管理、销售渠道等与股权没有直接联系的各项服务（无形资产）参与企业的经营活动，从中获取相应的利益与报酬。在非股权参与方式中，跨国公司并不持有在东道国企业的股份，而只是通过与东道国的企业建立某些业务关系来取得某种程度的实际控制权，从而实现本公司的经营目标。

非股权参与方式是20世纪70年代跨国公司面对发展中国家国有化政策和外资逐步退出政策而采取的一种灵活措施，也是后来逐渐被跨国公司广泛采用的经营方式。20世纪70年代以来，非股权经营越来越多地进入发展中国家，因为发展中国家与发达国家经营环境存在明显的差别，发展中国家的经济政策、投资环境和市场的完善程度不能满足跨国公司在股权参与方面的要求，使发达国家的跨国公司不愿花费过大的成本在发展中国家进行独资或合资经营，而是采用非股权经营的方式进入发展中国家。根据联合国贸易与发展会议《1999年世界投资报告》显示，跨国公司更多地利用了和其他企业的非股权合作关系，如联盟、管理合同或分包安排等。这些安排可以满足公司的多种目标，即在使企业分享创新活动的成本和风险的同时，可以更好地获得技术或其他资产，还可以降低劳动密集型产品的生产成本。

（二）非股权经营与股权经营方式的比较

非股权经营方式与股权经营方式相比，具有以下特点：（1）非股权性。跨国公司不是以直接投资来获取股权的，而是以签订合同的方法，参与东道国企业的生产经营活动。因此，在非股权参与方式下，资产的营运是完全脱离股权关系的，投资者不以股权作为其参与控制的基础，投资者收益取得和风险分担是建立在契约关系之上的。（2）非长期性。非股权参与方式由于受到契约关系的制约，资产营运的期限一般较短，通常随合同的履行完毕或到期而终止。（3）灵活性。非股权参与方式与股权参与方式相比，形式更加多样，资产的营运也更具有灵活性。同时，它可以将直接投资与间接融资及国际贸易相融合，使投资者的选择余地更大，相应承担的风险也更小。

非股权经营方式除具有以上特点外，在实践中，它还能给跨国公司带来股权经营方式所没有的优势，主要表现在：（1）跨国公司通过非股权经营方式，不用对外直接投资，可以减少经营风险。（2）跨国公司凭借在生产、技术和管理上的优势和能力，通过转让技术、提供管理、服务、销售网络等，获取满意的利润。（3）跨国公司通过非股权经营方式，表面上虽然没有股权，但生产、技术和管理的优势是企业发展的关键所在，因此，跨国公司对东道国企业的控制权并没有降低。

与股权经营方式相比，非股权经营方式对发达国家的跨国公司来说，其好处在于：（1）跨国公司不用在东道国直接投资，减少了经营风险；（2）跨国公司不投入股金，不用承担东道国企业的财务风险；（3）跨国公司靠转让技术、提供服务、合作生产来获取利润；（4）跨国公司依仗其技术、管理、生产和营销上的优势对东道国企业实行一定程度的控制；（5）跨国公司不动用资金、不占有股份，不会激起民族主义的排外情绪，减少政治风险。

对东道国家来说，这种非股权经营方式在更多地拥有对企业的控制权的基础上，同样可以获得先进技术、管理经验、营销技巧和有关产品，从而被东道国所乐于接受。

在非股权经营下，发达国家的跨国公司对东道国企业可以实行积极控制和消极控制。所谓积极控制，是指跨国公司通过非股权形式将东道国企业纳入其全球经营网中，在某种程度上如同外国投资者股权控制一样。所谓消极控制，是指跨国公司将东道国企业经营活动与其国际化经营完全分离。因此，非股权经营对东道国企业的控制程度，也可能大，如同股权投资，也可能小，如消极控制。实际上，非股权经营是对外直接投资的替代物。

二、非股权经营的形式

跨国公司的非股权经营形式很多，而且随着跨国公司的发展，非股权参与方式也得到了广泛发展，其形式在不断变化和丰富，最常见的形式有许可证贸易、合同安排、设备租赁、补偿贸易、销售协议、特许经营和技术咨询等。

（一）许可证贸易

许可证贸易（Licensing）又称技术授权，指跨国公司与东道国的公司签订合同，在跨国公司获得一定收益的情况下，授权东道国企业使用某种已经注册的商标、专利、其他工业产权或未经注册的专有知识。许可证贸易涉及的工业产权和技术通常包括专利（Patent）、商标（Trade Mark）、专有技术（Know-How）或专门知识等内容。

在许可证贸易项下，供受双方要签订一项许可证协议。许可证协议涉及供受双方，供方在一定条件下允许受方使用其发明技术、商标、专有技术或专门知识，受方从供方取得使用、制造、销售某种产品的权利，得到相应的技术知识，同时按协议支付一定的技术使用费，并履行有关义务。跨国公司是供方，其责任是提供技术资料和技术情报，负责有关技术人员的培训、派遣专家现场指导等，保证受方达到预期的使用目标。东道国的公司是受方，其责任是除支付报酬给供方外，还可能依照合同规定承担某些义务，如保证技术的使用不超过规定的范围，不将技术向第三方泄密等。如果使用供方的商标，则还要接受供方的质量监督，以保证商标的信誉。因此，受方的经营活动就必然在一定程度上受到供方的控制。

许可证贸易具有风险小、成本低的优点，但也存在一些明显的缺点，主要表现在：(1) 买方有可能掌握购入的技术，使卖方失去技术垄断，增加新的竞争者；(2) 由于卖方没有亲自参与东道国企业的经营管理，不能获得东道国生产和经营的经验，也无法控制市场；(3) 这种许可证销售收益受到买方产品销售额大小的影响很大，如果销售额太低，卖方收取的提成费可能无法弥补各项支出。

（二）合同安排

合同安排（Contract Arrangement）是指跨国公司以承包商、代理商、销售商和经营管理者的身份，通过承包工程、经营管理等方式参与东道国企业的经营活动，获取一定的报酬的经营方式。此类合同安排包括管理合同和多种类型的工程承包合同。

在合同安排项目下，跨国公司对东道国企业不参与股权，通过提供企业管理的经验和技巧，参与经营活动，获取利润报酬。

1. 管理合同

管理合同（Management Contracts）是指东道国企业由于缺乏技术人才和管理经验，以合同形式交由跨国公司经营管理。管理合同是转移管理的一种方式，即管理能力强的跨国公司，以其优秀的管理人员和先进的管理技术，到海外为当地企业负责经营管理事务并获取管理费。管理契约一般限定在一定的时间内，通常在5~10年之间。管理合同对东道国来说是一种不承担风险即可获得国际经验的手段；对跨国公司来说，这种方式并不次于股份经营，可以对参与企业进行一定的控制，有利于自己全球业务的开展。管理合同通常用于东道国新产业部门的企业、产品专供外销的企业和大型国际旅游企业等。

2. 工程承包合同

工程承包合同（Construction Contracts）是指跨国公司通过国际的投标、议标和其他协商方式达成协议所签订的合同，依照合同承担并完成某一工程项目而取得相应报酬的一种经济行为。

工程承包是一项程序相当复杂的商业性交易。承包人必须具有法人资格，与业主签订承包合同，双方所签订的合同不得违背公认的国际经济准则和双方所属国家的法律；承包人必须以投标或其他形式取得承包工程，必须以自己的资本、技术、劳务、设备和材料，以及相对低的成本参与国际劳务市场的竞争。工程承包的范围主要有基础设施和土木工程、资源开发工程、制造业工程等，项目包括水坝、管道、高速公路、地铁、机场、通信系统、电站和工厂联合企业等。无论是哪一种形式和内容，它所包括的是从设计到现场施工、从成本核算到物资的采购供应、从设备到劳务的输出等综合性的经济活动。工程承包按承包合同范围划分，可分为工程咨询合同、施工合同、设备供应合同及设备供应与安装、交钥匙合同、交产品合同等。现简介如下：

（1）工程咨询合同（Consultant Contract）

对各种类型的工程建设项目的投资方案进行可行性研究，提供工程设计、施工、设备购置、生产准备、人员培训、生产运转、商品销售、资金筹措等方面的咨询服务。

（2）施工合同（Construction Contract）

跨国公司为外国政府或厂商从事道路、交通等工程的设计和建设施工，并负责提供机器、设备及原材料，负责工程管理。工程完成后，管理权即移交东道国。

（3）设备供应合同及设备供应与安装（Supply of Equipment and Supply of Equipment with Erection Contract）

为完成整个工程的设备部分，东道国业主可根据情况，签订四种范围不同的合同：单纯设备供应合同、设备供应与安装合同、单纯安装合同、监督安装合同。

（4）交钥匙合同（Turn-Key Contract）

又称“一揽子合同”，是指跨国公司负责从工程的方案选择、建筑施工、设备供应与安装、人员培训直至试生产全过程责任的合同。项目移交给东道国业主后，东道国业主只需“转动钥匙”，该项目就可以开始运转。

（5）交产品合同（Product-in-Hand Contract）

亦称产品到手项目，是指在交钥匙合同的基础上，跨国公司仍在项目投产后的一定时间内（一般为1~2年）继续负责指导生产、培训人员和维修设备，保证生产出一定数量的合格产品，并达到规定的原材料、燃料等消耗指标后才算完成任务。

无论是交钥匙合同，还是产品到手合同，大多用于缺乏技术和施工经验的国家新建技术水平较高的项目。

3. 设备租赁

设备租赁（Equipment Leasing）是近几十年来国际上十分活跃的一种跨国参与方式。出租的设备通常有飞机、船舶、石油钻机、大型电子计算机、起重机和某些成套的生产设备等。在一项租赁交易中，凡设备购置成本100%由出租人独自承担的称为单一投资者租赁。设备购置成本的小部分由出租人投资承担、大部分由银行等金融机构投资人提供贷款补足的称为杠杆租赁（Leverage Lease）。单一投资者租赁是人们所熟悉的基本方式和传统做法，如融资租赁（Financial Lease）。杠杆租赁是近十几年来首先在美国发展起来的最高级的一种租赁形式，适用于筹措资产价值在几百万美元以上的大型长期租赁业务，可满足对有效寿命达10以上，高度集约型设备（如飞机、集装箱、工厂、输油管道、近海石油钻井平台、卫星系统等）的融资需要。

杠杆租赁是一种采用财务杠杆方式组成的融资性节税租赁，出租人一般只需投资购置设备所需款项的20%~40%，即可在经济上拥有设备所有权，享受如同对设备100%的同等税收待遇。设备成本中的大部分由银行金融机构提供。银行金融机构提供贷款时，需要出租人以设备第一抵押权、租赁合同和收取租金的受让权作为对该项借款的担保。购置成本的借款部分称之为杠杆，通过这一财务杠杆作用，充分利用政府提供的税收好处，使交易各方，特别是出租方、承租方和贷款方获得一般租赁所不能获得的经济利益。

设备租赁按内容可划分为干租（Dry Lease）和湿租（Wet Lease）两种。干租是出租人只向承租人提供设备，但不提供该设备的操作人员。湿租是出租人向承租人出租设备外，还随同设备提供操作和维修人员。

4. 补偿贸易

补偿贸易是指跨国公司在向东道国进口方销售机器设备和转让技术的过程中，不以收取现汇为条件，而是以使用该设备或技术的项目投产后所生产的产品来分期收回其价款的一种参与方式。补偿贸易是集投资、贸易、间接融资为一体的非股权参与方式。它通常在东道国外汇短缺的情况下实施。

根据偿付设备和技术价款形式的不同，目前国际上常见的补偿贸易形式有：

（1）直接补偿

直接补偿又称产品返销或回购，指东道国进口方用引进的设备或技术所生产的全部产品分期偿还进口合同的价款。为此，跨国公司在签订合同时必须承担按期购买一定数量直接产品的义务。

（2）间接补偿

间接补偿是指东道国进口方引进的设备或技术不生产有形产品，或生产的有形产品跨国公司并不需要，或东道国对产品有较大需求，从而用其他指定产品来分期偿还进口合同的价款。

（3）部分补偿

部分补偿也称综合补偿，指补偿贸易中进口设备、技术等的价款，部分用直接产品或间接产品偿付，部分可用现汇或贷款偿付。

5. 销售协议

销售协议（Sales Agreement）是跨国公司利用东道国的销售机构来扩大自身的产品销售能力的方式。销售协议可分为三种：（1）分销（Distributorship），是指跨国公司与东道国的商业机构签订协议，由后者按照跨国公司规定的价格在东道国销售其产品。分销商从跨国公司进货时，获得有利可图的折扣优待。（2）商业代理（Commercial Agency），是指跨国公司委托东道国的商业机构为其商品找寻买主。代理商本身不直接从事该产品的购销活动，而是由卖方与买方直接成交。代理商按成交额的一定比例收取佣金。（3）寄售（Consignment），是指跨国公司将商品运交给东道国的商业机构，委托后者代为销售，直到该商品在市场出售以后，再由寄售商交还货款，并从货款中扣除佣金。

6. 特许营销

特许营销（Franchise）是商业和服务业的跨国公司采取较多的一种参与方式。世界著名的麦当劳和可口可乐饮料公司都是采用这种方式建立了它们的全球经营网。

特许营销的一个重要特点是，营销总店（Franchisers）都是一些在顾客中已享有较高声誉的企业，有其良好的产品质量和服务水平。营销总店允许营销分店（Franchisees）使用它的商号名称，并对分店的经营活动给予协助。但分店的所有权并不归总店所有，而是独立的经济实体。分店只按销售额或利润的一定百分比（也有的按固定金额）向总店缴纳特许权使用费。

7. 技术咨询

技术咨询（Technical Inquiry）是指跨国公司对东道国企业存在的技术问题或技术论证方案提供咨询和论证等技术性服务。此类软件服务内容很广，有收集信息、预测趋势、拟订计划、制订方案、协助决策、承包项目、组织实施、验证实效等。

上述非股权参与方式有时单独运用，但绝大多数情况下并不单独运用。跨国公司往往根据需要和可能，与股权经营方式结合在一起，形成组合型经营方式。

◇ 本章小结

本章主要讲解了创建、兼并以及非股权参与等国际直接投资的基本方式，跨国并购的特点和各种理论以及企业从事跨国并购的主要动因等，并且介绍跨国并购的特点和各种理论。

◇ 关键概念

绿地投资（Green Field Investment）、兼并（Mergers）、收购（Acquisitions）、跨国并购（Cross-border M&A）、非股权经营（Non-equity Participation）

◇ 案例分析

2016 年 6 月，腾讯宣布接手软银在 Supercell 的全部股权，总金额约 86 亿美元，打破了“暴雪 56 亿美金收购 Kings”所创造的纪录。在这场豪赌中，腾讯获得了超过 1 亿的手游用户和顶级的手游研发拼图，而 supercell 这家世界顶级手游开发公司也迎来了自己的新靠山。

自 2010 年成立以来，Supercell 已推出四款主要游戏，分别为《部落冲突》《海岛奇兵》《卡通农场》以及《皇室战争》。财务数据显示，截至 2015 年底，Supercell 的员工总数也不过 190 余人，而其总资产约为 19.67 亿美元，净资产约 8.97 亿美元，其 2014 年、2015 年的税后盈利分别为 4.68 亿美元和 7.62 亿美元。

事实上，对于此等“人少钱多”，具备高盈利能力的公司产生兴趣的远不止腾讯一家。2015 年 8 月，巨人史玉柱曾前往 Supercell 的芬兰总部参观，此外，马云也被爆出曾有意拿下 Supercell。至于为什么是腾讯截了这把大胡，还要从苦主软银的债务、supercell 的诉求和腾讯自身的投资逻辑来一一讲述。

债务把软银和 supercell“拆散”

2013 年，软银以 15.3 亿美元的高价收购了 Supercell 51% 的股份，并在 2015 年将持股比例增加到 73%。而在同一年内，软银的债务问题已经浮出了水面。从 2012 年收购 SprintCorp 开始，软银在和美国两大电信巨头商 Verizon 和 AT&T 交战的过程中不断投入资金，随着 Sprint 持续亏损、客户流失等情况的恶化，2016 财年的 Sprint 已经给软银带来了超过 56 亿美元的负现金流，仅 2016 年 Q1，软银的净利润就下降了 30%。

据市场研究公司标准普尔 Capital IQ 测算，截至 2016 年 3 月 31 日，软银总债务已经高达 1 082 亿美元，为此，美国评级机构穆迪已把软银的长期信用评级降至垃圾级。在这种情况下，这家成立 30 余年的风投公司决定将茁壮成长的 supercell 以高价卖出，实现所谓的“2.0 转型”战略。

这场“分手”证明，孙正义向艾卡·潘纳宁所描绘的“共战 300 年”的宏图大志始终抵不过现实中经营状况的压力，而在数个竞标者中，腾讯无疑是最合适的“新欢”。于是，艾卡·潘纳宁在分手宣言之后发出了新的告白：“与腾讯的合作可以带给 Supercell 成功所需要的一切。”事实上，如潘纳宁所言，腾讯除了能开出 86 亿美金的资本，还具备其他更重要的优势，如收购模式、运营能力和社交资源等。

首先，Riot 的先例让 supercell 看到了腾讯在收购模式上的亮点：独立运营。腾讯在研发能力上的短板不可否认，为了避免如 WESTWOOD 和 EA 的惨剧，从收购 Riot 开始，腾讯便以资本和平台提供者的身份自居，使顶级的研发、运营团队保持自身节奏。同时，这种允许被收购方独立运营的模式还可以在一定程度上保护 Supercell 的元老级人士，解决一些职场上的后顾之忧。

其次，是腾讯的运营能力。《英雄联盟》《穿越火线》等多款游戏已经在其手下发展成为国民级产品，凭借腾讯在电竞、影视、动漫、文学四大业务线的资源，将一款本身具备亿级用户的手游扩展成为一个多栖 IP，似乎要比其他靠山容易一些。最后，是平台。尽管 Facebook、Twitter 是全球社交行业霸主，但在中国的十几亿人中间，腾讯才是社交网络的一把手。据统计，2016 年腾讯社交平台已经覆盖超过 10 亿的中国用户，通过 QQ、微信等社交渠道和内容分发平台，即使增加 1%的渠道转化率，也是一次千万级的变化。

86 亿美金的豪赌背后有着近 10 年形成的投资逻辑。从 2005 年开始，腾讯已经在 35 家游戏公司上总共花了 178 亿人民币，收购对象也从最开始的日韩公司，开始转向欧美，从端游转向手游。而其中耗资最高、影响力最大的两起投资并购案例则要数 2013 年收购英佩数码和 2011 年收购 Riot。

在这两起收购案例中，腾讯的目的性十分明确：（1）补全技术短板；（2）拓展全球化布局。其中，以 3.3 亿美元收购英佩数码 48.4%的股份是看中游戏引擎技术，借此收购，腾讯得到了国际一流的虚幻引擎技术支持，为游戏研发打了个国际化的基础。而说到以 2.3 亿美元收购 Riot 93%的股份，并在之后收购剩余股份的案例，已经被许多跨国投资企业当作一本教科书来分析。自《英雄联盟》成为腾讯游戏以来，腾讯获得了一个真正意义上的“世界顶级研发团队”，如今，LOL 的世界决赛在 15 个比赛日中的每日独立观众数达到 3.9 亿，直播收看时长达到 3.7 亿小时，而仅 LPL 赛事一年的转播和赞助权就在 2016 年 9 月份卖出了 9 000 万元的保底价。

此前，包括 PATI、TAPZEN、GLU 等多家海外游戏研发、运营商的收购项目都已经显露出腾讯在游戏版块的全球化野望。而对于豪掷 86 亿美金收购 supercell 的案例来说，腾讯直接得到了超过一亿的手游用户、一个顶级研发运营团队以及欧美市场的诸多资料。以 supercell 目前的盈利趋势来看，这笔钱花得虽称不上精彩，但也不冤。随着电竞产业的发展和 IP 的养成，supercell 或许真的可以成为腾讯的下一个 Riot。

资料来源：http：//www.donews.com/news/detail/3/2945170.html DONEWS《2016 游戏业盘点：腾讯收购 supercell》刘胜军。

◇ 练习与思考

1. 选择题

（1）绿地投资的优点有（　　）。

A. 跨国经营企业独立进行经营管理

B. 投资者能够在很大程度上把握项目的风险

C. 建设速度快、周期短

D. 整体投资风险较小

（2）按照并购的融资渠道划分，跨国并购可以分为（　　）。

A. 杠杆收购　　B. 管理层收购

C. 上市公司并购　　D. 联合收购

（3）跨国并购的主要融资方式有（　　）。

A. 现金收购　　B. 股票替换

C. 债券互换　　D. 承担债权债务

(4) 以下属于补偿贸易的是（　　）。

A. 直接补偿　　B. 间接补偿

C. 部分补偿　　D. 全部补偿

2. 判断题

(1) 横向并购促使企业形成规模经济和内部化交易，促进利润的增长。

(2) 敌意收购一般成功率比较低。

(3) 非股权参与方式与股权参与方式相比，投资者承担的风险更大。

3. 简答题

(1) 简述兼并与收购的异同点。

(2) 简述非股权经营的概念。

(3) 简述非股权经营的方式。

◇ 本章参考书目

[1] 杨大楷. 国际投资学 [M]. 上海：上海财经大学出版社，2010.

[2] 王红岩. 国际直接投资与跨国公司 [M]. 上海：立信会计出版社，2012.

第五章

跨国公司

学习目标

通过对本章的学习，应掌握跨国公司的基本含义、衡量跨国公司的基本标准以及跨国公司发展的历程，熟悉跨国公司产生、发展及其组织管理，了解跨国公司的全球经营战略以及各种跨国金融机构。

第一节 跨国公司概述

一、跨国公司的定义

跨国公司主要是指发达国家的一些大型企业为获得巨额利润，通过对外直接投资，在多个国家设立分支机构或子公司，从事生产、销售或其他经营活动的国际企业组织形式。长期以来由于判定角度的不同，跨国公司的概念一直没有统一标准，甚至名称也在不断地变化，如多国公司、国际公司、全球公司、世界公司等。但名称使用上的不同，并不影响对跨国公司从内涵的深度方面加以界定，不同的角度有不同的界定方式。归纳起来，跨国公司的定义主要有以下几类：

（一）地理范围上的界定

这是从跨国公司经营活动的地理跨度，特别是从国别跨度的角度对跨国公司的具体内涵予以界定，即跨国公司就是跨越国界、在国外经营业务的企业组织。这是最简单的一种界定方式。

英国里丁大学从事跨国公司研究的著名学者邓宁认为：“国际的或者多国的生产企业的概念……简单地说，就是在一个以上的国家拥有或者控制生产设施（如工厂、矿山、炼油厂、销售机构、办事处等）的一个企业。”联合国秘书处起草的研究报告也认为，广义的跨国公司“适用于凡是在两个或更多的国家控制工厂、矿山、销售机构或其他资产的企业”。

从统计标准的角度来看，跨国公司的地理跨度到底要多大，最开放的观点是，只要在两个或两个以上的国家从事生产经营活动的企业，即可称为跨国公司；而最保守的观点认为要在六个以上国家设有子公司、分公司及其他形式的分支机构的大型跨国企业才能算作跨国公司。一般的折中态度是，最低要扩展到四国或五国，才能称为跨国公司。

这是从跨国公司经营活动所处的地理范围来界定跨国公司的概念，并未涉及跨国公司经营管理的具体内涵和本质特征。因而，这只是一种较浅层次的界定方式。

（二）所有权标准上的界定

这是以所有权的法律基础来界定跨国公司的属性，即以跨国公司的股份拥有、管理控制所依据的法律基础作为划分企业是否为跨国公司的标准。

所有权标准上的界定包含两方面的含义：

一是指跨国公司通过直接投资形成的对国外分支机构拥有实际控制权的股权比重大小。国际货币基金组织出版的《国际收支手册》认为，在所投资企业中拥有25%或更多的股票权，可以作为控制所有权的合理标准。美国将此标准定为10%以上，加拿大和日本以50%为标准，一般的国际惯例取10%为标准。

二是指跨国公司自身股票所有权的多国性，即跨国公司所有权必须被一个以上国籍的法人或自然人所掌握。这实际上是将“无国籍性”或“国籍模糊性”作为界定跨国公司的一个标准。实际上到目前为止，大型跨国公司主要还是为少数发达国家所拥有，管理控制权也仍操纵在以这些国家为基地的跨国公司总部手中。因此，跨国公司所有权的“国际化”并不是针对其自身而言的，而主要是指跨国公司对其国外分支机构所有权控制的有效渗透与拓展。

（三）经营管理特征上的界定

这是从企业具体的经营理念和经营行为来判定划分跨国公司的标准。第一，企业经营管理的最高决策层必须具备全球性的经营理念，最高主管不能只关注该企业在某一国家或地区中的活动，而应关注所有的国家和地区，即作为“国际企业家”来平等对待世界各地为该企业提供的最佳机会，完全以世界性的经营态度来规划企业的各项经营活动，实现以高级的公司内劳动分工为特征的职能一体化和区域一体化。只有满足上述两个要求的“全球性”企业才是真正的跨国公司。对跨国公司概念的界定只有在这个层次上才是最具有意义的。

（四）跨国经营业绩指标上的界定

这种对跨国公司的定义，是以一定的指标体系来衡量公司是否为跨国公司。

1. 比例指标体系

应用比例方法来衡量和反映企业的国际化程度，具体包括国际销售率、海外资产比率、国际管理指数、国际投资指数和海外公司比率。该比例指标体系考虑了衡量的准确性和可操作性，但过于强调比率的概念，忽略了企业规模的因素，缺乏绝对指标。

2. 相对、绝对指标组合法

考虑海外销售总额、海外销售净额、海外资产比率、海外销售率、对外贸易依存度、投资结构水平和生产依存度等指标。

以上按国际化经营业绩的定义可以从不同的角度来反映企业在经营业绩方面所表现出来的跨国程度。

（五）诸因素综合分析界定

上述几种界定方式分别从不同的角度、不同的层次去把握跨国公司的具体含义，综合这几种界定方式才能全面、系统地审视跨国公司。因此，真正意义上的跨国公司至少应具备以下三方面的特征：

（1）生产经营活动跨越国界。

（2）在多个国家拥有从事生产经营活动的子公司，并能够对子公司达到有效控制。

（3）具有全球性的经营动机和战略，并将其所有经营活动都置于该战略的指导之下。

为了将上述三个方面特征都涵盖于跨国公司的概念中，需要采取诸因素综合分析界定的方式。联合国经社理事会在 1973 年和 1986 年通过并修改了《跨国公司行为守则草案》，对跨国公司的界定就采取了该界定方式，认为跨国公司应该是这样一个企业：

（1）由两个或两个以上国家的经济实体所组成的共有、私有或混合所有制企业，而无论这些经济实体的法律形式和活动领域如何。

（2）在一个决策系统制定的连贯政策和一个或多个决策中心制订的共同战略下从事经营活动。

（3）各个实体通过股权或其他方面的联系，其中的一个或多个实体能够对其他实体的经营活动施加有效的影响，特别是在与其他实体分享知识、资源和责任等方面的影响时尤为有效。

这个定义既抓住了跨国公司的外部特征，又反映了跨国公司的深度内涵，特别强调了跨国公司内部一体化的经营策略，因而也更体现了它的深度。归纳而言，跨国公司是指具有全球经营动机和一体化经营战略，在多个国家拥有从事生产经营活动的分支机构，并将它们置于统一的全球性经营计划之下的大型企业。

总之，跨国公司与从事跨国经营活动的企业之间最本质的区别是：是否从事对外直接投资，即是否拥有或控制生产和服务设施。跨国公司最基本的业务是对外直接投资。

二、跨国公司国际化经营的度量

从上述概念可以看出，跨国公司的本质是国际化经营。而对于如何衡量跨国公司国际化经营程度，则有以下五个指标：

（一）跨国经营指数（Transnational Operation Index）

这是根据企业的国外资产比重、对外销售比重和国外雇员比重这几个参数所计算的算术平均值。

跨国经营指数=[（国外资产/总资产+国外销售额/总销售额+国外雇用人数/雇员总数）/3]×100%

（二）网络分布指数（Network Distribution Index，NDI）

该指数用以反映公司经营所涉及的东道国的数量。

$$网络分布指数 = N/N^{*} \times 100\%$$

其中，N 表示公司海外分支机构所在的国家数；N^{*} 表示公司有可能建立国外分支机构的国家数，即世界上有 FDI 输入的国家数，从已接受 FDI 输入存量的国家数目中减去1（排除母国）即可得出 N^*，《1997年世界投资报告》提供的数据为 $N^*=178$。

（三）外向程度比率（Outward Significance Ratio，OSR）

OSR =一个行业或厂商的海外产量（或资产、销售、雇员数）/一个行业或厂商在其母国的产量（或资产、销售、雇员数）

（四）研究与开发支出的国内外比率（R&DR）

R&DR=一个行业或企业的海外 R&DR 费用支出/一个行业或企业的国内或国外 R&DR 费用开支总额

（五）外销比例（Foreign Sales Ratio，FSR）

FSR= 行业或厂商产品出口额/行业或厂商产品海内外销售总额

以上指标反映了公司国际化经营的不同方面，其中，前两项指标最常用，但要全面说明公司的国际化程度还需要其他指标的配合。研究表明，跨国公司规模与其经营的国际化程度呈现一定的负相关关系。

三、跨国公司的特征

跨国公司作为国际化经营的企业组织，要对产品的生产、运销、资金筹措及资金投放等各种经济活动进行国际化的安排。因此，它与一般的国内企业及其他国际经济组织相比，有以下几个方面的特点：

（一）战略目标全球化

所谓全球化战略，是指在世界范围内有效地配置国内公司的一揽子资源，将公司的要素优势与国外的政治、关税、非关税壁垒和生产要素优势等投资环境的差异条件联系起来考虑，优势互补，使有限的要素资源发挥最大的效用，使公司的整体利益达到最大化。

国内企业的战略目标是以国内市场为导向的，偏重于本国范围内有效地组织生产经营，以实现利润最大化。而跨国公司则是以全球作为活动舞台，把世界市场作为其角逐的目标。它们通过对公司所处竞争环境和公司本身条件的分析，进行多种可能的论证和抉择，制定"全球化战略目标"，确定产品方向和子公司的发展规模以及向新地区、新领域扩张的步骤等。跨国公司在做经营决策时，不仅考虑当前的利益，而且考虑未来的发展；不是孤立地考虑某一子公司所在国的市场、资源等情况和某一子公司的局部得失，而是从全球的角度考虑整个公司的发展，有时甚至让某分公司亏损，以便在总体上取得最大利润。

（二）公司内部一体化

跨国公司实现其全球战略的关键在于实行"公司内部一体化"。这一原则要求实行高度集中的管理体制，即以母公司为中心，把遍布世界各地的分支机构和子公司统一为一个整体。所有国内外的分支机构和子公司的经营活动都必须服从总公司的利益，在总公司的统一指挥下，遵循一个共同的战略，合理利用人力和财力资源，实现全球性的经营活动。一方面，跨国公司通过分级计划管理，落实公司的全球战略；另一方面，通过互通情报，实行内部交易，共担风险，共负盈亏。跨国公司可以利用遍布全球的分支机构，应付环境的变化，把投资、生产、出口、采购、资金等互相转移，变动研发基地、从事外汇投机买卖等，实现子公司的一体化部署。

（三）运行机制开放化

国内企业通常把营运过程的所有阶段，包括研究开发、投资建厂、生产制造、销售产品放在国内进行，至多只是把最后的销售产品阶段放在海外进行，其运行机制基本上是内向的、封闭型的。由于跨国公司以整个世界为自己的活动舞台，所以它们通常把营运过程的所有阶段都部分或全部放在海外进行，其运行机制基本上是外向的、开放型的。

（四）生产经营跨国化

生产经营跨国化是跨国公司最基本的特征。许多国内企业也可能有涉外活动或业务，但跨国公司与这些国内企业相比，有着很大的区别。表 5.1 展示了跨国公司与涉外的国内企业相比，在生产经营跨国化方面的特征差异。

表 5.1　　跨国公司与国内企业的生产经营比较

	国内企业	跨国公司
交易领域	主要局限于国际流通领域，单独地从事一两项（如商品出口或劳务输出）涉外经济活动，并且这些活动不涉及在国外投资建立经济实体	在世界经济的各个领域，全面地进行资本、商品、人才、技术、管理和信息等交易活动，并且这种“一揽子活动”是在母公司控制之下进行的，其子公司也像外国企业一样参加当地的再生产过程
国内外经济活动关系	国内外经济活动的关系是相当松散的，有较大的偶然性；其涉外经济活动往往是交易完后就立即终止，不再参与以后的再生产过程	国内外经济活动的关系则是紧密的，这有其必然性：一方面，子公司受制于母公司；另一方面，母子公司的业务在分工协作的基础上融为一体，相辅相成
交易对象	许多涉外经济活动是以国际市场为媒介，交易的对象是另一家企业	许多涉外经济活动是在公司内部（母公司与子公司之间，子公司与子公司之间）进行的，交易过程中没有其他企业参加
涉外扩张手段	以产品出口作为向海外扩张的主要手段	以直接投资作为向海外扩张的主要手段

（五）技术内部化

跨国公司大部分是凭借技术优势起家并获得快速发展的。市场的不完全性，无论是来自市场本身的固有缺陷还是政府人为的管理、干预措施形成的障碍，都使跨国公司为了自身利益，在通过外部市场公开出售技术商品的同时，更偏爱通过内部市场，把不愿或不能进行公开登记出售的技术、技能和先进的管理经验，在公司内部实行有偿转让。

为了保持技术优势，跨国公司积极从事研究与开发工作，并在全世界范围内有组织地安排科研机构，并把主要科研机构设在母公司所在国，使研究成果掌握在总公司手中，首先在公司内部使用，推迟扩散，以保持较长时间的领先地位。

科技内部化可以避开外部市场的阻碍和高成本，发挥科技优势的作用，可以保护这种科技优势不受国外厂商的效仿，可以增加总公司控制、计划能力，在企业内部合理安排产品的生产和分配。

四、跨国公司的产生与发展

跨国公司是科学技术和生产力发展的结果，是垄断资本主义的产物。

跨国经贸活动具有悠久的历史。两千多年前，中国与欧亚各国就有频繁的商品贸易往来；古希腊、古罗马人在地中海沿岸的海上贸易也源远流长；阿拉伯帝国的兴起在一定程度上也是建立在阿拉伯商人所进行的广泛商贸活动的基础之上。当时这些在欧、亚、非三大洲之间所进行的跨国经贸活动虽没有直接导致跨国公司的产生，但它们在促进世界各国、各民族之间文化交融的基础上，为现代跨国公司的出现奠定了久远的历史文化基调。

到了 16 世纪，随着地理大发现，欧洲主要的资本主义国家为实现促进资本主义大发展所必需的资本积累，在全球范围内开展的殖民掠夺很大部分是通过殖民贸易进行的。在这一时期，跨国经营活动虽然在全球范围内获得广泛的开展，但其涉及的领域却仅限于以商品交换为主的贸易领域。这些从事跨国贸易的跨国经营企业与现代意义上的跨国公司是有本质区别的，真正意义上的跨国公司的雏形直到 19 世纪后半期才形成。

从 19 世纪 60 年代中期跨国公司的雏形开始出现到现在，其形成和发展可以分为四个时期：第一次世界大战以前，两次世界大战之间，第二次世界大战后至 20 世纪 90 年代以前，20 世纪 90 年代以后。

（一）跨国公司的形成（第一次世界大战以前）

18 世纪 60 年代至 19 世纪 60 年代，以机器大工业取代工场手工业的第一次工业革命推动了资本主义国家工业生产的迅速发展，不断增长的生产能力和产品产量在本国相对过剩，促使其将其大量的产品和少量的资本向海外输出。

19 世纪末、20 世纪初，第二次工业革命引起了资本主义生产关系的变化，推动自由资本主义过渡到垄断资本主义。垄断统治的形成使本国国内有利可图的市场进一步缩小，促使了巨额过剩资本的形成，进而刺激了向外扩张需求的膨胀。于是，很多垄断集团为了追逐高额利润，不断在国外投资建厂或设立分支机构，从而形成早期的跨国公司。

一般来说，刺激早期跨国公司出现的因素主要有以下三个方面：

1. 技术垄断优势的保护

美国最早从事跨国经营的是那些产品首先在国内发明或有重大技术革新的部门。这些掌握了技术垄断的公司，由于具有垄断优势，到海外进行投资比较容易占领市场。如胜家缝纫机公司、西方联合电报、贝尔电话、爱迪生电灯等都是因为技术优势而开展海外直接投资的。

2. 规避保护性贸易限制

到海外市场建立制造业跨国公司，就地生产和供应，可以避开保护性贸易限制，因而是刺激早期跨国公司出现的另一个重要原因。如英国油脂、肥皂业巨头莱佛兄弟与荷兰人造牛油公司集团合并，成为著名跨国公司尤尼莱佛公司。德国对进口食物的高额关税刺激荷兰人造牛油公司在德国建厂。

3. 各国对外国制造企业到本国设厂的刺激或鼓励

各国为吸引外国投资，对外国制造企业到本国设厂进行政策刺激和鼓励。如当时加拿大采取高关税以鼓励外国制造企业到加拿大投资办厂，尤其推动了美国企业向加拿大渗透。例如，杜邦公司兼并加拿大两家动力机械厂，爱迪生公司到加拿大建厂。

与第一次工业革命显著不同的是，早期跨国公司向海外扩张的手段已经从大量的产品输出和少量的资本输出演变为大量的资本输出，即扩张领域已经从国际贸易领域深化到国际金融领域（通过借贷资本输出）和国际资本领域（通过生产资本输出），已经初步具备了以“全球市场”为目标的特征，是现代意义上的跨国公司的雏形。但是，此时跨国公司的海外业务在整个经营活动中的比重还比较小，功能也不完整，在世界经济活动中发挥的作用有限。

（二）跨国公司的缓慢发展（两次世界大战之间）

两次世界大战使一些欧洲国家经济受到严重破坏，1929 年至 1933 年的经济大危机又使主要资本主义国家经济受到沉重打击。这些使得资本主义国家之间争夺国际商品市场和投资领域的斗争更加激烈，也促使跨国公司的发展呈现出新的特点。一方面，跨国公司的力量分布发生了变化，在主要资本主义国家跨国公司总体上缓慢发展的同时，美国的跨国公司却取得了很大发展，与其他资本主义国家的跨国公司展开激烈竞争；另一方面，跨国公司向外扩张的动因也发生了变化，除利用技术优势占领市场外，还欲对殖民地、半殖民地加强控制和掠夺。当时，英国的对外投资有 70% 流向了印度、澳大利亚、加拿大等殖民地以及拉丁美洲和其他落后地区。

（三）跨国公司的迅猛发展（第二次世界大战后至 20 世纪 90 年代以前）

第二次世界大战以后，特别是从 20 世纪 50 年代后期开始，随着科学技术的进步、生产社会化程度的提高和国际投资环境的稳定，跨国公司得到了迅速发展，成为当今国际直接投资的主体。

1. 20 世纪 50 年代至 60 年代，跨国公司的稳步发展

第一次世界大战使美国国力和经济实力得到极大的增强，许多美国私人企业纷纷向海外投资设立子公司和制造工厂，加上第一次世界大战后美国国内资本竞争激烈、平均利润下降，也促使美国企业大量对外投资。因此，这一时期美国跨国公司称雄于世。

“二战”以后，美国利用战争期间发展起来的新兴科技应用于民用部门，在国内发展了一系列新兴工业部门，如电子、飞机制造、计算机、汽车、化学、机械、石油化工等。由于这些新兴制造业具有垄断优势强、规模大和效率高的特点，因而向海外扩张的势头很大，而采矿、农业等初级产业的投资则相对较少。此外，跨国公司在服务业领域的拓展速度也很快。

进入20世纪60年代后，欧洲各国和日本在美国的大力扶持下，经济从战争的废墟上开始起飞。一些新兴大企业开始进军国际市场，特别是在美国较好投资环境和高科技领域的吸引下，对美国的直接投资发展很快，从而出现了发达国家“双向投资”的现象。但欧洲和日本的跨国公司无论是数量上还是规模上，都与美国公司相去甚远。

总之，从跨国公司发展的广度和深度上看，这一时期是当代大型跨国公司发展的关键阶段。

2. 20世纪70年代到90年代初，跨国公司的大发展

进入20世纪70年代，随着欧洲、日本跨国公司的兴起，不仅跨国公司的整体规模和数量得到了前所未有的大发展，跨国公司世界的总体格局也发生了重大变化，跨国公司自身的经营战略和组织结构也向着全球化的目标演进。

这一时期跨国公司的迅猛发展，主要体现在对外直接投资的迅速增长、跨国公司数量和规模的大发展、海外子公司总数的迅速增长和行业分布的扩展等方面。

（1）对外直接投资迅速增长

发达资本主义国家对外直接投资从1945年的约200亿美元增至1985年的6 933亿美元。对外直接投资占对外投资总额的比重从第二次世界大战前的25%上升到1978年的60.55%。根据联合国贸发会议统计，到2000年，国际直接投资流出总量已经从1970年的平均132.5亿美元发展到13 794.9亿美元，增长了100多倍。2007年达到最高值，约为19 710亿美元。由于全球金融危机的影响，2017年全球外国直接投资流量为1.43万亿美元，低于危机前的均值15%，但复苏潜力较大。

（2）跨国公司数量和规模的大发展

这20年间，以14个发达国家为母国的跨国公司增加了近两倍多，从1969年的7 000多家增至1990年的近24 000家。与此同时，跨国公司的规模也急剧扩展，出现了一些巨型的跨国公司。根据有关母国的数据，约1%的跨国公司母公司拥有其母国对外直接投资总存量的一半左右。最大的100家跨国公司1990年时在全球共拥有3.2万亿美元的总资产，其中37.8%的资产投放在本国以外。100家最大跨国公司的对外直接投资约占世界投资总存量的1/3。跨国公司规模的扩大与20世纪80年代初开始的数次全球性并购浪潮有关，很多公司视跨国并购为向新市场、新产业迈进的捷径。

（3）海外子公司总数的急剧增加和行业分布的广泛扩展

据联合国有关部门统计，到1988年，全世界已有2万家跨国公司母公司分别在160多个国家和地区开办了10万多家子公司，其对外直接投资总额达9 628亿美元。据联合国《2011年世界投资报告》显示，当时全球约有7.1万家跨国公司，2010年其设在国外的分支机构雇员约有6 822万人，而1990年仅有2 400万人；2010年外国子公司在全球的销售额和增值分别达到33万亿美元和7万亿美元，出口额超过6万亿美元，约占全球出口总额的1/3；对外直接投资存量从1990年的2.094万亿美元上升到2010年的20.408万亿美元。2010年，全球跨国公司在国内和国外创造的增值约为16万亿美元，约占全球GDP的1/4。

（四）跨国公司的新发展（20世纪90年代以后）

进入20世纪90年代后，跨国公司获得了前所未有的大发展，这不仅表现在发达国

家的跨国公司上，也表现在发展中国家的跨国公司发展上。信息技术的进步和金融自由化趋势为跨国公司推行复合一体化战略和全球战略提供了更为有利的条件。在这几年中，跨国公司整体的国际化程度得到很大的提高，跨国公司已成为推动经济全球化的中坚力量。尽管1997年由于亚洲金融危机引发了全球性的经济衰退，但这场危机反而使跨国公司看到了全球化趋势背后所隐藏的巨大风险，许多跨国公司纷纷采取措施增强实力和提高国际竞争力，以增强抵御风险的能力，因而跨国购并也风潮迭起。总体来说，20世纪90年代以来跨国公司的新发展主要体现在以下几个方面：

1. 国际投资中心的实力对比发生变化以及发展中国家跨国公司的不断崛起

在传统的三大投资中心中，美国仍是当今世界国际直接投资的第一大国，但其作为国际投资实体的绝对优势地位正在逐渐消失。欧盟经过战后多年的恢复和发展，在对外投资中奋起直追。而日本受国内经济不景气的影响，跨国公司主要采取收缩和调整战略，国际直接投资更加谨慎。

与此同时，发展中国家的跨国公司获得了重大发展，日益成为对外直接投资中一支不可忽视的力量。2010年，发展中经济体吸收的直接外资额首次达到全球直接外资流入量的一半以上。其中，居前20位的东道国中，有半数为发展中和转型期经济体。

2. 跨国公司投资产业分布加速向第三产业发展

跨国公司技术垄断优势和东道国开放程度等原因，决定了跨国公司的国际直接投资产业以第二产业为主。但是进入20世纪90年代，服务业和金融业的发展速度超过了制造业的增长速度，第三产业对经济的贡献在发达国家超过了第二产业。

各国政府逐渐开放第三产业市场，金融保险、批发零售业、对外贸易、电信、运输和技术服务等领域的市场准入限制逐步放宽。

特别值得关注的是，中国加入世界贸易组织（WTO）以后，服务业对外开放程度的进一步提高带来了外资的快速增长。2017年，中国吸引外资成效显著，外商直接投资达到1 310亿美元，居世界第二。全年全国非金融领域新批设立外商直接投资企业27 406家，实际使用外资金额1 262.67亿美元，同比增长5.5%。今后一段时间内，随着服务业对外开放程度进一步提高，第三产业利用外资将快速增长，其在外资利用总额中的比重也将逐步提高。

3. 跨国公司加快在海外设立研发中心

科技进步速度的加快和知识经济的发展，大大加快了这一替代过程，产品生命周期迅速缩短，企业创新能力显得更为重要。因此，跨国公司也更加重视研究开发能力和创新能力的提高。

然而，面对研发成本加大的压力，跨国公司尽量寻求降低成本的突破点——将研发中心由母公司向海外尤其是发展中国家转移，以充分利用当地知识资源。如微软在中国设立研究开发中心、贝尔在中国建立实验室等。

4. 跨国公司在生产经营活动上呈现“本土化”趋势

“本土化”是在国际资本重返发展中国家和地区时集中体现出来的，尤其是20世纪90年代以来，发达国家在对发展中国家和地区进行直接投资时，“本土化”趋势更加明显。

“本土化”一般包括：销售和生产本土化，即开辟销售渠道，在当地形成营销网络，在制成品中提高使用当地原材料、零部件的比重；资本本土化，即在当地筹集资金，利润投资于当地等；管理本土化，即指企业管理人员、企业高层经理使用当地人员；研究与开发本土化，即在当地建立研究开发机构，设计当地市场所需要的产品。

“本土化”对东道国和跨国公司本身都是有利的。从东道国来看，许多发展中国家和地区，如中国、印度等，一方面人口众多、资源丰富、市场潜力大、资本缺口大、技术有待提高，并且产业结构正在转变；另一方面，这些国家经济、文化程度也有相当程度的发展，具备生产新设备、吸收外国先进技术和管理经验的能力。

跨国公司之所以“本土化”经营，主要是因为有以下好处：

（1）有利于合理充分地利用生产要素。跨国公司拥有先进技术、专利、充足资本和先进管理经验等优势，实施“本土化”战略可以把产品生产转移到要素价格较本国低的地方，生产出产品，迅速进入东道国或邻近地区市场销售。

（2）有利于绕过贸易壁垒。在贸易保护主义势力增强、各种贸易壁垒不断增多的情况下，就地生产、就地销售就可以绕过关税和非关税壁垒。

（3）可能获得东道国政策支持。如果跨国公司生产要素的输出与东道国经济发展战略的目标一致，即“本土化”战略迎合并适应了东道国发展民族工业的需要，那么跨国公司会受到东道国政府的政策支持和保护。

5. 跨国公司国际化经营程度更高

这是跨国公司推行全球战略的必然结果。世界最大的100家跨国公司的平均跨国指数由1990年的51%上升到2011年的60.78%，发展中国家最大50家跨国公司的平均跨国指数由1993年的19.8%上升到2011年的40.13%。

从行业上看，国际化经营程度较高的是建筑行业，媒体行业，机械与工程行业，食品、饮料与烟草行业，石油开采、精练与分销以及采矿行业，在世界最大的100家跨国公司中，它们的平均指数都在70%以上。瑞典、瑞士、荷兰等国的跨国公司国际化经营程度较高（80%），而发展中国家中，国际化经营程度较高的跨国公司主要来自中国香港地区和新加坡。

第二节　跨国公司的组织管理

一、跨国公司的企业组织形态

从法律上来说，跨国公司通常采取股份有限公司的形式。从层次上来说，跨国公司的法律形式又可分为设立在母国的母公司，设立在海外的分公司、子公司，避税地公司等。

（一）跨国公司的母公司

母公司指通过拥有其他公司一定数量的股权，或通过协议方式能够实际上控制其他公司经营管理决策，使其他公司成为自己的附属公司的公司。

母公司对其他公司的控制一般采取两种形式：一是掌握其他公司一定数量的股权，二是在两个公司间存在特殊的契约或支配性协议的情况下，一个公司也能形成对另一公司的实际控制。母公司通过掌握子公司一定比例的股权对子公司进行有效控制，但各国在其界限的认定上存在显著差异。美国公共事业控制法规定“10%以上”；联邦德国公司法规定，要能拥有或控制“多数表决权”；法国规定“控制一半以上股本”。母公司从法律上讲主要表现为以下特征：

1. 母公司实际控制子公司的经营管理权

母公司对子公司的控制权主要是指对子公司的一切重大事务拥有实际上的表决权，其核心是对子公司董事会组成的决策权。

2. 母公司以参股或非股权安排对子公司的控制

母公司对子公司进行控制的具体方式，第一是参股和控股，即通过拥有子公司一定比例的股权，足以获得股东大会多数表决权，从而获得对公司重大事务的决策权；第二是非股权安排，主要是通过各种协议达到实际上控制经营管理决策的目的。

3. 母公司对子公司承担有限责任

通常母公司对子公司以其出资额为限承担责任，而对子公司的债务不承担任何直接责任。这是由于法律上母公司和子公司各为独立法人，因此，母公司和子公司的关系实质上是股东与公司的关系，两者之间的关系适用公司法关于股东与公司相互关系的一般规定，但也有特殊规定。

（二）跨国公司的分公司

分公司是总公司根据需要在海外设置的分支机构，不具备法人资格，在法律上和经济上都不具有独立性，而只是总公司的一个组成部分，因此，分公司并不是公司法意义上的公司。分公司的法律特征主要是：分公司不具有法人资格，不能独立承担责任；分公司由总公司授权展开业务，自己没有独立的公司名称和章程；分公司没有独立的财产，其所有资产属于总公司，总公司对分公司的债务承担无限连带责任。

分公司与总公司同为一个法律实体，设立在东道国的分公司被视为“外国公司”，不受当地法律保护，而受母国外交保护。它从东道国撤出时，不能转让股权，也不能与其他公司合并，只能出售其资产。

（三）跨国公司的子公司

子公司是指经济和法律上具有独立法人资格，但投资和生产经营活动受母公司控制的经济实体。母公司对子公司进行实际控制或是基于非股权安排；子公司拥有自己的公司名称和章程，实行独立的经济核算，拥有自己的资产和资产负债表，可以独立从事业务活动和法律诉讼活动。

子公司在东道国注册登记被视为当地公司，受东道国法律所管辖。子公司在东道国除缴纳所得税外，其利润作为红利和利息汇出时，还需缴纳预扣税。所谓预扣税是指东道国政府对支付给外国投资者的红利和利息所征收的一种税收，利润必须在缴纳此税后才可汇出。

（四）避税地公司

避税地又叫避税天堂，是指那些无税或税率很低，对应所得税从宽解释，并具备有利于跨国公司财务调度的制度和经营的各项设施的国家和地区。著名的国际避税地有：百慕大群岛、巴哈马群岛、巴拿马、巴巴多斯、瑞士、卢森堡和中国香港等。

在避税地正式注册、经营的跨国公司或将其管理总部、结算总部、利润形成中心安排在那里的跨国公司，就成为避税地公司。避税地必须有利于跨国公司的财务调度和进行国际业务活动。这些避税地公司积极利用跨国公司内部贸易及转移价格进行利润转移和国际避税，使得实际的货物和劳务流向与在避税地账面上反映的流向并不一致。

二、跨国公司的组织结构

总的来说，跨国公司的组织结构主要经历了以下几种形式：

（一）出口部

早期的跨国公司在国外活动的规模较小，又以商品输出为主，通常采取在总公司下设立一个出口部的组织形式，以全面负责管理国外业务。当时国外业务在整个企业的经营活动中占的比重不大，因此，母公司对子公司很少进行直接控制。母公司与子公司之间的关系比较松散，主要限于审批子公司的控制计划，子公司的责任仅是每年按控股额向母公司支付红利，母公司实际只起控股公司的作用，子公司的独立性很大。

（二）国际业务部

随着跨国公司业务范围的扩大，国外子公司数目增多，公司内部单位之间的利益矛盾日渐显露。母公司为加强对子公司的控制，在总部下面设立国际业务部这一组织形式。

国际业务部总管商品输出和对外投资，监督国外子公司的建立和经营活动。国际业务部的作用表现在以下几个方面：为跨国公司筹划国外业务的政策和战略设计；为子公司从国际市场取得低息贷款；为子公司提供情报，提供更好的合作、配合和协调；可通过转移定价政策减轻或逃避纳税负担；为子公司之间划分国外市场，以免自相竞争。

（三）跨国公司全球性组织结构

20 世纪 60 年代中期以后，越来越多的跨国公司采用全球性组织来代替国际业务部。全球性组织结构从公司的整体利益出发，克服了国际业务部将国内和国外业务隔离的弊端，并大大加强了总部的集中决策作用，它适应了跨国公司一体化战略的发展需要。

全球性组织结构意味着跨国公司要建立更加复杂化的内部结构，跨国公司可以分别按职能、产品、地区设立总部，也可以将职能、产品、地区三者作为不同的维度建立矩阵结构。在矩阵结构基础上，跨国公司通过与外界的非股权安排，结成战略联盟，建立网络结构。

1. 职能总部

公司内负责制定特定职能的单位称作职能总部，负责跨国公司某一特定的行为，包括国内与国外。如国际性的采购机构、协调销售和营销的子公司或者负责售后服务的分支机构都属于职能总部。在母国总部之外再建立职能总部，减少了母国总部的责任范围，使母国总部能够集中精力全面协调所有分散的职能。反过来，每个特定职能总部承担着执行特定职能并且直接向母国总部报告的责任。

2. 产品线总部

跨国公司按产品种类或产品设立总部，只要同一类产品，都归有关的产品线总部领导。这种组织形式适合于产品系列复杂、市场分布广泛、技术要求较高的跨国公司。产品线总部形式的优点是把国内和国外业务活动统一起来，同时使销售和利润的增长与投资的增长更接近同步。不足之处是产品线总部之间缺乏联系，使产品知识分散化。

3. 地区总部

跨国公司按地区设立总部，负责协调和支持一个地区所有分支机构的所有活动。在这种组织形式下，由母国总部及所属职能部门进行全球性经营决策，地区总部只负责该地区的经营责任，控制和协调该地区内的所有职能。

4. 矩阵结构

职能总部、产品线总部、地区总部三种组织形式虽然加强了总部的集中控制，把国内和国外业务统一起来，但是这些形式是一个部门（总部）负责一方面业务的专门负责制，不能解决和协调各职能、各地区、各产品部门之间的相互联系，特别是单渠道信息传递不利于竞争。为了解决这一问题，不少巨型跨国公司将职能、产品线、地区三者结合起来，设立矩阵式的组织结构。

三、跨国公司组织结构的特点

跨国公司组织结构是在国内企业组织结构的基础上逐渐演变而来的，在长期发展过程中与一般企业组织结构形成了很大差别，突出表现在以下四个方面：

（一）建立起的组织结构能够多角度观察分析外部环境

在跨国公司中，决策权集中于某一管理人员群体的现象大大地减少。跨国公司正在建立起一种多维组织，即地区部门经理、产品部门经理和职能部门经理相对平衡。

在复杂多变的国际环境中，跨国公司具备及时察觉并分析复杂多变的市场的能力，表现在：国外子公司经理对当地市场需求变化和东道国政府的压力做出及时反应；业务经理跟踪全球竞争对手的战略变化；职能部门的管理人员把知识、信息、专长集中起来，然后有效地转移给国外子公司；不同部门及不同层次的管理人员从不同角度把握外部环境的变化。

（二）子公司分布广泛，但相互依存紧密

在跨国公司中，管理人员放弃集权管理思想，主张授予国外子公司必要的权责，使它们成为世界范围内某种产品的生产基地。子公司之间、子公司与母公司之间的相互依赖关系加强，并且，在相互依存的子公司之间流动着大量部件、产品、资源和信息等。跨国公司真正成为分布于世界各地的能力和资源的一体化网络。

（三）灵活的内部决策过程

在跨国公司中，存在不同观点和利益的管理群体，组织管理能力与公司资产一起分布于各子公司之中，这需要有效协调各种观点和利益，把分散的职责综合起来。而且，由于国际经营环境、产品生命周期、技术以及公司发展阶段等因素的变化，对跨国公司的协调要求也随时间的推移不断变化，管理决策过程也要随之发生变化。

（四）管理层次趋于减少

跨国公司的规模大，虽然可以提高效率，也可能带来负面效应。机构越大，等级制度就越严格，成本增加就越多，从而导致效率下降，竞争力减弱。

与国内企业相比，跨国公司需要更先进的组织技巧。通过中间层压缩、企业扁平化的方式来对组织结构进行改进。减少管理层次、加宽管理幅度，可减少管理人员，有助于缩短上级与基层的行政距离，也有助于信息传递。公司实施“管理即授权”原则，高层经理制订目标，并以成果来衡量目标。这样既增强了下级的责任感，又提高了工作效率。

第三节　跨国公司的经营战略

一、价值链与跨国经营战略

价值链是指企业组织和管理与其生产和销售的产品与劳务相关的各种价值增值行为的链节总和，每一价值增值行为构成价值链上的一个环节。价值链可以分为两部分：下部为企业的基本增值活动，即生产经营环节，如材料供应、产品开发、生产运行、成品发运、市场营销和售后服务等；上部列出的是企业的辅助性增值活动，包括组织建设、人事管理、技术开发和采购管理等。对于不同企业，价值链上各链节的重要性不同。企业的竞争优势往往体现在某几个链节上，企业确定并开拓那些与经营关系重大的活动及联系的能力经常被视为成功的因素之一。

价值链理论的基本观点是，在一个企业众多的价值活动中，并不是每个环节都创造价值，企业所创造的价值，实际上来自企业价值链上特定的价值活动；这些真正创造价值的经营活动，就是企业价值链的战略环节。企业的竞争优势，尤其是能够长期保持的优势其实就是企业在价值链上某些特定的战略价值环节上的优势。因此，跨国经营战略的安排问题实质上就是战略环节的控制问题，它可以从职能和地域两个维度的安排来分别考察。

二、跨国公司经营战略的演变

跨国公司经营战略是指对其不同价值增值活动的国际区位选择和对企业所控制的各类实体所进行的一体化程度选择。以下将从职能和地域这两个不同的维度对跨国公司的战略演变进行分析：

（一）职能一体化战略

职能一体化战略就是跨国公司对其价值链上的各项价值增值活动，即各项职能所做的一体化安排。职能一体化战略演变主要经历了以下三个阶段：

1. 独立子公司战略阶段

独立子公司战略是由母公司在不同东道国设立独立运作的子公司，而各子公司之间尚未紧密结合成为同一条产品生产价值链。各子公司由母公司提供资金和技术，与母公司保持所有权关系，母公司通过拥有子公司股权而控制其重大的业务活动。设立独立子公司的目的主要是绕过贸易壁垒，直接在东道国开展经营活动。

2. 简单一体化战略阶段

简单一体化战略主要是以公司内部合同的形式，由东道国的子公司来完成产品价值链上某些环节的生产，使子公司与母公司之间在技术、信息、增值活动中进行横向交流。目前，电子、汽车、飞机、家电等部门的大型跨国公司多根据成本因素组织安排不同子公司的生产定位，在国际化经营中建立起区域生产和销售体系。

3. 复合一体化战略阶段

复合一体化战略主要是对公司拥有的一揽子生产资源和各种增值环节进行国际化的配置、协调和管理，将各个国外子公司的经营活动作为母公司整体价值链的有机组成部分，实现分工生产、集中装配、全球营销的经营战略。在复合一体化的经营形式下，子公司与子公司之间、子公司与母公司之间形成矩阵式联系，共同为整个公司的全球经营战略服务。

（二）地域一体化战略演变

所谓地域一体化战略，是指跨国公司对其所控制的各类实体在地域范围和地理联系上所做的一体化战略安排。地域一体化战略的演变经历了以下三个阶段：

1. 多国战略阶段

在多国战略下，一个子公司主要服务于一国的东道国市场，而跨国公司母公司则在不同的市场控制几个子公司。贸易壁垒的存在常常促使跨国公司采取多国战略进入特定东道国市场。在一些产业中，因为难以获得规模经济效应或为满足特定国家需求偏好和习惯要求，也会采取多国战略。

2. 区域战略阶段

区域战略是适应区域化国际生产要求的，区域化国际生产体系包括在某一地区各东道国设置的子公司和作为供应商与分包商的非本系统公司。产品的最终组装可以安排在该地区的任何国家，其主要市场也是同一地区。在欧洲、北美和东亚，跨国公司都有自己的地区网络，国际直接投资存量和“大三角”国家对发展中国家的投资也反映了这种特征，从而说明了国际直接投资的区域集约化趋势。美国跨国公司是许多拉美和加勒比国家的主要投资者，日本跨国公司在亚洲日益占有主导地位，而欧盟跨国公司在中欧、东欧和非洲占有最大比重。

关税壁垒的减少、外国投资政策的自由化、许多产业部门管理的放松和国有企业的私营化都促进了外国直接投资。

3. 全球战略阶段

跨国公司全球化战略是指跨国公司把全球经营活动作为一个整体，为实现在世界范围内合理配置生产经营资源，提高企业竞争地位，以获得最大利润的一系列战术安排。

全球化是更高级和更复杂的国际化，全球化意味着跨国公司的经济行为在更广泛的地理范围内扩展。全球化还包括跨国公司为利用经济增长和需求趋同而与其他公司进行有效竞争打进所有世界大市场的方法。

跨国公司全球化战略不同于一般的企业战略，也不同于一般的对外直接投资战略，其特点是：

（1）目标是确立在全球的竞争优势

第二次世界大战前，传统跨国公司对外直接投资的目的是确保国外原料供应、开辟国外产品市场及利用国外廉价劳动力。第二次世界大战后，现代跨国公司则是通过全球化战略来创造其在全球的竞争优势。这些竞争优势主要是：第一，技术垄断优势。这是跨国公司不断发展的动力，也是取得全球竞争的关键。第二，经营资源互补优势。现代跨国公司往往通过对外直接投资和国际合作，加强与东道国在研究开发领域中的技术合作，开发和利用当地的智力资源和新技术，来实现自身更大发展。第三，区位配置优势。现代跨国公司往往将信息收集、研究开发、生产、销售等经营活动转移到世界上成本最低且最有利的国家，利用各国优势来弥补自身的不足，通过企业经营活动的最佳国际组合来创造竞争优势。

（2）强调确立全球型经营方式

全球型经营方式主要表现在：第一，企业决策的全球化。现代跨国公司的经营视野是整个世界，在进行投资决策时超越了狭小的地域观念，以实现在全球范围的扩张。同时在企业决策中大多广泛吸收外国人参与。第二，建立全球组织结构。跨国公司在这一立场上确立全球经营战略，统一制定产品、价格等战略。第三，建立全球生产销售体系，将产品的设计、研究与开发、生产、销售各环节分别置于成本最低的国家和地区，以实现生产经营资源在世界范围内的优化配置。

（3）投资重点是高新技术产业

20 世纪 80 年代以来，国际直接投资年均增长率为 30%左右，而流向发达国家的外国直接投资年均增长率更高。流向发达国家的外国直接投资主要投向高新技术产业，如计算机与办公设备、通信设备与电子元件、航空工程、汽车制造、生物工程等，以抢占高新技术的制高点，从而保持对某一领域的长期垄断。

（4）重视非股权安排下的国际合作

第二次世界大战前的跨国公司高度重视通过股权控制来参与国际经营，往往强调在对外直接投资中应拥有多数股份。20 世纪 80 年代以来，越来越多的跨国公司采取非股权安排下国际合作的方式参与国际经营，这是为了适应国际经济既竞争又合作这一新变化而发生的重大转变。所谓非股权安排下的国际合作是一种非股权投资的国际经营方式，包括专利技术转让、生产许可协议、共同研究开发、共同生产、委托加工、市场销售合同、国际承包等形式。目前，这种形式的国际合作正呈现出以下特点：一是发达国家大型跨国公司之间的合作占全部国际合作的 55%以上，构成当前国际合作的主体；二是合作双方大多数是垄断大企业，其中 70%是竞争者之间的合作，通过这种既竞争又合作的方式来取长补短，实现“共赢”；三是这种形式的国际合作80%集中在高新技术产业，表明合作的一个重要出发点是为了分散研制和投资上的巨大风险。

三、跨国公司的发展战略

（一）跨国公司的技术战略

当代跨国公司在国际市场上的竞争优势，不仅在于其资本雄厚，更重要的还在于其国际性技术垄断。因此，跨国公司技术战略在其全球化战略中占有很重要的地位。跨国公司技术战略的内容基本由以下三个方面组成：

1. 人力资源的全球配置与利用

当代跨国公司非常重视高科技人才的拥有量，将人力资源视为竞争优势的根本所在。因此，跨国公司非常重视吸收世界上最优秀的科技人才。其做法主要有：

（1）在母国招聘本国籍和外国籍的本科毕业生和获得硕士、博士学位的研究生。

（2）邀请外国高校教授到本公司研究机构从事长期或短期的研究工作，并与国内外的有关高校保持密切的学术交流与人事交流关系。

（3）在国内外并购或兼并某一研究所，使其不仅拥有该所的设备、专利，而且拥有该所的高级人才。

（4）在国内外科技人员密集的地方设立研究机构，大力招聘当地优秀科研人才。

（5）将国内外有潜力的一流人才招聘至本公司的研究开发部门工作。

2. 投资的全球配置与利用

由于现代科技创新日益复杂，研究开发投资巨大，投资的优化配置和利用直接关系到研究与开发项目能否成功。因此，跨国公司努力用最低的投资费用，达到最佳的研究开发效果。

其做法是：

（1）在投资分配的构成方面，轻基础研究，重开发研究。研究开发可细分为三个环节：基础研究、应用研究和开发研究，跨国公司重视的是应用研究和开发研究环节，至于基础研究则占很低的比例。以美国的跨国公司为例，应用研究占31%，开发研究占68%，而基础研究只占1%左右。

（2）在投资供给来源方面，国外子公司直接出资的比例高，母公司仅负担较小比例。仍以美国的跨国公司为例，母公司与子公司之间的比例约为27：71。

（3）在政府投资支持方面，跨国公司在基础研究环节得不到东道国政府资金的直接支持，而在开发与研究环节可以得到东道国政府的一些直接支持。在母国，跨国公司在开发与研究环节可以得到本国政府的资金支持，在基础研究环节得到的政府支持资金比例更大。

（4）在母公司与国外子公司科研资金的使用方面，母公司绝大部分投入开发与研究，对应用研究投入很少；而国外子公司则把开发与研究所需资金摆在首位，同时还把相当一部分资金投入应用研究，对基础研究基本不投入。

3. 研究与开发活动的区位选择

长期以来，跨国公司在研究与开发活动区位选择中一直采取集中策略，即把绝大部分研究与开发活动集中在母国或极少数发达的东道国进行。20 世纪 70 年代后，越来越多的跨国公司开始将部分研究与开发活动分散到海外子公司进行。跨国公司研发的区位选择是根据其市场战略目标而确定的。跨国公司的市场战略目标有三种：一是以占领国内市场为目标；二是以占领东道国市场为目标；三是以占领世界市场为目标。

（1）以国内市场为目标的跨国公司，其海外投资的目的，主要是利用海外资源或廉价劳动力生产各种原材料和零部件，然后进口为母公司服务，增加其产品在国内市场的竞争力。这类公司数量相对来说不多，它们在海外主要从事采掘业和零部件装配。

（2）以东道国市场为目标的跨国公司，其所占比例很大，涉及的行业也很广，而且要为不同东道国的各种不同的市场服务。鉴于这类跨国公司的目标市场高度分散，且市场需求又复杂多样，为此它们一般采取分散化的研究与开发区域管理体制。这类跨国公司的海外研究与开发机构的规模一般小于国内母公司的研究与开发机构，其研究范围相对较窄。

（3）以世界市场为目标的跨国公司，其海外子公司相互配合，为产品标准化的国际市场服务。这类公司管理结构高度集中化，利用先进技术，组织生产高度标准化的国际产品，获取规模经济效应，因此，其研究与开发活动基本集中在母公司。但是为了适应各地不同需要，提供各种商品与服务，也需要相对分散研究与开发活动，以便尽可能了解和满足当地市场需求。

（二）跨国公司的生产战略

如何对国际生产进行有效、灵活的管理，取得在国际市场中的垄断地位，是跨国公司经营战略中的一个重要内容。跨国公司的生产战略主要包括以下四个方面：

1. 国际生产筹供形式

跨国公司生产是在多国进行的，其生产规模往往比国内公司大，其前向和后向关联的厂商也比国内公司多。因此，跨国公司进行国际生产，就不仅表现为企业内部的生产活动，而且表现为在国际上进行主件、零部件等各种投入品的制造、运输、采购、储存和装配成品等广义的生产活动，这样的活动也可看作筹供活动。所谓筹供，是指企业获得物资供应的业务活动。

根据筹供程度的高低，跨国公司的国际筹供控制形式可以分为内部筹供控制和外部筹供控制两种。内部筹供是指跨国公司通过公司股权的占有来控制子公司内部的生产，为公司的另一些企业取得生产所需投入品的内部供应，这是控制程度较高的形式。内部筹供有独资持股子公司生产和合营企业生产两种形式。外部筹供即指公司通过国内外的外部交易市场，为公司的另一些企业取得有关投入品的供应。外部筹供通过竞争性的交易市场进行，其控制程度往往低于内部筹供，外部筹供有转包生产和采购两种形式。总之，四种筹供形式按跨国公司控制程度的大小，依次递减的顺序为：独资持股子公司、合营生产、转包生产、采购。

2. 影响筹供形式选择的因素

跨国公司采取何种筹供形式，与公司核心产品所需投入品的要求有关。一般的，产品多样化程度与行业差异是影响最终产品对投入品要求的重要因素。具体来说，筹供形式的选择与下列几个因素有关：

(1) 公司生产所需的投入品数量

当跨国公司生产所需投入品的数量要超过其生产量的最低有效规模时，大多选择内部筹供。

(2) 公司生产投入品供应的可靠程度

石油、钢铁、化工、计算机生产和通信设备生产等垂直一体化工业部门的大公司为避免外部市场筹供渠道的脆弱性，往往倾向于扩大其市场内部化的范围，将生产有关投入品的独立厂商合并到该公司的内部子企业体系，或者新建属于本公司的生产投入品的企业，或者设法与投入品生产厂商签订长期的供货合同。

(3) 主要投入品市场供求者的垄断程度

如果投入品供应者实行某种程度上的垄断，作为需求者的公司就倾向于实行内部筹供；反之，如果投入品市场是个竞争性的市场，则作为需求者的跨国公司倾向于外部筹供。

如果需求者是垄断性的大公司而供应方规模较小，则市场势力足以保证供应商自觉向该大公司供应投入品。如汽车工业中，整车制造商一般选择外部筹供。

(4) 生产投入品的种类

如果生产投入品种类多、规格杂，则该公司一般来说不会采用公司内部筹供策略。

(5) 生产部门的技术变化

如果公司所在工业部门的技术更新率高，则对所需的生产投入品实行外部筹供。因为研究与开发的结果可能需要突然改变投入品的性质、种类、规格、数量等，从而影响最终产品生产的盈利。

(6) 企业规模

在同一工业部门，筹供的形式多受公司规模及与此相关的产出因素影响。规模大的公司一般为内部筹供；规模小的则相反。

(三) 跨国公司的营销策略

从理论上说，市场结构分完全竞争、垄断竞争、寡头竞争和完全垄断四种。按照国际市场格局来划分，跨国公司的国际营销战略可以分为两种：寡占型国际营销战略和非寡占型国际营销战略。跨国公司主要根据自己在国际市场上的地位，来选择相应的营销战略。处于寡占地位就选择寡占型营销战略，否则采用非寡占型营销战略。

1. 寡占型国际营销战略

寡占型市场结构是指某一个产品的市场被几家大型跨国公司所垄断，它们彼此实力相当，形成一种市场竞争均势。与此相对应的寡占型国际营销战略的特征则是：占据寡占地位的跨国公司实施的每一个国际营销战略皆以竞争对手为模仿依据，以避免在市场份额上落后于竞争对手。实施这种战略的公司将维持原有的市场份额作为经营成功的重要标志，为此，常配合以竞争导向定价策略和产品深度开发战略这两方面的营销战略。

竞争导向定价策略是指一个公司制定价格主要是依据其竞争对手的定价，其特征是在价格和成本或需求之间没有一个固定不变的对应关系。

产品深度开发战略是指为了保持原有的市场份额，寡占公司往往以现有产品为基准，对同一产品市场中不同消费者做区隔分析，使每一区隔消费者群体的特殊要求得到满足，及时推出系列产品，尽量占领各细分市场。

2. 非寡占型国际营销战略

许多情况下，国际市场表现为一种垄断竞争格局，即公司间竞争更多。这种情况下，跨国公司的营销战略转为非寡占型国际营销战略模式，即同行中居领先地位的跨国公司采取市场领袖战略，而其他大公司根据具体情况或采取市场挑战者战略，或采取市场追随者战略。

市场领袖战略。采取市场领袖战略的公司绝对市场占有率最高，与同类产品企业相比，其在价格水平、新产品研制、流通渠道以及促销媒介等方面都处于领先地位。其营销战略目标是竭力保持其领袖地位，保持现有市场份额，扩大整个市场规模。

市场挑战者战略。采取市场挑战者战略的公司大多是在本行业产品的销售额中处于前几名的大公司，它们的营销战略目标是不断增加市场份额。市场挑战者战略是进攻性的，为了实现其战略目标，可选择的策略更是多样。如在产品策略方面可采用名牌产品策略、产品扩散策略、产品创新策略以及低成本策略等；在促销策略方面可采用促销组合策略、流通渠道创新策略等。

市场追随者战略。市场追随者虽然也是跨国公司，但在同类产品市场上所占的份额一般都比较低，其主要产品的绝对市场占有率往往排在第五六位。由于受领先公司的竞争压力很大，只能接受现有的市场格局，而采用市场追随者战略。其特征是追随市场领袖公司的经营行为，其目标就是尽力保持现有的市场份额。

（四）跨国公司的价格策略

价格策略是跨国公司实现全球经营战略目标的重要工具之一，包括定价目标、定价影响因素、转让价格等方面。

1. 跨国公司的定价目标

跨国公司的定价目标主要有：追求利润最大化；实现预定的投资利润率；市场占有率的维持或扩大；竞争的应对和防止。这四个目标在实施过程中都有所侧重，不同的子公司应根据所在国的具体市场环境加以选择，同时还要考虑与公司其他相关决策相协调，以取得理想的效果。

2. 影响跨国公司产品定价的因素

影响跨国公司产品定价的因素很多，大致可分为三类：第一类是成本因素；第二类是市场因素；第三类是政府的行政干预。

与一般的国内企业一样，跨国公司在确定产品的市场价格时首先考察产品的生产成本，此外还要考虑运输成本、关税及国内相关税收、中间商成本、金融成本和风险成本等。

市场因素主要包括需求状况和市场竞争状况两个方面。世界市场上，跨国公司所面临的需求状况受社会经济、收入分配、文化背景等多种因素影响。因此在考虑需求状况时，必须深入了解所在国的这些因素，才能准确估计与判断各个具体市场的需求状况。跨国公司在定价时必须认真考虑竞争对手所采取的价格竞争手段的影响。

此外，跨国公司在各国市场进行经营活动时，会遇到各国政府控制价格的各种措施和法规。其中主要有：限制边际利润、规定最低价格或最高价格、限制价格变动、直接参与市场竞争以控制价格、实施价格补贴。

3. 转移价格

价格战略中的一个重要组成部分。转移价格是指跨国公司在内部（母、子公司之间，子公司之间）进行商品、劳务及其他资源相互转让的规定价格。转移价格与市场价格相比，具有以下特征：第一，在交易主体上，市场价格在不同所有权单位之间的交易中采用，而转移价格则在享有共同所有权的单位之间进行交易时采用；第二，在定价依据上，市场价格是依据各种成本、利润率和市场需求等客观数据计算所得，而转移价格则带有很大的随意性，它主要是依据跨国公司的全球化战略目标，对分布在不同国家的公司内部单位的交易价格水平进行调整，以谋求公司在全球经营的利润最大化。

转移价格作为跨国公司实现全球化战略目标的重要手段，其实施目的主要有：使跨国公司整体纳税最小化；减少或避免各种经济与政治风险；开辟和争夺市场；减少与东道国的利益冲突。

转移价格按定价水平可分为高转移价格和低转移价格，两者的实施条件是不同的。

母公司以高转移价格向子公司提供商品和服务的情况是：（1）在合营企业中，为了多分利润或避免增加的利润被合营伙伴瓜分；（2）遇到子公司劳工方面提高工资和福利待遇的压力，希望降低子公司账面利润额；（3）子公司的高利润率有可能吸引更多新竞争对手进入该行业或该市场；（4）子公司所在国的所得税高于母国；（5）子公司所在国限制投资利润汇出或资金管制；（6）子公司所在国政府以产品成本为标准对最终产品价格实行严格控制；（7）子公司面临被东道国政府国有化和被没收的政治风险；（8）东道国政局不稳，投资气候不佳。

母公司以低转移价格向子公司提供商品和服务的情况是：（1）子公司所在国实行高关税；（2）子公司所在国对进口产品的价值量进行限制；（3）子公司所在国实行外汇定量配给制；（4）子公司所在国的所得税率低于母国；（5）子公司在当地面临众多竞争对手，为了进行市场渗透或开辟新市场；（6）子公司希望获得当地贷款，而当地办理贷款以子公司的财务状况为依据；（7）子公司所在国的通货膨胀率低于母国。

第四节　跨国金融机构

在世界经济一体化进程中，金融业不可避免地要实现从国内向国外扩张。早在20世纪初，主要资本主义国家便通过其在枝蔓领域内的银行网络实现货币资本输出职能。近一个世纪以来，随着各国金融业的发展，新的金融机构不断产生，并加入到跨国经营的体系中，成为重要的国际投资主体。当代跨国金融机构包括各种在国际范围内进行业务经营及机构设置的营利性金融组织。其中，占主导地位的是跨国商业银行，即人们通常所说的跨国银行。此外，还包括各类非银行金融机构，如跨国投资银行、共同基金、套利基金、养老基金、保险公司等。从广义上说，跨国金融机构也是跨国公司的一种，只是其经营对象是货币及金融产品，具有特殊性。

跨国金融机构在国际投资中的作用主要体现在三个方面：通过在海外设立分支机构来进行国际直接投资；通过国际证券买卖来进行国际间接投资；通过为跨国公司提供融资、信息等服务来发挥对国际直接投资的中介作用。

这里着重介绍跨国银行的发展状况，同时对其他跨国金融机构进行简要分析。

一、跨国银行

（一）跨国银行的含义与特点

跨国银行也称多国银行，目前是指以国内银行为基础，同时在海外拥有或控制分支机构，并通过这些分支机构从事多种多样的国际业务，实现其全球性经营战略目标的超级银行。

跨国银行与一般的国内银行相比，具有如下几个特点：

1. 跨国银行具有派生性

跨国银行是国内银行对外扩张的产物，因此它首先具有商业银行的基本属性和功能。

从这个意义上讲，跨国银行具有派生性。跨国银行的发展史表明：跨国银行必须首先是在国内处于领先地位的银行，然后才能以其雄厚的资本和先进的技术向海外扩张和经营。

2. 跨国银行的机构设置具有超国界性

跨国银行的根本特征之一是在海外广泛地建立各种类型的分支机构。联合国跨国公司中心认为，只有在至少5个国家或地区设有分支机构或附属机构才能算是跨国银行。近几年来，国际银行业竞争日益激烈，加上许多发展中国家和经济转轨国家的开放程度不断提高，跨国银行分支机构在这些地区得到迅速发展。

3. 跨国银行的国际业务经营具有非本土性

跨国银行从事国际业务经营，主要通过其海外分支机构直接在当地市场或国际市场上进行，而且业务范围往往包括一些在本国国内被限制的项目。因此，跨国银行体现了与国内银行属性的区别。国内银行的国际业务必须委托其国外代理行来进行，而跨国银行由自己的分支机构直接履行其国外业务；另外，国内银行通过代理行从事的国际业务主要局限于简单的传统业务，而跨国银行可以广泛开展各种业务，包括欧洲市场业务，甚至非银行金融业务。

4. 跨国银行的战略制定具有全球性

作为特殊的一类跨国公司，跨国银行制定全球性战略目标具有必要性。此外，国际金融自由化趋势和金融创新浪潮给跨国银行既提供了机遇又带来了挑战，只有从全球性目标出发，在世界范围内实现分支机构及经营资源的合理配置，才能在最大限度内分散风险。而电子通信的发展也为总行与分支机构之间的信息交流和业务往来提供了技术保证，使其全球化经营战略具备了可能性。

（二）跨国银行的产生与发展

跨国银行的产生与发展经历了以下几个阶段：

1. 萌芽产生阶段（12 世纪至 20 世纪初）

跨国银行的形成最早可追溯到 12 世纪，那时欧洲已经出现了主要为国际贸易服务的国际银行业，最为典型的如意大利的麦迪西以佛罗伦萨为总部，在西欧 18 个大城市设有分行。从 12 世纪至 15 世纪，意大利银行一直在跨国银行中处于领先地位。这与意大利在国际贸易中的重要地位密不可分。16 世纪以后，德国、荷兰、英国的国际银行业依次各领风骚。虽然这些银行的海外分支机构业务范围有限，国际业务在总业务中所占比重不大，但应该说具备了跨国银行的雏形。其中，设置在中国香港、上海的汇丰银行和标准渣打银行至今依然存在。

2. 逐步形成阶段（20 世纪 20 年代至 60 年代）

从 20 世纪 20 年代开始，随着国际贸易的进一步发展和西方国家跨国公司的对外扩张，跨国银行的国际业务量明显上升，业务范围不断扩大，突破了以往的商业融资、外汇交易等，开始开展批发业务及投资银行业务，如向跨国公司提供融资等各项服务，至此，真正意义上的跨国银行开始形成。这一时期具有代表性的有英国的巴克莱银行集团、渣打银行，法国的印度支那银行等。此外，美国、日本等新兴资本主义国家的跨国银行业逐渐起步。

第二次世界大战后，由于战争的破坏和新兴独立国家的国有化运动，主要资本主义国家跨国银行的海外分支机构网络基本消失。而唯一实力增强的美国对银行业的管制极为严格，导致跨国银行业的发展长期处于停滞状态。

3. 逐渐发展阶段（20 世纪 60 年代至 80 年代）

随着西方国家经济实力的恢复与增长，世界跨国公司迅速向海外扩张，欧洲货币市场的形成也为跨国银行的迅速发展创造了条件。在此阶段，跨国银行建立了密布全球的海外分支机构，而且这些分支机构的业务量及业务范围迅速扩张。

这一阶段，美国银行进行对外扩张，而日本银行则后来居上。1960 年，美国的跨国银行数目为 8 家，1980 年增至 139 家，1986 年为 158 家。日本的跨国银行从 20 世纪 70 年代末起大举向海外扩张。1979 年有 23 家跨国银行在海外设立分支机构 127 家，到 1987 年年底，有 70 多家跨国银行及 441 家海外分行。

4. 调整和重组阶段（20 世纪 90 年代初至 90 年代中）

20 世纪 90 年代初，欧美各国相继进入经济衰退期。日本泡沫经济破裂，一度使得西方银行业面临经营效益滑坡的困境；而金融自由化的发展及非银行金融机构的竞争，又使银行业面临的风险与日俱增。在这样的背景下，主要资本主义国家的跨国银行进入大规模调整和重组阶段。这个阶段的两大特征趋势是：跨国银行通过银行间兼并风潮向巨型化发展；着力于银行内部机制调整及业务创新。

银行间兼并联合活动频繁。以美国为例，仅在 1995 年至 1996 年之间，全国共有 1 176 件银行并购案，涉及金额达 825 亿美元。全美的银行数由 1985 年的 14 417 家减至 1996 年的 10 168 家。而且，在这次兼并风潮中，往往出现大型银行间的强强联合，从而形成一批超大型跨国银行。其中，典型的有日本的三菱银行与东京银行合并成立东京三菱银行，美国的化学银行收购大通曼哈顿银行组成新大通曼哈顿银行等。

跨国银行在该阶段还着力于内部机构的调整和改善。许多银行采取消减机制和裁员措施，并进行业务部门改革。如德意志银行根据业务性质改革内部管理体制，将该行分为四个管理部：对私银行业务部、机构及商业银行业务部、投资银行业务部、团体服务部，各部设有管理层，并且所有管理层由“集团执行委员会”统一控制。

5. 创新发展阶段（20 世纪 90 年代中期至今）

近年来，金融自由化浪潮和信息技术的迅速发展使国际银行业的竞争更加激烈。为了应对日益加剧的竞争压力，跨国银行一方面通过兼并、整合和优势互补来巩固和增强竞争实力；另一方面则加强业务创新和技术创新，来寻求新的竞争优势。总的来说，跨国公司的最新发展呈现出重组化、全能化和电子化三大趋势。

（1）国际银行业并购重组愈演愈烈。追求规模扩张、强强联合是这次购并浪潮的最大特点。如美国花旗与旅行者的合并，涉及金额高达 820 亿美元，新成立的花旗集团总资产达 7 000 亿美元，排名美国第二。这次购并潮中，还出现了银行兼并证券机构、保险公司等非银行金融机构的新形势，体现了国际银行业趋向全能型方向发展的趋势。

（2）跨国银行向全能化发展。随着金融创新的不断发展，传统的银行业务受到了来自证券、保险、基金等非银行金融机构的强烈冲击，为应对新的挑战，跨国银行纷纷拓展业务范围，向全能化方向发展。而各国放松金融管制的金融自由化风潮为银行全能化消除了制度壁垒。其拓展的新业务有：信托业务、投资银行业务、现金管理业务、保险业务、房地产业务、共同基金的经营和管理业务、金融咨询业务、信用担保业务。全能化的模式主要由德国全能银行模式、英国金融集团模式和美国控股公司模式这三种。

（3）电子化推动跨国银行的创新。计算机及电子信息技术在银行业的应用取得的巨大发展引发了银行的业务创新和技术创新。在批发银行方面，银行借助电子技术向公司客户有效地提供现金管理方面的服务，如支付账户的控制、电子资金转账等；在零售银行业务方面，电子技术创造了新的付款方式，如 ATMs、销售点借记卡、家庭银行等。电子技术不仅促使传统银行积极发展网络业务，更激发了一批新兴的纯粹网络银行的迅速发展，如美国的维尔斯银行就是典型代表之一。

（三）跨国银行的组织形式

跨国银行的组织形式包括跨国银行母行与其海外分支机构的组织结构关系及这些分支机构的具体形式。就母行与分支机构的组织关系而言，主要有三种类型：分支行制、控股公司制和国际财团银行制；就这些海外分支机构的具体形式而言，又可分为代表处、经理处、分行、附属行或联属行、财团银行等多种形式。

1. 母行与海外分支机构的组织形式

（1）分支行制

跨国银行的分支行制是指母行在海外设立和控制各种类型的分支机构，通过这些分支机构来开展跨国经营活动的组织结构形式。

（2）控股公司制

控股公司制又称为集团银行制，是指银行通过“银行持股公司”建立海外分支机构网络。这种组织方式以美国最为典型。美国跨国银行的海外分支机构可以由银行或其持股公司直接设立，而更多的是通过其附属机构——“爱治法公司”设立的。

(3) 国际财团银行制

国际财团银行制是只有来自不同国籍或地区的银行以参股合资或合作的方式组成一个机构或团体来从事特定国际银行业务的组织形式。它与多家银行组成的贷款辛迪加不同，因为辛迪加不具备法人资格，而国际财团银行是正式注册的法人。

2. 跨国银行海外分支机构的组织形式

(1) 代表处

代表处是跨国银行最低层次的海外分支机构。它并不直接经营银行业务，主要工作是代表母行与东道国客户联系，与东道国政府、企业进行接触，为母行招徕业务，收集当地经济政治信息等。

(2) 经理处

经理处的作用与跨国银行在东道国的代理行类似，区别在于前者是母行的隶属部分，而后者仅与母行存在委托代理关系。

(3) 分行

海外分行是跨国银行根据东道国法律规定设立并经营的境外机构，是母行的一个组成部分，不具备独立法人地位，母行为其承担无限责任。

(4) 附属行或联属行

附属行和联属行这两种形式都是作为独立法人在当地注册的经营实体，是由跨国银行与东道国有关机构共同出资设立或对当地银行兼并收购而成立的，跨国银行因持股关系而承担有限责任。

(5) 爱治法公司

爱治法公司是美国跨国银行根据1919年修订的联邦储备法允许设立的最为重要的经营国际银行业务的海外分支机构形式（其地理位置可能是美国国内）。爱治法公司存在两种形式：银行爱治法公司和投资爱治法公司。前者是美国跨国银行经营国际业务及设立海外分行的主要机构；后者则主要通过对国外金融机构投资为母行建立附属行。

(6) 财团银行

财团银行又称“银行家银行”，是由两家以上银行共同出资组成的、在特定地区开展特定业务活动的银行，是在东道国注册和纳税的独立的法人实体。其主要业务是安排巨额贷款，并兼营证券发行、欧洲货币市场以及企业兼并收购等业务，其本身一般不吸收存款，资金由各参股银行提供。

(四) 跨国银行在国际投资中的作用

作为跨国公司的一种，跨国银行在国际投资中的作用首先体现在设立海外分支机构而进行的国际直接投资上。其购租场地、添置设备和雇用人员等投入都可视为国际直接投资。其次，通过对跨国公司的股权参与，跨国银行还间接介入国际直接投资活动中。最后，作为金融服务型部分，跨国银行在国际直接投资中发挥着中介枢纽的作用，这是跨国银行最为基本、最为重要的作用。

1. 跨国银行是国际直接投资者跨国融资的中介

跨国银行通过汇集小额、短期资金，向有大量资金需求的跨国公司提供大额、长期信贷。随着经济的发展，这种传统的信贷业务出现了证券化的趋势。并且，随着跨国银行开始介入投资银行业务，其中介作用已扩展到直接投资领域。

2. 跨国银行是投资者跨国界支付的中介

由于跨国银行拥有分布广泛的海外分支机构和代理行网络，因而能成为投资者在世界范围内办理转账结算和现金收付业务的国际支付中介。国内银行在执行国家支付中介时通过与外国银行之间的代理行关系间接地进入对方的国内支付系统；而跨国银行则更多地通过国外分支机构直接进入东道国支付清算网络。

3. 跨国银行是为跨国投资者提供信息咨询服务的中介

由于跨国银行拥有覆盖全球范围的机构网络和广泛的客户及同业关系，因而掌握了大量的信息，承担起信息中介的作用。此外，由于跨国银行汇集了许多财务管理、投资分析方面的专家人才，因而可以向投资者提供多方面的咨询、顾问服务。

二、非银行跨国金融机构

金融自由化趋势已经促进了非银行金融机构的大发展，非银行金融机构已经成为金融创新的主体，在国际投资领域正日益显示其非凡的活力。

（一）跨国投资银行

跨国投资银行是指在世界各地设立分支机构进行跨国经营的大型投资银行，是投资银行业在国际范围内的延伸。它是国际证券市场的经营主体，与跨国商业银行并列为当代国际金融资本的重要组成部分。

跨国投资银行的发展既有自身的主观动因，也有国际经济发展所提供的客观条件。就主观上而言，是为了突破国内市场相对狭小的限制，在全球范围内追逐利润最大化目标，同时通过在世界不同地区进行业务投资组合，达到分散风险的目的。就客观上而言，大致有如下几个方面：一是金融壁垒的消除为跨国投资银行全面开拓国际市场提供了可能；二是世界经济一体化进程促进了跨国投资银行的发展；三是国际证券业的发展也为跨国投资银行的扩张创造了契机；四是购并浪潮为跨国投资银行的发展创造了大好机遇。

跨国投资银行在国际投资中的作用体现在国际直接投资和国际间接投资两个方面。在国际直接投资方面，跨国投资银行除了像跨国商业银行一样要在国外设立分支机构而进行直接投资外，还突出表现在对跨国公司跨国直接投资活动的支持和帮助，如策划跨国收购和兼并、对跨国投资行为提供信息、咨询服务等。在国际间接投资方面，跨国投资银行发挥着营造国际证券一级市场并积极参与二级市场的作用，如国际证券的发行、承销和分销，金融衍生工具的创造和交易，国际证券自营买卖及基金管理等。

（二）其他非银行跨国金融机构

20 世纪 80 年代以来，个人投资者不断将其证券投资事务委托给各类金融机构，从而使得机构投资者的份额和地位日益上升。这些机构包括各种共同基金、对冲基金、养老基金、保险公司等。同时，随着国际证券市场的发展，这些机构的证券投资也日益向海外发展，成为国际证券投资的主体。

1. 共同基金

共同基金是通过信托、契约或公司的形式，通过公开发行基金证券将众多的、零散的社会闲置资金募集起来，形成一定规模的信托资产，由专业人员进行投资操作，并按出资比例分担损益的投资机构。20 世纪 80 年代以来，共同基金发展迅速，被引进到许多发达国家和发展中国家，这标志着它已步入全球发展阶段。

2. 对冲基金

对冲基金又称套头基金、套利基金和避险基金。其操作宗旨是利用期货、期权等金融衍生产品以及对相关联的不同股票进行实买实卖、风险对冲的操作技巧，在一定程度上规避和化解证券投资风险。现在的对冲基金已成为一种新的投资模式的代名词，即基于最新的投资理论和极其复杂的金融市场操作技巧，充分利用各种金融衍生产品的杠杆效用，承担高风险、追求高收益的投资模式。

对冲基金的特点是：比其他机构投资者受较少的管制；对冲基金的投资者多为高收入者，对风险具有较高的承受力；往往大规模地使用财务杠杆，从而大大增强其市场影响力；其收益分配机制更具有激励性，通常在固定比例管理费的基础之上，另外还有一定比例的基金净投资收益作为激励费支付给经理人员，因而对冲基金汇集了投资界许多尖端人才。

3. 养老基金和保险公司

养老基金和保险公司传统上一直是工业化国家金融市场的重要投资者，控制着相当规模的证券投资。随着养老基金和保险公司的投资组合向国际化发展，它们已成为重要的国际间接投资参与者。20 世纪 80 年代以来，其持有的外国证券比重有所上升。但总体上看，养老基金和保险公司的国际投资多样化程度远低于共同基金。1996 年养老基金、保险基金的持股比重为 28.5%，共同基金的持股比重为 14.5%，三者的总和达 43%，几乎占据半壁江山。截至 2011 年第三季度末，养老基金持股规模为 6.073 万亿美元，为美国股票市场最大的机构投资者。美国共同基金持股 4.7 万亿美元，仅次于养老基金，为美国第二大股市机构投资者。近 20 年来，共同基金持股规模由 1990 年的 2 332 亿美元增长到 2016 年的 16.3 万亿美元，增长了 69.9 倍。个人投资者比重虽有所下降，但依然居于高位。

◇ 本章小结

本章介绍了跨国公司的概念、跨国公司的界定标准、跨国公司的特征，详细描述了跨国公司的组织结构以及全球经营战略，最后论述了跨国银行及其组织形式等内容。

◇ 关键概念

跨国公司（Multinational Corporation）、跨国经营指数（Transnational Operation Index，TNI）、外向程度比率（Outward Significance Ratio，OSR）、股权参与（Equity Participation）、非股权安排（Nonequity Arrangement）

◇ 案例分析

1886 年，可口可乐在美国乔治亚州亚特兰大市诞生，自此便与社会发展相互交融，激发创新灵感。现在，它每天为全球的人们带来怡神畅快的美妙感受。目前，全球每天有 17 亿人次的消费者在畅饮可口可乐公司的产品，大约每秒钟售出 19 400 瓶饮料。2016 年 10 月，可口可乐公司排 2016 年全球百大最有价值品牌第三名。可口可乐为中国消费者提供超过 15 个品牌 50 多种饮料选择，其系列产品在华的每天享用量达到 1.5 亿杯。

可口可乐销售网络目前已布满全球。在巴西，西姆斯集团装瓶厂为将可口可乐运到偏远地区的销售点，需要用小船，沿亚马孙河流域航行 30 天才能到达。日本拥有最多的自动售卖软饮料机，全国共有 200 万部，其中超过 1/3 带有可口可乐商标。日本最畅销的非碳酸饮料乔治亚咖啡，就是可口可乐公司的产品。在哥斯达黎加的阿蜜，一个大市场和一个公共汽车站都是以“可口可乐”命名，该处是原来的可口可乐装瓶厂所在地。如果你坐计程车，告诉司机你要去“可口可乐”，那么司机很可能送你到市场，而非可口可乐真正的可口可乐装瓶厂。可口可乐湾在洪都拉斯的科尔特斯港。四十多年前以可口可乐为这个海滩命名，因为这个海滩就在一家可口可乐装瓶厂前面。那间可口可乐装瓶厂现今已不复存在，但名字却留给了海滩。巴西马卡帕装瓶厂位处赤道，因此我们可以在街的一边即南半球买一瓶可口可乐，然后立即到街的另一端即北半球再买一瓶可口可乐。中国最大的外墙广告是以可口可乐弧形瓶为主题，由可口可乐公司于 1999 年 2 月份制作完成，这个面积超过 87 892 平方米、重量达 2 900 公斤的巨型广告位于上海人民广场附近，由 4 幅画面组成。这个广告正申请成为吉尼斯世界最大的外墙广告。全世界最大的球状可口可乐广告位于日本的名古屋车站楼顶，以超过 46 吨钢铁、940 米长的霓虹灯管及 1 870 个灯泡构制。世界上最大的可口可乐广告牌在智利的艾尔哈切山上，它高 131 英尺、宽 400 英尺，由 70 000 个 26 盎司的可乐罐垒成。世界上最大的可口可乐瓶在纽约时代广场。这个 20 米高、13.7 米宽的纤维玻璃瓶放置在两座大楼间的霓虹灯广告上。在电脑控制、马达驱动下，瓶盖会“啪”的一声打开，同时一支粗大的吸管从瓶中伸出来。随后，瓶里的可口可乐神秘消失。世界上最大的可口可乐卡车在瑞典，它长 79 英尺，有 4 个车斗。澳门是全球唯一拥有一系列与人差不多大小、由混凝土制造的可口可乐瓶。这些瓶子在 1940 年建成，用来抵御经常把可口可乐招牌吹倒的台风。澳大利亚拥有最长的可口可乐分销路线，由西澳洲的珀斯出发，需要驾驶 1 093 里的路程才可到达偏远的两个分销点 Karratha 和 PortHedland。德国纽博格林赛道尤以可口可乐弯道最为著名，赛车将会在此饱受转向不足之苦，车手也以发挥最大驾驶水平享受驾驶乐趣。

2014 年 11 月 27 日，英国酿酒商 SABMiller（SAB）与可口可乐宣布，两家公司将合并其在南非与东非的软饮料瓶装业务，这笔交易将强化 SABMiller 在非酒精饮料方面日益提高的利益。合并后的新公司：可口可乐饮料非洲公司（Coca-Cola Beverages Africa）将向 12 个非洲国家销售饮料，并提供非洲所有可口可乐产品中的 40%。截至目前，可口可乐作为全世界最大的饮料公司，其产品销售到了世界 200 多个国家和地区。其 80% 以上的利润来源于国际市场。可口可乐把握了行业的价值网络，在全球迅速扩大市场，成为这一行业的领导者。

早期，可口可乐刚进入中国时，通过向灌装厂销售浓缩液，获得较高收入。可口可乐中最关键的元素，如主剂和浓缩液，集中在其独资的工厂生产，并授权在各地的灌装厂加水、加汽、加糖。可口可乐公司采用的是国际战略，利用母公司的产品和技术获得更多利润。

可口可乐公司的多国战略显著表现在其对本土化战略的应用。例如，2001 年春节期间，可口可乐为了推广其本土化的品牌形象，特别推出了深具中国民族特色的泥娃娃“阿福”形象的产品包装，外包装上双双怀抱可口可乐的金童玉女，笑容可掬、天真可爱，在热闹非凡的新年市场上显得越发亲切醒目。它标志着可口可乐首次在全球运用中国文化，设计出了具有浓郁本土特色并极具收藏价值的纪念性包装。可口可乐公司通过提高其产品在全球的可获得性、全球服务能力以及全球知名度来强化顾客偏好。此外，可口可乐公司运用全球营销战略，尤其是通过特色的广告战略来实现差别化策略，使消费者觉得可口可乐的产品与其他的饮料不一样。总的来说，可口可乐公司采用的经营战略是跨国战略。它把国际战略、多国战略和全球战略有效地组合在一起，从而使得可口可乐在全世界软饮料行业居于前列，经久不衰。

◇ 练习与思考

1. 选择题（其中至少有一个是正确的）

（1）下述哪些指标能够衡量跨国公司国际化经营程度（　　）。

A. 跨国经营指数　　B. 网络分布指数

C. 外向程度比率　　D. 外销比例

（2）下述关于跨国公司的特征说法正确的是（　　）。

A. 跨国公司在进行全球战略目标部署时，是从全球的角度考虑整个公司的发展，因而并不会使某分公司亏损，以便在总体上取得最大利润。

B. 公司内部一体化原则要求实行高度的管理体制，即以母公司为中心，把遍布世界各地的分支机构和子公司统一为一个整体。

C. 运行机制开放化这一原则是跨国公司最基本的特征。

D. 科技内部化可以避开外部市场的阻碍和高成本，发挥科技优势的作用。

（3）在经济和法律上具有独立法人资格，但投资和生产经营活动受母公司控制的经济实体是（　　）。

A. 跨国公司的母公司　　B. 跨国公司的分公司

C. 跨国公司的子公司　　D. 避税地公司

（4）下列属于跨国公司全球性组织结构的是（　　）。

A. 职能总部　　B. 产品线总部

C. 地区总部　　D. 矩阵结构

2. 判断题

（1）本土化对于东道国和跨国公司本身都是有利的。它可以有效地绕过贸易壁垒并可能获得东道国的政策支持。

（2）通常母公司对子公司以其出资额为限承担责任，对子公司的债务也承担间接责任。

（3）跨国银行可以广泛开展各种业务，包括欧洲市场业务，甚至非银行金融业务。它的国际业务经营具有本土性。

3. 简答题

（1）简述跨国公司的定义。

（2）简述跨国公司发展的价格战略。

（3）简述跨国银行与一般的国内银行相比所具有的特点。

◇ 本章参考书目

[1] 布鲁诺. 索尔尼克 [M]. 国际投资. 北京：中国人民大学出版社，2011.

[2] 任淮秀. 国际投资学 [M]. 北京：中国人民大学出版社，2011.

第六章

国际直接投资环境

学习目标

本章应重点掌握国际直接投资环境的含义，熟悉评估国际直接投资环境方法，了解世界主要投资目标国的投资环境。其难点在于如何利用投资环境的评估方法来分析目标投资国的投资环境等。

第一节　国际投资环境概述

一、国际直接投资环境的含义

投资环境（Investment Climates），顾名思义是指投资者进行生产投资活动所面临的各种外部因素。投资环境是投资者必须面对的，投资者在不同的地区、不同的国家和不同的时间所面对的投资环境是不同的，这些差异会影响投资资金的流向。国际直接投资环境是指影响一国的投资者进行跨越国境投资活动的外部因素。这些外部因素涵盖面很广，既包括诸如地理条件等客观存在或自然形成的自然条件，也包括人为产生的基础设施、收入水平、国际收支状况、贸易政策、经济政策等经济因素，以及体现人类文明的管理社会的政治制度等政治因素和有关法律法规方面的法律因素。此外，包括宗教、语言、风俗和社会习惯等在内的社会文化因素也成为投资者所考虑的因素之一。

二、国际直接投资环境的分类

从不同的角度进行划分可以把国际直接投资环境分为不同的类型：

（一）狭义的投资环境和广义的投资环境

狭义的投资环境和广义的投资环境是从国际直接投资环境所包含的内容和因素的多寡方面来划分的。狭义的投资环境仅仅是指投资的经济环境，即一国经济发展水平、收入水平、消费倾向、经济体制、产业结构、外汇管制和货币稳定状况等。广义的投资环境除经济环境外，还包括自然、政治、社会文化和法律等可能对投资产生影响的所有外部因素。我们在这里研究的国际投资环境主要是指广义的投资环境。因为发达国家之间的相互投资者或来自发展中国家的投资者，对发达国家的投资更多地考虑狭义上的投资环境；而来自发达国家的投资者对发展中国家的投资，一般从广义上去考虑投资环境。

（二）国家宏观投资环境和地区微观投资环境

投资环境按地域划分可分为国家宏观投资环境和地区微观投资环境。国家宏观投资环境是指一个国家影响投资活动的所有因素，这往往是投资者在投资决策时首先考虑的，它决定了投资的国别流向。地区微观投资环境是指一国某个地区范围内影响投资活动的各种因素，这是投资者在确定了投资国之后才考虑的，它决定了投资资金在一国内的地区流向。地区微观投资环境也对投资者目标的实现有直接的影响。

（三）硬环境和软环境

硬环境和软环境是根据各种环境因素所具有的物质和非物质性质来划分的。所谓硬环境是指能够影响国际直接投资的外部物质条件，如能源供应、交通和通信、自然资源以及社会生活服务设施等，硬环境一般也被称为物质环境或有形环境。所谓软环境是指能够影响国际直接投资的各种非物质因素，如经济发展水平和市场规模、贸易与关税政策、财政与金融政策、外资政策、经济法规、经济管理水平、职工技术熟练程度以及社会文化传统等，软环境一般也被称作人际环境或无形环境。

（四）自然因素、人为自然因素和人为因素

从各因素的稳定性方面来区分，可将国际直接投资的环境因素归为三类，即自然因素、人为自然因素和人为因素（见表 6-1）。

表 6-1　国际投资环境因素稳定性分类

A：自然因素	B：人为自然因素	C：人为因素
a_1 自然资源	b_1 实际增长率	c_1 开放进程
a_2 人力资源	b_2 经济结构	c_2 投资刺激
a_3 地理条件	b_3 劳动生产率	c_3 政策连续性
a_4……	b_4……	c_4……
相对稳定	中期可变	短期可变

人们普遍认为，在上述因素中，人为自然环境是影响投资活动的主要因素，自然因素和人为因素则是影响投资环境的次要因素。

三、投资环境的特点

国际投资不同于国内投资，对从事国际投资的投资者来说，他所面临的是一个陌生的环境，也是一个复杂的环境，甚至是经常变化的环境，这就决定了国际投资具有复杂性、系统性、动态性和综合性特征。

（一）复杂性

国际投资环境的复杂性是指影响投资活动的很多因素都与国内不同。首先是货币不同，于是涉及兑换的问题，外汇的兑换至少涉及成本。其次是政策倾向不同，在母国得到鼓励的做法在东道国可能会受到抑制。再次是包括政治制度和法规等在内的管理方法不同，在母国合法的做法在东道国不一定合法。最后由于宗教文化的不同导致对待异国雇员的方式和产品的包装等方面都要处处注意。国际投资环境的复杂性就要求投资者在他国投资之前要做好深入的调查，以避免出现不必要的麻烦和增加额外的成本。

（二）系统性

国际投资环境的系统性是指影响投资活动的各种因素的相互关联性。影响投资环境的因素有多种，而且每一种因素中又包含若干个子因素，其中一个子因素的变化可能会致使整体因素发生变化，而一个因素的变化又可能导致其他因素发生变化。例如，一国通货膨胀会造成该国收入相对减少，消费倾向下降，致使整个经济因素不利于投资者，这样有可能使优良地理位置所带来的地理因素上的优势，因机票价格的上涨而变为劣势。相互联系的投资环境因素决定着投资环境的优劣。

（三）动态性

国际投资环境永远是一个动态的概念，这种动态性表现为它会随着时间的推移、气候的变化、科学技术的进步、政治制度的变更、政策的变化、国家地位的变化、邻国或其他国家经济或政治的变化等而发生变化。例如，投资者在目标国投资以后，由于目标国经济的发展，对外资的优惠政策有所降低，或是目标投资国为了加快经济的发展速度，加大对外资的优惠力度，以吸引更多的外资流入该国。这些变化在世界各国都会发生，投资者应该有所准备。此外，还会有很多不可预测事件发生而导致投资环境变化，如军事政变等。

（四）综合性

国际直接投资环境是影响一国的投资者进行跨境投资活动的外部因素。这一概念告诉投资者，影响投资环境的具体因素不是一个或几个，而是几十个甚至上百个或上千个。世界上没有一个国家投资环境的每一个因素都是最差的，也没有哪一个国家投资环境中的所有因素都是最好的，即任何国家的投资环境都不可能是完美的，投资者要根据其投资的行业和投资的目标来选定最能实现其投资目标的国家进行投资，这也是分析投资环境的意义所在。

第二节　国际直接投资环境评估方法

国际直接投资活动是在一定的环境下进行的，由于各国政治、经济、法律、地理条件和文化的不同，各国的投资环境也是不同的，因此在开展国际投资活动之前，对目标投资国进行投资环境评估，对防范投资风险、确保投资收益是十分必要的。自 20 世纪 60 年代以来，随着国际直接投资活动在全世界范围内的广泛开展，国际上出现了多种评估投资环境的方法，其中具有影响的评估方法主要包括投资障碍分析法、国别冷热比较法、投资环境等级评分法、动态分析法、加权等级评分法、抽样评估法和体制评估法等。

一、投资障碍分析法

投资障碍分析法是依据潜在的阻碍国际投资运行因素的多寡与程度来评价投资环境

优劣的一种方法。其主要方法是先列出投资环境中阻碍国际投资活动的主要因素，然后在所有潜在的投资目标国之间进行对照比较，以投资环境中障碍因素的多与少来断定其投资环境的优劣。投资障碍分析法把阻碍国际投资活动顺利进行的障碍因素分为以下10类：

（1）政治障碍：① 目标投资国的政治制度与投资国不同；② 政治动荡（包括政治选举变动、国内骚乱、内战、民族纠纷等）。

（2）经济障碍：① 经济停滞或增长缓慢；② 外汇短缺；③ 劳动力成本高；④ 通货膨胀和货币贬值；⑤ 基础设施不良；⑥ 原材料等基础产业薄弱。

（3）资金融通障碍：① 资本数量有限；② 没有完善的资本市场；③ 融通的限制较多。

（4）技术劳动力短缺：① 技术人员短缺；② 熟练工人短缺。

（5）实施国有化政策与没收政策。

（6）对外国投资者实施歧视性政策：① 禁止外资进入某些产业；② 对当地的股权比例要求过高；③ 要求有当地人参与企业管理；④ 要求雇佣当地人员，限制外国雇员的数量。

（7）目标投资国政府对企业干预过多：① 实行物价管制；② 规定使用本地原材料的比例；③ 国有企业参与竞争。

（8）普遍实行进口限制：限制工业品和生产资料的进口。

（9）实行外汇管理和限制汇回：① 一般的外汇管制；② 限制投资本金和利润等的汇回；③ 限制提成费汇回。

（10）法律及行政体制不健全：① 外国投资法规在内的国内法规不健全；② 缺乏完善的仲裁制度；③ 行政效率低；④ 贪污受贿行为严重。

投资障碍分析法是一种简单易行并以定性分析为主的国际投资环境评估方法，其优点在于投资者能够迅速、便捷地对投资环境的优劣做出结论，从而减少了评估过程中的工作量和费用。它的不足则是仅仅根据个别关键因素就做出判断，有时会使评估的准确性大打折扣。

二、国别冷热比较法

国别冷热比较法是以“冷”“热”因素表示投资环境优劣的一种评估方法。热因素多的国家为热国，即投资环境优良的国家；反之，冷因素多的国家为冷国，即投资环境差的国家。国别冷热比较法因此也被称作冷热国对比分析法或冷热法，它是由美国学者伊西·利特瓦克（Isian. A. Litvak）和彼得·拜廷（Piter. M. Barting）根据对20世纪60年代后半期美国250家企业海外投资的调查，于1968年在《国际经营安排的理论结构》一文中提出的。他们将各种环境因素综合起来分析，归纳出影响海外投资环境“冷”“热”的7大基本因素、59个子因素，并评估了100个国家的投资环境。所谓“热国”或“热环境”，是指该国政治稳定、市场机会大、经济增长较快且稳定、文化相近、法律限制少、自然条件有利、地理文化差距不大；反之，即为“冷国”或“冷环境”；不“冷”不“热”者则居“中”。

政治的稳定性主要体现在政府得到其国民的拥护并能鼓励促进企业的发展，以及为企业的发展创造适宜的环境。政治稳定性高为热因素，反之为冷因素，一般为中。

市场机会是指外国投资者投资生产的产品和提供的劳务在目标投资国市场上的有效需求尚未达到满足，或离有效需求达到满足还有较大的距离。市场机会较大为热因素，反之为冷因素，市场机会一般为中。

经济发展与成就指的是目标投资国的经济发展速度与经济运营状况。经济发展速度快和经济运营良好，经济发展与成就大，为热因素；反之为冷因素。经济发展速度和经济运营一般，经济发展与成就应为中。

文化一体化指的是目标投资国国民的相互关系、处世哲学、人生观和奋斗目标都受传统文化的影响。受传统文化影响大、文化一元化程度高，应为热因素；反之为冷因素；受传统文化影响一般则为中。

法令阻碍指的是目标投资国法律对企业经营的阻碍程度。目标投资国法律繁杂、对企业经营的阻碍程度高应为冷因素，阻碍程度小为热因素，阻碍程度一般则为中。

实质性阻碍指的是目标投资国的自然资源和地理环境对企业经营生产的阻碍程度。实质性阻碍程度小为热因素，反之为冷因素，阻碍程度一般为中。

地理与文化差距指投资国与目标投资国地理距离以及文化、社会观念、风俗习惯和语言上的差距对投资的影响。地理与文化差距小为热因素，反之为冷因素，差距一般为中。

在表 6-2 所列的七大因素中，前四种的程度大就称为“热”环境，后三种的程度大则称为“冷”环境。当然，中为不大也不小，即不“冷”不“热”的环境。由此看来，一国投资环境的七个因素中，前四种越小、后三种越大，其投资环境就越坏，即“越冷”的投资目标国。表 6-2 用美国投资者的观点对加拿大、英国、德国、日本、希腊、西班牙、巴西、南非、印度和埃及 10 个国家进行了冷热对比分析，并将这 10 个国家当时的投资环境分析的结果由“热”到“冷”进行了排序。

表 6-2　　十国投资环境的冷热比较

国别		政治稳定性	市场机会	经济发展与成就	文化一元化	法令障碍	实质障碍	地理文化差距
加拿大	热	大	大	大		小		小
					中		中	
	冷							
英国	热	大			大	小	小	小
			中	中				
	冷							
德国	热	大	大	大	大		小	
						中		中
	冷							

续表

国别		政治稳定性	市场机会	经济发展与成就	文化一元化	法令障碍	实质障碍	地理文化差距
日本	热	大	大	大	大			
							中	
	冷					大		大
希腊	热					小		
			中	中	中			
	冷	小					大	大
西班牙	热							
			中	中	中	中		
	冷	小					大	大
巴西	热							
			中		中			
	冷	小		小		大	大	大
南非	热							
			中	中		中		
	冷	小			小		大	大
印度	热							
		中	中		中			
	冷			小		大	大	大
埃及	热							
					中			
	冷	小	小	小		大	大	大

在这项研究中，学者们还统计了美国250家企业在上述东道国的投资进入模式分布频率。结果表明，随着目标市场由热类国家转向冷类国家，企业将越来越多地采用出口进入模式，越来越少地采用投资进入模式。在一般热类国家，出口进入模式占所有进入模式的47.2%，在当地设厂生产的投资进入模式占28.5%，技术许可合同和混合模式占余下的24.3%。与此形成鲜明对照的是，在一般冷类国家，出口进入模式占所有进入模式的82.6%，投资进入模式仅占2.9%，技术许可合同和混合模式占余下的14.5%。一般中间类国家的进入模式介乎上述两类国家之间。

三、等级评分法

等级评分法是美国经济学家罗伯特·斯托鲍夫（Robot. B. Stobaugh）于1969年9月在《哈佛商业评价》（Harvard Business Review）上发表的《如何分析外国投资气候》

(How to Analysis Foreign Investment Climates）一文中提出的。他认为影响投资环境的各种因素对投资活动的影响大小是不同的，应该根据影响度的大小来确定其等级分数，并按每一个因素中的有利或不利的程度给予不同的评分，然后把各因素的等级得分进行加总作为对其投资环境的总体评价。总分越高表示其投资环境越好，总分越低则其投资环境越差（见表 6-3）。等级评分法由于是对影响投资环境的八种因素进行评分，所以又称多因素等级评分法。

表 6-3　　投资环境等级评分标准表

投资环境因素	投资环境因素的具体状况	等级评分标准
资本抽回		0~12 分
	无限制	12
	只有时间上的限制	8
	对资本有限制	6
	对资本和红利都有限制	4
	限制十分严格	2
	禁止资本抽回	0
外商股权		0~12 分
	准许并欢迎全部外资股权	12
	准许全部外资股权但不欢迎	10
	准许外资占大部分股权	8
	外资最多不得超过股权半数	6
	只准外资占小部分股权	4
	外资不得超过股权 3 成	2
	不准外资控制任何股权	0
对外商的歧视和管制程度		0~12 分
	外商与本国企业一视同仁	12
	对外商略有限制但无管制	10
	对外商有少许管制	8
	对外商有限制并有管制	6
	对外商有限制并严加管制	4
	对外商严格限制并严加管制	2
	禁止外商投资	0
货币稳定性		4~20 分
	完全自由兑换	20
	黑市与官价差距小于 1 成	18
	黑市与官价差距在 1~4 成之间	14
	黑市与官价差距在 4 成~1 倍之间	8
	黑市与官价差距在 1 倍以上	4

续表

投资环境因素	投资环境因素的具体状况	等级评分标准
政治稳定性		0~12 分
	长期稳定	12
	稳定，但取决于关键人物	10
	政府稳定，但内部有分歧	8
	各种压力常左右政府的政策	4
	有政变的可能	2
	不稳定，政变极可能	0
关税保护程度		2~8 分
	给予充分保护	8
	给予相当保护但以新工业为主	6
	给予少数保护但以新工业为主	4
	很少或不予保护	2
当地资金的可供性		0~10 分
	完善的资本市场，有公开的证券交易所	10
	有少量当地资本，有投机性证券交易所	8
	当地资本少，外来资本不多	6
	短期资本极其有限	4
	资本管制很严	2
	高度的资本外流	0
近五年的通货膨胀率		2~14 分
	<1%	14
	1%~3%	12
	3%~7%	10
	7%~10%	8
	10%~15%	6
	15%~30%	4
	>30%	2
总　计		8~100 分

资料来源：Robot. B. Stobaugh：How to Analysis Foreign Investment Climates，Harvard Business Review，1969. 9.

从斯托鲍夫提出的这种投资环境等级评分法中可以看出，其所选取的因素都是对投资环境有直接影响的以及投资决策者最关心的因素；在各项因素的分值确定方面，采取了区别对待的原则，在一定程度上体现出不同因素对投资环境作用的差异，反映了投资者对投资环境的一般看法；评价时所需各种因素的资料既易于取得，又易于比较；采用的评价方法由于仅仅是简单的累加计分的方法，使定性分析具有了一定的数量化内容，而且不需要高深的数理知识，因此被投资者在决策时惯常采用。这种投资环境评估方法的采用有利于使投资环境的评估规范化。等级评分法的缺陷也是明显的，如对投资环境因素的等级评分是主观的，标准化的等级评分法难以如实反映环境因素对不同投资项目所产生影响的差异，而且所确定的八种因素不够全面，特别是忽视了东道国的交通和通信设施状况等硬环境。所以投资者在实际应用中应根据具体目标和不同的行业，对投资环境因素进行增加和删减，并对等级评分进行相应的调整。

四、闵氏多因素评估法

闵氏多因素评估法是中国香港中文大学教授闵建蜀在斯托鲍夫的等级评分法的基础上提出来的，它与等级评分法既有密切的联系又有一定区别。闵氏多因素评估法将影响投资环境的主因素分为11类，每一类主因素又由一组子因素组成（见表6-4）。

表6-4　多因素评估法因素与子因素组成

主因素	子　因　素
1. 政治环境	政治稳定性，国有化可能性，当地政府的外资政策
2. 经济环境	经济增长，物价水平
3. 财务环境	资本与利润外调，对外汇价，集资与借款的可能性
4. 市场环境	市场规模，分销网点，营销的辅助机构，地理位置
5. 基础设施	国际通信设备，交通与运输，外部经济
6. 技术条件	科技水平，适合工资的劳动生产力，专业人才的供应
7. 辅助工业	辅助工业的发展水平、辅助工业的配套情况等
8. 法律制度	商法、劳工法、专利法等各项法律制度是否健全，法律是否得到很好的执行
9. 行政机构效率	机构的设置、办事程序、工作人员的素质等
10. 文化环境	当地社会是否接纳外资公司及对其的信任与合作程度
11. 竞争环境	当地竞争对手的强弱，同类产品进口额在当地市场所占份额

根据闵氏多因素评估法，先对各类因素的子因素做出综合评价，再对各因素做出优、良、中、可、差的判断，然后按下列公式计算投资环境总分：

$$\text{投资环境总分} = \sum_{i=1}^{11} W_i(5a_i + 4b_i + 3c_i + 2d_i + e_i)$$

式中：W_i——第i类因素的权重；a_i，b_i，c_i，d_i，e_i——第i类因素被评为优、良、中、可、差的百分比。

投资环境总分的取值范围在11~55分之间，分值越高，说明投资环境越佳。

闵氏多因素评估法是对某国的投资环境做总体性的评估时所采用的方法，不适用于评估某国的投资环境是否适用于投资某一行业或某一具体产品。

五、关键因素评估法

关键因素评估法是投资者怀着明确的动机，考察对其投资动机影响程度较大的投资环境因素的一种方法。使用关键因素评估法时，投资者对投资环境因素的考察是有选择的，找出与此动机密切相关的因素，其他关系不大的因素可以忽略不计（见表6-5）。

表 6-5　　关键因素评估法

投资动机	影响投资的关键因素
降低成本	适合当地工资水平的劳动生产率 土地费用 原材料与原件价格 运输成本
发展当地市场	市场规模 营销辅助机构 文化环境 地理位置 运输条件 通信条件
原材料和零部件供应	资源 当地货币汇率的变化 当地的通货膨胀 运输条件
风险分散	政治的稳定性 国有化可能性 货币汇率 通货膨胀率
竞争者	市场规模 地理位置 营销辅助机构 法律制度
获得当地生产和管理技术	科技发展水平 劳动生产率

关键因素评估法的特点在于，只对影响到投资目的的关键因素进行评估，因此这种评估方法的针对性很强，评估的结果可能对目的性强的项目决策更有参考价值。但由于它的评估结果是针对某一特定项目的，因此该方法的评估结果不能代表整个国家和地区的投资环境。

六、动态分析法

投资环境不仅因国别而异，而且是动态的，因为即使同一个国家的投资环境也会随时间的推移以及客观条件的变化而发生变化。国际投资活动都有一定的时间跨度，短则 1 年到 3 年，长则 5 到 10 年，甚至 10 年或 20 年以上。因此，在考虑投资环境时，不仅要考虑现在的投资环境，而且还要考虑各种环境因素未来可能出现的变化，从动态的角度去分析和评估投资目标国的投资环境。美国道氏化学公司对投资环境采用的评估就是从动态的角度去分析的（见表 6-6）。

表 6-6 投资环境动态分析法

企业现有业务条件	引起变化的主要原因	有利因素和假设汇总	预测方案
估价以下因素： （1）经济实际增长率 （2）能否获得当地资产 （3）价格控制 （4）基础设施 （5）利润汇出规定 （6）再投资的自由 （7）劳动力技术水平 （8）劳动力稳定性 （9）投资优惠 （10）对外国人的态度 ⋮ （40）	估价以下因素： （1）国际收支结构及趋势 （2）被外界冲击时易受损害的程度 （3）经济增长相当于预期目标的差距 （4）舆论界和领袖观点的变化 （5）领导层的确定性 （6）与邻国的关系 （7）恐怖主义的骚扰 （8）经济和社会进步的平衡 （9）人口构成和人口变动趋势 （10）对外国人和外国投资的态度 ⋮ （40）	对前两项进行评价后，从中挑选出 8~10 个在某国某项目能获得成功的关键因素（这些关键因素将成为不断查核的指数或继续作为投资环境评价的基础）	提出 4 套国家或项目预测方案： （1）未来 7 年中关键因素造成的“最可能”方案 （2）若情况比预期的好，会好多少 （3）若情况比预期的糟，会如何糟 （4）会使公司“遭难”的方案

道氏公司认为其在国外投资所面临的风险为两类：第一类是“正常企业风险”或称“竞争风险”。例如，自己的竞争对手也许会生产出一种性能更好或价格更低的产品。这类风险存在于任何基本稳定的企业环境中，它们是商品经济运行的必然结果。第二类是“环境风险”，即某些可以使企业环境本身发生变化的政治、经济及社会因素。这类因素往往会改变企业经营所必然遵循的规则和采取的方式，对投资者来说这些变化的影响往往是不确定的，它可能是有利的，也可能是不利的。道氏化学公司把影响投资环境的诸因素按其形成的时间及作用范围的不同分为两部分：一是企业现有的业务条件；二是有可能引起这些条件变化的主要原因。这两部分又分别包括 40 项因素，先是对这两部分因素做出评价，然后对提出投资项目的预测方案进行比较，最后确定具有良好投资环境的投资目标国。表 6-6 中，第一栏是企业现有业务条件，主要对投资环境因素的实际情况进行评价；第二栏是引起变化的主要原因，主要考察今后可能引起的投资环境变化的社会、政治、经济事件；第三栏是有利因素和假设汇总，即在对前两项评价的基础上，找出 8~10 个使投资项目获得成功的关键因素，以便连续地对其进行观察和评价；第四栏是预测方案，即根据对未来 7 年中的环境变化的评估结果提出 4 套预测方案供企业经营决策时参考。道氏化学公司的动态分析以未来 7 年为时间长度，这是因

为该公司预计投资项目投产后的第 7 年是盈利的最好时期。在实际运用中，可根据具体情况来确定时间跨度。

动态分析法的特点在于充分考虑未来环境因素的变化及其结果，从而有助于公司减少或避免投资风险，保证投资项目获得预期的收益。但动态分析法也具有较强的主观性，而且操作复杂、工作量大，应用起来较为困难。

七、加权等级评分法

加权等级评分法由投资环境等级评分法演变而成，是美国学者威廉·戴姆赞于 1972 年提出的。企业在运用这种方法时大体上分三个步骤：第一步是先对投资环境的每个因素的重要性进行排列，并根据其重要性给出相应的权数；第二步是根据各环境因素对投资活动产生利弊影响的程度进行等级评分，每个因素的评分范围都是从 0 到 100，即从完全不利的影响到完全有利的影响；第三步是将各种环境因素的实际得分乘上相应的权数后进行加总。表 6-7 就是采用加权等级评分法对甲、乙两国投资环境进行评估和比较的情况。按照总分的高低，可供选择的投资目标国被分为以下 5 类：（1）投资环境最佳的国家；（2）投资环境较好的国家；（3）投资环境一般的国家；（4）投资环境较差的国家；（5）投资环境恶劣的国家。

表 6-7　投资环境加权等级评分法

按重要性排列的环境因素	甲国			乙国		
	(1) 重要性权数	(2) 等级评分 0~100	(3) 加权等级评分 (1)×(2)	(1) 重要性权数	(2) 等级评分 0~100	(3) 加权等级评分 (1)×(2)
1. 财产被没收的可能性	10	90	900	10	55	550
2. 动乱或战争造成损失的可能性	9	80	720	9	50	450
3. 收益返回	8	70	560	8	50	400
4. 政府的歧视性限制	8	70	560	8	60	480
5. 在当地以合理成本获得资本的可能性	7	50	350	7	90	630
6. 政治稳定性	7	80	560	7	50	350
7. 资本的返回	7	80	560	7	60	420
8. 货币稳定性	6	70	420	6	30	180
9. 价格稳定性	5	40	200	5	30	150
10. 税收水平	4	80	320	4	90	360
11. 劳资关系	3	70	210	3	80	240
12. 政府给予外来投资的优惠待遇	2	0	0	2	90	180
加权等级总分	5 360			4 390		

表中，甲国的加权等级总分为 5 360 分，大于乙国的 4 390 分，这意味着甲国的投资环境优于乙国的投资环境。如果公司在甲、乙两国之间选择目标投资国的话，甲国是比较理想的目标投资国。

八、抽样评估法

抽样评估法是指通过对东道国的外商投资企业进行抽样调查，来了解它们对东道国投资环境的一般看法，从而得出东道国投资环境优劣的一种评估方法。其基本步骤是：(1) 选定或随机抽取不同类型外商投资企业，列出评估投资环境要素；(2) 由外商投资企业的高级管理人员进行口头或笔头评估，评估通常采取回答或填写调查问卷的形式。

投资者可以通过这种方法来了解和判断东道国的投资环境，东道国政府则可采取这种方式来了解本国投资环境对外国投资的吸引力如何，以便调整吸收外资的政策、法律和法规，改善本国的投资环境。组织抽样评估的单位既可以是从事国际投资活动的企业或国际咨询公司，也可以是东道国政府的有关部门或其委托的单位。

抽样评估方法不仅所列的调查因素是主观的，而且结论也是主观的，但在短时间内就可以得到别人的评估结果也大大地节省了评估成本。

九、矩阵评估模型

矩阵评估模型是美国印第安纳大学的教授法莫（R. N. Farmer）和阿尔尼亚大学的教授理查曼（B. M. Richman）创立的。法莫和理查曼把企业经营过程视为 10 类关键因素的组合，即模型中的 B 因素（见表 6-8）。这 10 类因素又被进一步细分为 76 项子因素，并将环境因素分为国内环境因素和国际环境因素，即表 6-8 中的 C 因素和 I 因素。国内环境因素包括 4 类主因素和 29 项子因素，国际环境因素包括 3 类主因素和 21 项子因素。它实际上是通过矩阵评估模型的形式，将企业经营过程的诸因素（B 因素）与国内环境因素（C 因素）和国际环境因素（I 因素）的相关关系予以计量化，再加权、累积，最后求出企业在特定环境条件下的综合效率，由此评估投资环境对企业经营的影响。

表 6-8　　矩阵评估模型的因素构成

经营过程因素（B 因素）	B1：计划与革新 B2：控制 B3：组织 B4：人事 B5：指导、领导、激励 B6：市场与营销 B7：生产与采购 B8：研究开发 B9：财务 B10：公共关系

续表

国内环境因素（C 因素）	C1：教育因素 C2：社会因素 C3：政治、法律因素 C4：经济因素
国际环境因素（I 因素）	I1：社会因素 I2：政治、法律因素 I3：经济因素

矩阵评估模型首次将计量分析方法引入国际投资环境评估方法中。该计量模型计算起来非常复杂，所以难以被普遍采用。

十、成本分析法

成本分析法就是把投资环境的各因素折合为数字作为成本的构成，然后得出东道国的投资环境是否适合投资的决策。英国经济学家拉格曼（Larger. N. Men）经过深入研究，提出了拉格曼公式，将各种投资环境因素作为成本构成代入公式，一般会出现三类情况：

（1）如果 $C+M^* < C^* + A^*$，便选择出口，因为出口比对外直接投资有利；

$C+M^* < C^* + D^*$，便选择出口，因为出口比转让许可证有利。

（2）如果 $C^* + A^* < C+M^*$，便建立外国子公司，因为对外直接投资比出口有利；

$C^* + A^* < C^* + D^*$，便建立外国子公司，因为对外直接投资比转让许可证有利。

（3）如果 $C^* + D^* < C^* + A^*$，便转让许可证，因为转让许可证比对外直接投资有利；

$C^* + D^* < C+M^*$，便转让许可证，因为转让许可证比出口有利。

公式中的 C 表示投资国国内生产正常成本；C^* 表示东道国生产正常成本；M^* 表示包括运输、保险和关税等出口销售成本；A^* 表示国外经营的附加成本；D^* 表示包括技术泄密、产品仿制等各种风险成本。

其中，第二类公式是适合做投资决策的。成本分析法不仅综合了各种因素所造成的成本，而且把它和参加国际市场的三种形式结合起来，因此，它被发达国家投资者广泛采用。

十一、三菱评估法

三菱评估法是日本三菱综合研究所在 1974 年对欧洲做投资分析时，发明并采用的一种投资环境的评估方法。三菱评估法的具体做法是先把投资环境的因素分为四大类：一类是经济活动水准，根据东道国经济活动水准来衡量，并以工业生产成长指数和产业现代化指数作为衡量子因素；二是地理条件，这是对于工厂位置选择有直接关联的要素，其子因素为工厂用地条件和运输设施；三是劳动条件的评价，其子因素为薪资水准和就业状况；四是奖励制度，其子因素为东道国政府对外资的政策和制度运用情况。然后通过对各国的经济条件、地理条件、劳工条件和奖励制度这四项因素进行比较评估，来评定各国投资环境的优劣，并根据各因素对投资活动影响的重要程度赋予不同的权重。最后计算得出各国投资环境优劣顺序。

三菱评估法的最大特点就是简单，但需要注意的是，应根据投资的行业和产品类型不同，对各因素的权数进行相应调整。如投资劳动密集型产业，劳动条件的权数要相应提高；如投资资本密集型产品，奖励条件的权数则要相应提高。

第三节 世界主要投资目标国投资环境分析

一、欧盟国家投资环境分析

（一）欧盟概述

欧洲联盟（简称欧盟，European Union，EU）是目前世界上最大也是经济一体化程度最高的一体化组织。欧盟经济一体化进程以关税同盟为起点，通过实施共同市场、统一大市场而最终向全面的经济货币联盟迈进。欧盟成员有 28 个（英国脱欧问题较复杂且有过渡期，暂且将其算在内），总体面积扩大到 438 万平方公里，人口增至约 5.1 亿，GDP 增加到 16.398 万亿美元，经济总量与美国不相上下。

（二）欧盟主要国家的自然环境

德国位于欧洲中部，面积 35.7 万平方公里，人口约 8 267 万，是欧盟人口最多的国家。德国自然资源贫乏，除硬煤、褐煤和盐的储量丰富之外，在原料供应和能源方面很大程度上依赖进口，2/3 的初级能源需进口。森林覆盖面积为 1 076.6 万公顷，占全国面积的 30%。

英国是位于欧洲西部的岛国，面积 24.36 万平方公里，人口约 6 504 万。英国是欧盟中能源资源最丰富的国家，也是世界主要生产石油和天然气的国家。主要能源有煤、石油、天然气、核能和水力等。英国目前拥有供发电的核电站有 19 座。英国重视对新能源及可再生能源的研究开发。

法国位于欧洲西部，面积 55.4 万平方公里，人口 6 690 万。法国能源储量贫乏，铁矿石完全依赖进口，煤储量已近枯竭。有色金属储量很少，几乎全部依赖进口。能源主要依靠核能，水力资源和地热的开发利用比较充分。森林面积约 1 556.5 万公顷，覆盖率为 28.6%，人均拥有绿化面积 0.23 公顷。

（三）欧盟主要国家的经济环境

1. 宏观经济状况

德国是高度发达的工业国家，经济实力位居欧洲首位，在国际上次于美国、中国和日本，为第四大经济强国，并长期保持着全球第三大出口国的地位。近年来，受全球经济和金融危机影响，作为德国经济增长贡献较大的出口已经出现下滑。2010 年德国经济复苏，同比增长率达 3.6%。2016 年同比增长率达 2.5%。

英国经济规模居世界第七，是世界第二大海外投资国。英国工业在国民经济中占有重要地位，主要能源生产大约占总 GDP 的 10%。服务业占 GDP 超过 3/4，而制造业仅占 1/5。1992 年起，英国经济一直稳定增长。近年来，英国由于实施财政紧缩政策，GDP 自 2010 年起增速大幅放缓，物价水平和失业率大幅上升，2016~2017 年国际竞争力排名第七位。

法国是发达的工业国家，GDP 仅次于美国、中国、日本、德国，居世界第五位。近年来受全球经济、特别是欧债危机的影响，法国经济增长乏力，固定资产投资下降，破产企业数量增加，失业率上升，财政赤字大幅增长，对外贸易保持顺差，家庭消费增长成为拉动经济的主要动力，通货膨胀率维持在较低水平上。

2. 投资政策

德国的外国投资主要来自美国、荷兰、法国、英国、瑞士和日本。从 20 世纪 70 年代中期以来，外国在德国投资增长低于德国在国外投资的增长。外国投资主要集中在商业、化工、金融、电子技术、汽车制造、石油化工和机械制造部门。中小企业是德国经济体系最重要的支柱，因此，为中小企业创造尽可能良好的框架条件是政府的首要任务。除了已经规划的减轻企业税收负担的措施外，政府还专门为较小企业规划了其他措施：企业的创业计划将享受到特别高的促进税率，联邦政府还将同银行、资本投资公司以及保险公司一起研究建立风险资本基金的各种可能性。

英国政府鼓励外国向英国投资。近年来，英国成为外商在欧洲投资的首选地，居世界第三位。美国是英国最大的投资国，其次是德国、加拿大和日本。投资领域包括汽车、通信、信息、电子、医疗设备、金融服务、食品、饮料等。投资形式为收购、兼并现有企业，扩建已有生产厂，建立科研基地或跨国公司区域总部等。英国的外资优惠政策主要有：投资企业享受国民待遇；投资领域几乎不受限制；没有外汇管制；企业所有权不受限制；对资本支出实行补贴；提供竞争性的补助金和奖励。

法国是经济发达国家，对外国在法的直接投资基本实行国民待遇，每年吸引大量外国直接投资。20 世纪 80 年代，外国对法国投资主要集中于购买不动产，十年中共购买土地 4.5 万公顷。法国政府在 2008 年出台了研发税收抵免政策来吸引投资者，税收减免额最高达到 40%，鼓励外国投资者在法国设立研发中心从事研发和创新工作。2011 年，在法的外国研发中心的科研经费支出占到全法国研发机构的 20%。近期，为应对国际竞争，法国政府启动一项名为“对法国说‘是’”的行动，目的是鼓励外国投资者到法国投资。

（四）欧盟主要国家的政治环境

德国新政府在注重保持内外政策稳定性和连续性的同时，将解决失业、振兴经济和促进可持续发展作为施政重点。社会总体形势保持稳定。税收、医疗和养老保险等方面的改革计划和措施引起社会一些阶层的强烈不满，劳资矛盾有所增加，教育质量下降等问题亦引起社会普遍关注和担忧。

英国政府对国家体制、行政机构和公共服务、经济现代化、对外政策等方面进行了一系列重大改革，并取得一定的成效。内政方面，提出关于经济和社会发展的“第三条道路”的新概念；对福利、教育、交通、医疗保险及司法等制度继续进行改革，增加对公共服务部门的投入；提高英格兰银行的独立性，授予其自行决定利率升降的权利；以低支出、低税收、低通胀、高就业政策实现经济稳定发展。外交方面，开展全方位外交，希望利用自身广泛的国际联系，在国际舞台上发挥“枢纽作用”。

法国新政府上台后大力推行各项改革，包括推进以“权力下放”为核心的政治体制改革，着手退休制度改革，放宽35小时工作制，提高最低工资标准等。同时加大维护社会治安的政治力度，积极应对移民等问题。

二、中东欧国家投资环境分析

（一）中东欧概述

中东欧国家总人口1.2亿，总面积114万平方公里。中东欧国家在实行了40多年的社会主义制度后，在20世纪80年代末政治体制发生了剧变，由原来的一党执政变成了多党议会制。在政治体制的变革中，经过一段时间的动荡、分化、组合，现在趋于平稳，政治斗争基本在法制、议会的框架内进行。中东欧国家自20世纪80年代末政治体制剧变后，经济普遍出现较大幅度的下降。

（二）中东欧主要国家的自然环境

俄罗斯位于欧洲东部和亚洲北部，面积1 709.82万平方公里，居世界第一位。人口1.443亿，居世界第九位。俄罗斯自然资源十分丰富，种类多，储量大，供给程度高。森林覆盖面积8.67亿公顷，居世界第一位。天然气、煤、铁、水力资源、铀、黄金等储量都居世界前列。

罗马尼亚位于东南欧巴尔干半岛东北部，面积23.84万平方公里，人口1 971万。罗马尼亚森林面积为633万公顷，约占全国面积的28%，水力资源蕴藏量为565万千瓦，内河和沿海产多种鱼类。

（三）中东欧主要国家的经济环境

1. 宏观经济状况

俄罗斯政局近年来进一步稳定，发展经济成为当局的中心任务和朝野共识。在这一有利环境下，政府进一步加强经济立法，规范经济活动，投资和经营环境得到一定改善。特别是税制改革提高了企业投资的积极性，缓解了财政压力。同时，借国际油价上涨之机，获取大量石油美元。欧美承认俄市场经济地位，为俄扩大出口、吸引外资提供了新机遇，也促进了俄经济信誉的提高。但俄罗斯经济增长受国际能源市场行情影响仍较大，产业结构调整的任务仍十分艰巨。

罗马尼亚进入20世纪90年代后，由于政权更迭，体制转轨过速，导致生产大幅度滑坡。罗马尼亚经济成长速度非常快，成长率位列欧盟之首，被称为“虎”，整体情况在欧盟的中东欧成员中位列中上等。但是2008年国际金融危机的爆发对罗马尼亚经济造成较大冲击。在国际机构援助下，罗推行紧缩增支政策，经济有所回升。但因罗经济与欧盟市场及欧元区国家联系密切，在欧债危机长期化背景下，罗经济增长乏力，经济前景不确定性大。

2. 投资政策

俄罗斯市场容量大，市场竞争水平较低；自然资源丰富，原料和燃料价格相对便宜；工业基础雄厚，军工高科技优势明显；俄整体文化素质较高，拥有技术熟练而又比较便宜的劳动力资源，是一个潜力巨大的投资市场。俄罗斯吸引外资的优先领域是：亏损企业、未竣工项目、因缺少进口原料和设备而生产萎缩的企业、食品工业、地方工业企业、建材工业企业、因污染需转产的企业。俄罗斯利用外资的重点是：西伯利亚及远东地区的石油、天然气、煤炭、木材加工等能源、原材料工业以及交通通信设施；建立自由经济区；向外国投资者拍卖俄股份公司股票；出售其他有价证券；房地产开发。

根据罗马尼亚现行法律，外国投资者在不危害环境，不危害其国家安全、公共秩序、道德标准的前提下，可在金融、保险、工业、自然资源勘探及开发、通信、科学研究和技术开发、农业、服务、旅游等任何部门成立独资或合资公司。罗马尼亚自 1992 年起成为“相互投资保护署”成员，同世界 330 余个国家签署了相互投资保护协定。2000 年 12 月罗马尼亚新政府执政后，十分重视吸引外国投资，于 2001 年 6 月通过新《鼓励直接投资法》。从 2005 年 1 月 1 日起，罗马尼亚把个人所得税和公司利润税全部降到 16%。

（四）中东欧主要国家的政治环境

普京当选俄罗斯联邦总统后，逐步调整叶利钦时期的国内政策，加强总统垂直权力系统，打击金融寡头非法干政，加强舆论控制。大力改善同俄共等反对派的关系，加强与各党派的对话与合作，使朝野矛盾和斗争趋向缓和。2001 年《政党法》出台后，俄各政治力量加快整合步伐，以俄共、全俄罗斯“统一和祖国”党和“右翼力量联盟”政党为代表的三党格局初步成形。普京适时进行人事调整，巩固权力基础。俄政局稳定的态势进一步得到巩固。

近年来，罗马尼亚政局稳定，经济继续保持增长势头，执政党地位不断巩固。

三、北美洲国家投资环境分析

（一）北美洲概述

北美洲位于西半球北部，东临大西洋，北接北冰洋，西濒太平洋，南以巴拿马运河为界与南美洲相邻。

北美大陆人口 5.5 亿，约占全世界总人口的 8%，绝大部分人口分布在东南部地区。从民族来看，欧洲移民的后裔占大部分，其次是黑人，还有少量比例的亚裔、印第安人等。居民主要信奉基督教新教和天主教。官方语言以英语、西班牙语、法语为主。

（二）北美洲主要国家的自然环境

北美洲地形西高东低，中部为广阔的平原，世界上最大的淡水湖群——著名的五大湖（苏必利尔湖、密歇根湖、休伦湖、伊利湖、安大略湖）位于该地区的中部。河川冲积平原较多，其中，密西西比河三角洲是世界上最大的三角洲。

北美大陆中部广大地区位于北温带，冬季寒冷，夏季暖热。全年降水较多，一半以上的地区年降水量在 500 毫米以上。

北美洲矿产资源丰富，主要有石油、天然气、煤炭、铁、金、银、铜、铅、锌等。森林、草原、水力资源等也较丰富。

（三）北美洲主要国家的经济环境

1. 宏观经济状况

北美洲经济总量在全球排名前列，各国经济发展差异显著，加拿大与美国经济高度发达，发展中国家除墨西哥有一些工业基础外，其余各国多为单一经济国家，主要发展种植业，经济总量较小。

加拿大与美国具有高度发达的现代市场经济与完善的国民经济宏观调控体系，劳动生产率、国内生产总值、对外贸易额都居于世界前列。美国是目前世界上最发达的工业国家，工业体系基础雄厚，门类齐全，生产能力巨大，科学技术先进，行业产值占国内生产总值的 1/3 以上，集中和垄断程度很高。汽车、钢铁和建筑业是美国经济三大支柱。

北美洲采矿业规模较大，主要开采煤、原油、天然气等。其中，生铁、钢、铜、锌等开采量占世界总量的 20% 左右，铝占 40% 以上。

北美洲农业生产专门化、商品化和机械化程度都很高。中部平原是世界著名的农业区之一，其大豆、玉米和小麦产量在世界农业中占重要地位。中美洲、西印度群岛诸国和地区主要生产甘蔗、香蕉、咖啡、可可等热带作物。北美洲海洋资源丰富，渔业发达。其中，加拿大生产的 75% 的渔产品出口，是世界上最大的渔产品出口国。

美国与加拿大的服务业相当发达，两国服务业产值均已超过国民生产总值的 70%，提供的就业岗位比例大于 75%。

2. 投资政策

由于外资可以为东道国创造就业机会、促进各地区平衡发展、加强与世界市场的沟通、提高生产能力、改进技术，因此，北美洲国家对外资进入的政策大都比较开放，各国都积极地采取各种优惠措施来鼓励、吸引外资，为投资者提供公平的、非歧视的良好投资环境。

如美国多数州和地方政府给新开办的外资企业以 5~15 年的财产税减免，允许外资企业的工厂和设备实行加速折旧。从美国银行、储贷机构和保险公司获得的收入和股票与证券交易所得可以免税。加拿大对开发自然资源、建立新企业或原有企业的扩大及现代化的项目或商业企业等行业的投资，给予政府补助或享受税收减免。墨西哥的保税加工出口制度规定，所有用于生产出口产品的进口机械设备、原材料和零配件均可免进口关税和增值附加税。

许多国家为吸引外资而加强基础设施的建设，同时还提供一些特殊服务，如提供外资新工厂设计和布局的咨询服务，给予外资企业利用当地大学、政府、研究和开发机构的便利，地方政府支持外资企业培训工人计划等。

在外资进入的审查方面，美国对外资一直采取开放政策，无特定限制。除考虑国家安全的个别情况，对外资拥有的股份比率没有限制，没有外汇管制，外资进出自由。

此外，各国对外资进入领域的限制也有不同程度的规定，但大都集中于涉及国家安全、基础能源、新闻出版、邮政通信、交通等行业，一般通过规定外资投资比例、提高审查标准等方式实现限制。

（四）北美洲主要国家的政治环境

北美洲共有23个国家，各国政治体制不尽相同，近年来政局大都比较稳定。

四、南美洲国家投资环境分析

（一）南美洲概况

南美洲位于西半球南部，东濒大西洋，西临太平洋，北滨加勒比海，南隔德雷克海峡与南极洲相望。

南美洲人口4.01亿，约占世界总人口的5.7%。人口分布极不平衡，西北部和东部沿海一带人口稠密，并且高度集中在少数大城市。白人占总人口的一半以上，其次是印欧混血人、黑人、印第安人，还有少数的其他民族。大部分国家官方语言为西班牙语，巴西为葡萄牙语。

（二）南美洲主要国家的自然环境

南美洲地势西高东低，中部的亚马孙平原是世界上最大的冲积平原，也是世界上最大的热带雨林区。南美洲火山较多、地震频繁且多强烈地震，尤其以太平洋沿岸地区最为频繁。

南美洲大部分地区属热带雨林和热带草原气候，温暖湿润，全年气温落差比较小。全洲降水充沛，年降水量在1 000毫米以上的地区约占全洲面积的70%以上。

南美洲自然资源丰富，已探明的铜储量超过1亿吨，居各洲储量之首，石油、天然气、煤、铁、铝土矿、银、锌等能源性资源储量也居于世界前列。森林面积约占世界森林总面积的23%，草原面积约占世界草原总面积的14%。

（三）南美洲主要国家的经济环境

1. 宏观经济状况

第二次世界大战之后，南美洲的经济有了快速的发展，经济结构发生显著变化，但各国经济发展水平很不均衡。巴西与阿根廷是南美最发达的国家，两国已经建立了完整的工业体系，门类齐全，技术水平高。两国的核电、信息、军工、飞机制造等都已跨入世界先进国家行列。其中，巴西的经济实力和工艺均居南美首位，经济总量超过整个南美地区的1/3。

委内瑞拉、哥伦比亚、智利、秘鲁等国的经济建设也取得了一定的成就，但仍然普遍缺乏先进的科学技术和较高的工业化水平。主要工业部门集中在食品加工、装配业和采矿业、石油精炼、造纸、化工等科技含量不高的行业。

南美矿藏丰富，采矿业是各国的基础部门，除自给外，大部分矿产供出口，是世界上主要的能源供应地区。

农业是南美各国最主要的产业，其中可可、菠萝、马铃薯、巴西橡胶树等经济作物种植业占据绝对优势。巴西咖啡、甘蔗产量和出口量均居世界第一。阿根廷等国则大量出口肉类和粮食。秘鲁和智利为世界著名渔业国。尽管南美洲大部分国家中多数人从事农业生产，但粮食生产仍不能自给，大多数国家需进口粮食。

南美洲各国正在积极地发展服务业，推行改革，提高服务水平与效率。阿根廷服务业已发展到一定水平，特别是金融和商业服务领域较发达。各国旅游业发展很快，巴西是世界十大旅游创汇国之一。

此外，南方共同市场与安第斯共同体是南美洲两个重要的国际经济组织，积极地推动了该地区经济的发展，推动了成员科技进步以及拉美地区经济一体化进程的发展。

2. 投资政策

从20世纪中后期开始，南美各国政府相继推行了经济稳定及自由化政策，减少了贸易壁垒，取消了资本流动限制，实行对外国投资者经济开放的政策，给予外资国民待遇，尽量扩大外资投入领域的范围，外国投资得到迅速增长。

在巴西，外资可以直接使用外币投资而不必事先经巴西政府批准。在巴西投资建厂或获得现有巴西企业的所有权，只需通过巴西有权进行外汇操作的银行，将外国货币汇入巴西即可。

秘鲁法律规定，除投资武器制造业需获得批准、获得秘鲁边境50公里以内区域的矿产开采权及使用权需获得国家最高法令的授权外，外国投资者可以在秘鲁任何经济部门进行投资，并且享受国民待遇。

（四）南美洲主要国家的政治环境

近年来，巴西、智利、委内瑞拉等大国的局势趋于稳定。阿根廷政局基本稳定，经济恢复增长，从而结束了危机的局面。但局部地区仍动荡不安，如海地、秘鲁、厄瓜多尔等国的政局不太稳定，政府多次改组，执政危机频频出现。

五、东南亚国家投资环境分析

（一）东南亚概况

东南亚包括越南、老挝、柬埔寨、缅甸、泰国、马来西亚、新加坡、印度尼西亚、菲律宾、文莱、马尔代夫11个国家。面积约457万平方公里，人口约6.25亿，大多数信仰伊斯兰教，泰国主要信仰佛教。

（二）东南亚地区的自然环境

东南亚地区岛屿星罗棋布，火山爆发、地震繁多。气候以热带、亚热带季风和热带雨林气候为主，风力小、湿度大，全年温差很小，年平均气温为25~27摄氏度，大部分地区雨量丰沛。

自然资源丰富，主要矿产资源有锡、钨、铁、石油、宝石、天然气等。森林覆盖率在50%左右；海产丰富，柬埔寨的洞里萨湖为东南亚最大的天然淡水渔场，素有“鱼湖”之称。

（三）东南亚主要国家的经济环境

1. 宏观经济状况

东南亚地区各国都属于发展中国家，但各国经济发展水平也不平衡。新加坡属于富裕国家，人均国民生产总值约5.3万美元；最不发达国家如越南、缅甸、老挝等，人均国民生产总值仅为1 200美元到2 300美元。

印度尼西亚是东南亚地区最大的经济体，是东南亚经济稳定、持续发展的国家之一。现有工业主要是轻工、加工和装配业、钢铁工业。旅游业成为印度尼西亚重要的创汇部门之一。

泰国、马来西亚两国经济发展水平居东盟国家前列。近几年，两国均着力发展制造业与服务业，传统的初级产品加工业在制造业中的地位逐步下降，制造业朝着高技术、高附加值的方向转变。

越南经济不发达，农业是国民经济基础，是世界著名的“谷仓”之一。柬埔寨是最不发达国家，农业是国民经济的重要支柱，工业基础薄弱。

2. 投资政策

（1）投资鼓励政策

东南亚各国目前都在积极吸引外资，通过政府扶持、税收优惠等措施引进先进技术，扩大出口，促进自然资源的开发，创造更多的就业机会，开发节能产品，促进区域经济的发展，并承诺不将外国投资国有化。

目前泰国对所有行业（尤其是汽车和电子）实施鼓励使用当地资源的协同发展计划；对中小企业和农业进行重点支持，帮助它们提高供货的技术含量、质量和数量的能力，以增加泰国出口产品的附加值。

缅甸联邦投资委员会规定，任何从事生产或服务的企业，从投产或启用之年起算，连续三年免征所得税，并可视情况申请延长减免所得税的期限；如将利润作为积累且在一年内再投资的，可减免所得税等。而且，由于缅甸是目前世界上最不发达国家之一，在缅投资所产产品增值率达 45% 以上时，即可取得缅原产地证，向发达国家出口可享受普惠制关税待遇。

（2）投资限制政策

各国对外资投资的行业、投资控股比例都有不同程度的限制性规定。

泰国的《外国经营法》规定，外资在农业、某些制造与食品加工行业（特别是以泰国本地农业资源为基础的行业）和大部分专业性服务部门的企业中，包括上市公司，拥有的所有权股份最大比率为 49%。

马来西亚政府规定只有投资于制造业且出口其产值 80% 或以上的外资企业没有股权条件的限制。其他行业，如服务业、建筑业并不积极吸引外资。金融服务业（除再保险业务）、石油和天然气工业仍然限制外资进入，由政府严格控制。

印度尼西亚政府要求外资企业在经营后 15 年内，公司应通过直接销售或通过国内证券交易所的间接方式，把部分股权转让给印尼的个人或法人。

（四）东南亚主要国家的政治环境

东南亚各国政治体制不尽相同，近年来政局较稳定，但需关注局部动态。

六、非洲国家投资环境分析

（一）非洲概述

非洲位于东半球的西南部，地跨赤道南北，西北部的部分地区伸入西半球。面积约 3 020 万平方千米（包括附近岛屿），占世界陆地总面积的 20.2%，仅次于亚洲，为世界第二大洲。人口 12 亿，占世界人口总数 15%，仅次于亚洲，居世界第二位。非洲人口的出生率、死亡率和增长率均居世界各洲的前列，人口分布极不平衡。

（二）非洲主要国家的自然环境

南非位于非洲大陆最南端，面积约 122.1 万平方公里。黄金、铂族金属、锰、钒、铬、钛、硅铝酸盐的储量居世界第一位，蛭石、锆、氟石居第二位，磷酸盐、锑居第四位，铅、铀居第五位，煤、锌居第八位，铁矿石居第九位，铜居第十四位。

尼日利亚位于西非东南部，面积 923 768 平方公里，人口 1.86 亿。尼日利亚资源丰富，已探明有 30 多种矿藏，主要有石油、天然气、锡、煤、石灰石等。迄今已探明石油储量 270 亿桶，以目前产量可继续开采 30~50 年。已探明天然气储量达 5.3 万亿立方米，居世界第八位，目前已开发量仅占总储量的 12%。煤储量约 27.5 亿吨，为西非唯一产煤国，1996 年恢复中断了多年的煤炭出口。

（三）非洲主要国家的经济环境

1. 宏观经济状况

非洲各国的经济曾长期遭受帝国主义的控制。许多国家独立后，为了维护国家主权和民族利益，采取了有利于本国经济利益的政策和措施，取得了一定的成绩。在发展民族经济的道路上，正在改变过去殖民统治所造成的“单一经济”状态。

南非属于中等收入的发达国家，也是非洲经济最发达的国家。金融、法律体系比较完善，通信、交通、能源等基础设施良好。矿业、制造业、农业和服务业是经济四大支柱，深矿开采等技术居于世界领先地位。但国民经济各部门发展水平、地区发展不平衡，二元制经济特征明显。

尼日利亚奥巴桑乔总统执政后，积极推行自由化经济和私有化改革，实施紧缩的货币政策，严格限制举债外借；以航空业为切入点加紧私有化，推出“新工业政策”；加强石油、天然气矿业等支柱产业的发展和基础设施建设；加大对农业、电信和制造业等非石油产业的投入；积极争取外资、外援和债务减免。但严重依赖石油的单一经济结构未有明显改善，非石油部门投资效益偏低。

2. 投资政策

南非自 1994 年大选后由原先的资本净流出国变为净流入国。外国直接投资主要来自西欧国家，主要有英国、德国、法国、瑞士等。近年来美国和马来西亚等国家在南非的投资剧增。在南非拥有资产的外国公司投资大多集中于采矿、制造、金融、石油加工和销售等部门。政府正在实施的国企重组计划将有助于南非在今后吸引更多外国中长期直接投资。

尼日利亚允许外国投资者汇出资本、利润、股息，但须支付技术费、进口技术服务与科技权利金。处置资产所得收益亦可汇出。但总的说来，除石油、汽车装配、纺织业外，尼日利亚所吸引的外资不多，一般消费品加工工业仍十分落后。在尼投资也可享受关税方面的优惠。

（四）非洲主要国家的政治环境

南非以非国大陆为主体的民族团结政府奉行和解、稳定、发展的政策，妥善处理种族矛盾，全面推行社会变革，实施“重建与发展计划”、“赋予黑人权力计划”和“肯定行动”，努力提高黑人政治、经济和社会地位，顺利实现由白人政权向多种族联合政权的平稳过渡。

尼日利亚奥巴桑乔总统执政后继续推动民主进程，努力缓和部族、宗教、地区和政党矛盾，注意兼顾各方利益，加强军队建设，采取措施预防和制止冲突，实施教育、扶贫和疾病防治等社会福利项目。

七、大洋洲国家投资环境分析

（一）大洋洲概述

大洋洲陆地总面积约 897 万平方公里，约占地球陆地总面积的 6%，是世界上最小的一个洲。人口 2 900 万，约占世界人口的 0.5%，是除南极洲外世界上人口最少的一洲。大洋洲有 14 个独立国家，各国经济发展水平差异显著。澳大利亚和新西兰两国经济发达，其他岛国多为农业国，经济比较落后。

（二）大洋洲主要国家的自然环境

澳大利亚位于南太平洋和印度洋之间，面积 769.2 万平方公里，人口约 2 413 万。澳大利亚矿产资源丰富，至少有 70 余种。其中，铅、镍、银、钽、铀、锌的已探明经济储量居世界首位。澳是世界上最大的铝土、氧化铝、钻石、铅、钽生产国，黄金、铁矿石、煤、锂、锰矿石、镍、银、铀、锌等的产量也居世界前列。同时，澳还是世界上最大的烟煤、铝土、铅、钻石、锌及精矿出口国，第二大氧化铝、铁矿石、铀矿出口国，第三大铝和黄金出口国。

（三）大洋洲主要国家的经济环境

1. 宏观经济状况

澳大利亚是一个后起的工业化国家。农牧业和采矿业为澳传统产业，为国民经济主导产业，占 GDP 70%左右。自 20 世纪 70 年代以来，澳大利亚经济经历了重大结构性调整，旅游业和服务业迅速发展，占国内生产总值的比重逐渐增加，目前已达到 70%左右。2016 年 GDP 为 1.25 万亿美元，全球排名第 13 位。

2. 投资政策

澳大利亚虽是发达国家，但在资本进出问题上却又不同于其他发达国家，基本上属于资本输入国。由于其对资本输入的需求大于资本输出，故其外资政策在鼓励外资进入的同时，又注意防止外资的深入渗透，从而在立法措施上，优惠多于某些发达国家；而在外资投向、参股比例、审批标准等方面，也比一般发达国家要求严格，限制较多。

澳大利亚全部产品的 1/3 是由海外投资的公司生产与经营。除了铀矿开采业、宣传媒介、航空工业等适当控制外，澳大利亚政府非常欢迎海外投资者进行投资，特别是在高科技领域、矿藏、原料及农产品加工业等方面进行合作。澳政府对投资企业向境外汇出资金与利润不加以限制。在澳投资者的有关利润、红利分成、知识产权所得收入、资金以及属于投资者的收入有着自我决定和处置权。

（四）大洋洲主要国家的政治环境

澳大利亚对外奉行务实政策，重视发展同亚洲国家的经济和政治关系。联盟政府自 1996 年执政后，大力推行金融体制、财政政策、劳资关系等多项改革，有效地抑制了通货膨胀，促进了经济的持续增长，实现了预算盈余，减少了联邦债务，降低了失业率。

◇ 本章小结

本章介绍了国际投资环境的概念、投资环境的特点和国际投资环境的主要内容；分析了影响投资者投资决策的主要因素，并就投资障碍分析法、国别冷热比较法、等级评分法、闵氏多因素评估法、关键因素评估法、动态分析法、加权等级评分法、抽样评估法、矩阵评估模型、成本分析法和三菱评估法等进行了评述；还按照各大洲的划分对投资环境进行了介绍和简要分析。

◇ 关键概念

投资环境（Investment Climates）、投资障碍分析法（Investment Obstacle Analytical Method）、国别冷热比较法（National Cold & Hot Comparison Method）、关键因素评估法（Key Factor Evaluation）、加权等级评分法（Method of Weighted Grading）

◇ 案例分析

随着中国经济的飞速发展和海外投资的快速增长，中国和东南亚地区的经济联系越来越紧密。美国彭博社 2016 年 12 月 5 日就该现象发表评论称，中国正在快速改造东南亚，使东南亚国家越来越依赖中国的供应链。由于中国强力参与到当地的投资与建设中，东南亚成为世界上经济发展速度最快的地区之一。在柬埔寨、老挝和缅甸，中国正在投资从铁路到房地产在内的各种产业。而这些都是东盟国家内的前沿市场。中国民生集团和柬埔寨参议员李永发所属的李永发集团，于 2016 年 11 月 24 日签署了一项 15 亿美元的协议，在柬埔寨首都金边附近建设一个面积 2 000 公顷的中柬友好城市项目。该项目包括会议中心、酒店、高尔夫球场和游乐园建设。据新华社报道，这笔开支大约相当于柬埔寨国内生产总值（159 亿美元）的 1/10。在内陆国家老挝，从 2016 年开始，中老铁路便开始建设。这条铁路将从中老边界一直修到老挝首都万象，总共延伸 414 公里，将耗资 54 亿美元。

在线旅行社巨头亿客行为提高在东南亚地区的影响力，投资 3.5 亿美元于印尼在线旅行社商家 Traveloka；阿里巴巴向东南亚电商平台 Lazada 再投资 10 亿美元；全球最大的共享办公室提供商 WeWork 投资 5 亿美元于东南亚和韩国，进一步加快海外扩张的步伐。近年来各大企业、电商都将矛头指向东南亚市场，大额斥资的新闻屡见不鲜，这与近年来东南亚市场的主要优势有关。

东南亚国家有着明显的人口红利优势。在全球老龄化趋势难以逆转的状况下，东南亚地区的适龄劳动人口直到 2020 年都将保持增长。彭博咨询数据显示，2017 年菲律宾地区 15 岁至 65 岁的可劳动人口将增长 1.9%，2018 年到 2020 年预计将维持 1.7% 的增速；其他东盟国家 2017 年的人口增长率均保持在 1% 以上，并将维持增速；而包括中国和日本在内的新兴市场已经开始了劳动人口负增长的阶段。人口红利的优势有利于东南亚制造业水平的提升，也有利于形成更大规模的消费市场。

而且东南亚国家的人力成本低廉。在中国制造成本不断攀升的情况下，很多厂商选择将生产线转移到东南亚等低劳动成本的国家。以印度尼西亚为例，2016 年的人均工资仅 300 美元每月，是中国平均工资 900 美元的 1/3，美国平均工资 3 000 美元的 1/10。在低成本的助推下，东南亚市场发展前景看好。

东南亚绝大多数国家都有税收优惠，包括总部优惠、研发优惠、投资优惠、出口税优惠等。东盟官网统计显示，2015 年流入东南亚的外国直接投资达到 221 亿，同比增长 1 500 万美元，优惠的收税政策结合人口红利和低廉的劳动力成本，不断增加东南亚市场对外资的吸引能力。

东南亚国家还有一些具有潜力的行业，如电商行业、物流行业、信贷行业等。东南亚的经济增长带动了大量中产阶级的出现，为消费力提供强有力的基础；年轻的消费力则刺激着移动设备和无线网络的普及，为电子商务带来无限商机。尽管电商尚处于萌芽阶段，但发展势头大优。根据谷歌的研究数据显示，2015 年东南亚地区的网络购物为 55 亿美元，预测到 2025 年将达到 880 亿美元的交易额，占零售总额的 6%。包括阿里巴巴、京东在内的多家电商巨头都着重关注东南亚市场，电商在东南亚地区将有望迎来爆发式增长。电商行业和物流快递业的发展相辅相成。一般而言，物流成本应不超过国内 GDP 的 15%，而东南亚物流较为落后，例如越南的物流成本占国内 GDP 的 25%，印尼的物流成本则高达 GDP 的 30%。物流无疑在东南亚经济增长中起着决定性作用，而削减物流成本、提升交付服务和加快物流速度带来的收益将不容小觑。电商行业的发展离不开支付方式的升级，而东南亚地区现在最主要的支付方式仍是现金交易，缺少优秀的信贷产品，市场潜力巨大。根据搜狐的数据统计，东南亚地区 6.5 亿人口中仅 27% 拥有银行账户，不足 5% 的人拥有信用卡，意味着 73% 的人口享受不到支付、存款、贷款等基本的银行服务。以印尼为代表，当地的劳动人口平均收入为 300 美元左右，没有信用卡的消费者想要购买售价在 400 美元左右的 Oppo 最新款手机将需要现金全额支付，消费者的工资和配套金融服务的匮乏远不能满足快速增长的消费需求。征信体系不健全、优秀信贷产品和金融服务的缺口大等问题无疑为信贷企业带来难得的商机，同时也为投资者带来了高利率消费信贷投资机会。

东南亚作为世界第七大经济体和经济健康增长的新兴市场，各方面的发展还处于起步阶段，整体上存在非常可观的投资潜力。

资料来源：王骁．观察者网；海投资本．搜狐网。

◇ 练习与思考

1. 选择题（其中至少有一个是正确的）

（1）下列因素中，属于人为自然因素的有（　　）。

A. 实际增长率　　　　B. 经济结构

C. 投资刺激　　　　D. 劳动生产率

（2）国别冷热比较法的七大基本因素包括（　　）。

A. 政治稳定性　　　　B. 文化一元化

C. 地理文化差距　　　　D. 货币稳定性

（3）国际直接投资环境的特点包括（　　）。

A. 复杂性　　　　B. 系统性

C. 稳定性　　　　D. 综合性

2. 判断题

（1）加权等级评分法是通过将各种环境因素的实际得分直接加总得到最后结果。

（2）随着目标市场由热类国家转向冷类国家，企业越来越多地采用投资进入模式，越来越少地采用出口进入模式。

（3）动态分析法的优点在于充分考虑未来环境因素的变化及其结果，从而有助于公司减少或避免投资风险，保证投资项目获得预期的收益。

（4）人为自然因素短期可变。

3. 简答题

（1）简述国际直接投资环境的分类。

（2）简述影响国际直接投资环境的因素。

（3）简述四类国际直接投资环境评估方法的优缺点。

◇ 本章参考书目

[1] 章昌裕，储祥银．国际经济合作实务［M］．北京：中国商务出版社，2011.

[2] 孔淑红．国际投资学［M］．北京：对外经济贸易大学出版社，2010.

第七章

国际投资项目管理

学习目标

通过对本章的学习，应掌握国际投资项目管理的含义、国际投资项目周期，熟悉国际投资项目管理的方式和流程，了解国际投资项目可行性研究的具体方法和步骤。

第一节　国际投资项目管理概述

一、投资项目的概念及其特征

（一）投资项目的概念

投资是指以收益为目的的各种形式的投入活动，而项目是指为了达到特定的目标或取得特定的成果而进行的一系列相关活动。投资项目实际上是投资者为了达到其特定的目的或取得特定的成果，将一定数量的资金或其他各种形式的资产投入于某一对象或事业的一种活动。除了投资项目以外，还有很多非投资项目，两者的主要区别在于前者一般是指实物性的建设项目，而后者主要是指非实物性的项目，如资产评估、委托理财和希望工程等。在这里应该说明的是，投资项目之所以不叫建设项目，其原因在于叫投资项目可以从资金的角度来把握项目的运作规律，以达到提高资金的使用效率，而叫建设项目则会使人们更多地注意项目实物形态的运作过程，从而忽视在项目运作过程中处于实物形态之上的项目的价值性。

（二）投资项目的特征

1. 投资项目有明确的目标

任何投资项目都有最终目标或产品，而这一目标或产品体现在具体实物或效益上，如投资建设办公大楼项目的产品是将大楼建起，投资某产品生产线的项目是安装好的生产线能产出目标产品。项目在建设过程中，由于设计、施工、成本等原因导致的某些变更，都不会改变项目的最终目标。

2. 一次性

任何项目都有一个投资方案或执行方案，以求达到一个最终的质量和结果。其整个过程都必须按照原定的时间、资金投入量和质量来完成。项目运作的整个过程充分体现了项目的一次性特征。

3. 整体性

一个投资项目往往由若干子项目组成，如一个学校的建设项目由办公楼、教学楼、图书馆、学生宿舍、食堂和操场等若干个子项目组成，其中任何一部分的建设工程都属于这个学校建设项目中的子项目；各子项目所用资金必须限制在项目预算范围内，其工期和质量必须符合项目的要求；任何一个子项目超支、拖延或质量不符合设计要求，都会影响项目目标的实现。即对项目的生产要素进行最为合理的配置才能实现项目的最终目标。

4. 投资项目的阶段性

虽然任何复杂的项目都是作为项目的一个整体，但任何一个项目总要经过从开始到竣工的过程，其中包括项目的可行性研究、项目准备、项目的施工和项目的验收与试生产等阶段。此外，在项目建设的过程中，由于工作场地、设备安装的关联度和先后顺序等原因，致使整个项目的所有工作不能同时进行，如先建主楼后建配楼，先建楼再装修，然后安装室内设备，最后再绿化及修建围墙等。实际上任何项目投资从开始到结束都要经过一个时间过程，这一时间过程是由若干个阶段组成的。

二、投资项目的分类

对投资项目进行分类的目的在于科学管理项目，即通过区分项目的性质和意义来调节各类项目的比例，并引导投资者投资于某国或某地区最需要的、对某国或对某地区发展最有意义以及对投资者产生效益最高的项目。我国政府对各类项目进行了如下分类：

（1）按管理需要分类，把项目分成基本建设项目和技术改造项目。把以扩大生产能力或新增工程效益为主要建设内容和目的的项目叫基本建设项目；而把以降低成本、增加产品品种、提高产品质量、治理“三废”和劳保安全为主要目的的项目叫技术改造项目。

（2）按行业投资用途分类，把项目分成生产性项目和非生产性项目。生产性项目是指用于物质生产或满足物质生产需要的建设项目；而用于满足人民物质和文化生活需要的建设项目以及其他非物质生产的建设项目叫非生产性项目。

（3）按投资性质分类，把项目分成新建项目、扩建项目、改建项目和迁建项目。新建项目是指从无到有、平地起家的建设项目；扩建项目是指现有企业为扩大原有产品的生产能力、效益或为增加新品种而增建生产车间的工程项目，以及事业和行政单位增建业务用房等项目；改建项目是指现有企业和事业单位对原有厂房、设备、工艺流程进行技术改造或固定资产更新的项目，为提高综合能力增建的一些附属或辅助车间或非生产性工程，从建筑性质上看也属于改建项目；原有固定资产因某种原因搬迁到另外的地方进行建设，不论其规模的大小都属于迁建项目。

（4）按建设规模分类，把项目分成大型项目、中型项目和小型项目。技术改造项目分为限额以上项目和限额以下项目。

（5）按项目的阶段分类，把项目分成预备项目、筹建项目、建成投产项目和收尾项目。

（6）按投资资金来源分类，把项目分成国家预算拨款项目、银行贷款项目、自筹资金项目和利用外资项目。

（7）根据国民经济各行业的性质和特点分类，可分为竞争性项目、基础性项目和公益性项目。

三、投资项目管理的概念与特征

（一）投资项目管理的概念

管理是人们或企业为充分和有效利用各种要素，达到某种目标而进行的一系列的组织活动。管理实际上是一种追求效率的组织活动，它包括为实现某一目标而制定的各种制度、遵循的某几个程序以及采用的某种方法和手段。

管理的内容是项目，而项目是以一种独特的相互联系的任务为目标的，为实现项目的特定目标，有效和合理地利用资源而进行的各种努力都属于项目管理的工作。

（二）项目管理的形成与发展

对各种资源和各种生产要素进行合理和更加有效的配置是每一个管理者的目标，因此我们可以断定自人类为收益而进行各种投资活动开始，项目管理就已经存在。但那时的管理活动与今天相比，区别在于前者是凭经验进行管理，而后者则是凭现代科学技术进行管理。人们将管理学上升到科学的角度来认识，即从经验管理到科学管理，始于19世纪末。项目管理从那时起至今，大致经历了以下三个发展阶段：

1. 古典管理理论（19世纪末至20世纪初）

19世纪末、20世纪初，随着工业革命在西方完成以及科学在人类生活中地位的日益重要，西方的很多学者开始将管理学上升到科学的角度来认识，他们着手研究科学的管理方法并有很多研究成果。其中，美国学者泰罗的《科学管理原理》、法国学者法约尔的《工业管理与一般管理》和德国学者韦伯的《社会组织和经济组织理论》三本著作，分别阐述了科学管理理论、管理过程理论和行政组织理论，并形成管理学领域最早的理论即古典管理理论。美国学者泰罗在《科学管理原理》中指出，管理就是通过科学的操作、定额和组织等手段来提高生产效率；他的最大贡献在于首次将科学引入管理学中，因此被后人称为科学管理之父。法国学者法约尔在《工业管理与一般管理》一书中提出了计划、组织、指挥、协调和控制五大管理要素，这五大管理要素至今仍然被许多管理学著作所引用。德国学者韦伯在其《社会组织和经济组织理论》中强调，管理应以知识为依据，管理者应具有胜任领导岗位的能力，管理工作的重要任务是建立和实现一种理想的组织模式。古典管理理论的提出不仅标志着科学管理学的建立，而且对今天现代管理学的发展和实践活动还在产生着巨大的影响。

2. “行为科学”或“人际关系”理论（20世纪20年代）

20世纪20年代，西方的一些学者开始在科学管理的基础上，运用心理学和社会学的方法分析和研究项目管理活动，后人把这种分析和研究方法称为“行为科学”或“人际关系”理论。其代表人物有美国的梅奥·罗特利斯伯格、马斯洛、赫茨伯格、麦格雷戈等。

3. 现代管理学（20 世纪 50~60 年代）

进入 20 世纪以后，随着科学技术和经济的迅速发展，项目的规模越来越大，技术含量越来越高，一个项目中所需的多项技术互相交叉；尤其是费用较高、时间长、不确定因素多的科研项目、军事项目和航天项目大量涌现，传统的管理方法已经远远不能满足现代投资项目管理的需要。因此，第二次世界大战前后，为了适应新的投资项目管理的需要，西方出现了许多新的现代投资项目管理理论学派，其中包括管理科学学派、经验主义学派、社会系统学派、决策理论学派、系统管理学派和权变理论学派等。这些理论学派形成了今天的现代项目管理学。美国在第二次世界大战期间对原子弹以及 20 世纪 50~60 年代对阿波罗登月飞行等重大科研项目相继采用了现代项目管理的组织形式，这种组织形式才被确认并被广泛采用，尤其在电子、核和宇宙空间等投资项目上。

（三）现代项目管理的特征

现代项目管理与传统的项目管理相比，不管是从思想上，还是从组织、管理方法和手段上都有着明显的区别，具体表现在以下几个方面：

1. 管理思想的现代化

在现代社会生活中，科学技术已渗透到人们生活和工作的各个方面，至于投资项目的科技含量则更高，合理而有效地利用各种要素成为管理者的主要任务。现代项目的管理对象即投资项目是由各种要素组成的一个系统，而不是某一个孤立的要素，对要素系统的管理必须从系统的整体出发，研究项目系统内部各子系统的关系、各子系统内部要素之间的关系、不同子系统内各要素之间的关系、系统与环境之间的关系等，因此，系统理论已成为现代管理的思想基础。

2. 管理组织的现代化

现代组织管理是靠符合现代社会要求并适应现代工作形式需要的严密的组织设计以及科学的法规来规范的。也就是说，项目的组织机构不仅要全而且结构一定要合理，每个机构必须有明确的功能和目标、机构对内和对外的权限，以及协调它们之间关系的方式等。

3. 管理方法的现代化

按照现代管理理论的要求，现代管理的过程以及对管理效率的检验应通过数学模型来完成，不仅要进行定性分析，还要进行定量分析，并尽量做到定性分析和定量分析相结合，使管理的方法更科学和更有效。

4. 管理手段的现代化

在计算机日益普及并被广泛应用的时代，应该使用计算机来了解和处理项目的各种数据，对项目各组织机构发布信息和进行协调，从而使项目管理过程达到系统化、网络化和自动化，以提高管理的效率。

第二节 国际投资项目周期

一、投资项目周期的含义

投资项目周期实际上是指一个投资项目从开始到结束的整个过程，即项目需求的产生、项目建设者和项目需求者对项目的确认、项目的建设和交工以及最后验收合格交付使用。一个项目无论规模大小，项目的需求方和项目的建设者都要经过仔细的选择、精心的设计、详细的核算、充分的准备、周密的评估、认真的执行、严格的监控和科学的总结等一系列的程序才能完成。完成这些程序往往需要几天、几个月或几年。人们也把项目这一系列的程序叫项目的若干阶段，每一个阶段对后一阶段的实施都有影响，而最后一个阶段的结果可能还会产生一个新的投资项目或对一个新的投资项目提出设想。投资项目周期是由时间的有序性和技术上的可操作性所导致的，而周期的长短是由项目规模的大小、项目的复杂程度和技术要求决定的。投资项目时间上的有序性是指一个项目中不同工序的施工顺序和不同子项目的施工顺序。技术上的可操作性是指某一种工作必须以另一种工作的完成为前提。投资项目往往是一个庞大而又复杂的系统工程，它不仅涉及的学科和部门多，而且需要大量的各类技术人才。项目的规模越大、内容越复杂、技术要求越高，其项目所需的周期就越长。项目的管理者只有在尊重客观规律、合理制订投资项目周期的基础上，才能按时、按质和高效率地完成投资项目。

二、投资项目周期

（一）项目的确定

投资项目的提出首先是从项目的需求开始的，项目的需求方或项目的投资者向项目的实施者提出项目的需求建议，即项目的需求方或项目的投资者以项目建议书（Request for Proposal）的形式来描述项目的具体目标和要求。项目建议书既可以由项目的需求方自行组织编写，也可委托有关机构代为编写。项目建议书的主要内容包括项目的目标、项目的建设条件、项目所需建设的内容、项目的预算等。项目的需求方在提出项目以前必须做好充分的可行性研究，可行性研究主要包括技术上的可行性、经济上的可行性以及项目建成后的利润空间、成本估算、资金来源等。

（二）项目的准备

在项目的需求者确立项目以后，便着手进行项目的准备工作。项目的准备工作主要是寻找满意的项目实施者的问题，也就是解决需求方案和对象的问题。项目的需求者寻找的项目实施者一般也被称作项目的承包商。确定项目的承包商一般有两种途径：一种是通过各种途径让投资者满意的承包商了解项目建设信息，然后让对该投资项目感兴趣的承包商提出项目的实施方案，其中包括施工费用、工期、施工方法等，通过对各承包商提出条件的比较，确定最终的承包商；另一种是通过公开招标的方式来确定承包商，即项目的需求者也就是发包人通过在有影响的媒体上发布信息来寻求感兴趣和合格的承包商进行投标，发包人择优确定承包商。此外，项目的选址、清理场地以及办理某些报批手续也是准备工作不可缺少的内容。

（三）项目的执行

在发包人与承包商签订项目承包实施合同以后，项目开始进入执行阶段。执行阶段的首要任务是施工设计，施工设计分为初步设计和详细设计。初步设计主要包括根据建设规模和现场的勘察情况，确定总体布局、工艺流程、设备选型、主要的技术指标、主要的建筑物、辅助设施、环保设施以及所需的各类劳务人员的配备等。施工图设计主要包括施工总平面图、房屋建筑总平面图、安装施工图以及所需设备和原材料的明细表。其次是配备项目所需的各类技术和普通劳务人员。再次是项目所需设备和原材料的采购。设备和原材料的采购是按合同的要求进行的，如果是属于世界银行投资的项目，其设备和原材料的采购必须采用国际公开招标的方式进行。最后承包商按合同要求施工，并按期、按质完成施工任务。

（四）验收与总结评价

验收主要是检查施工质量、项目的成果是否符合设计要求。在验收合格之后，项目的需求方可投入使用或生产。经过一段时间的使用或生产，通过对其效益的考察和运作过程中问题的发现，来总结该项目的经验教训，以得出该项目应改进的地方或该项目需要的后续项目，一个新的项目也许便由此而产生。

第三节　国际投资项目管理

一、投资项目的费用和成本管理

（一）费用和成本管理的含义

费用和成本管理在于把最初的投资预算合理地分配到项目周期的各个阶段中去，以达到在预算的范围内尽量节约费用和降低成本的目的，即在项目的实施过程中合理地使用人力、物力和财力。费用和成本管理并不是说项目的花费绝对不能超过预算，因为在项目进行的各个周期内由于某些技术和自然因素致使项目费用增加也是常见的事情。项目的费用和成本管理的目的是为了减少浪费，并尽量将预算合理地分配到项目实施中的各个环节上；即使超出预算也应是正常超出或控制在投资人能承受的范围之内，以避免在项目实施的中途其预算已被用光，甚至导致投资者因为无法筹到预算外费用而使项目中途停下来。实际上，费用和成本控制也是项目顺利实施和利润最大化的保证，费用和成本的管理必须是以不影响施工进度、质量和安全为前提的。只有对项目投资进行了较好的管理，才能取得较好的投资收益和社会效益。

（二）费用和成本管理的手段和方法

费用和成本管理一般有两种做法，一种是封闭式的，另一种是开放式的。

1. 在项目设计阶段的费用和成本管理的方法

项目的设计往往决定了项目费用的高低，因此选择设计方案就成了费用管理的关键。传统理论认为，人是有绝对理性的，在决策时人会本能地遵循最优化原则选择实施方案。而美国经济学家西蒙在其理论中，以“令人满意”作为准则，认为人的头脑能够思考和解答问题的容量同问题本身规模相比是非常渺小的，在现实的世界里要采取客观合理的举动，哪怕是接近客观合理性也是非常困难的，因此，“最优”决策几乎是不可能的，应该以“令人满意”来替代“最优”。西蒙的理论似乎告诉我们应从更多的设计方案中去选择“令人满意的方案”。在商品经济社会中，运用技术与经济相结合的思维方式来选择设计方案不失为进行费用和成本管理的一种有效手段，即从组织、技术、经济、合同与信息等多方面对费用和成本进行管理。具体地说，对投资项目费用和成本的管理一般采用下列方法：

（1）通过公开招标和竞赛的方式来决定设计方案

公开招标实际上是一种竞争性的选择方法，即通过评标可以在较大范围内挑选出款式新颖、技术先进、配套设施齐全、安全适用、切合实际、费用又低的设计方案。这种方式还可缩短设计周期和降低设计费用。竞赛的方式是业主或其委托人通过各种媒体发布竞赛公告，在公告中写明竞赛目的、具体要求、竞赛规则、评选条件以及获奖名额、奖金数额或被选用后奖励的金额等，这样做的目的也是通过竞争来选取费用最低、款式最新和技术性能最好的设计方案。在国外，大多数业主也都采用公开招标和竞赛的方式来选取设计方案。

（2）限额设计

限额设计就是要求设计者根据技术要求和投资者能够用于投资的数额，在不影响投资项目各项要求及不降低项目功能的前提下，对项目进行设计。限额设计并不是降低项目的技术标准，也不是降低项目的功能要求，而是将有限的费用合理地运用到项目的各个环节中去。这实际上是将技术与经济相结合或功能与效益相结合的一种做法，换句话说叫少花钱办大事。限额设计这一做法对设计师的要求很高，设计师不仅应具有很好的基本功，而且还应具备丰富的设计经验。在国外，大型豪华的投资项目一般都不采用限额设计，限额设计一般仅适用于中小型的投资项目。因为在采用限额设计时，重点强调的是费用和成本，设计师往往顾此失彼，具体设计式样由复杂到简单，使用的原材料由考究到一般化，不可能不影响投资项目的款式和档次；在某种程度上，还会影响投资项目一些功能的发挥及项目的使用寿命，甚至还会降低项目的安全度。俗话说“一分钱一分货”。

2. 项目发包阶段的费用和成本管理的方法

项目投资人从发包到确定承包商的过程中，不管采用哪种方式都需要一定的费用，而投标人的投标活动肯定有一定的花费，发包人和投标人应根据招标方式来确定招标和投标过程所需要的合理费用。发包人在发包的过程中，根据设计单位的初步设计所需的工作量和原材料以及最初的预算，制定一个合理的标底；而投标人在对项目所需费用全面进行分析和计算的基础上，进行报价。这样做的结果既可以使招标人和投标人做到对项目的费用心中有数，又可以达到降低成本的目的。

3. 项目施工阶段的费用和成本管理的方法

项目的施工阶段所需费用的管理是一项非常复杂的工作，在一般情况下应按进度和施工部位进行投放。但在施工的过程中，由于技术、实际效果、原材料与施工设备价格的变化或投资人意愿发生变化等原因，经常出现工作量和施工进度的变化，这些变化会造成费用的增加，承包人往往因此向业主进行索赔。因此，选择业务水平高、责任心强的监理工程师就成为业主重要的先行工作。受业主之托的监理工程师，必须具有合理地变更价款、控制费用支出、分清业主与承包商责任的能力。因为工作量和价款的变更以及承包商要求的索赔，必须经过监理工程师的同意并签字。至于价款的变更一般应遵循三个原则：一是如果项目的承包合同中规定了各种变更的具体价格，那应按合同规定计算变更款项；二是如果合同有某项类似变更价格的情况，应以此为基础来变更合同的价款；三是如果合同中没有价款变更的规定和类似价款变更的情况，则应由监理工程师与业主和承包商协商来确定一个合理的变更价格。只有这样才能保证项目在费用不超出预算的情况下按时按质完成。

4. 项目费用的结算方法

项目费用的结算有各种方式，其中最常见的有以下几种：一种是按月结算，即在工程施工过程中，每个月的月末进行结算。如果项目是跨年度的，年终还要进行一次盘点和结算。采用这种方式，承包商往往要业主于每月月初或每个季度的开始预支一定数额的费用。第二种是竣工后一次性结算，即在施工的过程中，每月月初或每个季度的开始，或每半年的第一个月，或每年的前两个月，预支一定数额的费用，在整个项目竣工后进行一次性结算。第三种是分段结算也叫按进度结算，即把一个项目建设的整个过程分为若干个阶段，每完成一个阶段的工作量就进行一次结算，当项目的全部工作结束时进行总的结算。这种做法实际上是项目款项的支出与工作量相结合。第四种是将工期与设备和原材料的到货相结合的一种结算方式，即除了按阶段支付一部分劳务费以外，承包人每次购买的设备或原材料到货并检验合格以后，业主向承包商或直接向供货商支付货款。采用这种做法时，合同必须对付款的内容、时间等细节问题做出具体的规定。在上述结算方式中，无论项目大小或工期长短，其中每次结算的款项加在一起应控制在项目总价格的90%左右，其余10%应在项目竣工后进行结算。这样做的目的也是为了让承包商更好地履约或确保项目投资人的利益。

二、投资项目的设计管理

项目设计实际上是项目的投资人将蓝图变为现实的一种桥梁和纽带，它不仅详细说明项目总目标和分目标的具体内容，也是项目实施中的依据。项目设计的各种变更，实际上主要是对设计出来的施工图的变更，此外，它还阐述了项目的投入、产出、效果和影响之间的关系。项目设计主要包括以下内容：

（一）初步设计

项目的初步设计是根据项目的总目标所确定的具体内容，并在保证技术和经济都可行的基础上对项目的实施进行总体规划的过程，其具体内容有以下几个方面：

1. 工艺设计

工艺设计主要是确定生产工艺的过程。即从原材料或半成品精加工到制成品的过程。工艺设计对项目的周期、成本、质量、安全等有重要的影响。

2. 建筑设计

建筑设计分工业建筑设计和民用建筑设计两种，其内容主要分平面设计和工程设计两部分。平面设计主要是设计项目的总布局，即各项建筑、绿化带、交通网、安全和消防设施的布局。工程设计主要是根据项目建筑的效用及内部所需安装各种设施的情况，设计出建筑物的式样、高度、跨度和内部结构等。

（二）技术设计

技术设计是对项目中一些复杂的技术问题提出更具体更合理的解决方案，其中包括现场及其他有关的勘察、编制详细设计、编制详细技术规程纲要等。技术设计既要符合国际标准，也要符合投资对象国的标准。

三、投资项目的施工管理

项目的施工管理指的是项目的投资者对项目实施过程中的一种监督和控制。其主要内容包括以下几个方面：

（一）施工单位的选择

在进行费用控制的同时，选择优秀的施工单位是项目成功的关键。在对施工单位进行招标时，除了可以采用传统的招标方式以外，还可以采用网络招标的方式。

（二）进度管理

施工进度的合理安排，对保证工程项目的工期、质量和成本有直接影响。工期、质量和成本也被称为施工管理的三要素。一般地说，在工期与成本之间，施工进度越快，则单位工作量的成本越低；在成本与质量之间，质量要求越高，则成本越高；在质量与工期之间，工期越短，则质量越差。在项目实施过程中，承包商为了节省成本和增加利润，往往由于加快进度而忽视了技术标准，从而影响了质量。承包商应按承包合同进行施工，当质量达不到要求时，承包商应自费返工并给予业主适当的补偿。但在实际施工难度大于原先的预测时，应适当调整工期，以使工程项目具有更好的经济性。

（三）技术管理

技术管理是保证施工质量的重要手段，主要包括对工地实验室、材料、构配件质量的检查，对施工现场的混凝土、砂浆、灰土、土方的检查，对完工部位的逐日验收等。当然，业主一般会委托监理代管这些工作，但业主应经常与监理保持沟通。

第四节　国际投资项目可行性研究

一、投资项目可行性研究概述

（一）投资项目可行性研究的概念

投资项目可行性研究是一种项目投资的系统的科学决策分析方法。是在项目投资决策前，对项目进行研究评价的一种科学方法。它通过对市场需求、生产能力、工艺技术、财务经济、社会法律环境等情况的详细调查研究，对拟建项目在技术上是否先进适用、在经济上是否合理有利、在社会上是否有效益、在环境上是否允许、在建造力上是否条件具备等进行全面系统的分析和论证，从而明确提出这一项目是否值得投资和如何运营等建议。可行性研究是项目前期工作的重要内容，它从项目的建设、实施方案，到项目建成后的生产经营及各种效益和负面影响都进行了科学的论证。投资项目可行性研究为项目投资决策提供了重要的依据。

项目可行性研究始于20世纪30年代，美国在开发田纳西河流域这一大规模国土整治工程时，正式将“可行性研究”作为项目前期论证的名称。这一时期，项目可行性研究的侧重点在工程技术方面。第二次世界大战后，可行性研究被西方发达国家普遍采用，其重点逐渐转向财务分析方面。经过诸多专家的不懈努力，项目可行性研究从理论到实践日趋完善，并逐步形成了一整套较系统的科学研究方法。当今可行性研究的特点是注重投资项目的综合性效果，以财务分析为核心，并且对政治、社会、生态环境等因素给予相应的重视。20世纪70年代末，随着改革开放我国才开始采用项目可行性研究这一科学项目决策手段，目前已被全国各行各业普遍采用。今天我国政府要求重大项目的决策必须进行项目的可行性研究。

项目可行性研究要解决的问题主要有：为什么要投资这个项目，项目的产品（劳务）市场需求情况怎样，资源条件如何，项目建设地点应选在什么地方，产品生产规模多大为宜，采用的生产工艺技术是否先进可靠，项目投资估算和方案比较情况如何，投资盈利水平怎样，风险有多大等。所有这些方面，都要在可行性研究中进行调查研究和综合论证，给出数据并得出明确的结论。项目可行性研究做得认真细致，提供的依据准确可靠，可以避免项目在实施过程中因考虑不周而带来的损失，保证项目投产后能达到预期的经济目标。事实表明，可行性研究是项目投资中极其重要的，它是决定投资项目命运的关键环节。因为它不仅是投资者决策的依据，而且还是银行或政府贷款或审批的依据。

（二）可行性研究在项目管理中的地位和作用

投资项目的可行性研究在整个项目管理过程中处于领先和关键的地位，它决定着项目的成败。无论外国或是我国利用的外资项目，投资者是否新建或扩建一个项目，主要依据可行性研究报告所提供的数据来决定。从以下几个方面，可以看到项目可行性研究在项目管理中的重要作用：

1. 投资者制定投资决策的依据

投资者通过可行性研究，即通过分析项目在技术上是否先进可行、产品是否有销路、竞争能力及获利的大小，来判断项目的可行或不可行。

2. 投资者进行项目设计的依据

在对项目进行可行性研究时，对拟建项目的方案、规模、标准和地点的选择以及项目所选用的设备，都根据项目的资金和目标情况进行了论证，因此项目的设计必须符合经过论证的上述要求。

3. 政府机构审批项目的依据

我国实行对外开放政策以来，积极引进国外先进技术，积极鼓励国外投资者来我国投资兴办独资、合资或合作经营企业。政府机构要对这些涉外项目是否符合国家的技术、税收、环境等相关政策进行审查，同时要避免技术的重复引进。可行性研究为政府审批提供了依据。

4. 投资者向银行申请贷款的依据

对涉外项目，项目可行性研究报告是向银行申请贷款的先决条件。凡贷款建设项目，必须向银行提送建设项目的可行性研究报告，经银行对可行性研究报告进行评估，确认无误且判定贷款人有足够的偿还能力，才能给予贷款。

5. 投资者签订各种合同或协议的依据

建设过程中的承发包合同、设备订货合同、投产后的原料供应合同、销售合同以及场地、运输、资金筹集等合同都要依据可行性研究报告。

6. 环境保护机构审批项目的依据

环境保护是可行性研究中的一个重要项目，其各项指标必须符合国家规定的标准。建设单位将可行性研究报告提送环保部门，经批准发放执照后才可开工建设。

7. 项目评估的依据

项目进行中和项目完成后，可能受到技术、经济和社会等因素影响而给项目带来不利，可行性研究报告会对这些不利影响提出具体的和科学的防范措施，以保证项目效益的实现。项目在最后评估时会根据项目的效益，对报告中的这些措施进行评价，以提出更好的改进办法。

8. 后续或未来项目决策的依据

有很多项目都是下一个项目的基础项目，该项目的效果好坏直接影响下一个项目的效果或作为是否进行下一个项目的依据。如世界银行的很多项目都是由若干前后连续的项目组成的，如果前期项目的效果不好或失败，接下来的项目贷款立刻停止。此外，投资者在进行下一个项目决策时，经常参考以前的项目。

（三）可行性研究的步骤

1. 机会研究

机会研究又称投资机会鉴定。它的任务是：在一个特定的地区和行业，以自然资源的利用和市场调查预测为基础，进行粗略和笼统的估算，分析和选择可能的投资方向，寻找最有利的投资机会。一般来说，投资机会的选择分为一般机会的选择和特定机会的选择。一般机会的选择主要是只进行地区研究、部门研究和资源研究，特定机会的选择是指在一般机会选择的基础上从投资意向变成概括性的投资建议。

机会研究的步骤大体是：国别研究、地区研究、资源研究、部门或行业研究以及提供项目报告。机会研究工作比较粗略，主要依靠笼统的估计而不是详细的分析。这种粗略的研究所依据的各种数据，一般是经验数据和规划数据，也有的是参考现有项目匡算得出的数据，其精确度一般为±30%。对于大中型投资项目，机会研究所用的时间一般为2~3个月，所耗费用一般占总投资费用的0.1%~1%。投资机会鉴定后，凡能引起投资者兴趣的项目，就有可能转入下一阶段，即初步可行性研究。机会研究在国外也叫投资的需求性分析，它是对项目的投资方向提出的 种原则性设想。

2. 初步可行性研究

初步可行性研究是投资决策者初步选择了投资方向后，对初步选择的投资方向进行进一步分析和论证。初步可行性研究的论证往往是对项目方案所做的初步的技术和经济等方面的分析。这一步骤有时根据决策者的要求和建议也可省去而直接进入下一阶段的研究。

初步可行性研究的目的在于评估所选择的投资方向是否有前途，项目成败的关键因素以及探讨是否还需再进行市场调查、实验室试验和工业性试验等。初步可行性研究主要研究和分析的内容包括：市场状况、生产能力和销售策略；人力、动力、原材料等资源状况；建厂地址的选择；项目的技术方案和设备的选型，项目的组织管理结构，项目的实施进度；项目的资金筹措、产品的成本估算、盈利率和还贷期估算等财务分析；项目的不确定性分析。

初步可行性研究一般要用4～6个月或更多一点的时间来完成，各种数据的估算精度为±20%，所需费用一般占总投资的0.25%～1.5%。如果确定项目可以上马，则可以进入下一阶段的研究，即项目可行性研究。

3. 项目可行性研究

项目可行性研究是在初步可行性研究的基础上对投资方向的选择进行详细分析。它不但要对项目从技术上、经济上进行深入而详尽的进一步研究，确定方案的可行性，还必须对多种方案反复权衡比较，从中选出投资少、进度快、成本低、效益高的最优方案。可行性研究将为如何实施投资项目提供指导性依据。可行性研究必须为项目的决策提供政治、经济、环保、社会等方面的详尽情况，并对各种不同的方案进行比较，得出优选结果，论述项目达到目标的可能性及项目结果令人满意程度的大小等。

项目可行性研究的内容与初步可行性研究的内容基本相同，但它所需要的资料数据比初步可行性研究更精确，对数据处理的精度要求更高。这一阶段各种数据的估算精度为±10%，时间一般为8～12个月，所需费用占总投资费用的1%～3%，大型项目占总投资费用的0.2%～1%。此外，项目可行性研究还必须对以下问题做出结论：投资规模、投资额、资金来源、厂址的最佳位置、建设周期、采用的工艺技术、需要的辅助工作及建成后经济和社会效益的情况。

4. 编写可行性研究报告

这一阶段的主要任务是将可行性研究的基本内容、结论和建议，用规范化的形式写成报告，成为最终文件以提交决策者作为最后决策的基本依据。编制可行性研究报告有两个前提，一是搞好有关情况的调研，二是做好有关资料的收集。此外，可行性研究的结论应用客观的数据和科学的分析方法得出，研究报告的内容深度一定要符合大多数国家规定的标准。对从事海外投资的中小企业而言，其可行性研究报告得出的有关结论不仅要符合国家经济和社会发展的长远规划，部门和地区的规划，产业和投资政策，国家进出口贸易和关税政策，国家有关土地开发、资源利用、技术工艺等方面的法律规定，也要符合东道国与上述有关的规定。

下面以中外合营（合资与合作）项目为例说明可行性研究报告的主要内容。其主要内容包括：基本概况，包括合营企业名称、法定地址、注册国家、总投资、注册资本和合营企业期限等；产品生产安排及其依据；物料供应安排及其依据；项目地址选择及其依据；技术设备和工艺过程的选择及其依据；生产组织安排及其依据；环境污染治理和劳动安全、卫生设施及其依据；建设方式、建设进度安排及其依据；资金筹措及其依据；外汇收支安排及其依据；综合分析，包括经济、技术、财务和法律等方面的分析；主要附件，包括合营各方的营业执照副本、法定代表证明书等。

5. 项目评估

项目评估是指银行、政府部门、金融信贷机构对项目的可行性研究报告做出评审估价。项目评估和可行性研究的内容基本相同，但它们是投资决策过程中两个不同的重要阶段。其主要区别在于：可行性研究是由投资者负责进行的，其考虑的重点是更新技术、扩大生产、赚取利润。项目评估主要是由银行或金融机构进行的，它所关心的是贷款的收益与回收问题、主要评估项目的还款能力及投资的风险。所以，在项目评估时侧重考察以下几个问题：

（1）基础数据的可靠性；

（2）项目方案是否优越；

（3）项目投资估算的误差是否超过允许的幅度；

（4）项目投资建议是否切实可行，有没有错误的建议或遗漏；

（5）项目的关键方面是否达到期望研究的质量。

可行性研究的五个阶段都是在项目投资前进行的，可行性研究是项目发展周期的一个重要组成部分（如表 7-1 所示）。

表 7-1　　投资项目可行性研究各阶段的工作内容

可行性研究阶段	投资机会研究	初步可行性研究	可 行 性 研 究	评 估
工 作 性 质	项 目 设 想	项 目 初 选	项 目 拟 定	项 目 评 估
工作内容	选择投资方向	论证初选项目	详细分析项目	综合分析与评估
研 究 成 果	项目投资建议	判明项目前途	编项目可行性报告	确定投资项目
研究成果的作用	初步选择项目依据	进一步分析的依据	确定投资项目依据	
准 确 度	±30%	±20%	±10%	±10%
费用占总投资比例	0. 1% ~1%	0. 25% ~1. 5%	0. 2% ~3%	0. 1% ~1. 5%
工作所需时间	2~3 月	4~6 个月	8~12 个月	1~2 个月

（四）可行性研究应注意的几个问题

1. 科学性和公正性

科学性是指用科学的方法和认真的态度来收集、分析和鉴别资料，任何一项经济和技术的评估结果和决策都必须以科学为依据，并经过认真计算、分析和比较得出。其公正性是指项目可行性研究必须坚持从实际出发和实事求是的原则，即排除主观的意愿和偏见，来得出项目可行或不可行的科学和公正的结论。绝不能够出现任意改动数据的情况，以此来做出主观上有倾向的投资选择。更不该采取先定结论、再编选论据的做法。

2. 客观性和合理性

客观性是指根据项目的资金状况、建设条件和技术水平，并用科学的方法，根据可靠的数据来做出客观的分析结论。数据资料要求真实可靠，分析要据实比选、据理论证、公正客观。其合理性主要包括以下几个方面：

（1）认真审核基础数据的可靠性。投资额、生产量、成本费用和销售收入等基础数据一定要比照同类项目，结合当地实际情况认真估算。如果基础数据估算失误，下面的内部收益率计算过程再规范、计算数值再准确，也不能起到应有的作用。

（2）合理确定计算期。计算期不宜过长，如果过长，便难以预测环境的变化，进而使计算的各项动态经济指标的可信度降低。

（3）基准收益率的确定必须切合实际，偏高或偏低都会使折现计算失真。

（4）多方案比较时应认真审定方案之间的可比条件。否则，不仅使比较失去实际意义，而且可能导致决策失误。

3. 可行性研究的结论应简单明确

可行性研究中的结论和建议，应以简洁的文字总结要点。建议决策人采用推荐的最优方案，要简述其理由，其中包括推荐方案的生产经营和技术特点、主要技术经济指标、不确定性分析结论、对项目各个阶段工作的指导意见等。同时，对实施项目中要加以注意和预防的问题也应明确指出，切忌有意隐瞒一切可能出现的风险。

二、可行性研究的实施

目前进行项目可行性研究通常采用两种方式：一是由企业承担编制任务，但同时聘请一些专家作为顾问；二是委托专业咨询公司编制。

（一）由企业承担编制任务

如果由企业自己承担编制任务，则首先要成立一个研究小组。项目可行性研究小组按照理论模式至少应包括下列成员：一名负责人，一名市场分析专家，一名本行业技术专家，一名管理专家，一名财务专家。此外，还应视项目的具体情况聘请一些短期专家协助工作，如法律、金融、生态环境等方面的专家。

以企业自身为主，同时视情况聘请一些短期专家协助编制可行性报告的优点主要是：编制人员熟悉本行业和本企业的技术业务以及企业管理特点，编制的报告针对性较强，并且所花费用较少。但同时也存在一些缺点，如可行性研究的结论往往带有一定的倾向性；有些企业因专业人才不全或水平较低，有可能导致可行性研究报告的质量较差，甚至有可能带来一些问题。

（二）委托专业咨询公司编制

在国内外，承担项目可行性研究的机构大小各异，有跨国公司、研究院所、大学、设备制造商、施工承包公司以及专门的咨询公司和小型事务所等机构。目前，在西方国家有一些世界性的跨国咨询公司，专门从事可行性研究工作，如美国的麦肯锡公司和克泰尔公司、法国的雷诺咨询工程公司、瑞士的哈耶克咨询公司等。因此，企业必须按照一定的程序，选择信誉高、经验多的咨询机构为己服务。委托专业咨询公司编制可行性研究报告时，要注意处理好以下两个问题：

1. 合作程序

（1）确定咨询服务的职责范围

项目投资者应为本次咨询服务划定界限，其中包括需要提供服务的内容细目、日程安排、报告的最终形式等。

（2）发送征求咨询文件

根据咨询服务的职责范围，项目投资者编制出征求咨询文件，然后向项目投资者认为比较合适的咨询机构发送。备选咨询机构，一般以 3~6 家为宜；提出名单过多，会给选择工作带来困难。

（3）确定候选机构的优选顺序

候选机构在接到征求咨询文件后，如对此咨询感兴趣，一般都会编制咨询建议书。内容包括可行性研究的工作大纲、时间进度、研究重点、研究深度、费用和支付方式、人员组成、向项目投资者汇报的时间和次数等。项目投资者在收到各候选机构的咨询建议书后，即可开始对各咨询机构的业务能力、从事工作的人员是否称职以及该建议书的适应程度进行评价，选出一个值得与其进行合同谈判的公司。

选择咨询机构的标准，可以从以下几个方面确定：

① 咨询机构对项目所涉及的经济和技术活动的一般经验如何；

② 所提出的工作计划是否切合项目的实际情况；

③ 所提出的费用是否能被项目投资者基本接受。

综合以上三项标准，排出优选顺序。

（4）谈判签订合同

通过以上优选次序排序确定候选机构后，即可安排与选中的公司谈判，就一些细节问题进行磋商，最后签订咨询合同。谈判结束，项目投资者将选定咨询公司的消息通知其他候选公司之后，咨询工作人员即可开始工作。

2. 可行性研究咨询费用的计算方式

（1）固定金额计算方式

这种方式按照咨询价格的理论构成计算出咨询费用总额，以后的整个咨询活动不再另外计取费用。通常这项总额费用中还包括一定比例的不可预见的支出费用。咨询过程中，如费用有结余，归咨询机构；如有超支，投资者不予补偿。对于确定属于业务增加而引起的费用，可以用追加合同的方式解决。

（2）咨询人员工资加一定比例的其他费用方式

这种方式是将咨询人员的工资加上一定比例的其他费用作为咨询费。其计算公式为：咨询费=咨询人员工资 ×（1+系数）+ 直接费用。

公式中的系数，实际上反映了咨询活动中，间接咨询费用的内容，它的高低一般取决于常规的间接费用数量和咨询工程的所在地、工作季节、工程类型等。该系数通常在 2 以上，美国一般取 2.3~3。

（3）概略估计方式

对于某些投资项目，由于其所需咨询服务的不确定性，可由咨询机构一方根据项目难易程度和以往同类项目咨询的经验，提出一个咨询费用的总金额，并同时规定一个报酬总额的上限和下限。如果项目咨询活动出现意外增减，咨询费用增减的额度以预先议定上下限为界。

◇ 本章小结

本章介绍了项目、管理、投资项目管理的含义和特点，投资项目的分类，投资项目的发展周期，投资项目管理的产生与发展以及投资项目的可行性研究；分析了投资可行性研究在投资项目管理中的地位，以及在进行可行性研究中应注意的问题。

◇ 关键概念

投资项目（Investment Project）、投资项目管理（Investment Project Management）、投资项目周期（Investment Project Cycle）、投资项目可行性研究（Investment Project Feasibility Research）、费用和成本管理（Cost Management）

◇ 案例分析

2016 年 3 月 30 日，美的集团股份有限公司和东芝株式会社联合宣布，双方已签订协议，将东芝家电业务 80.1% 的股权转让给美的，并加强战略合作伙伴关系。根据协议，美的将收购东芝的家用电器业务即东芝生活电器株式会社（TLSC）80.1% 的股权，而东芝将保留 19.9% 的股权。该业务将继续在东芝品牌及 TLSC 公司名称下开发、生产和销售白色家电产品，如冰箱、洗衣机、吸尘器及其他小家电。TLSC 集团中从事家电业务的员工将继续在 TLSC 集团工作。美的将获得东芝品牌 40 年的全球许可。此外，美的将获得超过 5 000 项和家电相关的专利，并被授权使用由东芝持有的其他家电相关的专利。

此次合作是美的落实全球经营的重要战略步骤，通过与东芝的优势互补与协同，将在品牌、技术、渠道及生产制造等方面有力提升美的的全球影响力与综合竞争实力。公告显示，美的集团此次收购交易价格约为 4.73 亿美元。同时，美的将承担东芝家电的债务。即使如此，美的方面认为东芝家电的资产价值将为美的的全球市场布局带来巨大的增益。美的能成功收购东芝的白电业务，其原因可从多方面分析。

从东芝角度来看，东芝放弃家电业务并决定由美的接手几乎是历史的必然。资料显示，截至 2016 年 3 月 31 日的 2015 财年，东芝净亏损预计将达到 7 100 亿日元（约合 60 亿美元），高于此前预计的 5 500 亿日元。这一亏损创下东芝 140 年来的最大亏损。其中，家电是亏损的主要原因所在。数据显示，2012~2014 财年，东芝家电部门累计巨亏约 125 亿日元；2015 上半财年，东芝家电部门又亏损约 21.88 亿日元，累计亏损已达到 147 亿日元。家电业务已经成为拖累东芝整体发展步伐的重要原因，转手止损势在必行。美的与东芝多年来的深入合作以及良好的战略前景，则成为东芝决定由美的并购其家电业务的原因。早在 1993 年，美的即与东芝在家用空调技术上实现合作。此后多年，双方在压缩机、中央空调等领域均实现不同程度的合作。今日空调压缩机领域的龙头企业 GMCC 正是曾经美的与东芝的合作结晶。对于转型升级初见成效、对全球市场野心十足的美的集团而言，亟待转让重组的东芝家电成了最佳的并购对象。

从美的的角度考虑，此次合作是美的落实全球经营战略的重要步骤。通过与东芝的优势互补与协同，将在品牌、技术、渠道及生产制造等方面有力提升美的的全球影响力与综合竞争实力。在品牌提升方面，东芝拥有享誉国际的品牌影响力和行业领先的市场地位，可与美的品牌形成互补，形成完全的市场覆盖。根据国际知名品牌顾问机构 Interbrand 于 2015 年的评估，东芝品牌价值约为 25 亿美元。此外，东芝家电的主要产品在日本市场拥有非常高的占有率。根据行业内的统计数据显示，东芝洗衣机的占有率约为 20%，冰箱占有率约为 15%，微波炉占有率约为 22%，吸尘器占有率约为 14%，电饭煲占有率约为 12%。在技术提升方面，通过此次交易，美的将获得东芝的白色家电相关专利超过 5 000 项，对美的现有专利是一次显著的扩容。同时，这些专利主要分布在日韩等海外市场，将有效延展美的在海外的专利布局。此次获得的专利中，DD 电机及变频控制专利、冰箱隔热板专利是对美的洗衣机和冰箱有重大提升的核心专利。在渠道拓展方面，美的可借助东芝在日本市场的渠道实力，迅速打入日本市场。据了解，东芝家电的营销网络覆盖全日本，拥有 34 个销售网点、95 个服务维修网点。在以家电连锁为主流销售渠道的日本市场，东芝与 Yamada、Edion 等六大家电连锁品牌有着良好且密切的战略合作关系。此外，东芝家电在全日本还拥有 3 600 多个专卖店（Toshiba Store）。在制造协同方面，东芝优秀的生产制造能力和先进的工艺水平，与美的的供应链体系、规模化生产经验之间存在巨大的互补性。

资料来源：于昊．海外战略震撼升级 美的收购东芝家电 80.1%股权［J］．电器，2016（4）：12-13.

◇ 练习与思考

1. 选择题（其中至少有一个是正确的）

（1）投资项目的特征包括（　　）。

A. 投资项目有明确的目标　　B. 投资项目的阶段性

C. 一次性　　D. 整体性

（2）投资项目周期包括（　　）。

A. 项目的确定　　B. 项目的准备

C. 项目的执行　　D. 验收与总结评价

（3）可行性研究应注意哪几个方面（　　）。

A. 科学性和公正性　　B. 客观性和合理性

C. 咨询费用应固定　　D. 结论应简单明确

（4）国际投资项日费用和成本管理的方法包括（　　）。

A. 封闭式　　B. 半封闭式

C. 开放式　　D. 半开放式

2. 判断题

（1）投资项目的费用和成本管理是指其项目的花费绝对不能超过预算。

（2）项目的规模越大，内容越复杂，技术要求越高，其项目所需的周期越长。

（3）初步可行性研究是投资决策者初步选择了投资方向后，对初步选择的投资方向进行进一步分析和论证。

（4）可行性研究只要包括技术上的可行性、经济上的可行性两个方面。

3. 简答题

（1）简述投资项目管理的含义。

（2）简述现代项目管理的特征。

（3）简述可行性研究在项目管理中的地位和作用。

（4）简述可行性研究是怎么实施的。

◇ 本章参考书目

[1] 戴志敏，王义中．国际投资学［M］．杭州：浙江大学出版社，2012.

[2] 章昌裕．国际投资实务与案例［M］．大连：东北财经大学出版社，2010.

第八章

国际证券投资

学习目标

通过本章的学习，应掌握证券和证券投资的基本概念、证券的种类和投资的特征，熟悉证券投资市场，了解世界主要的证券交易所；其难点在于理解证券投资的具体运作以及中国证券市场得以发展的主要原因等。

第一节　国际证券投资概述

一、证券投资的含义

（一）证券的含义

证券是代表一定财产所有权和债权的凭证，它是一种金融资本，表示对财产的一项或多项权益，其内容包括占有、行使、处分和转让等。实际上，证券就是权益的象征，合法地拥有证券就意味着合法地拥有权益。这种权益将随着证券的转让而转移，因而，权益正是证券的价值所在。

证券具有狭义和广义之分。狭义的证券是一种有面值的，并能给持有者带来收益的所有权和债权的证书，具体有股票、债券和基金证券等资本证券。广义的证券内容十分广泛，除上述资本证券以外，还包括货币证券、商品证券、不动产证券等。货币证券指的是支票、本票、汇票等，商品证券是指水单、仓单、提单等，不动产证券指的是房契和地契等。我们日常生活中所说的证券指的是狭义的证券，即股票、债券和基金证券。在大陆法系的国家中，证券被认为是有价证券的简称。有价证券是具有一定面额，代表一定的财产权，并借以取得长期利益的一种凭证。有价证券既属于经济的范畴，也属于法律的范畴：其经济范畴主要表现为有价性和收益性，即它可以买卖和转让，并能凭此取得收益；其法律范畴土要体现在证券与权益紧密相连以及证券发行和流通的规则性。

（二）证券投资的含义

证券投资是指个人或企业以赚取股息、红利、债息为主要目的的购买证券的行为。证券投资是一种不涉及资本存量增加的间接投资，证券本身不是商品，但它可以作为商品在市场上进行买卖。证券作为商品的时候则与一般商品不同。一般商品是用于满足人们的某种需要，其价值是由生产该产品所需的社会必要劳动时间决定的；而投资者购买证券是为了满足其增值欲望，证券的价值是由证券发行企业的经营状况决定的。证券投资的作用不仅仅体现在能给投资者带来收益，而且还体现在能加速资本集中，促进社会资金的合理流动，以满足从事社会化和国际化生产的企业对巨额资金的迫切需求。证券投资是资本流动的形式之一，证券投资的国际化，不仅使闲置资本在世界范围内得到广泛的利用，促进了世界性的经济发展，而且为证券投资企业和个人带来了更广阔的投资机会。目前，证券投资已经发展成为国际投资活动的主要形式之一。

二、证券投资的特征

证券投资是以获取收益为目的并以信誉为基础的，投资者能否获取收益或收益多少取决于企业的经营状况。证券的持有者还可以将证券在证券市场进行买卖和转让。这些就决定了证券投资具有投资的收益性、投资行为的风险性、价格的波动性、流通中的变现性和投资者的广泛性等特征。

（一）投资的收益性

投资的收益性是指证券的持有者可以凭此获取债息、股息、红利和溢价收益。证券投资的收益分固定收益和非固定收益两大类。购买债券和优先股的投资者取得的收益是固定的，无论证券发行者的经营效益如何，他们都能分别获取固定的债息和股息；而购买普通股和基金证券的投资者所获取的收益是非固定的，他们能否获取收益或收益多少，取决于证券发行者经营效益或基金运作的情况——盈利多则收益多，盈利少则收益少，亏损或无盈利则无收益。据统计，美国债券的投资者年平均收益率为 8% 左右，而股票投资者的年平均收益率则在 10% 以上。此外，证券的投资者还可以通过贱买贵卖获取溢价收益。

（二）投资行为的风险性

证券投资者可以获取收益，同时还必须承担风险。其风险主要来自四个方面：第一是经营风险，即证券的发行企业在经营中，因倒闭使投资者连本带利丧失殆尽，或因亏损在短期内没有收益而给投资者造成损失；第二是汇率风险，即由于投资者所用货币贬值，导致债券等各类证券的投资者到期所得到的本金和利息不足以弥补货币贬值带来的损失；第三是购买力风险，即在投资期内，由于通货膨胀的原因，货币的实际购买力下降，从而使投资者的实际收益下降；第四是市场风险，即投资者往往会因证券市价的跌落而亏损。此外，政治风险往往也是证券投资者不可回避的因素。购买任何证券的投资者都要承担一定的风险，只是承担的风险大小不同而已。投资股票的风险一般要大于投资基金的风险，而投资基金的风险又大于投资债券的风险，投资政府债券的风险又要比其他债券的风险小得多。实际上，证券投资的收益越多，投资的风险也就越大。

（三）价格的波动性

企业往往根据其发行证券的目的、企业的发展规划和发行方式的不同，来决定证券的发行价格，但由于企业的经济效益、市场、投资者心理和政治等因素的影响，导致市场的交易价格与票面值或发行价格相偏离，这种偏离会给投资者带来收益或损失。当然，很多投资者都想利用价格的波动来满足其资本增值的欲望。

（四）流通中的变现性

证券在流通中的变现性指的是证券的让渡性和可兑换性。证券的投资者可以在证券市场上按照法定的程序将证券进行公开买卖和转让，即持有者可以根据自身的需求和市场的具体情况自由地将证券变为现金。变现性的强弱取决于证券期限、收益形式、证券发行者的知名度、证券的信用和市场的发达程度等多种因素。一般说来，证券的信誉越高、期限越长、发行者的知名度越大、市场运行机制越发达，证券在流通中的变现性越强；否则，其流通中的变现性就较差。

（五）投资者的广泛性

投资者的广泛性主要是指参与证券投资的人多而且面广。证券的投资者既可以是政府和企业，也可以是个人，其中的社会大众也是主要的证券投资者。证券投资对投资者的投资数量不做具体限制，投资数量由投资者根据其资金的多少和风险的大小自行决定，这就为寻求资本增值的社会大众参与证券投资提供了可能。据统计，美国有 1/3 的人口参与了证券投资。中国近几年出现的“股票热”和“投资基金热”也充分说明了这一点。

第二节 国际证券投资的发展趋势

作为国际投资活动重要组成部分的证券投资，近些年一直呈迅猛发展的态势。综观国际证券投资的现状，国际证券投资未来将呈现以下发展趋势：

一、证券交易国际化

证券交易国际化主要表现在四个方面：一是证券发行、上市、交易的国际化，这主要体现在一国的筹资者不仅可以申请在其他国家发行和上市交易有价证券，而且在其他国家发行的证券既可以以本国货币为面值，也可以以东道国或第三国货币为面值；二是股价传递的国际化，即任何一国的股市行情都对其他国家有示范效应；三是多数国家都允许外国证券公司设立分支机构；四是各国政府间及其与国际组织间加强了证券投资合作与协调。

二、证券投资基金化

在证券投资活动中，个人投资者投资数额小而且资金分散，难以参与收益较高和资本额要求也较高的证券投资活动，于是各种投资基金便应运而生。投资基金一般由专家运营，采用投资组合，而且由不同的机构进行运作、管理和监督。这不仅提高了投资者的收益率，也减少了投资风险。

三、证券投资的增长速度超过了直接投资

从第二次世界大战结束到 20 世纪 70 年代末，国际直接投资一直占有主导地位。其中，发达国家在 1951 年至 1964 年间的私人投资总额中，大约有 90% 采用直接投资，其

私人直接投资额从 1960 年的 585 亿美元增加到 1980 年的 4 702 亿美元，平均年增长速度为 11%。进入 20 世纪 80 年代以后，国际证券投资的增长速度超过了国际直接投资。1981～1989 年，国际债券市场的发行量从 528 亿美元增至 2 500 亿美元，平均每年增长 18.9%。世界最大的投资国美国，1980～1993 年的对外证券投资由 624.5 亿美元增加到 5 184.8 亿美元，平均每年增长 17.7%，而美国同期的对外直接投资仅从 2 154 亿美元增加到 5 486 亿美元，平均每年只增长 7.5%。1994～2001 年，国际证券投资每年的增长率一直保持在 15% 以上。受美国经济衰退、美国股市暴跌的影响，2001～2010 年证券投资的数额虽有所减少，但国际证券投资的增长势头依然随着国际金融市场的发展与完善、发展中国家经济建设速度的加快及对资金需求的急剧增长，保持了相当一段时间。

四、债券在国际金融市场融资中所占的比重日益提高

国际债券融资一直是国际融资的一种方式，而债券融资的地位在不断提高。1975 年，在国际金融市场融资总额的 585 亿美元中，债券融资仅为 187 亿美元，占融资总额的 32%。而 1994 年债券融资达到了 2 939.4 亿美元，占当年国际金融市场融资总额 4 741 亿美元的 62%，进入 21 世纪以后基本可以维持在此水平以上。债券融资占国际金融市场融资比重的提高，与各国证券市场的开放、证券市场的统一化和国际化以及交易的多样化有关。

五、流向发展中国家的证券资本在不断增加

20 世纪 80 年代以来，国际资本流动的总态势是流向发展中国家。进入 20 世纪 90 年代以后，流向发展中国家的证券资本也在迅速增加。例如，1993 年，在全球海外股票投资的 1 592 亿美元中，有 525 亿美元流向发展中国家，占股票总投资额的 33%。1989～1997 年，流向发展中国家的证券投资额每年平均递增 34% 左右，1998 年至今的递增速度也在 20% 以上，其中主要是流向新加坡、马来西亚、泰国、印尼、中国香港和中国内地等亚洲的新兴市场。这主要与发达国家的低利率政策以及发展中国家经济发展迅速、市场收益率高、风险较小有关。

第三节　证券投资对象和时机的选择

一、投资对象的选择

证券投资对象的选择是一项非常复杂的工作：选择投资股票还是债券；如果选择投资股票应选择哪一类股票，优先股还是普通股；如果选择投资债券应选择哪一类债券，政府债券还是公司债券或金融债券等。选择正确的投资对象是证券投资者能否获取收益的关键一环。为了做出正确的投资选择，投资者在选择投资对象时应遵循以下四个原则：

一是安全性，即确保投资本金的安全。投资的收益与风险是成正比的，投资者应尽量将风险减少到最低限度。

二是收益性，即投资者能得到的预期收益。获取收益是投资者的投资动机，投资者所选择的投资对象，必须能使预期的收益达到最高限度。

三是增值的潜在性，即增值性。投资者应投资于能使自己的资本不断增值的证券。

四是变现性，即投资者应选择变现性强的证券，以利于投资者在市场或所购买的证券本金出现不测的情况下随时将购买的证券脱手变现。

基于上述四个原则，投资者在选择投资对象时，还应考虑以下十个因素：

(1) 发行证券企业的历史背景和发展前景；

(2) 发行证券企业的生产能力和管理水平；

(3) 发行证券企业经营的多元性；

(4) 发行证券企业的规模及在同行业中的地位；

(5) 发行证券企业的研究与发展规划；

(6) 发行证券企业专利产品和商标的知名度；

(7) 发行证券企业产品受国际贸易的影响；

(8) 发行证券企业产品在市场上的竞争情况与价格变动的趋势；

(9) 发行证券企业的盈利状况；

(10) 发行证券企业的所在国政府对该企业所经营业务的态度。

二、投资时机的选择

证券投资，尤其是股票投资对时机的选择是极为重要的。所谓时机，并不是一个点的概念，而是一个阶段或期间的概念，因为股市的走势是连续的，日复一日永不停止。选择投资时机最基本的原则是“低价进、高价出”，即在证券价格较低时买进，在价格较高时卖出，以取得买卖差价的收益。这一原则从理论上看是绝对正确的，但在实际操作中很难准确地做到恰到好处的“低进高出”。

在不断变化的证券市场上，什么时候算是某种证券的最低价，什么时候是某种证券的最高价，是很难进行判断的。因为证券尤其是股票的价格变化无常——有时股价虽已涨到很高的位置，可能还会连续上涨；有时股价跌到很低的点位，可能还会继续下跌。实际上，投资者在选择投资时机时，并不一定在最高价时卖出、在最低价时买进，只是在接近最高价时卖出、接近最低价时买进。其具体做法是，投资者只求选定一个理想的价格时机，在某种证券跌到某一约定的价格时买入该种证券，在升到某一约定的价格时卖出该种证券，这便可以获得长期持股的最佳收益。

一般来说，证券中的股票价格从上升转为下降、从下降转为上升大都是渐进的，缓慢呈现变化，而不是在几小时或一天之内就有很大的变化。股价的涨势一般可分为涨势缓和、涨势抑头和回头下落三个阶段，这三个阶段均属于卖出时机；股价的跌势也可分为跌势缓和、跌势停止和回升抬头三阶段，这三个阶段一般则是买进的良机。准确地判断涨势和跌势的各个阶段，有利于把握投资的最佳时机。

第四节 国际证券市场

一、国际证券市场

国际证券市场由国际证券发行市场和流通市场组成。国际证券市场一般有两层含义，第一层含义是指已经国际化了的各国国别证券市场，第二层含义是指不受某一具体国家管辖的境外证券市场。目前，绝大多数的国际证券市场属于第一层含义的证券市场，只有欧洲债券市场属于第二层含义的国际证券市场。由于股票是目前国际证券市场上交易量最大的有价证券，所以人们通常所称的证券市场一般是指股票市场。

国际证券市场历史悠久，最早可以追溯到17世纪创立的荷兰阿姆斯特丹证券交易所。19世纪70年代以后，以股票为中心的证券交易所如雨后春笋般蓬勃地发展起来，尤其是第二次世界大战以后，股票和债券交易量的大幅度增加，使世界上形成了纽约、伦敦、东京、香港等许多著名的国际证券交易所。国际证券市场不仅可以吸收社会大量闲散资金并使其在国与国之间进行合理的配置，而且还为企业转移和分散风险以及投资者利用闲置资本获取收益提供了机会。国际证券市场已成为当代国际金融市场的重要组成部分。

二、国际证券发行市场和流通市场

国际证券市场由两部分组成，即证券发行市场和流通市场。证券发行市场一般称为“初级市场”或“第一市场”；证券流通市场往往被称为“次级市场”或“第二市场”。

（一）国际证券发行市场

国际证券发行市场是向社会公众招募或发售新证券的场所或渠道。由于发行市场卖出的是新印发并第一次出售的证券，所以称为“初级市场”或“第一市场”。

证券发行市场由发行人、购买者和中间人组成。证券市场上的发行人一般是资本的使用者，即政府、银行、企业等；证券的购买者多为投资公司、保险公司、储蓄机构、各种基金会和个人等；中间人主要包括证券公司和证券商等。证券发行市场一般有固定的场所，证券既可在投资公司、信托投资公司和证券公司发行，也可在市场上公开出售。证券发行的具体方式有两种：一种是在证券公司等金融机构的协助下由筹资企业自行发行；另一种是由投资银行等承购商承购，然后由承购商通过各种渠道再分销给社会各阶层的销售者。当新证券发行完毕后，该新证券的发行市场也就自行消失。

（二）国际证券流通市场

国际证券流通市场是指那些转让和买卖已由投资者认购了的证券的市场。因此，它也被称为“次级市场”或“第二市场”。证券的发行市场是制造证券的市场，它是流通市场产生的基础，而流通市场为投资者提供了转让和买卖证券的机会，满足了投资者渴求资本短期收益的欲望，从而起到了引导投资流向和变现的作用。证券流通市场一般有四种形式，即证券交易所、柜台交易、第三市场和第四市场。

1. 证券交易所

证券交易所是属于有组织的、规范化的证券流通市场，这里的投资者必须通过经纪人按法定的程序从事证券的交易活动。交易所内买卖的证券也必须是经有关部门核准上市的证券。交易所内的证券交易集便利、迅速、公平、合法于一体（具体内容将在下面做专门介绍）。

2. 柜台交易

柜台交易是指在证券交易所以外进行的交易活动，亦称场外交易。这种交易在17世纪已经出现，但当时人们多在柜台上进行，所以又称店头交易。柜台交易的证券，多属可以公开发行但未在证券交易所登记上市的证券。柜台交易的数量没有起点和单位限制，不通过竞价买卖，交易者可以不通过经纪人，而是协议成交、直接买卖证券。柜台交易也有固定的场所，一般在证券经营商的营业处进行。由于柜台交易满足了不同类型和不同层次的证券投资者的需求，因而得以迅速发展。

3. 第三市场

第三市场是指非交易所会员从事大量上市股票买卖的市场，也就是说，交易的证券已经上市，但却在交易所以外进行交易。第三市场是20世纪60年代才开创的一种市场。在第三市场进行证券交易的投资者可以节省在交易所内应缴纳的佣金等交易费，因而这种市场的交易额占各种证券市场交易额总和的比重不断提高。目前，有很多投资公司、基金会、保险公司等也频繁地在第三市场上从事证券交易活动。

4. 第四市场

第四市场指的是各种机构或个人不通过经纪人而直接进行证券买卖交易的市场，它实际上是通过计算机网络进行大量交易的场外市场。在第四市场上进行交易，不仅具有使交易者的身份得以保密和节省佣金等交易费用的优点，而且成交迅速。第四市场上的交易活动，交易者往往互不知道对方的身份，通过将信息输入电脑来寻找客户。双方通过电脑进行磋商，最后达成交易。

三、证券交易所

证券交易所是买卖和转让已核准发行的债券、股票等有价证券的交易场所。它是一种大型的、有高度组织的交易机构。证券交易所属于二级市场，同时也是二级市场的主体和核心。

（一）证券交易所的组织形式

证券交易所的组织形式一般有两种，一种是公司制，另一种是会员制。

1. 公司制证券交易所

公司制证券交易所是由投资者以股份有限公司形式设立的，以营利为目的的法人机构。这种交易所是由股份公司提供场地、设备和服务人员，并在主管机构的管理和监督下，证券商依据证券法规和公司章程进行证券买卖和集中交割。公司制证券交易所相当于一个以营利为目的的自负盈亏的私人公司，其收益主要来自发行证券的上市费和证券交易的手续费。证券公司本身的证券大都不上市交易，公司本身也不自行或代客买卖证券。目前，世界各国的多数交易所属于公司制证券交易所。

2. 会员制证券交易所

会员制证券交易所是由证券商自愿组成的非法人团体。会员制交易所是不以营利为目的的，在交易所内进行交易的投资者必须为该所的会员，其会员资格是经过交易所对学历、经历、经验、信誉和资产的认证以后取得的。会员制交易所的会员既可以是投资银行、证券公司、信托公司等法人，也可以是自然人。交易所的费用由会员共同承担。这种交易所也同样提供场地、设备和服务人员，证券的投资者只能通过经纪人代为买卖。发达国家的交易所以前多属于会员制交易所，但目前他们中的多数已转为公司制交易所。

（二）证券交易所的证券商

由于只有证券交易所的会员才能进入交易大厅进行证券买卖，因此，对于没有资格的大众投资者来说，他们只有委托证券商作为其经纪人代为买卖证券。在现代证券交易所中，证券商大致有以下六类：

（1）佣金经纪人，亦称代理经纪人。他们是由证券公司派入交易所大厅的，专门根据顾客的指示代客买卖证券的经纪人。交易完毕以后，由佣金经纪人通知证券公司，再由证券公司通知客户。佣金经纪人赚取佣金，不承担任何风险。

（2）二元经纪人，亦称交易所经纪人。这种经纪人不直接接受客户的委托，而是在交易繁忙时接受佣金经纪人的委托买卖证券的居间经纪人。二元经纪人不属于证券公司，而是以个人身份在交易所取得席位，他们也收佣金，其佣金数量按经手的股数计算。二元经纪人因过去每天买卖 100 股获取佣金 2 美元而得名。

（3）证券自营商，也称交易所自营商或独立经纪人。他们不是为顾客服务，而是为自己买卖证券的证券商。证券自营商自负盈亏，并以低进高出来赚取证券的买卖差价。按照各国的做法，只要是证券交易所的会员，均可以在交易所自行买卖证券，但这些人在交易所大厅内为数很少。

（4）零股交易商。证券交易所通常以 100 股或 1 000 股为一个交易单位，而零股交易商是专门从事经营或接受委托买卖不足一个交易单位数额证券的证券商，如经营 1~99 股。零股交易商必须以个人身份买卖证券，他们的收入不是来自佣金，而是证券买卖的差价，他们服务的主要对象是佣金经纪人。零股交易商使小额投资者能参与证券交易所的证券买卖。

（5）专家经纪人。专家经纪人是证券交易所中的一种特殊的经纪人，他们是按照专业的分类，专门从事一种或数种特定证券交易的经纪人。专家经纪人既接受佣金经纪人或交易商的委托买卖证券，也为自己买卖证券。此外，这种经纪人还肩负着在合理的情况下，保证证券市场有秩序地运营的义务。在证券价格出现暴涨或暴跌时，他们要以自己的资金买进或卖出证券，使证券价格稳定在一个合理的范围内。

（6）债券经纪人。债券经纪人是代客买卖债券、收取佣金的经纪人。债券经纪人在代客买卖债券的同时，还可以为自己从事证券的交易活动。

（三）证券交易所交易的基本程序

由于在证券交易所进行证券交易的大多数投资者是通过经纪人买卖证券的，这就使证券交易更为复杂。目前，西方国家证券交易所的交易程序大都经过以下几个步骤：

1. 选择证券经纪人

证券投资者应首先在某一家银行或证券公司等金融机构，选择一个符合自己要求的经纪人。选择经纪人的标准，主要有经纪人所属证券公司的声誉和经纪人本人的声誉、资历和经验等。此外，还可以通过报纸上的经纪人广告来寻找经纪人。对于一个缺乏经验的初次投资者来说，寻找一个经验丰富的经纪人作为决策参谋是很有必要的。

2. 开立账户

投资者到选定的经纪人公司办理开户手续。在开立账户之前，经纪人公司要对申请开立账户的客户进行调查，如果对客户的信誉情况搞不清楚，经纪人公司可以要求客户交纳抵押金或提供银行担保。待开户申请批准后，经纪人公司发给客户同意书并予以编制账号，填制“开立账户卡”给客户。账户实际上是投资者与经纪人所签订的，规定有双方权利和义务的委托买卖证券的契约。目前证券买卖开立的账户有四种：一种是现金账户，即客户在成交以后，买方必须在清算日或清算日之前全额支付价款，卖方也必须交清出售的证券；第二种是保证金账户，即以证券商提供资金信用购买证券的方式所开立的账户；第三种是联合账户，即由两个或两个以上的投资者共同开立的账户；第四种是随机账户，即客户授权经纪人自主决定并随机根据行市的变化进行交易的账户，它亦称授权账户。

3. 委托

开立账户以后，投资者便可委托经纪人买卖证券。委托可以当面委托，也可以通过电话、电报、电传、信函等形式进行委托。委托还需填写委托书，委托书一般注明委托人的姓名、账户、时间、股票名称、买卖数额、委托方式和类型等。委托的类型一般有五种：（1）购买与出售委托，购买委托是委托经纪人购进证券，出售委托是委托经纪人卖出证券；（2）整数与零数委托，委托交易的单位为一个或其倍数的委托叫整数委托，交易单位为一个单位以下的委托为零数委托；（3）市价委托与限价委托，由经纪人按市价自行决定交易的委托为市价委托，要求经纪人在一定的价格范围内进行交易的委托为限价委托；（4）当时委托和公开委托，委托时间从委托有效期开始至当日交易所营业终止时结束的叫当时委托，公开委托是指当周委托、当月委托或不定期委托；（5）授权委托，它包括完全授权委托和限制授权委托，前者是指客户对经纪人买卖股票的种类、数量、价格等方面不加以任何限制，而后者指的是客户对经纪人在买卖股票的种类、数量、价格等方面加以限制；（6）停止损失委托，即客户委托经纪人在股价升至其指定限度以上或股份跌至其指定限度以下时，为其按市价买进或卖出股票，以维护其既得利益或减少其损失。

4. 成交

经纪人接到委托指令后，马上到交易台前执行委托，在了解了行情以后，便可进行讨价还价。在证券交易所内买卖证券是通过竞价方式进行的，这种方式也称双边拍卖，即买者之间相互竞以高价买进，卖者之间竞以低价卖出，最后将两头凑近达成交易。按交易所的规定，后喊出的卖价不得高于前者，而后喊出的买价也不得低于前者。报价和竞价的方式目前主要有三种，即口头、填单和电脑。

5. 清算

清算就是证券的买卖双方在成交以后，通过证券交易所的清算公司将双方交易的数量和价格等进行轧抵，并计算出差额的过程。

6. 交割

交割是证券的卖方交票、买方付款的过程。在成交并经过清算之后，便可进行交割。但在证券交易所的证券交易中，并不一定对每笔交易都进行交割，也有只对其净差额的证券和价款进行交割的情况。交割也并不是在成交后立即进行，交割的时间一般有几种确定的方法：（1）当日交割，即在成交当日进行证券和价款的收付；（2）次日交割，即在成交日后的下一个营业日进行证券和价款的收付；（3）例行交割，即按当地交易所的例行规定，从成交日算起的若干个营业日内完成交割；（4）选择交割，即证券交易双方自行选定交割日期，选择交割的期限一般在成交日后的5~6天进行，选择交割多用于场外交易。

7. 过户

过户是办理证券所有权变更的过程。在成交以后，如果证券的买方不打算在短期内卖出便可办理过户。过户仅限于记名的证券，过户时需要买方持有经原证券所有人背书的证券和成交通知书，并填写过户申请书，过户一般由经纪人代为进行。如果投资者买进是为了卖出，以赚取买卖差价，就不必办理过户手续。

第五节　世界著名的证券交易所

几乎所有实行市场经济的国家都设有证券交易市场而且不止一个，这样一来，世界各国大大小小的证券交易市场的数量是难以数清的。目前世界上规模最大并且最具影响力的证券交易市场应数纽约证券交易所、伦敦证券交易所和东京证券交易所。我国的香港联合证券交易所在国际知名的交易所中也占有一席之地。

一、纽约证券交易所

纽约证券交易所成立于1792年，距今已有227年的历史，它位于目前世界公认的金融中心——美国纽约曼哈顿的华尔街。纽约证券交易所原是会员制交易所，受20世纪70年代初经济危机的影响，于1972年7月改为公司制。但纽约证券交易所仍实行“席位”会员制。现今的纽约证券交易所拥有会员1 416名，其中1 366名“席位”会员，代表着600多家证券经纪公司，约有4 000多种证券每天在这里进行交易，其中有3 600多种股票和500多种债券。每日的成交额达数百亿美元，占世界总成交量的55%以上。截至2011年8月1日，在纽约证券交易所交易的中国企业共有80家。

在纽约证券交易所里，只有拥有“席位”的会员才有资格进入交易大厅进行交易。按纽约证券交易所的规定，只有在“席位”会员出现空缺时，才会吸纳新会员。纽约证券交易所过去只接纳个人会员，而目前会员既可以是从事证券交易的个人，也可以是公司企业或合伙企业。从目前的会员结构上看，个人会员占60%以上，但必须是年满

21 岁的美国公民。吸纳新会员的程序是，在申请人提交了入会申请书后，交易所先对申请人的身世、阅历、信用等情况进行调查，合格后需经该交易所董事会 2/3 以上理事的通过方可获得会员席位。申请人在获得会员资格的同时，必须买入一个席位，其价格根据当时证券业务的状况而定。在纽约证券交易所的历史上，会员“席位”的价格最低是 1.7 万美元，最高时达 180 万美元。作为会员每年必须缴纳总共 1 500 美元的会费和年费，而且还要将相当于净佣金的 1% 上交给交易所。此外，在任何一个会员死亡时，每位会员必须捐赠 15 美元的赡仰费。纽约证券交易所在管理上是民主的，最高权力机构是董事会。董事会由 21 名董事组成，除董事长由董事会推荐外，其余 20 名董事由交易所内的普通会员选举产生，而且任期仅 2 年。在 20 名董事中，10 名代表证券商，另 10 名代表广大投资者。负责交易所日常工作的是由董事长任命的总裁。按交易所的规定，董事长和董事不得和任何经纪人和自营商有任何关联。

纽约证券交易所采用的交易方式有现款交易、例行交易、发行日交易和连带选择权交易 4 种。在无特别指令的情况下，所有委托都采用例行交易。例行交易的交割手续在第 5 天进行，这是 1820 年以来的传统做法。纽约证券交易大厅内从事交易的“席位”会员分为经纪人和专业股票商两大类。

美国对证券业务有一套较为完善的管理体制。其中，直属美国总统领导的证券交易委员会对证券经营机构、证券的发行、证券交易等实施全面的管理，该委员会还按经济区域直接在当地派驻机构和人员对证券市场进行监管。此外，美国还颁布了一整套有关证券交易方面的法律，主要包括《证券法》《证券交易法》《政府证券法》《信托契约法》《投资公司法》和《投资顾问法》。

二、伦敦证券交易所

伦敦证券交易所成立于 1773 年，它具有近 246 年的历史，是世界上最古老的证券交易所，也是目前世界上三大交易所之一。伦敦证券交易所的交易地点不仅设在伦敦，而且在英国的格拉斯哥、利物浦、伯明翰等城市也设有交易场所。伦敦证券交易所虽然是一个股份有限公司，但也属于会员制交易所。该交易所的会员代表着 381 家证券公司。该交易所的会员不能是其他交易所的会员，而且只有原有会员退出该交易所后，才会补充新会员。交易所的最高权力机构是理事会，由 52 名理事组成。其中，46 名理事从会员中选举产生，1 名是政府经纪人，5 名是聘请的列席理事，理事的任期为 3 年。理事会下设业务、人事、仲裁和财政 4 个委员会，主持日常工作的是由理事会任命的总经理。

截至 2019 年 2 月，在伦敦证券交易所上市的证券有 10 000 多种，上市的公司约有 2 134 家，有来自 60 多个国家和地区的上市公司。其中，英国本土的上市公司 1 500 多家，国外公司约 664 家，但外国上市公司的资产总额却占该交易所上市公司资产总额的约 70%，伦敦交易所外国证券年交易总额约为 6 万亿美元。申请在伦敦证券交易所上市的公司首先填写申请表并编写上市说明书，拟上市公司的董事们必须对上市申请书内容的准确性负责，上市说明书和申请表还必须在两家全国性的刊物上发表。上市说明书先由交易所的挂牌上市部进行审查，最后由公司的业务委员会对其资信和资格进行审核。

伦敦证券交易所是典型的“自律型”管理体制，因为英国与美国和日本相比，政府对证券交易所的干预程度极低，其主要表现在两个方面：一是没有专门的证券法，有关证券管理方面的法规主要体现在1946年发布的《借贷法》、1948年颁布的《公司法》、1958年颁布的《反欺诈法》和1968年修订的《公司转移控制及合并规则》等法规中。二是英国没有专门的证券管理机构，涉及证券交易的管理机构只有两个。一个是国家贸工部，其证券方面的管理职能是只对非交易所会员的证券商有一定的管理权及对证券的登记和发行的公开透明度行使调查权；另一个是英格兰银行，它只对经伦敦证券交易所已批准上市的公司证券给予认可，而没有真正意义上的审批权。

三、东京证券交易所

东京证券交易所创建于1879年，它与历史悠久的伦敦证券交易所和纽约证券交易所的历史相比，晚了近一个世纪，但它的发展速度很快，目前已经超过具有200多年历史的伦敦证券交易所跃居世界第二位，成为世界著名的三大交易所之一。今天的东京证券交易所经历了艰难的发展过程，该交易所1941年曾与日本另外8家证券交易所合并成为官商合办的交易所。日本在第二次世界大战战败后，该交易所于1946年宣布解散。在美国战后对日本政治和经济的改革中，东京证券交易所按美国纽约证券交易所的模式重新开业。它是依据1948年出台的《证券交易法》而成立的社团。东京证券交易所也属于股份制交易所，并实行会员制。会员分正式会员和经纪会员，其中，正式会员不超过83家，经纪会员不超过12家。正式会员必须是以证券交易为主要业务的证券公司，并按投资者的委托在交易所内进行交易。经纪会员是以媒介有价证券买卖为专业。正式会员的最低注册资本为1亿日元，而经纪会员只需400万日元。它的最高权力机构是由1名理事长、23名理事和5名监事组成的理事会。

东京证券交易所内设有股票交易大厅、债券交易大厅、债券期货交易大厅、国债交易大厅和电脑系统买卖室。东京证券交易所股票交易有两种方式：一种是在交易大厅通过交易站进行交易，这里主要是交易250种日本和外国股票；另一种是通过电子计算机进行交易，即经纪人公司通过中央处理器向经纪人发出指令，经纪人接到指令后通过计算机进行交易，并将交易的结果通过中央处理器立即返回给经纪人公司。该交易所股票交易的结算可采用当日结算、特约日结算和例行结算。当日结算就是在交易成交的当天进行股票或钱款的交割，特约日结算一般是在交易成交后15天内的某一日进行交割，例行结算是在交易成交后的第四个交易日进行结算。该交易所内的股票交易多数采用例行结算。至于债券交易，该交易所只允许面值100日元至1 000日元的国债、大面值的可转换债券、世界银行债券、亚洲开发银行债券、欧洲日元债券和外国债券集中进行交易。

日本对证券的管理体制是模仿美国的体制建立起来的，有关证券方面的法律和机构也十分完善和健全。东京证券交易所直接在日本大藏省的监督下进行证券交易，大藏省为此还专门设立了证券局。证券局设一名总裁和若干名副总裁，其中一名副总裁兼任东京证券交易所的监理官。

四、香港联合证券交易所

香港联合证券交易所是1986年由四家证券交易所合并而成。香港联合证券交易所也是伴随着英国的殖民入侵而产生的，随着19世纪50~60年代一些英国公司在中国香港进行筹资活动和互换股份活动，当时的香港确实需要一个进行股份交易的交易所。1891年，中国香港历史上第一个证券交易所——“香港股票交易经纪协会”（又称香港股份总会）宣告成立，1914年更名为“香港证券交易所”。1921年，中国香港又出现了第二家证券交易所“香港证券经纪协会”。1941年日本占领中国香港，这两家交易所被迫停业。第二次世界大战结束以后，这两个交易所又重新恢复营业，并于1947年合并。1969年12月，中国香港又成立了远东交易所（俗称“远东会”），由于该交易所摒弃了伦敦证券交易所的交易方式，采用了适合华人的交易规则和聘用华人为交易所的经纪人，该交易所获得了极大的成功，中国香港的金融业从此得以迅速发展。此后，金银证券交易所和九龙证券交易所分别于1971年和1972年先后诞生，中国香港从此出现了四家交易所并立的局面。20世纪80年代以后，中国香港的证券业走向成熟，根据1980年通过的《证券交易所合并法案》，上述四家交易所合并经营，叫香港联合交易所，并于1986年4月2日正式营业。香港联合证券交易所与香港期货交易所、香港中央结算公司于2000年3月6日宣布合并，成立香港新交所，又称香港交易及结算所有限公司。联合交易所、期货交易所和中央结算公司分别作为新交所的附属公司，合并后联交所股份的所有权与交易设施的使用权分开。

香港联合证券交易所是中国香港唯一获香港证监会批准设立的交易所，注册股本为1 200港元，分为1 200股，每股面值1港元，持有1股者为该交易所会员。香港联合证券交易所的最高权力机构是由13人组成的董事会。其中，执行主席1名，执行董事兼集团行政总裁1名，非执行董事11名。董事会下设7个部门，即稽核委员会、投资顾问委员会、常务委员会、提名委员会、薪酬委员会、风险管理委员会和上市委员会。

五、纳斯达克市场

纳斯达克（National Association of Securities Dealers Automated Quotation，NASDAQ）市场意为全国证券交易商协会自动报价系统。它是由美国全国证券交易商协会于1971年创建并管理的全球最大的场外交易市场。

纳斯达克市场由两个独立的市场组成，一个是为那些在财务、股本和管理等方面均符合标准的高科技企业提供融资的纳斯达克国家市场，另一个是上市条件更为宽松的小资本市场，即电子柜台交易市场（Over the Counter Bulletin Board，OTCBB）。电子柜台交易市场是由纳斯达克管理的股票交易系统，它是为还未达到在纳斯达克和纽约证券交易所上市条件的公司提供上市融资的市场，微软和思科等国际知名企业都曾在此上市融资。

纳斯达克证券交易市场既是最值得美国人骄傲的交易市场，也是世界上唯一获得成功的创业板市场，近两年来已成为炙手可热的网络等高科技企业上市筹资的场所。当然，也有些网络科技公司最初并没有选择在纳斯达克上市，如大名鼎鼎的美国在线（America On Line）当初并不看好纳斯达克，而是选择了纽约证券交易所。纳斯达克市场虽然没有像纽约、伦敦证券交易所那样拥有悠久的历史，但纳斯达克市场却抓住了发展机遇，30 多年来，纳斯达克市场的交易额每年都在成百倍地增长，不仅是世界上最早实现电子化的证券交易市场，也是全世界发展最快的证券交易市场。纳斯达克市场在 20 世纪 90 年代中期以后，上市公司数量和成交量开始超过伦敦和东京证券交易所，甚至在很多方面超过了世界最大的纽约证券交易所。尤其是在此上市的公司数量最高时达到了 5 500 多家，远远超过纽约证券交易所，比纽约证券交易所和美国证券交易所上市公司数量的总和还多，1993~1997 年间，在纳斯达克上市的公司占到美国三大交易所的 56%。目前，纳斯达克证券市场的日均成交量基本上保持在 10 亿股上下，使纽约证交所的 8 亿股左右大为逊色。纳斯达克证券市场已成为世界上仅次于纽约证券交易所的第二大证券交易场所，缔造了后来居上的神话。目前，全世界几乎所有的网络公司或高科技公司都企盼着在纳斯达克上市，其知名度远远盖过了纽约证券交易所，令美国在线的股东们后悔莫及。

第六节　中国证券市场

一、中国证券市场的产生与发展

证券市场是商品经济发展的产物。中国自改革开放以来，证券市场已成为社会主义经济的重要组成部分。随着市场经济在中国的充分发展，中国证券市场从组织结构到法律规范，正日趋成熟和完善。

（一）旧中国的证券市场

19 世纪中叶以后，中国沦为半封建半殖民地社会，英国等列强通过一系列不平等条约取得了在中国设厂、经商和发行证券等一系列特权。随后，他们便在中国兴办企业，并通过发行股票来筹集华人资金，如 1864 年设立的汇丰银行、1865 年设立的省港澳轮船公司等都公开向华人募集了大量的股份。随着外国公司在中国发行股票和债券数量的日益增多，中国的证券市场也随之产生。上海外商股票经纪人于 1891 年在上海组织成立了上海股份公所，中国第一家外商经营的证券交易所便从此产生。1902 年清政府又将其改组为上海众业公所。

在洋务运动的推动下，中国开始筹办自己的股份公司，其中最重要的要数李鸿章于 1873 年在上海筹办的轮船招商局。到 19 世纪末，通过募股设立的中国人自己经营的企业已达近 200 家，如天津火柴公司和南通大生纱厂等。随着以筹资办企业方式的兴起和股票发行数量的大幅度增加，出现了一些自发进行股票交易的固定场所，到 1913 年年底，全中国各种形式的股份制企业达 992 家。为了规范证券交易，1914 年秋天，中国第一家由中国人自己经营的证券交易所在上海成立，即上海股票商业公会。从此，中国股票交易从自发的茶馆交易转为有组织的集中交易。当时的上海股票商业公会实行会员制，最初的会员只有 15 家，会员需先缴纳白银 12 两作为公会的资本，以后每月缴纳 2

两作为会费。交易的方式仅限于现货交易。交易的标的为政府公债、铁路债券、公司股票和外汇等。为配合证券交易，1914 年 12 月 29 日，北洋政府还颁布了中国第一部证券法——《证券交易所法》。此后，全国的各大城市纷纷开设了证券交易所：1918 年北京证券交易所宣告成立，这也是中国第一家经政府正式批准设立的证券交易所；1920 年 5 月，原上海股票商业公会改组为上海华商证券交易所，这也是当时中国规模最大的证券交易所；同年 7 月 1 日，上海证券物品交易所也正式挂牌成立；天津于 1921 年也开设了天津证券物品交易所。随后，证券交易所和信托公司如雨后春笋般出现在全国各地。1922 年 1 月，上海证券物品交易所突然宣布倒闭，引发了股价的急剧下滑，随之而来的便是证券交易所和信托公司的大量倒闭。仅在短短的两个月内，全国仅剩证券交易所十几家，其中上海仅剩六家，中国的证券交易从此跌入低谷。日本投降以后，国民党政府最初想控制证券市场的证券交易，但由于社会闲散资金无正当出路，黑市交易禁而不止，于是国民党政府于 1946 年 5 月决定筹备成立上海证券交易所，并于当年 9 月 16 日正式开业。1948 年 2 月，天津证券交易所也宣布开业。由于国民党政府实行币制改革，推行金圆券，国内的交易所再度停业。1949 年 2 月，上海证券交易所再度恢复开业，但由于国民党军队节节败退，股价全面下跌，上海证券交易所于同年 4 月再次停业。此后，由于国内通货膨胀严重，造成未上市股票的场外交易十分活跃，这一现象直至新中国的成立。

（二）新中国成立至改革开放前的中国证券市场

新中国成立初期，中国虽然实行国有化，把财政收支、资金管理和物资调拨统一在政府手中，并整顿旧中国遗留下来的各种经济组织和机构，但并没有关闭证券市场，而是采取利用证券市场的政策，来促进国民经济的恢复和发展。这主要体现在中央政府在关闭旧的证券市场的同时，又建立了新的证券市场。1949 年 6 月，新中国建立后的第一个证券交易所，即天津证券交易所，在原天津证券交易所的旧址成立，从此翻开了新中国证券交易所的历史。1950 年 2 月 1 日，北京也成立了证券交易所，随后上海也成立了新的证券交易所。这些证券交易所是按国家新的有关证券方面的法规设立的，其运作完全是在政府的严格控制下进行的，但只从事单一的现货交易，不做期货，并且不以营利为目的。这主要是因为国家只利用证券市场来调节银根和产业结构，对经济进行宏观控制，即把证券市场看作是向社会主义过渡中可以利用的经济杠杆。新中国早期的中国证券市场在 1949~1952 年期间，对恢复国民经济、打击投机倒把和欺诈、稳定当时十分混乱的市场起到了积极的作用。但随着国有化的进程和计划经济体制的不断强化，证券市场的作用日益减弱，证券交易所也随即停止了交易活动。1952~1978 年这一段时间，随着企业社会主义改造的完成，中国企业只剩下全民所有制和集体所有制两种形式，此时的中国证券市场应该说已名存实亡。

（三）改革开放之后的中国证券市场

从 1978 年改革开放至今，中国的证券市场大致经历了两个发展阶段。第一阶段是 1978~1990 年。这一阶段中国的证券市场开始重新萌芽，主要表现在以下三个方面：一是农村开始实行家庭联产承包责任制，农民的收入不仅大幅度增加，而且大量的农村劳动力从土地中解放出来，中国农村从此广泛合股集资并创办了各种类型的乡镇企业。这些合股集资而成的企业虽然只是在花名册上登记或开具股金收据，不上市发行股票，但它毕竟是中国股份制经济的萌芽。二是在农村股份制经济的带动下，城市的股份制企业也应运而生。1984 年北京天桥股份有限公司成为中国第一家股份制企业；同年 11 月，上海飞乐音响股份有限公司率先向社会公开募集股票，从此成为中国首家公开向市场发行股票的企业；此后，在北京、上海、西安、沈阳、广州、重庆等地也出现了通过发行股票进行筹资的活动。三是恢复发行债券。1981 年，中国政府发行了新中国诞生以来的首批国库券，1985 年以后又相继发行了金融和建设等债券。中国证券交易在 20 世纪 90 年代以前，大都属于场外交易，而且多属地区性的，还没有形成真正意义的全国性证券交易中心。

第二阶段是从 1990 年开始至今，应该说它是中国证券市场的起步阶段。1990 年 12 月，上海证券交易所正式挂牌营业，它是新中国成立后第一家按国际标准运作的交易所。上海证券交易所的成立不仅标志着在中国大陆消失了 38 年的证券交易所复生，而且还标志着新中国证券交易市场的诞生。此后，深圳证券交易所也在 1991 年 7 月宣告成立。中国证券市场从此进入迅速发展时期，其主要表现在以下五个方面：

（1）证券市场从上海、深圳两地向全国各地延伸，通过计算机联网，全国各地的投资者均可参与深、沪两个市场的证券交易，从而形成了全国统一的现代化和规范化的证券交易市场。

（2）全国证券交易自动报价系统开通。该系统正式开通于 1990 年 12 月 5 日，它是以计算机联网为纽带，通过远程通信手段，为全国的会员公司进行证券买卖提供即时报价、辅助成交、统一清算和交割的现代化综合服务。

（3）初步形成了中国证券市场的管理体系。例如，1991 年，中国 100 家证券公司组成了中国证券业协会，财政部成立了国债协会，以及由中国人民银行、国家计委、财政部等参与组建了股票联合审批办公室。

（4）中国政府及企业走出国门，开始在国际资本市场上发行各种国际债券和股票，即在国内发行 B 股以吸引外国投资，在国际金融市场上发行美元、日元、全球等国际债券筹资，在中国香港发行 H 股及在美国发行 ADR（存托凭证）来筹资。

（5）有关证券方面的法规日趋完善。中国政府从 1990 年开始，相继出台了《中华人民共和国公司法》《中华人民共和国国库券条例》《股票发行和交易管理暂行条例》《企业债券管理条例》《国务院关于股份有限公司境外募集股份及上市的特别规定》《关于严禁国有企业和上市公司炒作股票的规定》《可转换公司债券管理办法》《证券投资基金管理暂行办法》和《证券期货信息传播管理的若干规定》等。尤其是全国人民代表大会通过并于 1999 年 7 月 1 日开始实施的《中华人民共和国证券法》，使投资者的权益得到保护。2005 年 10 月 27 日全国人大常委会又通过了新的《证券法》和《公司法》，并于 2006 年 1 月 1 日开始实施，投资者的利益在其中得到了更充分的体现。证券法规的健全和完善，也标志着中国证券市场走向成熟。

截至 2019 年 2 月，深、沪两市上市公司的数量已超过 3 606 家，上市交易的股票数达 3 000 多只。深圳市场虽于 2001 年停止发行 A 股，但于 2004 年 6 月 25 日推出中小企业板，到 2018 年 10 月 31 日，该板块共发行了 939 只股票。2005 年 5 月，开始试行以国有股减持为核心内容的股改，并于9月中旬全面铺开。其中，中小企业板的上市公司已完成了股改，深、沪两市的股改数量和市值都已过半。这既说明了中国证券市场在规范中发展，同时也表明中国证券市场在中国资本市场中的地位日益重要。

二、中国证券市场的对外开放

中国证券市场的对外开放主要体现在以下三个方面：

（一）发行B股

B股的正式名称是人民币特种股票。它是以人民币标明面值，以外币认购和买卖，在中国境内（上海、深圳）证券交易所上市交易的外资股。B股公司的注册地和上市地都在境内，2001年前投资者限制为境外人士；2001年之后，开放境内个人居民投资B股。B股股东的权利和义务与A股相同，其红利以人民币计算。B股是外国投资者目前在中国进行证券交易的主要方式。自1992年2月1日，上海真空电子器件股份有限公司首次在上海证券交易所发行了总额为1亿元人民币的B股以后，截至2000年3月10日，共有110家企业在上海和深圳两家交易所发行了B股，其筹资总额约合30多亿港币。B股的发行为中国的上市公司开辟了新的融资渠道，并促进了中国证券市场的进一步发展。当然，B股市场自2000年至今就再也没有进行过扩容，随着QFII（合格境外机构投资者）制度的实施，即外国投资者被直接允许进入中国的A股市场，其存在的必要性受到了金融界的质疑。但不管怎么说，在中国经济发展的最初阶段，B股市场对中国的证券市场以及资本市场的发展起到了重要的作用。

（二）外国证券公司进入中国

自1979年中国政府批准第一家国外银行在北京开设办事处以来，目前已有约30个国家或地区的近400家境外金融机构在中国设立了办事机构或代表处。其中，有100多家外国银行在中国设立了分行，并有近30家海外证券公司进入中国证券市场，有20多家境外证券公司代理客户入主上海证券交易所B股专用席。与此同时，日本大和证券公司与中国最大的证券公司华夏证券公司共同建立了合资投资信托公司，中国人民银行、中国经济技术投资担保公司、美国摩根士丹利公司、新加坡政府投资公司、中国香港名力集团5家在1994年10月组成了中国国际金融有限公司，这也是中国第一家中外合资银行。外国证券公司进入中国证券市场不仅推动了中国证券市场的开放，也有助于中国企业和证券公司走向世界。

中国的证券市场是在中国经济体制改革的大背景下发展起来的。它与财政税收体制改革、金融体制改革、投资体制改革、外汇管理体制改革有着密切的关系。中国证券市场将会随着经济的发展和经济体制改革的深化，进一步得到发展和完善。

（三）实施QFII制度

QFII是“合格境外机构投资者”的英文简称，是指允许合格的境外机构投资者，在一定规定和限制下汇入一定额度的外汇资金，并转换为当地货币，通过严格监管的专门账户投资当地证券市场，其本金和投资收益在外汇管制和相关法规管理下可转为外汇汇出的一种市场开放模式。QFII制度是中国证券市场向外国投资者开放的第一步，也是引进境外机构投资者成熟的投资理念、优化中国证券市场投资者的结构以及促进中国证券市场国际化的重要一步。QFII 制度一般是发展中国家证券市场发展到一定阶段的产物，其目的在于有节制地让发达国家的投资者进入国内证券市场，以规范和促进本国证券市场的发展。随着证券市场的成熟，这一制度也会消失。QFII 最早产生于我国台湾地区。1991 年 1 月 2 日，台湾地区开始实施 QFII。1992 年，QFII 正式进入台湾证券市场。目前，台湾地区已取消 QFII，准许外资自由进出。韩国、印度等国也相继采用过 QFII 制度。

随着中国证券市场的发展，中国于 2001 年下半年也开始着手研究 QFII，并成立了 QFII 研究小组。2002 年 11 月 5 日，中国人民银行和中国证监会联合发布了《合格境外机构投资者境内证券投资管理暂行办法》，对进入 QFII 的门槛等问题做了详细的规定。此后，国家外汇管理局要求境外合格投资者申请的投资额度不得低于等值 5 000 万美元的人民币，不得高于等值 8 亿美元的人民币。这标志着 QFII 制度在中国境内正式启动。在随后的几个月中，包括瑞银集团、野村证券、高盛等在内的众多境外大型金融机构纷纷向中国证监会递交资格申请并获得了批准。截至 2012 年 10 月，已有 188 家外资金融机构获得 QFII 资格。

三、中国参与国际证券市场活动

（一）中国发行国际债券融资

中国经济的迅速发展引发了急需建设的交通、能源、通信等基础设施领域对资金的巨大需求，由于国际债券具有期限长和筹资数额大等优点，中国政府和企业从 20 世纪 80 年代初开始采用发行国际债券这一发达国家惯用的筹资方式。1982 年 1 月，中国国际信托投资公司在日本东京市场上首次发行了 100 亿日元的私募债券，期限为 12 年，票面利率为 8.7%，从而开创了中国利用国际证券市场筹集资金的先例。1983 年 8 月，福建投资企业公司又在日本东京市场发行了利率为 8.5%、期限为 10 年的 50 亿日元私募债券。1984 年 11 月，中国银行首次在日本东京市场发行了 200 亿日元的公募债券。中国银行、中国国际信托投资公司和福建投资企业公司于 1985 年先后在东京、法兰克福、中国香港、伦敦和新加坡发行了 10 宗国际债券。据统计，1986~1992 年，中国先后在国际债券市场上总共发行过 49 次债券，筹资 16.6 亿美元。此后，中国利用国际债券市场融资的数额急剧上升，1993 年中国的金融机构在国际证券市场上发行债券达 21 次，筹资共达 28 亿美元。1994 年 1 月 14 日，财政部代表中国政府正式向美国证券交易委员会注册登记发行 10 亿美元的全球债券，并同时在美国、欧洲和亚洲销售。发行该债券的牵头机构是美国的美林证券公司，这也是中国首次进入美国资本市场。2004 年 10 月，中国又在美国发行了 5 亿美元的主权债券。2004 年 9 月，中国国家开发银行发行了价值 10 亿美元的全球债券。此次发行的全球债券包括美元和欧元两种，债券筹集资金继续投向国家重点项目，主承销商包括美国、英国、法国和瑞士的多家银行，美国、欧洲和亚洲的众多机构投资者购买了此次发行的债券。同年，中国进出口银行和中国工商银行分别发行了 7.5 亿美元和 4 亿美元的国际债券。

从中国在国际证券市场已发行的债券情况看，中国发行的国际债券有如下特点：

（1）公募和私募相结合。中国发行国际债券是以私募债券的形式起步的，因为私募债券发行程序简单，不会因向地方政府报送“注册报告”与“募股说明书”待批而耗费时间。但由于私募债券不能在二级市场上市流通，所以中国同时也发行了审批手续复杂，但能在二级市场上挂牌交易的公募债券。

（2）发行主体多元化。中国发行国际债券的主体既有以政府名义出现的银行和金融机构，也有以政府或银行做担保的各类企业，从而开创了一个全方位、多层次的融资渠道。

（3）在中国内地注册和在中国香港注册的企业并举。即除上述境内注册企业发行国际债券融资外，在中国香港注册的中资公司，如海外发展、粤海投资、越秀投资等也通过发行可换股债券筹集资金。

（4）发行的国际债券的种类多样化。到目前为止，中国已发行的国际债券种类有扬基债券、武士债券、将军债券、欧洲美元债券、亚洲美元债券、欧洲日元债券、欧洲马克债券、全球债券、可换股债券（在中国香港市场上发行）等。债券种类的多样化不仅有利于扩大中国的筹资规模，而且可以减少利率和汇率风险。

（5）发行市场的分散化。中国国际债券的发行市场已由20世纪80年代的日本，扩展到20世纪90年代以后的欧洲、北美和亚洲各国。

利用发行国际债券进行融资，已成为中国利用外资的主要途径。中国政府和企业的国际债券融资对中国基础设施的建设及经济的迅速发展起到了明显的促进作用。

（二）中国企业海外上市融资

1. 中国企业海外直接上市

海外上市是中国企业走向世界的一个重要途径。进入20世纪90年代以后，随着中国证券市场的对外开放，中国企业也开始了到海外发行股票并直接上市的历程。目前，中国企业主要是通过在中国香港发行H股和在美国发行ADR（美国存托凭证）在海外直接上市的。

（1）发行H股

在中国内地注册的股份有限公司在香港发行的普通股，我们简称为H股。H股分为主板和创业板。发行H股的中国公司注册地在中国内地，适用中国法律和会计制度，向香港投资者发行股票，在香港主板或创业板上市。中国对H股主板上市的条件主要为：“筹资用途符合国家产业政策、利用外资政策及国家有关固定资产投资立项的规定”；“净资产不少于4亿元人民币，过去一年税后利润不少于6 000万元人民币，并有增长潜力，按合理预期市盈率计算，筹资额不少于5 000万美元”（高于香港主板的规定）。中国对H股创业板上市没有什么特殊要求，只是强调了股份公司设立应合法，公司及主要发起人符合国家有关法规和政策，在最近两年内没有重大违法违规行为，其他条件只需要符合香港创业板的上市规则。1992年10月，中国证券监督管理委员会确定了首批9家大型国有企业作为试点单位，在香港发行H股并上市。1993年6月19日，中国证券监督管理委员会、香港证券及期货事务监察委员会、香港联合交易所、上海和深圳证券交易所在北京联合签署了五方《监管合作备忘录》，这为中国企业在香港上市奠定了法律基础。从1993年6月29日青岛啤酒股份有限公司最先在香港上市之后，至1994年6月6日东方电机股份有限公司正式在香港联合交易所挂牌上市，获准上市的9

家中国内地企业共发行55.06亿H股，筹资达116.81亿港币。1994年中国又安排了22家内地企业到香港上市。为配合H股的发展，香港恒生指数服务有限公司于1994年的8月8日正式推出了恒生中国企业指数，以帮助投资者了解中国企业的表现。截至2017年8月31日，中国内地已有248家企业在香港发行了H股。其中，主板H股224只，创业板H股24只。

中国企业在香港上市的另一种方式是红筹上市，即公司注册地在中国境外，通常在开曼、百慕大或英属维尔京群岛等地，适用当地的法律和会计制度，但公司的主要业务资产在中国内地。红筹上市公司对投资者发行股票并在香港联交所上市，在禁售期结束后，所有股票都可以流通。

H股和红筹方式上市有所不同。一是H股上市仅是对公众发行的股票上市流通，其他股票不能流通；而红筹上市在禁售期以后便可以流通，是全流通概念。二是上市审批程序有所不同，H股需要中国证监会批准方能向香港申请上市，对于红筹上市，则取消了无异议函的“审批”。三是从上市公司能否在内地发行A股看，H股在香港上市后经过申请还可以在国内增发A股。四是红筹方式上市可以实施股票期权、员工信托股票等激励机制，在国内员工激励机制法规不完善的情况下，这一点无疑是高科技企业选择红筹上市的重要原因。五是H股上市后再融资需要中国证监会批准，受《公司法》约束；而红筹股无须批准并可根据企业的发展和市场的情况依当地交易所规则再融资。截至2017年8月31日，中国内地已有158家企业在香港主板发行了红筹股。

中国内地企业在香港上市，不仅为国内企业筹集了大量的资金，而且还促进了中国企业股份制的改革和中国股票市场的发展。中国政府目前虽然对发行H股的企业有比较严格的限制，但近几年来有所放松。随着香港和内地经济合作的加强，在未来的几年中将会有更多的内地企业在香港上市。

（2）发行ADR

ADR（American Depositary Receipt）是美国存托凭证的缩写，指由美国存托银行发行的一种类似股票证书的可转让票据，它代表美国投资者对非美国公司、政府或美国公司的海外子公司发行证券的所有权凭证。具体地讲，在美国发行股票的外国公司将其股票由承销商交由本国银行或外国在本国的分支机构保管，并以此为担保通知美国的存托银行发行股票存托凭证供美国投资者购买。美国投资者购买的存托凭证就是外国公司发行股票的凭证，投资者可将存托凭证上市转让或凭以领取股息。如果股票存托凭证是向全球投资者发行，则称为全球股票存托凭证，即GDR。

ADR是因外国投资者在美国发行股票不便及美国投资者上市转让外国公司股票困难而产生的。ADR的发行实际上是避开了美国法律对外国公司股票在注册手续、财务报表、会计准则、信息披露等方面的严格管辖，并为美国投资者购买并转让非美国公司的股票提供了便利。

从1993年7月第一个在美国上市的青岛啤酒算起，中国公司在美国上市已有20年的历史。中国公司在美国上市的主要市场是美国证券交易所、纳斯达克市场以及OTCBB。纽约证券交易所是世界最大、容纳世界上最优秀上市公司的交易所，纳斯达克市场由于有科技含量极高和成长性极强的中小企业以及大量的非美国公司在这里上市，所以它是真正意义的全球性的并为高科技企业提供上市融资机会的股票交易所。中国证券监督管理委员会在1994年选定的第二批到海外直接上市的国有企业中，有华能国际电力、华能发电开发、东方航空、南方航空和天津钢管5家公司可以通过发行ADR到美国证券市场上挂牌上市。1994年4月28日，中国证券监督管理委员会和美国证券交易委员会签订了《中美合作监管备忘录》，从而开始了两国股票投资领域的合作。中国山东华能国际电力公司于1994年8月4日以ADR方式在美国纽约证券交易所挂牌上市，成为新中国第一家在美国纽约证券交易所以ADR方式上市的公司。山东华能国际电力公司此次共发行2 337.4万股，约合11.687亿普通股，每股发行价格为14.25美元，共筹资3.33亿美元。此后，中国的一些公司将已发行的B股或H股转为ADR形式在美国上市，如上海的氯碱化工、上海轮胎橡胶和上海第二纺织等。也有的公司是在全球配售过程中将在美国发行的部分以ADR的形式配售上市，如上海石化股份有限公司等。上海石化于1998年8月发行H股在香港上市的同时，将50%的H股转为ADR、GDR（Global Depositary Receipt，全球存股凭证）。中国企业将B股和H股转为ADR在美国发行，成为中国证券市场与国际接轨的又一途径。1999年7月14日，在中国证券监督管理委员会发布《关于企业申请境外上市有关问题的通知》的同一天，中华网在美国纳斯达克挂牌上市，成为中国大陆首家在美国纳斯达克上市的公司。截至2011年10月1日，在纽约证券交易所上市的中国大陆企业共有近80家。中国内地的公司虽然1999年才登陆纳斯达克，但在其上市的公司数量截至2012年12月1日也达到了近136家，大有后来居上之势。此外，由于OTCBB市场的上市标准较低，所以中国企业出现在OTCBB市场的时间要早于纳斯达克。1998年12月20日主要从事英文网上商业信息服务的深圳中贸网信息技术有限公司率先在美国OTCBB交易市场挂牌上市。此后，北京世纪永联和深圳蓝点也分别于1999年11月和12月在此上市。截至2012年1月1日，已有135家中国公司在OTCBB交易市场上市。此外，中国还有几十家企业在美国股票交易市场完成了上市。

2. 中国企业海外间接上市

中国企业海外间接上市主要有两种方式，即买壳上市和造壳上市。

（1）买壳上市

买壳上市是指一家或几家公司联合以现金或交换股票的形式，收购另一家已在海外证券市场上挂牌上市公司的部分或全部股权来取得上市地位。中国企业通过买壳上市融资始于1984年初，但为数很少。20世纪90年代以后，通过该方式上市的中资公司有所增加，目前已达到30多家。例如，首钢在1992年收购了香港东荣钢铁公司51%的股权后，将公司更名为香港首钢国际公司，并募股集资达18亿港币。通过买壳上市筹资不仅可以通过注入资产来增加公司的实力，而且还可以避开一些东道国对外国公司上市的严格限制，并可节省大量的时间。目前，虽然到海外买壳上市的中国企业必须经过中国证券监督管理委员会的批准，但买壳上市仍不失为中国企业国际化的一个最佳途径。

（2）造壳上市

造壳上市筹资有两种具体做法：一是一些企业通过在国际证券市场所在国或地区注册成立一家控股公司，对其内地企业进行控股，然后内地企业间接以控股公司的身份申请上市。二是国内企业与已上市的外国公司合并，通过增发新股或换股上市。这种做法实际上是中外合资企业海外上市的一种基本模式。例如，中国玉柴国际有限公司，注册地点在百慕大，新加坡丰隆公司持有该公司 29.3% 的股权，1994 年 12 月上市，在纽约证券交易所的统计上被列为新加坡公司，但实际上玉柴国际是广西玉柴机器集团资本运作的产物，因此从严格意义上来说也是一家中国企业。这样“造壳上市”的公司还有不少。

（三）中国企业对外证券投资

中国企业对外证券投资只是刚刚起步，最多不过 10 年的历史。1986 年中国国际信托投资公司通过国际融资租赁的方式购买了澳大利亚波特兰铝厂 11% 的股份，以此开始了中国进入国际市场从事证券投资的历史。20 世纪 90 年代以后，中国企业海外证券投资有所发展。1990 年，中信香港集团收购了香港泰富发展有限公司 49% 的股份，并将该公司改名为中信泰富。香港泰富发展有限公司是一家在香港已上市的公司，中信香港集团收购了该公司后，利用其上市公司的地位进行了一系列的注资和收购活动，使中信泰富从 1990 年 2 月市值仅为 7 亿港币的小公司，到 1994 年发展成为一家市值 400 余亿港币的大公司。在中国企业从事海外证券投资的同时，中国的各主要金融机构也大力发展海外金融业务，尤其是注重海外证券业务的开展。截至 2010 年年底，中国境内的一些大银行在海外开设的分支机构超过千家，遍布亚洲、美洲、大洋洲和欧洲，分支机构的资产已超过 2 000 亿美元。其中，中国银行分布在 80 多个国家或地区的分支机构也超过 900 家，海外资产逾千亿美元。由于中国企业的经济实力所限，中国企业海外证券投资的规模远远小于中国企业的海外上市筹资活动，但中国企业从事海外证券投资活动却为中国企业跨国化开辟了又一重要途径。

四、中国的投资基金业

（一）中国投资基金业的产生与发展

中国的投资基金业产生于 20 世纪 90 年代初，虽然在 20 世纪 80 年代中期以后，一些专家曾提出发展中国投资基金业的必要性和可能性，并发起设立了一些基金，但由于规模较小不足以形成市场，使中国的投资基金业仍处于理论探索阶段。1991 年，由中国农村发展信托投资公司等在山东淄博发起设立乡镇企业投资基金，并于 1992 年得到中国人民银行的批准，成为中国第一家经法律认可的投资基金。随后，各种类型的投资基金在沈阳、大连、海南、武汉、北京、深圳等地广泛出现。1997 年 11 月 14 日，国务院证券委员会发布了新中国成立以来有关投资基金设立、运作和管理的第一部法规——《证券投资基金管理暂行办法》，从此使中国的投资基金业步入规范化轨道。2003 年 10 月 28 日，全国人大常委会正式通过了我国新的《证券投资基金法》。《证券投资基金法》共 12 章 103 条，除总则和附则外，对基金管理人，基金托管人，基金的募集，基金份额的交易，基金份额的申购与赎回，基金的运作与信息披露，基金合同的变更、终止和基金财产的清算，基金份额持有人的权利及其行使，监督管理和法律责任等均分章做了规定。新的《证券投资基金法》与 1997 年颁布的《证券投资基金管理暂行办法》相比，更为具体和详细，尤其对持有人大会制度、基金财产的单独管理等做了更为明确的规定，并针对各类违法行为制定了较严厉的惩罚措施，以避免类似2002年的基金黑幕再次出现。与此同时，新的《证券投资基金法》还降低了基金发起人的门槛，显示了政府发展机构投资者和中国证券市场的决心。新的《证券投资基金法》还具有一定的前瞻性，主要体现在它并没有禁止私募基金，也没有禁止短期融资行为和受托理财行为，这就为中国基金业的发展预留了较大的发展空间。

从中国证券投资基金的发展过程来看，中国的证券投资基金业的发展分为两个阶段。第一阶段是从1991年至1997年年底，也就是从中国证券市场开始启动到《证券投资基金管理暂行办法》出台之前。这一阶段中国的投资基金业属于自发的无序状态，全国各地设立的各类投资基金已达75只，基金凭证47个，募集资金总规模约76亿元人民币，基金市值近100亿美元，在证券交易中心上市的38个，并形成了以沈阳、大连、天津、武汉、上海、四川、浙江为中心的市场板块。第二阶段是从1997年年底至今。1997年11月，国家颁布了《证券投资基金管理暂行办法》。1998年3月23日，开元和金泰两只投资基金分别获准在上海和深圳交易所网上发行，基金规模各为20亿元人民币，均采用契约型封闭式，存续期都为15年。开元和金泰两只投资基金是《证券投资基金管理暂行办法》颁布后首次上市发行的基金，这两只基金的上市发行，标志着中国证券投资基金的正式启动，同时也迎来了“中国百姓投资基金热的高潮”。2003年10月新的《证券投资基金法》的出台，又显示出中国基金业正在走向成熟。从1998年至2011年12月31日底，中国共设立基金管理公司66家，发行的封闭式和开放式证券投资基金共有914只，发行的基金总规模超过了26 464.65亿份。此外，还有18家商业银行获得了基金托管资格。

（二）中国投资基金业的特点

中国投资基金业的历史很短，总共也不过十几年的历史，再加上中国整个证券业的历史不长、证券市场尚不发达，这就使中国的投资基金业有以下几个特点：

1. 境外基金先于境内基金

中国境外基金的发展要早于境内基金，1985年12月，中国东方投资公司就在香港和伦敦推出了旨在对中国投资的“中国东方”基金，资产净值为1 700万美元。随后由法国汇理银行五洲投资有限公司牵头设立的以中国为投资对象的基金于1990年年底在伦敦上市。到1992年年底，仅在中国香港设立的中国基金已近20个，资产总值约50亿港元。境外基金的发展带动了境内基金业的发展，致使中国境内的证券投资基金数在2011年12月底的时候达到了914只。

2. 每个基金的规模较小

在中国目前已发行的证券基金中，基金规模上亿份的不足一半，多数在5 000万份以下，而且很多只基金规模也只不过20亿元人民币左右。到2011年年底，规模最大的华夏基金公司的基金规模也不过1 700亿份，规模最小的基金公司则只有4.41亿份，而美国有很多基金都在百亿美元以上。基金规模小会减弱基金对市场的影响力和抗风险能力。

3. 投资基金的市场小

目前美国共同基金的总额已超过19.2万亿美元，相当于美国银行11.7万亿美元存款总额的 164.1%。而中国到 2011 年 12 月已发行的各类投资基金总额也只有约 2 万亿人民币，不足同期城镇居民 35.2 万亿本币和外币存款的 6%。这一比例制约着中国企业的筹资规模，进而影响中国企业的发展。

4. 开放式投资基金后来居上

中国证券市场上最早发行的证券投资基金大多属于封闭式的，但从 2001 年 9 月 24 日由华安基金管理公司发行了第一只开放式基金即华安创新投资基金以后，到 2011 年 12 月底，已发行了近 700 只开放式投资基金，其发展速度非常迅速。2001 年开放式基金募集得近 100 亿份，2002 年猛增至 447.96 亿份，2005 年又继续扩大到 5 000 亿份左右；到 2011 年，其管理规模已经突破 2 万亿元。由于开放式投资基金对投资者更为有利，因此发达国家发行的投资基金多采用开放式，走向开放式的投资基金是投资基金业的发展趋势。

5. 投资基金多为契约型

在我国已发行的证券投资基金中，基本上是契约型的。契约型和公司型这两种投资基金在世界上均已被广泛采用。美国的投资基金基本上是公司型的，而日本、韩国多为契约型的。

（三）中国发展投资基金业的必要性

1. 企业所有制改革的需要

目前中国的大中型国有企业正进行股份制改造，企业的公有股份投资于投资基金，使股票在基金股东之间流动，既可避免大量公有股流入私人手中，又可实现公有资产的流动和增值，还可以解决公有股上市的难题，进而起到支持国有企业改革的作用。

2. 中小投资者的要求

在中国，存款仍然是城乡居民投资的主要渠道，他们把金融资产的 80% 以上用于银行储蓄。在中国的存款利率经过了三次下调之后，城乡居民对银行存款失去了兴趣。而今天的股市经过多次震荡之后再次陷入低迷，再加上他们缺乏专业知识以及没有足够的资料和时间去研究股市，这就令积蓄不多的中小投资者们望而却步。中小投资者渴望有一种收益较高、风险较低的投资工具，投资基金则能迎合这一需要。

3. 稳定证券市场的需要

中国证券市场上的投资者一直以中小散户为主，其在风云莫测的股市中只能更加注重短线投资、追涨杀跌，加剧了市场波动，导致中小投资者亏多赚少。投资基金使中小投资者的资金由零散变为集中，可以进行理性投资。由于投资基金的规模大，基金管理人做出投资决策前先运用其丰富的专业知识、经验及信息，对股市进行深入的研究和分析并进行长线投资，不盲目投资，不跟风炒作，这不仅加强了投资决策的正确性，而且降低了证券市场的投机成分，减缓了市场的异常波动，起到了稳定证券市场的作用。

4. 证券市场发展的需要

发达国家的证券市场不仅法规健全、规模庞大，而且品种多样化且结构合理。发展投资基金不仅增加了投资市场上的投资工具，还可使证券市场的结构得以调整，从而达到增加筹资数量、发展证券市场的目的。

◇ 本章小结

本章详细阐述了证券及证券投资的含义和特征，介绍了当前国际证券投资的发展趋势，介绍了投资者在选择投资对象时应遵循的原则和应掌握的时机，介绍了国际证券市场及证券交易所的组织形式、交易的基本程序，介绍了世界著名的证券交易所，最后就中国证券市场的产生与发展进行了系统的介绍与分析。

◇ 关键概念

证券（Securities）、证券投资（Investment in Securities）、证券交易所（Stock Exchange）、纽约证券交易所（New York Stock Exchange）、伦敦证券交易所（London Stock Exchange）、纳斯达克（National Association of Securities Dealers Automated Quotation）

◇ 案例分析

2013 年 8 月 16 日 11 时 05 分左右，光大证券订单生成系统瞬间生成 26 082 笔预期外的市价委托订单，订单被直接发送至交易所，引发上证综指突然上涨 5. 96%，中石油、中石化、工商银行和中国银行等权重股均触及涨停。

据光大证券在发布会上介绍，当天 9 时 46 分，光大证券策略投资部交易员发现 180ETF 存在套利机会，开始委托下单，首单金额不超过 200 万元，此后，又连续下单。11 时 07 分，成交金额迅速异常并加速放大。此时，交易员开始批量撤单，并向上级领导报告。短短几分钟，原定 32 亿元的订单，放大到了 72. 7 亿元。换句话说，短短的几分钟，光大证券被动增仓了 72. 7 亿元股票。

光大证券在公告中表示，经初步核查，本次事件产生的原因主要是策略投资部使用的套利策略系统出现了问题。该系统包含订单生成系统和订单执行系统两个部分。核查中发现，订单执行系统针对高频交易在市价委托时，对可用资金额度未能进行有效校验控制，而订单生成系统存在的缺陷会导致特定情况下生成预期外的订单。由于订单执行系统存在缺陷，预期外的巨量市价委托订单被直接发送至交易所。

据介绍，策略投资部的一些投资对信息系统的依赖极高。光大证券 ETF 申购赎回套利系统的订单生成系统具有较多的技术含量，包括诸多策略，由光大自主研发；而执行系统是对外采购而来，由明创信息技术公司提供。这套系统曾模拟运行了半年，并进行了 4 个月的实盘运作。

事件发生后，光大证券召开紧急会议，当日午后股票实施紧急停牌并发布提示性公告，对上午发生的事件所形成的过大风险敞口，尽量申购成 ETF 直接卖出；对于因 ETF 市场流动性不足而不能通过申购 ETF 卖出的持仓部分，逐步使用股指期货卖出合约做全额对冲。

策略投资部采取了一系列应急措施。据光大证券助理总裁杨赤忠介绍：首先是减仓，将由成份股组成的 50ETF、180ETF 等卖出，但由于受制于大单交易的规定，减仓只卖出了 18 亿元。为最大限度地减少风险敞口，不得不进行股指期货交易，以对冲风险。至收盘，共卖出 7 130 手股指期货合约，基本对冲了 72.7 亿元的现货风险，只剩下 1.8 亿元未完全对冲，风险收缩到最小。

按照 8 月 16 日的收盘价，上述交易的当日盯市损失约为 1.94 亿元，最终损失以及对公司财务状况的影响程度还可能随着市场情况发生变化。本次事件导致 8 月 16 日光大证券“权益类证券及证券衍生品/净资本”指标超过了 100% 的监管红线，公司还可能因此事件面临监管部门的警示或处罚，从而可能影响公司业务拓展和经营业绩。

目前，光大证券已封存了所有交易流水和清单，以备监管部门核查。光大证券表示，已启动针对包括全资子公司在内的所有交易系统全面排查的工作，重点排查包括量化交易在内的新业务 IT 系统，重点关注资金校验、指令校验等前端风险控制节点，对于存在风险隐患的系统，责成相关部门及时整改。

当前证券期货经营机构资本充足，流动性充沛，风控合规体系健全，业务运营规范稳健。此次事件是我国资本市场建立以来的首例，是一起极端个别事件，但暴露出的问题足以引起整个证券期货行业的高度警觉，必须以此为鉴、举一反三、吸取教训、堵塞漏洞、完善制度，坚决防止类似问题再次发生。证券监管部门和证券期货交易所要进一步加强和改进一线监管，完善监管制度和规则，确保市场安全有效规范运行，切实维护市场公开、公平、公正原则，维护投资者合法权益。

资料来源：中新网

◇ 练习与思考

1. 选择题

（1）综观目前国际证券投资的现状，国际证券投资未来将呈现的发展趋势有（　　）。

A. 证券交易的国际化

B. 证券投资的增长速度超过直接投资

C. 证券资本主要由发展中国家流向发达国家

D. 债券融资的地位不断提高

（2）证券交易所的组织形式有（　　）。

A. 合伙制　　B. 公司制

C. 会员制　　D. 政府主导型

（3）（　　）是中国内地注册的股份有限公司在香港发行的普通股的简称，适用中国法律和会计制度，向香港投资者发行股票，在香港主板或创业板上市。

A. B 股　　B. A 股

C. H 股　　D. ADR

（4）第三市场指的是什么市场？（　　）

A. 发售新证券　　B. 非交易所会员交易

C. 不通过经纪人交易　　　　D. 向社会公众招募

2. 判断题

(1) 当股价处于涨势缓和、涨势抑头和回头下落三个阶段时，股票市场就迎来了买入时机。

(2) 柜台交易的数量没有起点和单位限制，不通过竞价买卖，交易者可以不通过经纪人直接买卖证券，而是协议成交。

(3) B 股是中国国内企业向境外投资者发行，在境内证券交易所以本币认购和进行交易的股票。

(4) 中国已发行的证券投资基金基本上为公司型。

3. 简答题

(1) 简述证券投资的特征。

(2) 简述投资者在选择投资对象时应遵循的原则。

(3) 简述中国证券市场开放性的具体体现。

(4) 中国为什么要发展投资基金业?

◇ 本章参考书目

[1] 彼得·纳瓦罗. 如果巴西下雨就买星巴克股票 [F]. 北京：中国人民大学出版社，2011.

[2] 孙延生. 股票发行上市 [F]. 北京：中国金融出版社，2011.

[3] 刘建江，徐长生. 股票市场财富效应研究 [F]. 北京：经济科学出版社，2010.

第九章

国际股票投资

学习目标

通过对本章的学习，掌握股票投资的基本概念、股票的性质、股票的特征、股票的种类，熟悉股票的交易方式以及股票收益的计算，了解股票市场的流动性等。

第一节　股票的概述

一、股票投资的概念

股票是有价证券的一种，它是股份公司发行的，用以证明股票持有人对公司拥有所有权，并可以分享公司股息或红利、参与公司经营管理等方面权益的凭证。股票属于要式证券，必须依据法定格式制成。股票的票面应载有公司的名称、公司的成立时间、发行股份总数及每股金额、本次发行的股份总数、股票的发行时间、股息或红利的发放时间与地点、股票的种类及其他差别的规定、公司认为应当说明的其他事项和股票的编号等。此外，股票还必须有三名以上董事的签名盖章，并经主管机构或其核定发行登记机构认证。

股票投资是企业、个人等购买股票的一种行为。股票投资者一般享有以下三项基本权利：（1）公司盈利时的分红要求权，红利也是股票投资者的收益；（2）剩余财产的分配权，这一权利于公司解散或倒闭时才会出现；（3）股东大会的参加和表决权，股东的表决权也意味着股东对公司的间接经营管理权。股东的上述权益说明，股票投资属于间接投资，它具有收益性、风险性、变现性、决策的参与性、价格的波动性等特征。

二、股票的性质

（一）股票是一种证权证券

股票是一种表明已发生股权转移的证券，只起一个权利证书的作用。股票的发行以股份的存在为前提条件。股票的作用不过是证明股东的权利，而不是创造股东的权利，所以股票不像一般的票据是设权证券，同时也不是债权证券。

（二）股票是一种要式证券

股票必须按法律的要求记载一定事项，须由三个以上的董事签名盖章并经由主管机关或其核定发行登记机构批准后才可发行。其内容一般包括公司的名称和地址，公司设立登记核心股发行的批准文号，公司的股份总额、每股金额，本次发行的份数、发行时间等，如缺少上述要件，股票发行即告失败。

（三）股票是一种有价证券

股票与其代表的股东权利，有不可分离的关系。这就是说，股票代表着对公司资产的权利，这种资产是有一定价值的，否则其权利也就失去了意义。此外，股东权利的转让应与股票占有的转移同时进行，二者缺一不可。这点与有价证券在法理上的性质是一致的。

（四）股票不是物权及债权证券

股东虽然是企业部分财产的所有人，享有种种权利，但对于公司的财产不能直接支配处理，对财产的直接支配处理是物权证券的特征。但股东可以通过其红利权、出席股东大会和表决权、转让权和公司解散时剩余资产的分配权来达到获利的目的。同时，股东也不是公司的债权人，但对企业的债务承担有限的债务责任。当投资者购买股票时，他随即变成公司部分财产的所有人，是公司内部的股东。因此说，股票也不是债权证券。

（五）股票是一种可转让的证券

股票是一种能带来收益的可转让证书，其价格的基础是其资产的价值。作为金融资产的股票，它和其他有价证券一样，既可以在金融市场上买卖，也可用于赠与、抵押和继承。

（六）股票是一种虚拟资本

股票的运动与真实资本的运行是既相联系又相独立的。说其独立，是因为股票在证券市场上进行各种形式的交易都不会引起公司资本的增减；说其联系，是因为公司的业绩直接影响着股票在二级市场上的走势。实际上，公司的质地及运作的好坏是二级市场股价的基础。

三、股票的特征

股票作为有价证券和一种权利的凭证，具有以下几个特点：

（一）盈利性

一般来说，各国对上市发行的股票都有严格要求，如近几年来的业绩、净资产收益率、资产负债比例等，因此说上市公司在上市的最初几年，投资者都对它们有很好的预期。投资者可通过三种途径来获取利润：第一种是上市公司派发红利，第二种是在二级市场贱买贵卖，第三种是在通货膨胀时购买股票。正是投资者对上市公司良好的预期才使更多的投资者青睐与购买股票，以期达到资产保值和增值的目的。

（二）风险性

股票在金融工具中属于风险较大的一种，因为股东的收益来自上市公司的盈利状况，在二级市场上博取买卖差价的股东也有赖于公司的经营业绩。而公司生存环境是处于市场经济下的激烈的竞争，公司出现的任何不测都会给投资者带来不可估量的损失，再加上企业领导人的素质和经营管理能力等因素，就使得股票的投资者面临着比银行存款和购买债券大得多的风险。

（三）非返还性

投资者在购买股票以后，尤其是普通股，就不能再向上市公司赎回，其权利的转让只能通过二级市场其他投资者来实现。换句话说，如果你不通过二级市场转让你的股权，你就永远是该公司的股东，享有股东应享有的一切权利。

（四）流动性

股票是一种流动性很强的有价证券，它虽然是一种无限期而且不能返还的证券，但在目前极度发达的二级市场上可随时将其出售给其他投资者。与此同时，股票还可以在经济活动中用于抵押。股票的流动性超过了债券和银行存款。

四、股票的种类

企业往往根据不同的需要发行不同种类的股票，而股票种类的不同也决定了投资者享有的权利和义务的不同。因此，股票的投资者根据股市行情的变化，选择不同种类的股票对获取投资的最佳收益是十分有益的。股票的种类和分类方法很多：按股东承担的风险和享有的权益来分，可分为普通股和优先股；按股票是否记名来分，可分为记名股票和无记名股票；按股票有无面额来分，可分为面额股票和无面额股票。

（一）普通股和优先股

1. 普通股

（1）概念

普通股是股份公司必须发行的一种基本股票，是股份公司资本构成中最重要、最基本的股份。购买了普通股就等于购买了企业的资产，购买得越多，占有公司资产的比重就越大。普通股是股票中最普遍的形式。所有的股份公司都无一例外地发行普通股，它代表了公司最主要的所有权和最重要的控制权。普通股的股东一般享有以下几项权利：

① 收益的分享权。在公司有盈利的时候，普通股的股东有权分享公司的盈利，但盈利的分享必须是在满足了优先股股东的股息之后。普通股股东的红利是不固定的，它取决于公司盈利的多寡：盈利多则多分，盈利少则少分，没有盈利则不分。

② 剩余资产的分配权。在公司破产的时候，普通股股东有分得公司剩余资产的权利，但剩余资产的分配必须在清偿了公司的债务及优先股的股东收回了最初的投资和分得了股利之后进行。

③ 决策权。股东有权参加或委托代理人参加一年一度的股东大会，并行使其表决权，从而使股东间接参与了公司的经营管理。

④ 新股的认购权。股东有优先认购公司所发新股的权利，以维持股东在公司原有的权益比例。董事会决定增发新股时，就向股东发出“认股权证”。认股权证持有人有权在一定时期内按特定价格购买一定数量的该公司新增发的股票。股东在认购新股时，可以以低于市价购买一定比例的新股，因此，新股认购权也是有价值的。如股东不想认购新股，可将其新股认购权按一定的价格进行转让。新股认购权一般被称为认股特权，认股特权价格的计算公式为：

$$P = \frac{P_0 \times R}{1 + R}$$

式中：P 代表认股特权价格，P_0 代表股票市价与面值的差额，R 代表新股与旧股的认购比例。

例如，某公司发行的旧股面值为 20 元，其市价每股 30 元，每拥有 8 股旧股可认购 1 股新股，其每股的认股特权价格为：

$$\frac{(30-20) \times \frac{1}{8}}{1 + \frac{1}{8}} = 1.11(\text{元})$$

⑤ 股份的转让权。除公司发起人的股份必须在达到规定的期限以后才能转让以外，其他股东的股份可以随意转让。

（2）普通股的股息

投资者购买普通股的目的之一就是获得一定的股息收入。公司发放股息的原则是，先从获取的利润中减去各项费用支出、应偿还的债务、应缴纳的所得税和应留取的公积金，余下的“税后净利”，按股数平均分给股票持有人。拥有的股份越多，得到的股息越多。但由于普通股的股息是不固定的，盈利多时多分、少时少分甚至不发放股息。例如，美国埃克森石油公司 1983 年盈利增加时，其股息比 1982 年增加 26%；壳牌石油公司 1983 年盈利减少时，它的股息比 1982 年减少 29%；香港先施公司 1981 年和 1982 年两年都没有给股东分发股息。

公司一般每年向股东发放一次股息，发放的形式主要有现金股息、股票股息两种。

① 现金股息

现金股息是上市公司根据股东大会的决议，将其盈利的一部分或全部以货币的形式派发给其股东，派发单位是以股来计算的，同股同权，但投资者在得到股息后必须照章向国家纳税。

② 股票股息

股票股息是以公司的股票作为股息支付给股东。股票股息实质上是公司盈余的资本化，其结果是公司盈余的减少，公司股票等比例地增加。这种支付股息方式对公司的好处是能保持公司现金功能。对投资者来说，它能摊低投资者的投资成本并免交所得税或延后交税。股票股息对股东也有不利之处，股票股息会使公司股本加大，在账面上会显示公司业绩下滑，以后即使派发现金股息，每股的股息也相应减少，这是因为新增的股票冲淡了每股的股息收入，事实上就相当于析股。所谓析股就是股票分割，即以一定比例将原有股票进行分割。股票的分割多半是发生在公司经营非常成功、股价高涨时。一般而言，股票分割被认为是股票行情看涨，它反映着公司将来有较好的利润，股利的支付也会随之增加，股票价格也会上涨。另一方面，分割股价相对降低，从而引起广大投资者的投资兴趣，使股票更加大众化。成长型公司常常利用股票分割的方式扩大持有公司股票的人数，以达到在证券交易所挂牌上市的条件。

（3）股息的支付

由于股票可以在二级市场上自由买卖，所以每个公司的股东是经常变换的。按规定，在以股权为单位发放股息的同时，公司为确定哪些人可以享有股权领取股息，必须在发放股息前确定一些必要而且合理的日期界限。向普通股股东发放股息，需要确定被派息股东资格的时间界限如下：

① 宣布股息日。即董事会决定并对外宣布将要在某日发放股息的日期。

② 股权登记日。凡此日在公司股东名册上有名字的人，都可以分享本期股息；凡在此日之后购买股票的投资者，无权享有本期派发股息的权利。

③ 除权除息日。即除权和除息的日期。如果发放的是现金股息叫除息，如果是股票股息叫除权。在除权和除息日的当天或其后购买股票的投资者，将无权领取本期股息。

④ 股息发放日。指上市公司将股息正式发放到股东账户上的日期。

以上日期对股票是十分重要的。如果持股人在除权或除息日之前一天卖出股票，那么它将失去分享股息的权利。如果持股人在除息或除权日当天或者以后买进股票，那么它也无权分享即将分配的这次股息，这次股息仍归原股东领取。所以本次买卖的股票价格须减去即将分配的股息额，这种交易称为除息交易。

2. 优先股

（1）概念

优先股是指股东在公司盈利或在公司破产清算时，享有优先于普通股的股东分配股利或资产权利的股份。优先股是相对普通股而言的，具体地讲，优先股股东的优先权，主要表现在两个方面：① 公司盈利分配的优先权即在公司盈利时，在优先股股东的股息得到满足之后，普通股股东才能分得红利；② 索债优先权，即在公司破产时，在优先股的股东按面值得到清偿之后，如有剩余，普通股股东才能得到清偿。

（2）特点

优先股与普通股相比，具有以下三个特点：

① 表决权受到限制。优先股股东一般没有表决权，只有在涉及直接关系到优先股股东利益的问题时，才能行使表决权。实际上，优先股股东没有参与公司经营管理的权利。例如，加拿大的麦瑟-佛古森公司在1983年研究把一般优先股改为可转换的优先股时，就召开了有优先股持有者参加的会议。在美国，公司如果连续八个季度无力支付优先股股息时，优先股持有者就将选出两名董事参加公司董事会。

② 股息固定。优先股股息是事先规定的，一般按面值的一定比例计算，不能随公司盈利的多寡而增减。

③ 可赎回性。近些年来，许多公司发行的优先股均制订了偿还条款，发行优先股的公司一般在发行一年后可以以高于面值赎回或购回已发行的优先股。鉴于优先股股息固定且股东又没有表决权，所以人们常常将优先股称为介于债券和股票之间的混合证券。

优先股与普通股相比，缺点是不能享受公司利润增长的利益，因为其股息率已事先定好。从这个意义上讲，优先股又是公司举债集资的一种形式。但持股人又不能像银行贷款或公司债券那样，到期可以赎回资本金，而且必须等这些债务的债权人的要求得到满足后才能提出要求。

（3）种类

优先股的种类也很多，常见的主要有以下几种：

① 积累优先股。此种最为常见，发行广泛。它的特点：一是股息率固定。无论公司获利多少，它都不受影响，持有这种股票的投资者可以有一笔稳定的收入。二是股息可以积累。在公司某一时期内的盈利不足以分派给股东固定股息的情况下，股东有权在公司盈利丰厚时，要求公司补足以前所欠股息积累起来的数额。优先股的股息率一般要比发行公司的债券利率高一些，因此，它对稳健的投资者很有吸引力。

② 非积累优先股。指由于公司盈利较少，当年未能向股东发放或未如数发放固定的股息，在日后公司盈利后，股东不具有要求公司补发以前所欠股息的权利。但非积累优先股的股息一般高于积累优先股。由于它不利于投资者、认购者少，所以发行者很少。

③ 可调换优先股。指股东在一定时期内，可以以一定的比例将优先股换成该公司的普通股，否则属于不可调换的优先股。在公司经营状况好而且普通股股价高时，投资者愿意将优先股调换成普通股。交换比例是事先确定的，其数值取决于优先股票和普通股票的现行价格。例如，每股可转换优先股的价格是 200 元，每股普通股票价格为 39 元，这时就可能规定在今后一定时间（比如说 2 年）内，用 1 股可转换的优先股票换 5 股普通股票。很明显，只有在这 2 年内，普通股票的价格越过 40 元、可转换的优先股票价格不超过 200 元，行使这种交换权才有利于优先股票的持有者。

一般情况下，优先股票的价格是比较稳定的，因为它的股息收入与公司经营情况关系不大。但可以转换的优先股则不同，由于它以一定的比例和普通股票（其价格是很容易波动的）挂钩，所以它的价格就易于波动。

④ 积累可调换优先股。指一种兼具积累优先股和可调换优先股性质的优先股。

⑤ 股息率可调整优先股。指股息率不固定，而是随着其他证券或利率变化而调整的优先股。这种优先股股息率的变化与公司的盈利状况无关。例如，美国马萨诸塞西部电力公司 1983 年 4 月发行的优先股票就属于这一类，每股股票价格是 25 美元，该公司规定每一季度调整一次股息率。1983 年 4 月到 6 月 30 日，公司规定股息年率为 12%，以后每季度根据当时美国 91 天短期国库券的利率以及美国财政部发行的 10 年和 20 年长期国库券的利率调整。具体调整办法是：取这 3 个利率中最高的一个，再加上 4% 作为该季度优先股票的股息率。公司还规定股息年率的上限和下限：在任何情况下，股息年率不超过 13%，但也不得低于 8%。

⑥ 参与分红优先股。指股东除收取固定的股息以外，还可与普通股一起分享红利的股票。其数额取决于每股普通股票股息与每股优先股票股息的差。例如，普通股票每股股息为 15 元，优先股为 10 元，那么每股优先股还可以分到 5 元额度的股息。这种股票对投资者很有利，但发行者不多。

大多数优先股票都附有赎回条款。发行公司可按优先股票的价格，再加上适当的加价，买回已发行的优先股票。当金融市场利率下降时，发行单位经常行使赎回条款，通过发行新的、股息率较低的优先股赎回原来发行的优先股票，借以节省股息的支出。显然，只有发行固定股息的优先股票时，赎回条款才有必要。对可调整股息率的优先股来说，赎回条款的必要性不大。

（二）记名股票和无记名股票

1. 记名股票

记名股票是指在股票上载有股东的姓名，并将该股股东的姓名和地址记载在公司股东名册上的一种可以挂失的股票。其优点是：（1）因为只有在股东名册上登记才能行使股东权利，所以记名股票有助于投资者行使股权；（2）便于公司与股东联系，如通知投资者召开股东大会；（3）有利于向股东发布各种搜集到的某人或某机构囤积股票或侵占等侵犯股东权利的不轨行为方面的信息，以利于管理者对此进行管理和处罚。缺点是：（1）记名股票必须经卖方背书和盖章才可转让。转让时需要办理过户，手续比较复杂。（2）发放股息或红利，需由公司书面通知股东。

2. 无记名股票

无记名股票是指在股票上不载有股东的姓名并不能挂失的股票。其优点是：（1）无记名股票可以在证券市场上随意转让，不需办理过户手续；（2）公司在发放股利时，也不必向股东发出书面通知，而是凭票取息；（3）有助于股东采取税金对策。缺点是：（1）不便召集股东大会做出特别决议；（2）难以防止囤积或侵占股票现象；（3）股东欲行使股权需将股票委托给公司保管，有诸多不便。这种股票发行手续简便，转让方便，但公司不易掌握。很多国家将无记名股票发行的数额占股票发行总额的比例，限制在一定的范围之内。

目前，在美国、英国、日本等国的股份公司中，多发行记名股票；在德国和法国等国家的股份公司中，多发行不记名股票。

（三）面额股票和无面额股票

1. 面额股票

面额股票是指在股票上标明一定金额的股票。股票面额能使股东了解每一股所代表股权的比例，以确定对公司所有权的大小。面额股票既可以使公司在出售股票时取得公正的价格，也可以防止公司内部人员以低价获得新股，并为股票的交易价格提供了参考依据。股票的面额并不代表公司资产的全部价值，公司在发行面额股票时，其价格一般不能低于该面额。

2. 无面额股票

无面额股票是指股票上不标有一定的金额，只标有总股数的股票。无面额股票可以促使投资者在购买股票时，注意计算股票的实际价值，而不致被面额所迷惑，而且其发行价格也不受限制。它与有面值股虽然形式上不同，但在权利方面却毫无差别。股份公司可以发行有面值股，也可以发行无面值股，还可以两种股票同时发行。在公司章程未做特别规定的情况下，两者还可以相互调换。不过，这两种股票互相调换是有条件的：一是两种股票同时发行；二是从无面值股调换成有面值股，总资本金额要高于“面值×已发行股票总数”。

无面值股票分为两种：一种是纯粹无面值股，另一种是记名式无面值股。前者是在股票上和公司章程中都没有记载面值的股票，只要无特殊规定，可将发行价值总额视为资本金。后者是股票上没有记载面值或具有同样功能的金额，但在公司章程中却记载有它所相当金额的股票，而且其发行价格不得低于章程所记载的金额，在发行价格中与所记载金额相当的部分可列为资本金。无面值股是在股东阶层不断分化，大多数股东越来越变得只关心股利收入的背景下发行起来的。这种股票的发行价格以时价为准，一般比时价稍低。优点是：（1）即使股票价格低也可增资；（2）容易分股，故资金能力比法人低的个人投资者也容易购股；（3）有助于改变按面值平价发行的观念，树立时价发行观念。因此，无面值股在美国较为盛行，在日本、加拿大、比利时等国的企业中也采取这种股票形式。

第二节　股票的投资收益

一、股票的价值

股票本身没有价值，但股票是股东对企业所有权的凭证，它代表了一定量的资本，所以股票又有价值。

（一）股票的面值

股票面值是股票上标明的金额。股票面值的作用在于说明每股股份对企业拥有权的比例。随着企业的发展和市场各种因素的变化，股票的市场价格往往背离股票面值。

（二）股票的账面价值

股票的账面价值也称股票净值。它是根据公司的财务报表计算得出的，表明每股代表公司实际资产价值的价值。账面价值是公司的真正资产，也是公司债权债务相抵后所剩的余额。其计算公式为：

$$账面价值=\frac{公司净资产-优先股票总额}{普通股总股数}$$

（三）股票的市值

股票的市值就是股票的市场价格，即股票市场上的买卖价格。股票市场价格是随着股市行情的变化经常波动的，影响股票市值变化的因素很多，其中，利率和股息是最主要的因素。股票市值与股息成正比，与利率成反比。其计算公式为：

$$股票市值=\frac{股票面额\times预期股利收益率}{市场利率}$$

（四）股票内值

股票内值是经济学家对企业的财务状况、未来收益和其他影响企业收入的因素分析之后，得出的股票所代表的真正价值。实际上，股票内值的高低，取决于股票未来预期的收入。股票未来预期收入高，股票的内值就高；否则，其内值就低。投资者都在寻求购买内值高于市值的股票。计算股票内值一般都把未来的收入折成现值进行计算，其计算公式为：

$$未来收入的现值 = \frac{未来预期收入}{(1 + 贴现率)^{未来年数}}$$

二、股票投资收益

股票投资收益是指投资者购买股票所获取的利润。股票投资收益主要来源于股息、红利和股票的溢价，收益的大小一般用权益率来表示。

(一) 股息、红利和股票溢价

股息是优先股股东定期得到的固定收益。由于优先股股东的股息是固定的，一般按年计算，所以它不与公司经营状况的好坏相联系。

红利是普通股股东获取的投资收益。普通股股东的红利是不固定的，红利的多少取决于公司的盈利情况，盈利多则红利多，盈利少则红利少，无盈利或亏损则无红利。

股票溢价是指股东以高于买进股票的价格卖出股票所赚取的买卖差价。在证券市场上，一般把为赚取买卖差价而买入股票的行为叫投机，而把以获取股息或红利为目的买入股票的行为称为投资。

(二) 股票投资的收益率

股票投资的收益率是指购买股票所得的收入占购买股票所用金额的比例。一般来说，优先股股东的收益率是相对稳定的，而普通股股东的收益率是不稳定的。股票投资收益率有两种计算方法，即本期股票收益率和持有期股票收益率。

(1) 本期股票收益率。本期股票收益率就是本期（年）股利占本期股票价格的比例，其计算公式为：

$$本期股票收益率 = \frac{本期股利}{本期股票价格} \times 100\%$$

例如，某公司 2011 年 1 月 1 日发行股票，股票的购买者以 50 元一股购入，2012 年 1 月 1 日购买者每股分得红利 10 元，本期股票收益率为：

$$\frac{10}{50} \times 100\% = 20\%$$

(2) 持有期股票收益率。持有期股票收益率指的是投资者从购买股票开始到卖出股票时止的收益率，其计算公式为：

$$持有期股票收益率 = \frac{出售价格 - 购入价格 + 现金股利}{购买价格} \times 100\%$$

例如，某人购买了 100 元股票，一年后以 104 元卖出，一年中所得红利为 8 元，其持有期收益率为：

$$\frac{104 - 100 + 8}{100} \times 100\% = 12\%$$

第三节　股票的交易方式

按交易场所分，股票交易可分为在证券市场交易所内进行的场内交易和在证券交易所外进行的场外交易；按约定交货期限来区分，可分为现货交易和期货交易等。作为股票投资者主要应注意下面这些方式：

一、现货交易

股票的现货交易亦称现金交易，它是指股票的买卖双方达成交易以后，在短期内完成交割的一种买卖方式。现货交易的交割时间一般为成交的当天，但也可以是当地股票交易市场的习惯日，如美国纽约股票交易所现货交易的交割时间为成交后的第五个营业日，东京股票交易所是成交后的第四个营业日。股票的现货交易是属于一手交钱、一手交货的实物交易，即买方付出价款，卖方交付股票。

二、期货交易

股票的期货交易是指股票的买卖双方成交以后，交割和清算可以按契约所规定的价格在未来某一时间进行，即股票期货交易的双方在签订交易合同之后，买方不用立即付款，卖方也不需即时交出股票，而是在双方约定的未来某一时间进行。这样使买方可以在手中资金不足时购买股票，卖方可以在没有股票的情况下出售股票，买卖双方便可以利用这一机会，按照预期的价格变动买卖远期股票，以从中谋取买卖差价。在实际操作中，股票的买卖双方往往都以相反的合同进行冲抵，只清算买卖价差。买入期货合同，以图在交割前股价上涨，这种行为一般被称为多头；卖出期货合同，以图在交割前股价下跌，这种行为一般被称为空头。此外，投资者进行期货交易的另一个目的是为了套期保值，以避免价格变动的风险。

三、保证金交易

保证金交易又称信用交易或垫头交易。它是指客户买卖股票时，向经纪人支付一定数量的现款或股票即保证金，其差额由经纪人或银行贷款进行垫付的一种方式。如果经纪人为交易者垫付的是部分款项，应称为融资；如果经纪人借给交易者的是股票，则叫作融券。保证金交易也是从事证券投资活动的一种手段，从事该种交易的交易者是想利用股票价格在短期内的变动牟取暴利，即投资者在预测某种股价将要上涨时，便以保证金的形式购买股票，以待股价上涨后再卖出。保证金交易属于多头或买空交易，它要求交易者必须有足够的信誉和实力，以凭此开设保证金账户。在交易的过程中，投资者用保证金购买的股票全部用于抵押，客户还要向经纪人支付垫款利息。

四、期权交易

股票期权交易实际上是一种股票权利的买卖，即某种股票期权的购买者和出售者，可以在规定期限内的任何时候，不管股票市价的升降程度，分别向其股票的出售者和购买者，以期权合同规定好的价格购买和出售一定数量的某种股票。期权一般有两种：一种是看涨期权，即投资者按协议价格购买一定数量的某种股票的权利；另一种是看跌期权，即投资者可以以协议价格卖出一定数量的某种股票的权利。在股价看涨时，投资者愿意购买看涨期权；当股价趋跌时，投资者往往愿意购买看跌期权。在期权的买者认为行使期权对自己不利时，可以放弃期权，但期权的购买费不予退还，期权合同一般随着有效期的结束而失效。期权交易一般对买卖双方均有好处，买方可以利用期权保值或赚取股票的买卖差价，而卖方则可以赚得期权的出售费。

在股票市场市价涨落波动很大时，可以同时买进看涨期权和看跌期权两种期权，即进行对敲交易。对敲又分为等价对敲和异价对敲。等价对敲指买进的两种期权为同一协定价格。当股票市价上涨时，可以行使看涨期权，放弃看跌期权；反之，则行使看跌期权，放弃看涨期权，从中获取利润。如果股市在规定期限内先涨后跌或者先跌后涨，则两种期权可以轮流行使，获利更大。即使股票市价涨落幅度较小，也可以在适当的时期行使一种期权，以减少损失。只有在股票市场上市价完全不变时，才会使期权费用全部损失。实际上，股市完全不变是不可能的。异价对敲指买进的看涨期权协定价格高于市价，看跌期权协定价格低于市价。在股市平衡、价格涨落幅度很小时，采用这种方式，可以减少损失，风险比等价对敲小，但获利也比等价对敲少。

五、股票价格指数期货交易

股票价格指数期货交易是投资者以股票价格指数为依据进行的期货交易。在股价指数期货交易中，买进和卖出均为股票期货合同。股份指数期货价格是由点来表示的，股份的升降以点数计算，点数代表一定数量的标准金额。

在股票交易中，投资者的风险很大，尤其是对股票发行者的经营状况和股市的急剧变化难以把握和预测，而股价指数期货交易为投资者减少了上述一些风险。投资者在了解了国民经济的发展状况、金融市场利率和某些主要行业的发展前景后，就可以预测股价指数的走势，股价指数的变动代表了股价总水平的变动。因此，在对股价指数的升降进行了准确的预测之后，投资者就可买进或卖出期货合同。

第四节　股票市场流动性

一、股票市场流动性的含义

流动性，简单地说是由此及彼或反向的一种运行状态。它作为金融资产的重要属性，历来被中外学者列为重点研究的对象，但是要对其下一个精确的定义，却不容易。特别是在股票市场，流动性作为一个整体的概念，更是要从不同的角度进行综合思考，才能得到对一个市场流动性的全面认识。

对此，经典资本定价模型给出了一个基本假设，即如果投资者在他需要的时候，能够以较低的交易成本，按照合理的价格水平很快地买进或卖出大量的某种金融资产

（如股票或债券等），投资者的这种行为只对该资产的市场价格产生较小的影响，那么这一市场就是“流动的”。正是从这种意义出发，我们认为，如果从微观角度看，股票市场的流动性就是指股票迅速变为货币（现实的购买力）而不受损失的一种运动；而从宏观角度讲，就是指股票市场的参与者能够迅速进行大量股票买卖交易，并且不会导致股票价格发生显著波动的这样一种市场运行态势。

1968年，德姆赛茨从动态的角度分析了资产价格形成过程中买卖价差产生的原因，并提出了基于买卖报价差的市场流动性概念，开创了以市场流动性为核心的市场微观结构研究的先河。此后，人们对市场价格的形成与演化有了更为深入的理解。1985年，凯尔（Kyle）第一次给出了做市商制度下市场流动性的计量刻画方法，分别从市场的价格变化特征、交易或委托数量特征、价格波动与时间关系特征以及市场的价格变化、成交数量和时间因素的关系四个方面考察了市场流动性，给出了度量市场流动性的四个指标：（1）市场宽度（Breadth，Width）。市场宽度是指交易价格偏离市场有效价格的程度，即投资者支付的流动性溢价。市场宽度的观测值是做市商的买卖价差，只有当这个差额为零时，才可认为这个市场是完全流动的。（2）市场深度（Depth）。市场深度是指在不影响当前价格条件下的成交数量。从市场深度来看，出于高流动性的证券市场意味着在当前价格下，投资者可以大量买入或抛出股票。市场深度的观测值是指某一时刻做市商在委托簿（Order Book）中报出的委托数量。（3）市场弹性（Resiliency）。市场弹性是指由股票交易引起的价格波动消失的速度，或者说委托簿上买单量与卖单量之间不平衡调整的速度。在不考虑某种新的信息影响股票价值的前提下，价格会随机地以价值为中值波动，市场弹性越好，价格偏离价值以后返回的速度越快。与此相应的是，两次委托价差越小，则返回需要的时间越短，表明市场弹性越好。（4）市场及时性（Immediacy），即达成交易所需要的时间。也就是说，市场的流动性可以通过价格、成交数量（或委托数量）和交易等待时间这样一个三维尺度来完全刻画。

在我国，大体上也可沿用上面四个指标来研究我国股票市场的流动性。但同欧美做市商制度下的股票市场相比，由于交易制度及市场结构的不同，我国股票市场的流动性又有着自身的特点，特别是大量的国有股和法人股不能在二级市场上流通，必然会对我国股票市场的流动性产生较大的影响，并给市场带来一系列难以解决的难题。所以在研究我国股票市场的流动性时，就不得不把这些因素考虑进去。

二、股票市场流动性的重要地位和作用

从理论上说，在股票、债券等金融资产的若干特性中，流动性居其核心地位。一种缺乏或没有流动性的金融资产，是得不到投资者青睐的。因此可以说，流动性是金融市场赖以存在与运行的基石。对于股票这种金融商品及其与之相联系的股票市场来说，流动性显得尤为重要。

（一）流动是金融资产的固有本性

金融资产的本性有效益性、流动性与安全性等。流动性可以使投资者所持有的金融资产迅速变为货币而不受损失。金融资产作为财富的一种代表，也只有在流动中才能实现赚取新财富的能力，而且流动速度越快，金融资产谋取利益的机会和可能性就越多。

所以，从这个意义上说，金融资产的本性要求金融资产充分自由、高速流动，并在金融资产的流动性中保证其收益性和安全性的实现。

1. 流动性是实现金融资产收益性的前提

资本具有逐利的本性，人们投资于金融商品在于谋取由此而带来的利益——利差或价差。但由于各种各样的原因，人们要想预测能为其带来收益的金融商品是非常困难的，而且各金融商品随时间、地点的不同，其投资价值也会发生变化，这就使得人们所投资的金融商品的收益率具有较大的不确定性，甚至因为没有收益或亏损而受到损害。为了避免这种情况的发生，让金融商品在时间、空间、品种间实现充分流动，使得金融商品的持有者能够进行充分选择和比较，从而找到具有理想收益而又安全的投资产品是非常必要的。在市场均衡的条件下，金融商品停止流动意味着利差或价差的消失。

2. 流动性是实现金融资产安全性的基础

如果说金融商品收益性是强调金融商品增值的话，那么金融商品的安全性则是侧重于金融商品的保本。金融商品安全性最基本的体现是投资于金融商品上的资金能够完好无缺地流回来。如果流不回来或流回来少了，那就不是安全。显然，没有流动性就谈不上安全性；缺少流动性或流动性不强，安全性就低。因此，只有金融商品能够比较充分地自由流动，才能使金融商品的安全性获得保障。金融工具投资的安全性，又具体地体现在投资者投资于金融资产的资金能安全地进入和安全地退出两个方面。而进入和退出本身就是金融商品具有流动性的体现。

（二）流动对股票类金融商品更为重要

任何商品和金融资产都有交易流通的需要，对于股票这种特殊商品而言，其对流动性的要求则更为迫切。这主要从以下两个方面分析：

1. 股票对流动性的要求比普通商品更为迫切

股票从本质上说虽然是一种商品，但它不同于普通商品。人们购买普通商品是满足其直接需求，而购买股票是一种引致需求，人们购买它并不是用于直接消费，而是谋求投资收益。当产生这种需求的原生需求发生改变时，人们便设法在市场上转让股票。由于股票具有虚拟资本的特性，一旦需求发生变化时，人们转让股票的愿望就十分迫切。所以，股票的流动性越强，就会越有吸引力；流动性差的股票，投资者就不愿持有。

2. 股票对流动性的要求比债券更强

股票和债券虽然都是一种虚拟资本，但与债券相比，股票作为一种无偿还期的投资品种，只能通过在市场上交易才能收回投资。虽然能够依靠企业股票回购、公司改制等收回投资或由新发股票所代替，但这种情况很少出现，而且公司一旦破产或摘牌，投资者就会蒙受投资损失。而债券由于具有到期偿还的特性，其比股票具有更大的安全保障。因此，股票只有在具有较好的流动性的前提下，才能满足股票持有者变现的需要。

（三）流动可提高股票市场效率

股票市场不仅具有筹资功能，而且还可以为资源配置和市场均衡提供一种流转机制。我们必须看到，正是由于这种流转机制的存在，才使得股票市场的筹资功能得以发挥。而且，股票市场的流动性越高，市场就越有效率。

1. 优化资源配置不能没有流动

产权经济理论认为，资源有效配置的条件有两个：一是产权最初的界定必须合理；二是已经界定的产权必须可以进行边界的交易。而这两个条件的同时实现必须借助于股票市场的流转机制。

（1）股票市场的流转机制有利于产权最初的合理界定。在缺少流转机制的股票市场，虽然也可以界定产权，将企业不可分割的物质财产进行细分，明确投资成果的享受者以及投资成果的分配比例，但却无法保证产权最初界定的合理性。而只有在股票市场建立一种流转机制，使附着在企业物质财产之上的各种权利分离出来单独进行交易，并进行充分竞争和自由选择，产权最初界定才能具有合理性。

（2）股票市场的流转机制为产权提供连续交易，从而达到资源的有效配置。股票市场健全的产权连续交易，既可保证信息的公开性与易得性，也保证了产权的流动性，致使市场主体能够依据效率原则自由地进入和撤出股票市场，能够较容易地完成兼并和重组，使有限的经济资源配置到符合经济发展和社会需要的产业上去。当某些地区、部门、产业具有发展潜力时，人们便会购买这种股票使社会资金大量流入，否则会导致投资者大量抛售股票使资金纷纷退出，从而达到在全社会范围内灵活有效配置有限经济资源的目的。

2. 流动性有利于实现股票市场动态均衡

均衡状态是西方经济学家认为的理想状态，在均衡状态下，经济是最有效率的。股票市场均衡是一个动态的概念，总是由不均衡走向均衡，再出现不均衡，再走向新的均衡。股票市场不断交易的存在，使市场上供求双方通过价格博弈，实现市场供求均衡。如果没有健全的流转机制，市场价值发现功能的作用就不能发挥，使市场供求失衡，从而就可能出现资源的浪费和市场的无效率。

三、中国股票市场流动性

（一）股权结构与流动性

中国从 1978 年年底开始，对低效的国有企业进行改革，其中就包括实行股份制改造试点。在股份制改革中，出现了很多令人担心的问题，例如，实行股份制会不会削弱公有制并最终导致私有化，因为中国的宪法是明确把社会主义的性质同公有制联系在一起的。由此可见，我国企业的股份制改造要在不改变公有制的社会性质的“框架”下进行。在这种情况下，国有企业通过改组在证券市场上市时，有了中国特有的现行股权结构，即国有股权占绝对控股地位且不可流通。这种股权结构既实现了所谓的股份制改造，又确保了社会主义公有制的主体地位。随着股份制进一步推广和股票市场的发展，对没有国有股的上市公司中的发起人、法人股及募集法人股也做了相应的规定，导致了今天我国股票市场大量非流通股的存在。截至 2012 年 11 月 30 日，我国上市公司的总数为 2 494 家，总股本为 31 800. 47 亿股，其中非流通股占了 7 284. 59 亿股，占总股本的 22. 90% 。由于这些非流通股的存在以及解决流通问题上的困难，形成我国股票市场特有的股份结构，这必然降低了我国股票的整体流动性。

（二）换手率与中国股票市场的流动性

衡量股票的流动性，就不能不提到换手率。在凯尔的流动性度量指标中，有一个刻画一定价格水平上交易量大小的指标，被称为市场深度。只有当市场某一价位上的交易量足够大时，才能被称为是高度流动的。对这一指标，国外学者较多采用“换手率”来衡量。从交易统计来看，中国股市的换手率自 1993 年以来一直维持在一个较高的水平。从习惯思维出发，许多人（其中包括一些经济学者）马上的反应可能就是中国股票市场的流动性太高了。但如果我们做进一步的分析就会发现，掩盖在高换手率下的中国股市流动性失真的事实。这可以从两个方面来说明：第一，从供求关系上看，我国股票市场经过多年的发展，虽然市场的股票数量有了很大的增长，两市股票数达到 30 000 多亿股，但由于国家股、法人股不能上市流通，使股票市场上的实际供给量仅为 24 000 亿股左右。相对于庞大的资本市场来说，供给明显不足。这种供求上的矛盾，必然通过高换手率来满足市场对股票的需求，这也就是为什么导致中国股票市场价格和市盈率过高的原因。第二，从市场深度的定义看，换手率只有在价格保持在一定水平时，才具有实际意义。如果高换手率是建立在股价大幅波动的基础上，并不能说明市场的流动性就高。而翻开我国的股票市场，价格波动之大，远远超出了欧美发达国家的股票市场。在这种情况下，简单地用换手率指标来说明我国股票市场的流动性太高，显然是难以令人信服的。

（三）波幅与股票市场流动性

凯尔衡量股市流动性的第二个指标是市场的宽度。所谓市场宽度表示交易价格与有效价格的偏离程度。当价格的偏离或者说买卖差价为零而交易仍能自由进行时，市场达到所谓的“完全流动”。在西方学者的研究中，市场宽度通常是用“价差（Spread）”来衡量的，有时也用“市场冲击成本”这样一个衡量指标，来表示一定成交量使交易价格对有效价格的偏离程度。通过研究我国股票市场的状况可以发现，流动性的完成，往往通过股价的大幅震荡来完成。有学者对 1885～1993 年道·琼斯工业指数和 1992～2002 年上证指数单日跌幅超过 7% 的次数做过统计：在近百年的时间里，道·琼斯工业指数单日跌幅超过 7% 的日期只有 15 次，而上证指数 10 年之内就有 25 次；从分布上看，道·琼斯工业指数单日跌幅最大的日期集中分布在美国历史上两次最大的熊市期间，即 1929～1931 年期间和 1987 年间，而上证指数单日跌幅最大的日期则分布于 1992～2002 年的各个年度之内。除此之外，中国股市还有比美国股市更剧烈的单日振荡幅度和单日涨幅。2001 年 10 月 23 日和 2002 年 6 月 24 日出现的大盘几近涨停的现象，更是中外股票史上的奇观。这样一个市场，显然不能说是一个流动性极高的市场。通过这种剖析，我们可以得出这样的一个结论，股票价格波幅大的股市，不一定就表明其流动性强。

四、中国股票市场流动性存在问题的原因

（一）股权结构多元化，流通股比例小

从宏观上看，导致股权结构多元化、流通股比例小的原因主要有以下几点：

第一，我国股票市场是在中国经济由计划逐步走向市场的过程中建立和发展起来

的。受传统公有制主体地位思想的影响，在股票市场的设立和发展问题上一开始就存在很多争论，一直不能形成一个统一的认识。在这种情况下，抱着试试看的思想，把企业的股份割裂为多种股份形态，仅把企业中的公众股作为流通试验的对象。

第二，生产资料公有制是社会主义的基本经济制度。国有资产在股份制改革中要占有绝对的控制地位，以免造成股份制企业的“私有化”现象。所以，在国有企业进行股份制改造时，对国家持有股份公司股份的比例做了限定且不允许上市流通，为的就是防止私人通过在股票市场上进行产权交易取得上市公司的控制权而使上市公司私有化，从而动摇企业公有的主体地位。

第三，国有资产为全民所有，出于不同角度的考虑，一直以来社会各方面对国有资产的评价存在着很大的差异。因此，国有股上市流通问题及其流通价格的确定就是一个难题。有人认为，如果在国有股上市流通时，找不到一个能使国有资本保值或增值的价格，就会造成国有资产的流失。

由于以上三个原因，造成我国股票市场特殊的股权结构。不仅有流通股、非流通股之分，还有A股、B股以及海外上市的H股、N股。这种状态，使交易过程复杂化，从而影响了股票市场的流动性。

（二）特有的市场因素

从微观上看，目前我国股票市场上的一些特有因素对我国股票市场的流动性造成的影响也不可忽视。国际清算银行1999年的一份研究报告将影响市场流动性的因素分成三类：市场参与者、市场微观结构以及产品设计。下面就从我国股票市场的这三个方面进行分析：

1. 中国股票市场参与者行为分析

投资者作为金融市场的主体，对股票市场的流动性有着至关重要的影响，所以研究投资者的行为就成为研究股票市场流动性的基础。因为从根本上说，市场的流动性来自交易主体的需求。我国股市发展的短短二十多年，投资者人数发展迅速，到2017年8月底沪、深两市共有上市公司3 381家，投资者开户数合计超过2.2亿，总市值达51.54万亿元人民币。而2002年年末，沪、深两市仅有1 223家上市公司，总市值不足3.8万亿元人民币。中国大陆资本市场股票市值在全球排名第三，亚洲排名第一。与国外较为成熟和理性的投资者相比，中国投资者有着自身的特点。

第一，在开户投资者中，个人投资者占到总投资人数的98%，而机构投资者仅占2%，这与国外情况相差很大；第二，由于我国股票市场发展时间较短，投资者的投资理念尚不成熟，加之许多机构投资者“操盘”或“做庄”，客观上导致了中小投资者一哄而起、一哄而散的“羊群行为”。

基于这种独特的状况，在中国股票市场“高利”的驱使下，投资者的投资热情高涨，加之我国股市政策市特征明显，投资者容易在投资上形成“同构预期基础上的黏性预期”。这不仅造成中国股票市场的“过度需求”，而且客观上就导致了中国股市运行中经常出现个人投资者行为同步化倾向——这是引致中国股市波动的重要原因之一，在很大程度上对中国股票市场的流动性产生了重大的影响。

2. 交易成本、市场监管、信息披露与中国股票市场流动性

市场交易成本以及信息透明程度的高低，是影响证券市场中投资者行为，进而影响市场流动性的重要因素。

（1）交易成本

交易成本是买卖证券时的花费，包括显性成本和隐性成本两个部分。前者一般由外生政策变量决定，包括佣金与税金，是证券交易导致的直接成本；后者是由成交过程中的市场因素引起的，是指证券交易导致的间接成本，包括交易价格影响、机会成本以及投资者为达成交易所发生的各类信息搜集费用等。

交易成本是投资者进行交易时考虑的重要因素，在交易成本过高时，投资者出于成本与收益上的考虑，会产生所谓“市场参与的有限性”现象，以及与市场规模、股价波动之间的“自我强化”机制。早期对1965年纽约交易所192种股票为样本的统计分析结果表明，股票的流动性和交易成本之间存在很强的负相关关系，而股票的流动性与日成交量及股东人数之间则存在正相关关系。因此，交易成本越小、股本规模越大、股东人数越多的股票，其流动性也就越大。

与其他发达国家相比，中国股票市场的交易成本明显偏高。有人估计，考虑市场冲击成本，中国股票市场的交易成本占投资的比例应在5%左右。显然，这样高的交易成本对中国股市流动性的提高具有极大的抑制作用。

（2）市场监管与信息披露

在股票市场，信息是投资者投资决策的主要依据，一个信息透明度较高的市场，对投资行为的影响是积极的。因为从交易动机看，证券市场上的交易者可以划分为两类：知情交易者（Informed Trader）和非知情交易者（Uninformed Trader）。由于现实运行中的股票市场永远存在信息不对称的现象，因此市场上的大部分交易者为非知情交易者。一般认为，非知情交易者是市场流动性的主要提供者，也称其为“流动性交易者”。如果因信息不对称使非知情交易者蒙受损失，就大大限制了交易者的参与意愿，使非知情交易者延迟或中止交易，进而损害市场流动性。

与美国等市场相比，中国股票市场是一个信息不对称问题严重的市场。上市公司利用虚假信息骗取上市资格、凭空捏造利润、机构造势与“操纵市场”、内幕交易等信息不对称问题充斥其中。加之市场监管不力，使个人投资者的利益受到损害。据有关统计，认为我国披露信息的信任程度不高的投资者占62.6%，还有接近七成的被调查者对我国信息披露制度的现状表示了不满。

由此可见，信息的严重不对称和监管的不够，成为中国股票市场发展的一个重大障碍，同时也影响到个人投资者的行为，进而成为我国股市股价波动及影响市场流动性的一个重要原因。

3. 中国股票市场的微观结构分析

市场微观结构是指证券市场的机构性特征及对市场行为和市场定价有显著影响的一系列的制度安排。从市场流动性的角度加以考察，一般均指连续交易机制，即是价格驱动交易还是指令驱动交易，以及存不存在信用交易或称“卖空交易”等。

（1）指令驱动制度与市场流动性

中国沪、深两个市场实行的是“指令驱动”交易机制。所谓“指令驱动”交易，一般是由市场交易者自身的交易指令的推动下进行的，进而由市场自身来决定交易的活跃程度。在这种交易制度下，由于成交价格是由买卖双方的委托指令确定，在市场规模小、业绩不确定、投资风险较大的市场往往会造成两方面的现象影响到股票市场的流动性：一是交投清淡，长时间处于无成交状态；二是成交量稍大就容易导致较大的价格波动。而在做市商制度下，买卖双方无须等待对方的出现，只要有“做市商”出面承担另一方的责任，投资者即可按做市商报价立即进行交易，而不用等待交易对手的买卖指令，尤其在处理大额买卖指令方面的及时性方面，是指令驱动制度所不可比的。相对而言，指令驱动交易制度下的市场流动性要比实行“做市商制度”下的流动性差。

（2）信用交易、“卖空交易”与市场流动性

在证券的交易过程中，是否允许信用交易、“卖空交易”等交易方式，也是影响投资者行为，进而影响市场流动性的重要因素。简单地说，“信用交易”是一种“融资”行为，“卖空交易”是一种“融券”行为。实际上，“卖空交易”也是一种信用交易。毫无无疑，信用交易和“卖空交易”在一定程度上扩大了市场容量，增加了交易行为，从而使股票市场的流动性得到很大的增强。

我国由于市场建立的时间很短，投资主体的行为很不规范，为了保证市场的稳定和健康发展，我国对信用交易和“卖空交易”持保留态度，不允许采取这些交易方式，这在一定程度上也阻碍了我国股票市场流动性。

（三）股票衍生产品结构较为单一

股票衍生品是基于股票现货的一个概念，包括股票选择权、股票指数期货及选择权、股票期货。股票衍生品的出现，并借助于现货市场与其衍生产品市场之间的互动，对提高市场流动性有着非常重要的意义。以股指期货市场为例，由于股票指数期货交易拥有做多、做空的双向机制，市场交易者无论在股市高涨期或低迷期都可能进行投资获利活动，因此股票指数期货交易能够削弱股票市场活动周期对市场交易的负面影响，激发市场人气和扩大市场交易量。美国的库瑟（Kuser）和科克（Cocke）等人对美国股市进行的实证研究表明，开展股指期货交易后，由于吸引了大批套利者和套期保值者加入，股市的规模和流动性都有较大的提高，且股市和期市交易量呈双向推动的态势。

目前我国股票市场上的产品结构较为单一，使得投资者无法利用股票与其衍生产品之间的“套利”行为来降低风险和增加收益。特别是在下跌的“单边”市中，投资者只有停止交易才能避免股票下跌造成的损失，这在客观上限制了机构投资者的投资行为，并在很大程度上对我国股票市场的流动性起到了限制作用。

◇ 本章小结

本章主要介绍了股票的一般知识，其中包括股票的性质、股票的特征、股票的种类等基本知识，现货交易、期货交易、保证金交易、期权交易、股票价格指数期货交易等股票的交易方式，本期股票收益率与持有期股票收益率等股票投资收益率的计算，普通

股和优先股等股票基本分类的种类。同时，本章还就股票市场流动性等问题进行了分析。

◇ 关键概念

股票（Stock）、普通股（Common Stock）、优先股（Preferred Stock）、股票投资收益（Rate of Return on Stock Investment）、流动性（Liquidity）

◇ 案例分析

在业绩高速增长驱动股价大涨后，三聚环保（300072. SZ）于2017年4月25日公布了配股方案，拟向原股东每10股配售不超过两股，将不超过48亿元的募集资金全部用于补充流动资金。为保证配售的顺利进行，公司控股股东北京海淀科技发展有限公司（下称“海淀科技”）承诺，以现金形式按持股比例全额认购其可获配售股份。

此前，三聚环保才于2015年9月定增融资了20亿元，刚满足再融资新政要求的18个月间隔要求，为何就再次急于高价进行巨额融资？而从经营活动产生的现金流量来看，2015年及2016年，三聚环保分别产生了0.61亿元和3.21亿元的净流入。且据公司2016年年报及2017年一季报披露，其货币资金余额分别高达61.62亿元及56.36亿元，说明现金并不短缺。部分投资者对三聚环保的高速业绩增长本抱有怀疑态度，诟病公司此前的业绩展望过于精确，技术及业务模式难以持续，此次配股也加剧了投资者的疑虑。

分析显示，三聚环保可能依赖于其控股股东海淀科技与地方政府出资成立的产业基金为其提供订单及项目资金。深刻理解该模式，可以解释三聚环保精准的业绩预测能力、较弱的现金流创造能力、偏低的销售及管理费用、可疑的银行存款利息收入以及最近的巨额配股融资需求。

资料来源：2017年5月26日《证券市场周刊》

◇ 练习与思考

1. 选择题（其中至少有一个是正确的）

（1）下列属于股票特点的是（　　）。

A. 盈利性　　B. 风险性

C. 返还性　　D. 稳定性

（2）按股东承担的风险和享有的权益来分，股票可分为（　　）。

A. 普通股　　B. 无面额股票

C. 面额股票　　D. 优先股

（3）股票的交易方式有（　　）。

A. 期货交易　　B. 保证金交易

C. 期权交易　　D. 股票价格指数期货交易

2. 判断题

（1）股票市场的流转机制为产权提供连续交易，从而达到资源的有效配置。

（2）如果持股人在除息或除权日当天买进股票，那么持股人将有权分享即将分配的一次股息。

（3）我国上海证券交易所与深圳证券交易所实行的是“指令驱动”交易制度。

3. 简答题

（1）简述股票的性质。

（2）简述优先股与普通股的区别。

（3）简述关于中国股票市场流动性存在的问题。

◇ 本章参考书目

[1] 高田歌. 国际投资 [M]. 北京：北京大学出版社，2012.
[2] 杨大楷. 国际投资学 [M]. 上海：上海财经大学出版社，2010.
[3] 章昌裕. 国际投资学 [M]. 大连：东北财经大学出版社，2009.

第十章

国际投资基金

学习目标

通过本章的学习，应掌握国际投资基金的概念、特点和种类，熟悉公司型与契约型投资基金、开放式和封闭式投资基金的区别，熟悉对冲基金的概念，了解国际投资基金的管理依据、投资策略、投资基金运作与管理的法律规范及投资基金的费用等。

第一节　国际投资基金概述

一、投资基金的概念

世界各国对投资基金（Investment Fund）的称谓有所不同，美国叫共同基金（Mutual Fund）或互惠基金，英国叫单位信托基金（Unit Trust）。在我国，按国务院批准颁布的《证券投资基金管理暂行办法》的解释，投资基金是指“一种利益共享、风险共担的集合证券投资方式，即通过发行基金单位，集中投资者的资金，由基金托管人托管，基金管理人管理和运用资金，从事股票、债券等金融工具投资”。投资基金属于间接投资，同时也是证券投资的一种形式。它实际是证券投资基金的募集人受投资者的委托，以向投资者发行基金凭证的方式，把分散的投资者的资金汇集起来，由具有专业知识和投资经验的专家按组合投资的原理分别投资于各种金融工具，以使投资者在承担较小风险的前提下获取最大的投资收益的一种投资方式。

投资基金是一种大众化的信托投资工具，像股票、债券、期货、黄金等金融工具都是投资基金的主要投资对象。投资基金源于100年前的英国，它是在西方国家证券投资盛行、市场操纵和市场欺诈严重、股灾遍布的背景下产生的。它的产生正好迎合了投资者的安全心理和对海外金融投资的普遍需求。后来，随着美国金融业的迅速崛起，投资基金在美国得到不断的发展和完善。

投资基金是建立在金融市场充分发展和日益完善的基础之上的，金融市场充分发展的一个重要表现是融资方式多样化，而投资基金的出现与发展正是金融市场深入发展的重要体现。金融业的充分发展扩大了投资基金的投资领域，投资基金的发展无疑也是对金融市场进一步发展的一种推动。现代投资基金代表了一种新的投资方式，它已从最初的债券和股票投资逐步发展成为各种货币市场的投资工具。进入 20 世纪 80 年代，随着投资基金制度的日益完善、投资基金品种的不断增多以及投资基金运作技术的创新，货币市场基金每年都以成倍的速度增长，从而带动了整个投资基金业的发展。尤其是 20 世纪 90 年代以来，美国共同基金的增长更为神速，1990—1996 年共同基金的增长速度为 218%。美国大约有 37%的家庭拥有共同基金，共同基金占美国所有家庭资产的 36%，英国和日本拥有投资基金的家庭也接近 10%。

截至 2017 年，全球主要经济体的共同基金有 40. 4 万亿美元。其中，美国共同基金业规模绝对领先，基金资产净值达到 19. 2 万亿美元，在全球基金业的占比达到了 47%，其基金资产净值占 GDP 的比例更是高达 97. 93%。其他主要发达国家和新兴经济体的基金资产净值占 GDP 的比例也非常之高，投资基金的迅速发展使竞争日趋激烈的金融市场体系中，呈现出银行业、保险业、投资基金业三足鼎立的局面。

二、投资基金的特点

投资基金是一种证券信托投资方式，也是以金融资产为经营对象，并以金融资产的保值或增值为目的的投资工具。作为投资工具，投资基金与其他投资工具相比具有以下几个特点：

（一）专家理财

投资基金是一种投资工具，投资于投资基金就等于聘请了一位具有专业知识和丰富经验的专家为你进行投资决策和运作。他们可随时了解到最新的有关经济形势、国内外市场的发展动态、上市公司的经营状况等信息，并经过认真分析和对证券市场总体走势进行预测后做出的，因此能为投资者带来较高的回报。而个人投资者往往缺乏专业知识、投资经验不足、信息不灵，只能随风炒作，所以多数投资者难有收益。

（二）风险较小

投资基金的运作人为了减少风险，通常会进行组合投资。投资组合一般是指债券与股票等有价证券的组合，主要包括上市或未上市公司的股票、股权凭证、新股认购权证、政府债券、地方债券、公司债券、金融债券等，在个别国家也允许利用少部分资金用于房地产业的投资，即使投资股票，也不能将全部基金只用于购买一种股票。理想的投资组合一般是选择 15~25 种证券，购买各种证券的数量也有一个适当的比例，这就大大降低了投资风险，增加了投资的安全系数。

（三）管理和运作法制化

目前，世界各国都颁布了有关投资基金管理和运作的法规，并对投资基金的设立、管理和运作做了严格的限定。按多数国家的规定，投资基金的经营机构由基金公司、基金管理公司和基金托管公司组成；基金必须委托银行作为托管人托管基金资产，委托基金管理公司作为基金管理人管理基金资产和进行投资运作；基金资产独立于基金托管人和基金管理人的资产，基金托管人与基金管理人在行政上和财务上相互独立，其高级管理人员不得在对方兼任任何职务。此外，还规定了每个基金投资于股票和债券的比例，单个基金持有一家上市公司股票占基金资产净值的最高比例，同一基金管理人管理的全部基金持有一家公司证券占该公司发行证券总数的最高比例，一个基金投资国家债券的最低比例等。管理和运作的法制化有利于保护投资者的利益。

（四）选择性强，适合各类投资者

在发达的西方国家证券市场上，投资基金的种类众多并涉及一切投资领域。因此，投资者对投资基金有很大的选择性，投资基金的品种也适合各类投资者。对于不愿冒大风险的稳健型投资者来说，可选择购买债券基金、货币基金、优先股基金或蓝筹股基金等。对敢冒风险追求高利的投资者来说，可选择购买期货基金、杠杆基金或认股权证基金等。与此同时，不管是力图降低风险还是寻求高利的投资者，为实现他们各自的目标，并根据国内外经济和市场形势，既可选择国家基金，也可通过本国的基金管理公司购买国际基金和海外基金。此外，由于投资基金是以基金单位为基金的认购单位，认购多少应视投资者的自身实力而定，因而投资基金既适合资金雄厚的大投资者，也适合资金较少的中小投资者。

（五）交易成本低

在当前国际基金市场竞争日趋激烈的情况下，基金公司除了不得不加强管理和服务之外，还在不断降低其所收取的管理费和购买手续费，很多国家投资基金的买卖还免交印花税。基金的管理费一般一年交纳基金净资产的1%～1.5%，购买费一般一次性交纳3%～5%，持有基金的第一年交纳了6.5%，从第二年开始每年只需交1%～1.5%。而如果购买股票，一年之内只要交易5～6次的费用就会达到或超过基金投资者第一年所交纳的6.5%的费用，如果交易2次就可超过基金投资者第一年之后每年交纳的费用，这样算起来，购买投资基金所需的费用要比购买股票所需的费用低得多。

从投资基金的上述特点来看，投资基金确实是一种风险较小、收益一般会高于储蓄和购买债券的投资方式。但它也并非是十全十美的，由于它在实际运作中采用组合投资，这虽然降低了风险，但也限制了投资者的收益。而且由于一次性交纳购买费，这就使投资基金只适合长线投资，不适合短线炒作——投资者若频繁买卖基金，成本会很高，收益会低于其他投资方式。此外，投资基金也并非没有风险，它采用的组合投资虽然将风险降低到最小，但其也面对风云变幻的市场风险以及情报与预测是否准确和管理是否严谨的经营风险，如香港的太阳基金在半年内从每基金单位14.8美元跌至面值以下的4.35美元，使基金的投资者损失巨大。投资基金也与其他投资方式一样，是一种收益与风险并存的投资方式。

第二节 国际投资基金的种类

世界各国发行的投资基金种类繁多，形式多样，这也正是投资基金在当今世界得以迅速发展的因素之一。但是国际上投资基金众多，这也给其进行统一分类带来一定的难度。从目前的投资基金分类情况看，已被国际上认可的分类标准有：按投资基金的组织形态分类，可分为公司型投资基金和契约型投资基金；按受益凭证能否赎回分类，可分为开放型投资基金和封闭型投资基金；从基金运用方法上分类，可分为固定型投资基金与管理型投资基金；按是否可以追加分类，可分为单位型投资基金与追加型投资基金；

按照投资的性质分类，可分为股权式投资基金与有价证券式投资基金；按投资的金融业务种类分类，可分为综合性投资基金与单项型投资基金；按募集资金的币种、来源与运用国别分类，可分为本币投资基金与外币投资基金；按基金买卖有价证券的主要种类分类，可分为货币型投资基金、债券型投资基金和股票型投资基金；按照基金所指向的金融市场目标与方向分类，可分为资本市场投资基金与货币市场投资基金；按投资目标分类，又可分为成长型基金、收入型基金、成长收入型基金、积极成长型基金、平衡基金和新兴成长基金；按基金的来源和运用的地域分类，可分为国内基金、国际基金、海外基金和国家基金。

一、公司型投资基金与契约型投资基金

（一）公司型投资基金

公司型投资基金就是美国所称的共同基金，它是以营利为目的的，并依据公司法的规定而不是依据信托契约而设立的，受基金投资者的委托通过发行股票来筹集资金并从事各种有价证券投资的股份有限公司。公司型基金涉及五个当事人，即投资者、基金公司、管理公司、托管公司和承销商。基金的投资者是基金的股东，是基金资产的实际持有人，他们以其所持有公司股份的份额分享投资收益和承担风险，并通过股东大会及其所拥有的投票权来选举董事会；基金公司是基金本身，也是基金资产的名义持有人，其主要职责是根据章程做出投资决策；基金的管理公司是一个独立于基金公司并由专家组成的执行基金公司决策的机构，即负责投资组合和投资运作，基金管理公司根据与基金公司签署的管理协议行使权利、履行义务并收取管理费；托管公司也是一个独立的机构，它主要负责保管基金资产、进行资产核算、配发股息及办理过户手续、监督基金管理公司的投资运作，托管公司一般由银行和信托机构承担，它也是根据与基金公司签署的保管协议行使权利，履行义务并收取托管费；承销商是管理公司的代理机构，主要负责基金受益凭证的销售、股息的发放及基金的赎回等。公司型投资基金的设立必须在工商管理部门和证券交易委员会注册，并同时在股票发行和交易的所在地登记。公司型投资基金已被世界各国广泛采用。

（二）契约型投资基金

契约型投资基金又称信托投资基金，是指通过发行受益凭证筹资，由基金管理公司、托管公司、投资者以签订信托契约的形式组建的一种投资基金。契约型投资基金不仅涉及基金的管理公司和托管公司，也涉及投资者。基金管理公司作为受托者是基金的发起人，负责设定基金的类型，发行受益凭证，依据信托契约进行投资运作，并指定基金的托管机构；托管公司作为基金的受托人主要负责基金的有价证券和现金的管理及其他有关代理业务和会计核算业务，托管公司一般是银行或信托公司；基金的投资者也称受益人，他以购买受益凭证的方式成为信托契约的当事人，并以此享有基金收益的分配权。契约型投资基金是一种历史最为悠久并被广泛采用的投资基金，英国、日本、韩国、新加坡、中国香港和中国台湾设立的投资基金多属于这一类。

（三）公司型投资基金与契约型投资基金的区别

公司型投资基金和契约型投资基金是以其组织形态来划分的，这也就决定了它们具

有以下区别：

（1）法律地位不同。公司型投资基金是按各国的公司法设立的，故具有法人地位；而契约型投资基金则是按各国的信托法设立的，多数国家都不承认其法人资格。

（2）基金存在的时间不同。公司型投资基金由于具有法人地位，所以它在未破产或未解散的前提下可以无限期地永远存在下去；而契约型投资基金，由于多数国家不承认其法人地位，在契约到期时投资基金便自动终止。

（3）融资渠道不同。具有法人地位的公司型投资基金可以通过向银行贷款来发展自己，扩大运营的规模；而不具有法人地位的公司一般得不到银行的贷款，投资者的收益也因而可能会受到影响。

（4）投资运作的依据不同。公司型投资基金是股份有限公司，其投资运作的依据是公司章程；而契约型投资基金的设立是以信托契约为纽带，其投资运作的依据当然是信托契约。

（5）投资者在投资基金中所处的地位不同。投资者在公司型投资基金中是股东，作为股东可以通过股东大会行使表决权，间接参与基金的经营与管理；而在契约型投资基金的形式下，投资者以购买受益凭证的方式作为信托契约的当事人，不具有任何形式的经营管理权，只是投资基金的受益人。

（6）投资者成为股东或受益人所需经过的手续不同。公司型投资基金的投资者在购买股票以后，还得根据交易所的规定办理完交割手续后才能成为股东；契约型投资基金的投资者只要向基金管理公司购买了受益凭证之后，便可成为受益人。

二、开放型投资基金和封闭型投资基金

（一）开放型投资基金

开放型投资基金是指投资基金发行的资本总额和份数不是固定不变的，而是根据基金自身的需要及金融市场供求关系的不断变化，随时增发新的基金份额或发行已被投资者赎回的投资基金的一种形式。开放型投资基金的资本总额是不封顶的，基金公司可以根据其经营策略和金融市场的变化发行新的基金份额，因此它也被称为追加型投资基金。开放型投资基金的投资者不仅可以随时购买基金份额，还可以根据行市的变化在基金首次发行一段时间以后，将所购买的投资基金的全部或部分在基金管理公司设定的内部交易日，通过内部交易柜台再卖给基金管理公司，即赎回现金。若被赎回的基金数额过大并超过了基金正常的现金储备，基金公司还可以重新发售已赎回的受益凭证。开放型投资基金的买卖价格是由基金的净资产价值加一定的手续费决定的，当然，这一价格也反映了其所投股票、债券等有价证券的价值及基金的收益情况。开放式基金在 18 世纪起源于英国，第一次世界大战以后，随着国际金融中心从英国移至美国，开放式基金开始在美国盛行，20 世纪 60 年代以后美国的共同基金逐步从储蓄保值性走向增长性，20 世纪 70 年代又从封闭式走向开放式。开放式基金适合缺乏证券知识、风险承受能力低、期望获得稳健收益的投资者。

（二）封闭型投资基金

封闭型投资基金指的是基金在设立时规定一个基金发行的固定数额，并在规定的时

间内不再追加发行，投资者也不能赎回资金。封闭型投资基金由于基金的资本总额是固定的，因此在基金资本数额达到了计划要求时，便进行封闭；在规定的时间内，基金公司既不能增发基金，投资者也不能赎回现金。封闭型投资基金虽然不能赎回，但却可以像普通股一样，在二级市场上通过经纪人进行买卖。封闭型投资基金的交易价格虽然也以基金的净资产为基础，但却更能反映经济形势和金融市场的状况。

（三）开放型投资基金和封闭型投资基金的区别

开放型投资基金和封闭型投资基金都是相对而言的，它们是不同经济发展阶段的产物，从目前各国发行的这两类基金的规则来看，它们的区别主要体现在以下几个方面：

1. 基金的发行限额不同

封闭型投资基金的设立规定有基金资本的最高限额，当发行的基金额度达到规定的份额或发行期已过时便停止发行，并且在基金规定的期限内不得追加资本、扩大规模；开放型投资基金的基金数额则不加以限制，基金公司可根据具体情况随时增发新的基金份额、扩大基金规模。

2. 交易的方式与地点不同

封闭型投资基金的投资者在基金规定的期限内不得赎回其资金，只能在到期后赎回或在基金上市后通过经纪人进行交易；而开放型投资基金在基金规定的期限内可以随时直接向基金管理公司赎回其资金，这也节省或免除了交易的手续费和各类税费，从而降低了投资成本。

3. 交易价格的依据不同

封闭型投资基金在上市之前，投资者以基金的净资产价值买入，当基金发行完毕或发行期已过、基金可以上市交易时，其价格则根据金融市场的供求关系以及世界经济形势或基金所在国的经济状况而定，而不是依据基金的净资产价值而定，这就增加了投资者的投资风险；而开放型投资基金的投资者在直接向基金公司赎回资金时，其价格则按基金的净资产价值，这就大大降低了投资风险。

4. 基金运用率和运用的投资组合不同

封闭型投资基金的投资者由于不能随时赎回其资金，说明基金的数额不会随时增大或减少，即基金的数额是稳定的，于是基金管理公司可以将全部基金用于投资，尤其是长线投资，这实际上是增加了基金的收益；而投资者可随时赎回的开放型投资基金，基金公司则不能将全部基金用来投资，必须预留出一部分基金或在投资组合时购买一定比例的随时可出手的金融商品，以应对随时想赎回资金的投资者，故能用于长线投资的部分很少，从而会影响基金的长期效益。

5. 适用的投资市场不同

封闭型投资基金由于资本总额固定不变并不能随时赎回，这就只适合在规模较小而且开放度不高的金融市场上进行投资；而开放型投资基金由于资本总额不固定并随时可以赎回资金，从而使它适合在开放度较高及规模较大的金融市场上进行投资。世界各国在最初建立投资基金时，一般都先采用封闭型的，随着投资基金业的成熟及金融市场的发展与完善才会过渡到开放型的，这也正是封闭型投资基金的历史早于开放型投资基金的原因所在。

6. 适合的投资者不同

封闭型投资基金的受益凭证上市买卖时，往往对每手的最低交易额度要求较高，这就使资金较少的投资者难以上市进行买卖，所以它更适合机构投资者或资金较多的个人投资者；而开放型投资基金每手的交易额度要求较低，符合中小投资者的投资需求。

开放型投资基金和封闭型投资基金是可以相互转化的。封闭型投资基金如果上市满3年，而且市价低于净资产价值的20%时，经投资者大会通过可以转为开放型投资基金；开放型投资基金如果规模过大，也可以停止基金的扩大发放，使其处于类似封闭型投资基金的状态。从投资基金的发展趋势来看，更适合于金融市场操作，能满足金融市场对资金不断增长的需求，以及更有利于投资者的开放型投资基金将会占据投资基金市场的主导地位。此外，半封闭型投资基金是介于开放型投资基金和封闭型投资基金之间的一种基金，它是一种分级基金，产品结构分为A份额和B份额，A份额是开放型投资基金，B份额是封闭型投资基金。

三、固定型投资基金与管理型投资基金

固定型投资基金是指基金的经营者只能投资于预先确定的证券，在整个信托期间，原则上既不允许变更投资方向，也不允许转卖证券。管理型投资基金又称自由型或融通型基金，这是英国的一种传统的投资基金。管理型投资基金是指允许经营者根据证券市场的市场状况，对已购进的证券进行自由买卖及不断调整投资组合。此外，还有一种半固定型投资基金，是一种介于固定型和管理型之间的投资基金，在日本非常流行，即在一定的条件和范围内，可以变更投资方向和内容。

四、单位型投资基金与追加型投资基金

单位型投资基金是契约型基金的一种，是以某一特定的货币总额单位为限筹集设立的一种基金，每次新募集的基金组成一个单独的基金管理公司，分别作为单独的信托财产运用和管理。单位型投资基金往往规定一定的期限，在规定的信托期限届满之前不得追加新的资金。信托期限有3年、5年、7年、10年、15年、20年等数种，信托契约终止后，退回本金和收益，中途既不能退回本金，也不得追加投资。在一般情况下，单位型投资基金多属于封闭型和半封闭型，或属于固定型与半固定型。此外，也有少数单位型基金在信托期间可以解约，即相当于单位开放型，有些基金规定经过一段时间后允许解约，这类基金也称单位半封闭型的基金。

与单位型相对的是追加型。追加型的投资基金是指投资基金在设立后，经营者可视基金单位的售出情况或市场状况，随时以当时的市场价格追加发行新的基金单位的一种基金。追加型投资基金大都没有期限，中途可以解约，即可以要求发行机构赎回，所以追加新投资基金多数是属于开放型的。也有极少数是封闭型的，即中途是不可以解约的。

五、股权式投资基金与有价证券式投资基金

股权式投资基金就是基金的经营者以股权方式投向某一产业、某类企业公开发行或

者上市的股份或股票，或以参股、合资等方式进行投资。这种方式是以获得投资收益为主，可以参与企业经营，但不以控制企业为目的。有价证券式投资基金是基金的管理以投资于公开发行和公开上市的股票和债券为主，即主要参与二级市场中的证券买卖。股权式投资基金与有价证券式投资基金有以下几个区别：

（1）股权式投资基金是基金经营者直接投入企业，即变成企业的股东，并主要着眼于企业股权增值或资本收益。有价证券式投资基金则主要着眼于二级市场买卖差价和红利收入，通过购买上市公司的股票和债券间接投资于企业。

（2）股权式投资基金仅侧重于分红和投资资本的增值，投机成分很少；有价证券式投资基金注重分红，更注重股票和债券在二级市场上的买卖差价收入，有很大的投机成分。

（3）有价证券式投资基金对二级市场的依赖性较大，即必须以有一定规模和一定范围的证券二级市场为基础；股权式投资基金则对二级市场的依赖性很小，但对股份制企业质量和有关上市公司管理的法规有较高的要求。

（4）股权式投资基金的流动性较差，即变现性较弱，这类基金一般是封闭式的，这样可以稳定运作。而有价证券式投资基金的流通性较好，这种类型的基金一般是开放式、追加型、期限短或没有明确期限的。

六、综合型投资基金与单项型投资基金

综合型投资基金是指基金投资的业务种类可以是多样的，既可以进行直接投资，也可以进行贷款、租赁、证券买卖、拆借融资等业务。在一般情况下，这类基金在很多国家受到严格的限制或被禁止，因为这类基金从事的业务，不能体现金融分工的要求，在某种程度上等同于综合性金融公司，既有银行业务，又有信托业务，不能体现基金的特色与独特功能。与此相对应的是单项型投资基金，其从事的业务是单一的，要么只从事股权式投资，要么只从事有价证券式的投资。

七、本币投资基金与外币投资基金

本币投资基金是指投资基金公司向本国的投资者并以本国货币为币种募集的基金。本币投资基金的管理者仅在本国从事股权式或有价证券式投资活动。外币投资基金有三个含义：一是指以向国外投资者募集国际上可自由兑换的任意一种外币为目的设立的投资基金，这种基金主要用于国内投资，并在对象国或国际上某一交易场所交易流通，分红也是以外币进行；二是向国内投资者募集外币资金的一种投资基金，这种基金投资于国内可以进行外币投资的企业股权、股票和债券，分红或转让也用外币进行；三是用任一种形式向国内投资者募集外币资金，并用于在海外进行股权收购或买卖外国有价证券的一种投资基金。

八、货币型投资基金、债券型投资基金和股票型投资基金

货币型投资基金是指基金的投资组合由货币存款构成，它一般可以分成两类：一类是管理货币基金，投资在以各种货币发行的短期金融商品上；另一类是货币市场基金，

投资在以一种货币发行的金融商品上。货币基金的主要业务是在金融市场上进行一系列长期和短期的存款和贷款。货币基金的基金单位一般是固定的，经营无限期延续，投资成本也较低。

债券型投资基金可分为很多种。一种是政府公债型基金，这种基金只能投资于政府发行的公债或由政府担保的基金，这种基金主要是存在利率风险，期限越长，风险越大；第二种是公用债券基金，也叫市政公债基金，这类基金主要投资于地方政府发行的基金，即利息是可以免税的；第三种是公司债券基金，它是一种特殊的收入基金，该基金的管理者将其基金的 60% 以上用于公司债券，投资于这类基金虽然风险比前两种基金大，但获利也较前两种基金高。

股票型投资基金是经营者以股票为主要投资对象的一种投资基金。从理论上说，股票型投资基金投资的对象为股票，债券型投资基金投资的对象为债券。但这样划分也不是绝对的，在欧美国家，只要投资对象以债券为主，即使投资一些股票，也属于债券型投资基金；而以股票投资为主要对象的基金，投资适当比例的债券，也分属于股票型投资基金。在日本，只有纯粹是债券投资，才算做债券型基金，若购入少量股票，便归类为股票型基金，且在股票投资基金中，除可以投资债券以外，还常把部分资金用于放款和同业拆借。由于上述的复杂性，股票投资基金以股票投资的具体方向又可细分为优先股型基金、普通股型基金、均衡型基金、特定产业型基金、收益型基金、债券优先型基金。(1) 优先股型基金。以安全性和收益性均较高的优先股为主要对象的投资基金。(2) 普通股型基金。以普通股为主要对象的投资基金，美国大部分的共同基金属于此种类型。普通股型基金又细分为成长型、收益型和成长收益型三种。(3) 均衡型基金。该种基金的资产分散投资于普通股、优先股及公司债券。为安全起见，各国对这种基金投资股票的比例做了严格的限制，一般对同一股票投资额不得超过其净值总额的 5%。(4) 特定产业型基金。此种基金主要用于投资特定产业上市公司的股权、股票或债券。(5) 收益型基金。此种基金注重目前收益性，一般将资产分散投资于收益较高的股票。(6) 债券优先型基金。此种基金的投资对象主要是各种债券，兼顾少量的优先股、普通股，这是美国式的分类方式。

九、资本市场投资基金与货币市场投资基金

资本市场投资基金是将所发行基金投向资本市场或流动性较好的证券市场、衍生产品市场等做中长期投资，以发挥资金作为资本的作用。这类基金主要包括股票基金、国债基金、公司债基金、创业基金、认股权证基金、期货基金等。货币市场投资基金是由小额存款集合成为大额存款的投资基金，主要投资指向短期金融市场。它最初产生于美国，即由于大额存款和大量债券购买具有优惠条件而引发的。这种基金主要是购买大额可转让存单、各类商业票据、银行票据，进行证券回购、短期融资等。在基金市场上，货币市场基金属于低风险的安全基金。该类基金又可分为两类：一类是投资在以各种货币发行的短期金融商品上的管理货币基金；另一类是投资在以一种货币发行的短期金融商品上的单一货币基金。

十、成长型基金、收入型基金、成长收入型基金、积极成长型基金、平衡型基金和新兴成长型基金

成长型基金是以追求长期的资本利得为主要目的而设立的投资基金。该基金的投资对象大多是企业信誉好、长期保持盈利、有良好的发展前景、股价长期稳定增值的绩优蓝筹股。这种基金的投资一般属于长期投资。

收入型基金主要投资于可以带来当期收入的有价证券，该种基金一般有两种：一种是主要投资于优先股股票和债券的固定收入的投资基金；另一种是以投资普通股股票为主要收入的股票收入型基金，股票收入型基金一般成长潜力大，但风险也大。

成长收入型基金是一种投资于能带来收入的证券及有成长潜力的股票来达到既有收入又有成长目的的基金。该种类型的基金要比成长型基金保守。

积极成长型基金亦称高成长型基金、资本增值型基金或最大成长型基金。该类型基金主要以赚取二级市场上的股票买卖差价为主要收入来源，其目的就是追求最大的利润。该类基金主要投资于具有高成长潜能的股票或其他有价证券。

平衡型基金既追求资金的长期成长，又要赚取当期的收入，它既投资于股票，也投资于证券。该基金被限制一定的比例投资于债券和绩优股，其余的一般投资于普通股。

新兴成长型基金与积极成长型基金一样，追求的是成长而不是收入，投资的重点对象是新行业中有成长潜力或高成长潜力的小公司或新公司，只将极少数资金投资于信誉好的大公司。

十一、国内基金、国际基金、海外基金和国家基金

国内基金是指面向国内投资者发行的，用于在国内金融市场上进行投资活动的投资基金。国内基金虽然在大多数国家仍占主导地位，但其筹资范围的局限性、投资机会选择的有限性和收益的有限性已表现得非常明显。

国际基金是指面向国内投资者发行的，用于在国际金融市场上进行投资运作的投资基金。国际基金由于是到境外金融市场上进行投资运作，这不仅为本国的投资者带来了更多的投资机会、增加了投资收益、分散了投资风险，还可使本国的投资者及有关投资和金融机构了解、认识和熟悉国际金融市场，并为其开辟投资国际金融市场的手段。

海外基金又称离岸基金，它是指面向基金公司所在国以外的投资者发行的，投资于境外金融市场的投资基金。海外基金的发行范围广、投资的地域宽、投资组合的选择性强。发行海外基金对一国的国内投资机构或金融机构来说，是一种熟悉国际金融市场、了解国际金融市场法规、成为跨国经营企业的重要途径。

国家基金是指面向境外投资者发行的，用于在国内金融市场投资运作，并在基金发行完毕后受益凭证在境外证券市场上市交易的一种投资基金。国家基金不仅基金公司的所在国没有还本付息的债务压力，而且操作简便、成本较低、风险较小。国家基金是一个国家利用外资、解决本国发展资金不足的重要手段。

十二、交易所交易基金

交易所交易基金（Exchange Traded Fund，ETF）是指可以在交易所上市交易的基

金，又称交易型开放式指数基金或交易所指数基金。它是近年来在美国出现的一种新型的开放式基金，是随着组合交易和程序化及交易技术的发展而出现的。

交易所交易基金代表的是一揽子股票的投资组合，与传统的证券投资基金的投资方法和依据有所不同。传统的股票投资基金的投资依据，主要是基金公司依据上市公司的基本面和技术图形来对股票是否有投资价值进行分析。而交易所指数基金则不按个人上述分析进行投资，而是被动地根据指数成分股的构成来决定所投资的股票，投资股票的比重也跟指数的成分权重保持一致，每只交易所交易基金都被动地跟踪某一个特定指数，所跟踪的指数被叫作交易所交易基金的“标的指数”。标的指数一般具有一定的知名度、市场代表性、良好的流动性。交易所交易基金的净值价格可以随标的指数一起，由交易所行情显示系统实时和动态地公布出来，普通投资者可以在交易时间内，根据指数的波动对其进行同步买卖。交易所交易基金可以使投资者实现既赚指数又赚钱的目的。因为采取被动式管理的指数化投资，所以交易所交易基金不需要负担庞大的投资和研究团队的支出，其管理费率甚至低于收费最低的指数共同基金。交易所交易基金之所以得到投资人的欢迎，关键在于其交易灵活和成本低廉。

十三、上市型开放式基金

上市型开放式基金（Listed Open-Ended Fund，LOF）是指上市型开放式基金发行结束后，投资者既可以在指定网点申购与赎回基金份额，同时也可以在交易所买卖该基金。不过，投资者如果是在指定网点申购的基金份额、想要上网抛出，须办理一定的转托管手续；同样，如果是在交易所网上买进的基金份额、想要在指定网点赎回，也要办理一定的转托管手续。

上市型开放式基金是开放式基金，它的份额是可以增加或减少的，所不同的是增加了场内交易的渠道，它实际上是交易方式的一种创新。它的主要特征表现在以下几个方面：一是上市型开放式基金本质上仍是开放式基金，基金份额总额不固定，基金份额可以在基金合同约定的时间和场所申购和赎回；二是上市型开放式基金的发售既可以通过银行等代销机构，也可以通过交易所交易网络；三是上市型开放式基金的投资者既可以选择在银行等代销机构按当日收市的基金份额净值申购、赎回基金份额，也可以选择在交易所各会员证券营业部按撮合成交的价格买卖基金份额；四是投资者可以通过跨系统转托管，实现在交易所交易系统买卖和在银行等代销机构申购、赎回基金份额两种交易方式的转换。

十四、对冲基金

对冲基金（Hedge Fund）是一种衍生工具基金，目前国际上对对冲基金尚未有一个权威性的概念。国际货币基金组织对对冲基金所下的定义为：对冲基金是私人投资组合，常离岸设立，以充分利用税收和管制的好处。美国第一家提供对冲基金商业数据的机构 Mar/Hedge 给对冲基金下的定义为：采取奖励性的佣金（通常占 15%~25%）并至少满足以下各标准中的一个，即基金投资于多种资产，只做多头的基金一定利用杠杆效应，基金在其投资组合内运用各种套利技术。美国一家对冲基金研究机构 HFR 将对冲基金概括为：采取私人投资合伙公司或离岸基金的形式，按业绩提取佣金、运用不同的投资策略。美国著名的先锋对冲基金国际顾问公司 VHFA 认为：对冲基金采取私人合伙公司或有限责任公司的形式，主要投资于公开发行的证券或金融衍生品。

从广义上来说，对冲基金也是共同基金的一种，但与一般共同基金相比，对冲基金又有以下特点：（1）对投资者资格要求较高；（2）运用各种金融工具操作；（3）筹资方式为私募；（4）可以设立离岸基金；（5）采用激励性机制。

第三节　投资基金的管理

一、投资基金管理的主要依据

投资基金管理的主要依据包括投资基金章程、信托契约、委托管理协议、委托保管协议和招募说明书等。

（一）投资基金章程

投资基金章程是基金的发起人在设立基金时所制订的纲领性文件。其主要内容包括总则（基金的名称、地址、法人代表、类型、宗旨、管理人、托管人及制订该章程的依据）、基金证券的有关规定、基金的发行与转让（发行对象、规模、方式、认购的最低额、期限及存续期）、基金持有人的权利与义务、投资目标、投资政策、投资范围、投资限制、有关当事人的职责、资产评估与经营情况的报告时间和方式、基金运作所需的各项费用及其计算、会计与税收、终止与清算、公司董事会的产生办法和权限以及附则等。投资基金章程是基金管理的主要法律依据，也是投资者或债权人了解基金的重要文件。

（二）信托契约

信托契约是基金管理人与托管人在设立基金时，为明确双方的权利和义务而制订的一种核心性文件。它的主要内容包括当事人的名称和地址、基金的名称和期限、基金的规模（发行总额、单位面额、受益凭证单位总数）、基金设立的目标、投资政策、投资限制、派息政策、基金资产净值的计算和报告方法、基金的发行与认购方法、基金所有当事人（包括管理人、托管人、投资顾问、投资者、律师等）的权利与义务、信托费用种类与标准、信托契约的修改与终止等。信托契约与基金章程一样，也是投资基金的根本大法。投资基金的所有文件，如招募说明书、设立基金的申请报告、基金募集与发行计划、受益证书等，都是以信托契约为依据的。

（三）委托管理协议

委托管理协议是公司型投资基金与基金管理公司就委托管理公司对基金资产进行投资管理问题达成的协议。委托管理协议的作用在于从法律上确立了基金公司和基金管理公司的权利和义务。选择合格的基金管理人是使基金增值及投资者权益得以保护的重要保障。作为基金的管理人，不仅应具有法律所规定的资产、固定的经营场所和必备的设施、一定数量的专业技术人员，还应具有优良的业绩和良好的信誉。基金管理公司应该是经国家有关主管部门批准的信托投资公司、证券公司或专门从事基金管理工作的公司。

（四）委托保管协议

委托保管协议是基金公司或基金管理公司与基金托管人就保管基金资产问题达成的协议。委托保管协议的作用在于明确委托人（即基金公司或基金管理公司）与受托人（即基金托管公司）的权利与义务，其中，主要是明确受托人的责任和义务。一般说来，委托保管协议都要求受托人承担以下几方面义务：一是按委托人的指示保管基金的资产；二是对投资项目进行清算；三是负责基金证券买卖的交割、清算和过户；四是负责向投资者派息及新增基金份额的认购；五是对管理公司进行监督。委托保管协议应在基金设立之前签署，它也是提出设立基金申请时必须附带的材料。

（五）招募说明书

招募说明书在前面已经做了介绍，它是经国家有关部门认可的一个法律性文件。招募说明书实际上是一种自我介绍性文件，在该文件中，基金公司向投资者介绍了基金本身以及基金的管理人、托管人、法律顾问、投资顾问、审计师、律师等有关当事人的详细情况。其目的是让投资者了解该基金，以使投资者做出是否投资该基金的决策。实际上，招募说明书是基金对投资者的许诺，投资者也以此监督基金公司的运作。当投资者的权益受到侵犯时，他们便可依此行使权利以维护其自身利益。招募说明书已成为基金经营与管理的纲领性文件。

二、投资基金运作与管理的法律规范

从事投资基金活动的国家，为了规范其证券市场的正常运行机制，保护每一个基金投资者的利益及其资金安全，对投资基金的运作与管理进行了程度不同的监督和限制。具体体现在以下三个方面：

（一）基金投资对象的限制

投资基金作为一种信托投资工具，应具有一定的投资范围。按多数国家的法律规定，投资基金主要用于投资上市或未上市公司的股票、股权凭证、新股认购权证、政府债券、可转换公司债券、金融债券等有价证券，以及一些变现性较强的商业票据。有些国家不许投资未上市的公司股票，只有极个别国家允许做一些诸如房地产业务等直接投资。

（二）基金投资数量的限制

投资基金在投资股票时，各国都规定了每个基金投资股票和债券的最低比例，购买同一公司证券的数量占该公司已发行证券的最高比例，购买同一公司的股票占该基金资产净值的最高比例等。其具体比例，各国的规定是不一致的。据了解，多数国家一般把每个基金投资股票和债券的最低比例限定在80%左右；而购买同一公司证券的数量占该公司已发行证券的最高比例、购买同一公司的股票占该基金资产净值的最高比例，则限定在5%～10%之间。有些国家对不同类别的投资基金采取不同的比例限定，也有些国家对所有类别的投资基金采用相同的比例限定。

（三）基金投资方法的限制

为了防止出现欺诈行为或使投资者受到伤害，各国都严格规定禁止利用基金购买本基金或基金的董事、主要股东、主要承销商所持有的证券，禁止将基金资产出售给或借给上述与基金本身有关的人员；禁止经营多种投资基金的基金管理公司对其所经营投资基金进行相互间的交易；禁止从事信用交易，即利用拆借资金或贷款买入证券以及卖出借来的证券。

三、投资基金的投资政策与投资组合

（一）投资基金政策

投资基金政策是基金公司为实现投资基金设立的宗旨和目标而制定的原则性的指导方针。在制定投资政策时，应从以下五个方面入手：一是投资组合。不同的投资政策将会影响基金运作时所采用的投资组合，制定的投资政策一定要符合基金的性质。收入型或平衡型基金往往制定保守的投资政策，积极成长型或成长型基金应该制定较激进的投资政策，而成长及收入型投资基金则应该制定较适中的投资政策。二是购买证券的分散程度，即基金持有股票所属公司的数量和购买各种不同公司证券的比例。较保守的投资基金制定的政策，应有利于证券的分散化；追求高利润基金的投资政策，往往对投资证券分散化的限制较宽。三是各种证券质量的搭配。保守型基金为了取得稳定的收益，其投资政策对证券发行者的业绩要求较高，否则不许买进；而追求高利润基金的投资政策，给予基金操作者较大的证券选择自由。四是充分利用基金进行投资的程度。谋求高利润基金的投资政策，一般允许把基金的全部用于投资股票和债券等；而求得稳定收益基金的政策，则要求用基金资产在短期票据、债券和股票之间进行转移，并保留一定数量的现金。五是收益的发放方式。追求收入型基金和平衡型基金的投资政策，一般把基金的收益定期以现金的形式直接发放给投资者；而追求高利润的积极成长型或成长型基金的投资政策，一般不将收益以现金的形式直接分配给投资者，而是将收益滚入本金进行再投资，以求更高的收益。

投资基金政策是由基金性质决定的，它实际上是投资基金运作的导向。积极成长型、成长型投资基金适合勇于冒险的投资者，平衡型、收入型投资基金则适合较为保守和十分保守的投资者，而成长型及收入型投资基金更适合介于两者之间的投资者。投资基金政策应在其招募说明书中体现出来，以使投资者选择适合自己需要的投资基金。

（二）投资基金的投资组合

投资组合就是基金管理公司在利用基金资产进行投资运作时，将基金资产分散投资于国内外各种有价证券和不动产等。投资组合是投资基金运作与管理的一个核心问题，因为投资组合是投资基金的一大特征。投资于投资基金虽然风险较小，但并非没有风险，它也像投资于其他证券一样，存在因政治、经济、社会等方面的变动而导致损失的风险，以及因金融市场、利率、购买力、基金本身经营不善或欺诈行为造成损失的风险。

投资组合的目标就是降低投资风险。根据金融市场中收益与风险成正比的关系，投资组合分为收入型投资组合、成长型投资组合及两者结合型的投资组合。收入型的投资组合一般将投资风险较大的股票与安全性较高的债券的比例定为1：9或2：8之间，而成长型的则为9∶1或8∶2之间，两者结合型的一般是5∶5左右。以降低投资风险为目标的投资组合的具体内容就是分散风险，而分散风险的方法应从以下几方面考虑：(1) 证券种类的分散，即投资股票与债券的比例；(2) 国别的分散，即购买国外证券和国内证券的比例；(3) 行业或部门的分散，即选购工业、农业、交通、通信、金融等部门，以及电子、化工、汽车、服装等行业的比例；(4) 证券发行公司的分散，即投资不同规模、不同实力、不同前景公司证券的比例；(5) 证券到期时间的分散，即选购期限长短不同证券的比例；(6) 投资时间的分散，即可以先把基金的一部分存入银行或购买一些短期商业票据，然后逐步分期和适时地将这部分资金用于选购目标证券。投资组合是依据投资政策而制定的，它是投资基金性质的具体体现。投资组合往往还会随着基金管理人的变化、投资目标的改变、费用的调整、基金资产的增减和配置的变化而变化。

四、投资基金的费用、利润的分配、税收和报告制度

(一) 投资基金的费用

投资基金的费用主要是指基金在整个运作过程中所需的各种投入，它主要由基金的开办费（设计费、注册费及与此有关的投入费）、固定资产的购置费、操作费（会计师费、律师费、广告费、召开受益人大会的投入费）、受益凭证的销售费、基金利润的分配费以及行政开支（管理人员的办公、工资、福利、保险等费用）构成。

投资基金设立与运作所需的费用主要来自投资者和基金本身的收益。投资者交纳的费用有以下几项：(1) 首次认购费，即投资者首次认购基金时一次性支付的费用，一般为买卖基金总额的3%左右，用于刊登广告、购买设备和支付中间人的佣金；(2) 管理年费，即基金管理人因经营和管理基金而从基金收益中提取的费用，提取的标准各国不一，主要由基金的性质而定，一般为基金资产净值的0.25%～2.5%之间；(3) 保管年费，即基金的托管人因保管和处分基金资产而从基金收益中提取的手续费，一般为基金资产净值的0.2%；(4) 赎回费和投资财务费，即投资者出售或赎回基金时所交的费用，一般为单位基金资产净值的0.5%～1%；(5) 业绩费，即基金管理人根据其业绩从基金收益中提取的费用，一般为年利润的3%～4%。

(二) 收益及其分配

投资基金的收益除了来自债券与股票的利息和股利之外，还有一部分来自利用基金资产投资于有价证券所得到的买卖差价收益即资本利得，以及基金所持有的证券增值所带来的收益即资本增值。基金净收益的分配比例各国不一，一般要求将每年盈利的90%以上分配给投资者。美国规定不少于95%，我国规定不少于90%。收益的发放方式既可采用以现金的方式直接发放给投资者，也可将收益滚入其本金进行再投资。

(三) 投资基金的税收

世界各国对投资基金的收税方法是不一致的，多数国家对投资基金的经营者是免税的，因为投资基金的经营者既不是基金资产的所有者，也不是基金的受益者。基金的收益是运用信托资产创造的，投资基金的经营者只不过是一个委托代理机构。纳税人应该是基金的投资者，即缴纳股息、利息、红利收入的所得税，股票基金和债券基金的交易

税，交易单据的印花税等。纳税可采用由投资者自缴和由基金公司代缴两种方式。有些国家和地区对基金的投资者免征一定的税金，还有的对海外投资基金的投资者免除一切税收。

（四）投资基金的报告

按各国的法律规定，基金公司应定期或不定期地向投资者公布基金的有关信息，这些信息主要通过基金运作过程中发布的报告与公告来披露。这些报告与公告包括：（1）基金的年度报告与中期报告，主要介绍基金一年或半年来的运营状况和基金管理人的经营业绩，其中包括基金的资产负债表和损益表等；（2）基金资产净值公告，每月至少公告一次，介绍基金的资产净值及每基金单位资产净值；（3）基金投资组合公告，至少每季度公告一次，主要介绍基金资产投资于股票、债券及其持有现金等的比例。上述报告一般由基金管理人编制并向投资者公布。

◇ 本章小结

本章介绍了投资基金的基本概念、投资基金的特点和种类以及投资基金的管理，详细描述了投资基金的种类及各类别之间的区别、投资基金管理的依据、投资政策与投资组合等，尤其是公司型与契约型投资基金、开放式和封闭式投资基金以及交易所交易基金、上市型开放式基金及对冲基金等。

◇ 关键概念

投资基金（Investment Fund）、公司型投资基金（Corporate Investment Fund）、契约型投资金（Contractual Investment Fund）、开放型投资基金（Open Investment Fund）、封闭型投资基金（Close-end Investment Fund）、交易所交易基金（Exchange Traded Fund, ETF）、对冲基金（Hedge Fund）

◇ 案例分析

2015 年 3 月，G 证券公司作为托管公司与 Y 投资公司签署“××对冲基金”托管协议，并向其提供多份盖有公章的空白基金合同文本，以便在募集资金过程中使用。该“对冲基金”的投资者多为 Y 公司高管及员工的亲友或熟人。同年 6 月，2 名投资者前往 G 公司查询基金净值，却被公司负责人告知，合同中约定的托管账户未收到客户认购款。双方公司经交涉后发现，原来 Y 公司采用偷梁换柱的手法，将基金合同文本中原募资托管账户页替换为 Y 公司自有银行账户页。显然，投资者在签署合同过程中，未发现异常，并向被篡改后的募资账户打款。G 公司随即向公安机关报案并向当地证券监管部门反映该情况。当地证监局在接到线索后迅速派人前往 G 公司核查，通过调取协议合同、账户资金流水等资料，同时对照合同、逐层追踪资金流向，证实 Y 公司确将合同托管账户篡改为自有银行账户，并违规将客户投资款 580 万元划转至公司高管及关联自然人银行账户挪作他用。据总经理配偶D某（负责管理公司银行账户和公章）交代，被挪用的资金用于民间借贷。在持续的监管高压下，Y公司最终将580万元的投资款全部退还给投资者，并向G公司归还全部基金合同文本，该事件潜在的风险隐患被消除。

《私募投资基金监督管理暂行办法》第二十三条规定，私募基金管理人、托管人、销售机构及其他私募服务机构及其从业人员从事私募基金业务，不得侵占、挪用基金财产。据此，当地证监局对Y公司篡改募资托管账户、挪用客户投资款的行为进行了处理。

目前，中国证监会对私募基金业务不设行政许可，不进行牌照管理。私募机构工商注册后，按照中国证券投资基金业协会要求，进行管理人登记，通过后方可开展私募基金业务。2014年协会启动登记备案工作以来，我国私募基金管理人数量已超过2.6万家，但基金管理人诚信、规范意识和业务能力参差不齐，鱼龙混杂，甚至有不法分子浑水摸鱼，以私募基金为幌子从事非法集资、金融诈骗等违法犯罪行为。

由此，我们可以看出，对投资者而言，应审慎选择私募基金投资，并在投资过后对私募基金管理机构和托管机构给予持续关注和监督。我们需要做到以下几点：（一）要量力而行。私募基金投资具有高风险，对投资者风险识别能力和风险承受能力要求较高。办法也明确规定私募基金合格投资者要求，除单只私募基金投资额不低于100万元外，同时，单位净资产不低于1 000万元，个人金融资产不低于300万元或者最近三年个人年均收入不少于50万元。投资者要从自身实际出发，量力而行，对照私募基金合格投资者标准判断是否能够投资私募基金产品。在满足合格投资者标准的前提下，再选择与自己风险承受能力相匹配的产品。（二）要摸清底细。在进行私募基金产品购买前，投资者可以通过协会网站查询或询问机构注册地证监局，了解该机构是否已经在协会登记，登记资料是否完整、与工商注册资料是否一致。同时，还可以多方了解私募基金管理人以往业绩情况、市场口碑以及诚信规范情况。（三）要细看合同。基金合同是规定投资者与私募基金管理人之间权利和义务的重要文书。投资者在查看合同时，要注意合同约定的权利和义务是否合理，合同是否完整，是否存在缺页、漏页等异常。要仔细阅读条款，对于不懂的概念、模糊的表述可以要求管理人进行解释或说明，切勿被各种夸大和虚假宣传忽悠、蒙蔽。对一式多份的合同，还应检查每份合同内容是否完全一致。（四）要持续关注。投资者在认购私募基金产品后，要持续关注其产品投资、运行情况，要求私募基金管理人按约定履行信息披露义务。投资者若发现管理人失联，基金财产被侵占、挪用，基金存在重大风险等情况，要及时向私募基金管理人注册地证监局或协会反映；若发现私募基金管理人涉嫌诈骗、非法集资等犯罪线索的，要及时向公安、司法机关报案。

资料来源：新华网

◇ 练习与思考

1. 选择题（其中至少有一个是正确的）

（1）有关投资基金的特点说法正确的是（　　）。

A. 专家理财　　B. 风险较大

C. 管理和运作法制化　　D. 交易成本较高

（2）按基金买卖有价证券的主要种类分，可分为（　　）。

A. 货币型投资基金　　B. 收入型投资基金

C. 债券型投资基金　　D. 股票型投资基金

（3）从事投资基金活动的国家的政府，对投资基金的运作与管理进行了程度不同的限制，具体体现在（　　）。

A. 基金投资对象的限制　　B. 基金投资数量的限制

C. 基金投资方法的限制　　D. 基金投资币种的限制

（4）股票型投资基金以股票投资的具体方向区分为（　　）。

A. 单项投资基金　　B. 优先股型基金

C. 股权式投资基金　　D. 收益型基金

2. 判断题

（1）据了解，多数国家一般把每个基金投资股票和债券的最低比例限定在 85% 左右。

（2）交易所指数基金投资依据主要是基金公司依据对上市公司的基本面和技术图形来对股票是否有投资价值进行分析。

（3）公司债券基金，是一种特殊的收入基金，该基金的管理者将其基金的 60% 以上用于公司债券。

（4）开放型投资基金和封闭型投资基金的区别在于资本总额是否固定。

3. 简答题

（1）简述开放式基金与封闭式基金的区别。

（2）简述上市型开放式基金的主要特征表现。

（3）简述投资基金政策制定的基础。

（4）简述股权式投资基金与有价证券式投资基金的区别。

◇ 本章参考书目

[1] 徐德顺．投资基金概论［M］．北京：中国经济出版社，2010.

[2] 吴晓灵．投资基金法的理论与实践：兼论投资基金法的修订与完善［M］．上海：三联书店，2011.

[3] 卓武扬．投资基金风险法律规制研究：基于“法与金融理论”分析［M］．成都：西南财经大学出版社，2011.

第十一章

国际债券投资

学习目标

通过本章的学习，应掌握国际债券的基本概念和性质、债券的特征、债券与股票的区别、国际债券的种类、债券价格的决定因素和国际债券市场等，掌握如何计算债券的收益，理解债券的收益曲线等。

第一节 债券的概念及特点

一、债券的概念及其性质

债券是一种按照法定程序发行的，并在规定的期限内还本付息的有价证券。债券所表明的是一种债务和债权的关系，是由中央或地方政府、金融机构、企事业单位为筹集资金而发行的一种借款凭证，实际上是把债务和债权之间的关系转化为一种有价证券，是以法律和信用为基础的借款凭证，是发行人对其借款承担还本付息义务所开具的凭证。债券对发行者来说是一种筹资手段，也表明了它对持有者所欠的债务；债券对购买者来说却是一种投资工具，还表明了它对发行者所享有的债权。人们购买债券的行为就是债券投资，如果投资者购买的是国际债券，那就是国际债券投资。国际债券投资具有收益性、安全性和流动性等特点。债券的性质跟借款收据是一样的，但是，债券通常有较为规范的固定格式，因此持券人可以在债券到期前随时把债券出售给第三者，而借款收据就不能做到这一点。

债券上规定资金借贷的权责关系的内容主要有三点：一是所借贷的货币的数额；二是借款时间；三是在借贷时间内应有的补偿或称代价是多少，即债息。债券的权利和责任是一个对立面，在贷款者的立场上说，它是一种特定的权利，而从借款者方面来看，它是一种特定的责任或称义务。但其内容的含义则是一致的，贷方的权利就是借方的责任，借方的责任也就是贷方的权利。总之，我们可以从以下三个方面来理解债券的性质：一是债券是一种以法律为基础的借款凭证，具有法律的约束力，其表现出的债务债权关系受到法律的保护；二是债券是以信誉为基础的借款凭证，发债方要想成功地将投资者变为其债权人，必须有良好的信誉；三是债券是一种有价证券。债券的购买者和发行者之间是一种借贷关系。

二、债券的特征

债券是一种虚拟资本，债券作为有价证券中的一种，既具有有价证券的共同点，也有其自身的特征。

（一）收益性

债券投资者的收益可以来自两个方面，一是固定的债息，这部分的收入是稳定的；二是低买高卖的买卖差价。债券的利率通常介于存款和贷款利率之间，比存款、储蓄、信托贷款等间接利息率要高。因为债券融资是直接融资，中间费用较少，债券发行者直接得到长期稳定的资金。因此，债券既受投资者的欢迎，又是债务人最愿意采用的融资工具。

（二）收益的有限性

由于债券的利息是固定的，所以其持有者的收益与企业的业绩无关。即使在二级市场上博取买卖差价，固定的利息决定了其差价不可能很大，再加上不计复利，这使得投资者的收入是相当有限的。

（三）安全性

债券与其他证券相比，其风险远比股票要小，其安全性略低于银行存款。这主要体现在以下几个方面：一是发债者是各国的中央、地方等各级政府，一般不存在不能按时还债的风险；如果发债者是企业，各国对发行者的信用、抵押、担保额、减债制度等有严密的资信审查制度。因此，发债者一般都有较高的信誉度和偿债能力。二是债券的面额、利息率和支付利息的方式都是事先确定好并载于票面上的，不受市场利率变动的影响。因此，投资者的本金与利息是受法律保护的。三是债券是债权和债务的凭证，即使企业出现亏损甚至倒闭，债券的投资者也可优先于股东获得赔偿。

（四）流动性

债券是具有高度流动性的有价证券，其变现能力仅次于银行存款。在二级市场较为发达的情况下，债券持有者若临时需要资金，可随时在市场上出售债券。

总之，由于债券具有收益性、安全性、流动性等特点，所以它是稳健投资者的最佳选择。

三、债券与股票的区别

债券与股票虽然都是有价的资本证券并都属于虚拟资本，但在本质上却有着较大的不同。其一是发行者与持有者的关系不同。债券的发行者与持有者的关系是债权债务关系；而股票是所有者的关系，持有者可参与公司管理和决策。其二是收入来源不同。债券持有者的收益来自固定的债息，与公司的盈利状况无关；而股票持有者的收益来自公司的红利，其收益与效益有关。其三是风险不同。由于债券的持有人与发行人是债权债务关系并与企业效益无关，当公司破产时，也是按先债券、后股票的顺序进行清偿，因此，购买债券的风险要小于购买股票。其四是融资的期限不同。债券在发行时就明确规定了借贷期限，发行者到期必须还本付息；股票融资对投资者来说，是一种无限期的投资，股票的发行者不存在还本付息的压力，可无限期地使用其资本。其五是发行人的范围不同。债券的发行人既可以是各级政府，也可以是各类企业；而股票的发行者只能是股份有限公司。其六是纳税的方式不同。债券的发行人支付的债券利息是从纳税前的利润中支付的；而股东分得的红利则是从纳税后的纯利润中分得的。也就是说，发行债券的利息可算作企业的生产成本，不必纳税；而分给股东的红利，不能列入生产成本，只能从税后利润中支付。从上述区别来看，债券最适合稳健的投资者，而股票则更适合追求利润最大化的投资者。

第二节 债券的种类与类型

一、债券的种类

债券种类的划分方法很多，下面介绍几种最常见的分类方法：

（一）按债券发行主体分类

1. 政府债券

它包括国家债券和地方债券。国家债券是中央政府为维持其财政平衡所发行的债券，而地方债券是地方政府为解决其财政开支所发行的债券。

2. 公司债券

它是由股份公司为筹集资金而发行的债券。是由企业发行并承诺在一定时期内还本付息的债权债务凭证。发行公司债券多是为了筹集长期资金，期限多为10~30年。

3. 金融债券

金融债券是由金融机构为筹集资金而发行的债券。发行金融债券的金融机构，一般资金实力雄厚、资信度高，债券的利率要高于同期存款的利率水平。其期限一般为1~5年，发行的目的是筹措长期资金。

（二）按债券是否记名分类

1. 记名债券

记名债券是指在债券上标有投资者姓名，转让时需经办理过户手续的债券。此类债券领取本息时，投资者也必须凭印鉴办理。它的优点是比较安全，但是转让时手续复杂，流动性差。

2. 无记名债券

无记名债券是指在债券上没有投资者的印鉴，转让时也无须办理过户手续的债券。此类债券流动性强，但缺点是债券遗失或被损毁时，不能挂失和补发，安全性较差。一般来说，不记名债券的持有者可以要求公司将债券转换为记名债券。

（三）按债券是否有抵押或担保分类

1. 抵押债券

抵押债券是债券的发行者以其所有的不动产和动产为抵押而发行的债券。包括以下几类：

（1）抵押公司债券。指以土地、房屋、机器、设备等不动产为抵押担保品而发行的债券。当债务人在债务到期不能按时偿还本息时，债券持有者有权变卖抵押品来收回本息。抵押公司债券是现代公司债券中最重要的一种。在实践中，可以将同一不动产作为抵押品而多次发行债券。可按发行顺序分为第一抵押债券和第二抵押债券。第一抵押债券对于抵押品有第一留置权；第二抵押债券对于抵押品有第二留置权，即在第一抵押债券清偿后，可用其余额偿付本息。所以，第一抵押又称优先抵押，第二抵押又称一般抵押。

（2）抵押信托债券。它是以公司拥有的其他有价证券，如股票和其他债券为担保品而发行的债券。一般来说，发行这种债券的公司是一些合资附属机构，以总公司的证券作为担保。作为担保的有价证券通常委托信托人保管，当该公司不能按期清偿债务时，即由受托人处理其抵押的证券并代为偿债，以保护债权人的合法利益。

（3）承保债券。指由第三者担保偿还本息的债券。这种债券的担保人一般为银行或非银行金融机构或公司的主管部门，个别的是由政府担保。

2. 无抵押债券

无抵押债券是指债券的发行者不以自己的任何物品作抵押，而是以自己的信誉为担保的债券。

3. 收入债券

收入债券是地方政府以某些项目的收入为担保而发行的债券。

4. 普通债务债券

普通债务债券是中央政府以其信誉及税收等为担保而发行的债券。

（四）按债券形态分类

1. 剪息债券。剪息债券指的是券面上附有息票，定期到指定的地点凭息票取息的债券。

2. 贴现债券。贴现债券是指以低于债券面额发行，到期按券面额偿还，其差额为投资者利息的债券。

（五）按债券的偿还期限分类

1. 短期债券。短期债券一般是指偿还期限在一年以内的债券。

2. 中期债券。中期债券一般是指偿还期限在 2~5 年的债券。

3. 长期债券。长期债券一般是指偿还期限在 5 年以上的债券。

4. 永久债券。永久债券也叫无期债券，它并不规定到期期限，持有人也不能要求清偿本金，但可以按期取得利息。永久债券一般仅限于政府债券，而且是在不得已的情况下才采用。

（六）按债券募集方式分类

1. 公募债券。公募债券是公开向社会募集的债券。

2. 私募债券。私募债券是指向少数特定人募集的债券。

（七）按债券发行的地域分类

1. 国内债券。国内债券是由本国政府、银行、企业等机构在国内发行的并以本国货币计价的债券。

2. 国际债券。国际债券是指由一国政府、金融机构、企业在国外发行的并以某种货币计价的债券。

（八）按债券的利率浮动与否分类

1. 固定利率债券。它是指债券利率在偿还期内不发生变化的债券。由于其利率水平不能变动，在偿还期内，当通货膨胀率较高时，会有市场利率上升的风险。

2. 浮动利率债券。它是指债券的息票利率会在某种预先规定的基准上定期调整的债券。作为基准的多是一些权威的金融指数，如伦敦银行同业拆借利率；也有以非金融指数作为基准的，如按照某种初级产品的价格。采取浮动利率形式，减少了持有者的利率风险，也有利于债券发行人按照短期利率筹集中长期的资金来源。

（九）按计息的方式分类

1. 附息债券。它是指债券券面上附有各种息票的债券。息票上标明利息额、支付利息的期限及债券号码等内容。息票一般以 6 个月为一期。债券到期时，持有人从债券上剪下息票并据此领取利息。由于息票到期时可获取利息收入，因此，附息债券也可被看作是一种可以流通、转让的金融工具，也叫复利债券。

2. 贴现债券。亦称贴水债券，是指券面上不附有息票，发行时按规定的折扣率，以低于票面的价格出售，到期按票面价值偿还本金的一种债券。贴现债券的发行价格与票面价值的差价即为贴现债券的利息。

3. 单利债券。它是指债券利息的计算采用单利计算方法，即按本金只计算一次利息，利不能生利。计息公式为：

$$利息=债券面额\times年利率\times期限$$

4. 累进利率债券。它是指债券的利率按照债券的期限分为不同的等级，每一个时间段按相应的利率计付利息，然后将几个分段的利息相加，便可得出该债券总的利息收入。

二、国际债券的种类与类型

国际债券是由一国政府、金融机构、企业或国际组织，为筹措资金在外国证券市场上发行的，以某种货币为面值的债券。随着世界各国对外国投资者限制的放松和国际证券市场的迅速发展，国际债券的发行量在 20 世纪 80 年代初超过了银团贷款的数量，从而出现了国际借贷证券化的趋势。

（一）国际债券的种类

国际债券大致可分为三大类，第一类是外国债券，第二类是欧洲债券，第三类是全球债券。

1. 外国债券

外国债券是借款国在外国证券市场上发行的，以市场所在国货币为面值的债券。如某国在美国证券市场上发行的美元债券，在英国证券市场发行的英镑债券等。习惯上，人们把外国人在美国发行的美元债券称为“扬基债券”，在英国发行的英镑债券叫“哈巴狗债券”，在日本发行的日元债券叫“武士债券”。外国债券的发行一般均由市场所在国的金融机构承保。中国曾在日本、美国、欧洲等地的证券市场上发行过外国债券。外国债券实际上是一种传统的国际债券。

2. 欧洲债券

欧洲债券是指以某一种或某几种货币为面额，由国际辛迪加承销，同时在面额货币以外的若干个国家发行的债券。如美国在法国证券市场发行的英镑债券就叫欧洲债券。按习惯，如果面值为美元的欧洲债券一般被称为欧洲美元债券，面值为日元的欧洲债券被称为欧洲日元债券，面值为德国马克的欧洲债券被叫作欧洲德国马克债券，其他面值的欧洲债券可以以此类推。在日本东京发行的外币债券，通常称为将军债券。总之，欧洲债券的发行者、面值货币和发行地点分属于不同的国家。

欧洲债券既有期限为1~2年的短期债券，也有5~10年的中长期债券，还有无偿还期的永久性债券。欧洲债券往往采取无担保的不记名形式发行，投资欧洲债券的收益是免缴收入所得税的。除瑞士法郎市场以外，欧洲债券可以不受各国法规的约束，进行自由流通。欧洲债券往往通过国际辛迪加发行，并可在一个或几个国家的证券交易所同时挂牌。欧洲债券具有发行成本低、发行自由、投资安全、市场容量大等特点。

欧洲债券的发行者主要是公司和国际组织。近些年来，一些国家的政府也开始涉足这一市场，而欧洲债券的投资者主要是公司和个人。欧洲债券的币种以美元、日元、德国马克和瑞士法郎居多。欧洲债券于1961年2月1日首先在卢森堡发行，目前，卢森堡和伦敦是欧洲债券市场的中心。

3. 全球债券

全球债券是指在国际金融市场上同时发行，可在世界各国众多的证券交易所同时上市，24小时均可进行交易的债券。全球债券最初的发行者是世界银行，后来被欧美以及一些发展中国家所效仿。全球债券先后采用过美元、加元、澳元、日元等货币发行。全球债券采取记名形式发行，在美国证券交易所登记。全球债券具有发行成本低、发行规模大、流动性强等特点。全球债券是一种新兴的债券，它的发行规则和程序还有待完善。

（二）国际债券的类型

1. 一般欧洲债券。一般欧洲债券是一种期限和利率均为固定不变的债券。它属于传统的欧洲债券，目前，这种债券的发行量在不断减少。

2. 浮动利率债券。浮动利率债券是一种以银行间的拆借利率为基准，再加一定的加息率，每3个月或6个月调整一次利率的债券。这种债券始于20世纪70年代初期。

3. 锁定利率债券。锁定利率债券是一种可由浮动利率转为固定利率的债券，即债券发行时，只确定一个基础利率，待债券发行之后，如果市场利率降到预先确定的水平，则将债券利率锁在一定的利率水平上，成为固定利率，直到债券到期时止。锁定利率债券于20世纪70年代中期才开始发行。

4. 授权债券。授权债券是指在债券发行时附有授权证，债券的持有人可按确定的价格，在未来某一时间内，购买指定的债券或股票。

5. 复合欧洲债券。复合欧洲债券是指以一揽子货币为面值发行的债券。到目前为止，发行这种债券已采用过的货币单位有欧洲记账单位、欧洲货币单位、特别提款权、欧洲货币合成单位。复合欧洲债券的利率固定而且水平较高。

（三）主要国际债券简介

1. 美国债券

美国债券是指在美国发行的外国债券，亦称为扬基债券，是非美国居民在美国国内市场发行的、吸收美元资金的债券。

2. 日本债券

日本债券是指在日本发行的外国债券，亦称为武士债券，是外国发行人在日本债券市场上发行的以日元计价的中长期债券。

3. 龙债券

龙债券一般是一次到期还本，每年付息一次的长期固定利率债券；或者是以美元计价，以伦敦银行同业拆放利率为基准，每一季或每半年重新制订一次利率的浮动利率债券。龙债券发行以非亚洲货币标定面额，尽管有一些债券是以加拿大元、澳元和日元标价，但多数是以美元标价。

第三节 国际债券的投资收益

一、债券的价格

（一）债券价格的种类

债券的价格分为两种，一种是指债券一级市场上的发行价格，另一种是在二级市场上买卖债券的成交价格，即交易价格。鉴于债券本身的特点，债券价格波动的幅度远没有股票波动的幅度那样大。

从理论上说，债券的票面价格就是它的发行价格。但由于债券市场供求关系的变化以及发行者出于某种考虑，有可能采用低于面值的价格发行，即折价发行；当然也有可能采用高于面值的价格发行，即溢价发行；或采用与面额价格相同的价格发行，即平价发行。债券市场上多数发行者还是采用平价发行。

债券的发行价格，是指投资者从发行者手中购买债券的价格，即债券一级市场（发行市场）上的价格。债券的发行价格，一般根据债券票面利率与当时市场利率的差异、投资者的收益率、偿还期限和发行者的资信等级等因素来综合考虑的。计算债券发行价格的公式是：

$$\text{债券的发行价格} = \frac{\text{票面额} + \text{票面年利息} \times \text{偿还期限(年数)}}{1 + \text{市场收益率} \times \text{偿还期限(年数)}}$$

债券的交易价格是指投资者之间转让债券的价格。计算债券交易价格的公式与发行价格的公式基本相同，其具体计算公式是：

$$\text{债券的交易价格} = \frac{\text{债券的面额} + \text{票面年利息} \times \text{剩余年限}}{1 + \text{市场收益率} \times \text{剩余年限}}$$

（二）债券价格的决定因素

债券价格受到利率、经济、社会、政治、心理、通货膨胀、信誉级别、汇率和突发事件等各种因素的影响。债券发行者的类别和行业不同，其决定因素也有所不同，但大致有以下几种决定因素：

1. 债券的期限

在一般情况下，债券的期限越长，其在证券市场上的价格波动的可能性越大；而期限短的债券，价格波动的可能性一般会很小。

2. 债券利率与市场利率的差距

债券的利率越低，其价格波动的可能性越大。在经济出现繁荣的时候，政府为抑制通货膨胀，会采用提高利率的政策，由于这时的存款利率接近或超过原来债券发行时规定的利率，会使债券的价格下跌；在经济出现萧条的时候，政府为刺激经济的复苏，往往会采用降低存款利率的政策，于是存款利率水平与原来发行的债券利率水平的差距拉大，这又会导致债券的价格上涨。

3. 可赎回性

如果债券的发行人规定在发行若干天以后可以赎回，这就增加了投资者的机会风险。由于这一规定有利于发行人减少融资成本，在发行人要付较高债息的同时，也使债券有了较高的价值。

4. 税收待遇

债券在不同的国家享受不同的税收待遇；有些国家免税，有些国家纳税，有些国家对不同的债券进行分类交税或免税。一般来说，由于风险的原因，免税债券的到期收益率要低于应纳税债券的到期收益率，这就影响了债券在证券市场上的交易价格。

5. 流动性的强弱

如果债券的发行企业信誉好、发展潜力大，那么其在证券市场很容易以市场价格变现，这说明其流动性强，因此该债券价格也会较高；如果发行债券的企业信誉差，经营状况也不好，那么该债券的持有者很难在证券市场上以较好的价格卖出，说明其流动性差，流动性差的债券一般价格较低。

6. 通货膨胀率

在通货膨胀率很高的时候，人们出于保值的目的，一般不愿储蓄货币，而是愿意购买房地产和贵金属等能保值的东西，债券的价格会因此下降；在经济较为稳定而且通货膨胀率不高的时候，人们则在一定程度上愿意购买债券，致使债券价格上升。

7. 汇率的变动

在发达国家的金融市场上，不同国家货币之间的套汇交易十分发达，这也导致不同货币债券价格的变动。当某一国的货币升值时，就会导致很多投资者购买用该国货币发行的债券，致使该种货币债券价格上升；当某国货币汇率下调时，很多投资者就会卖出用该币种发行的债券，该债券便随之下跌，而相应升值币种的债券价格则会上升。

8. 央行的金融政策

各国的中央银行一般都会使用利率、公开市场活动、调整存款准备金率等手段来稳定金融和经济秩序，这些活动都是影响债券价格的重要因素。

9. 政治因素

在政治稳定的国家或一国的政治状况处于稳定期，由于投资者愿意购买债券，债券的价格也会相应稳定或稳中有升；如果一国政治不稳定或处于政治动荡时期，其债券的价格也会相应下降。

10. 投机因素

由于债券也是证券市场上的一个交易品种，投资者贱买贵卖债券的行为也导致债券价格的上下波动。

实际上，影响股票价格波动的主要因素，同时也是影响债券价格变动的因素，只不过债券价格的波动幅度要远远小于股票价格的波动幅度，这主要是由债券本身的特点决定的。

二、债券的收益

债券投资收益是指投资者在一定的时期所获取的利润。债券投资收益通常是用收益率来表示的，而收益率指的是债券投资的收益占最初投资额的比例。针对每位债券投资者的不同情况，可选用以下几种收益率作为衡量投资者收益的标准。

（一）名义收益率

名义收益率是指根据债券每年的固定利息与债券面额之比，计算出来的投资者每年的收益率，其计算公式为：

$$\text{名义收益率} = \frac{\text{债券年利息}}{\text{债券面额}} \times 100\%$$

例如，一张面额为100元、年利息为15%的债券，其持有者的名义收益率为：

$$\frac{15}{100} \times 100\% = 15\%$$

（二）本期收益率

本期收益率是债券每年的固定利息与债券本期市场价格之比。投资者可以通过对市场上各证券本期收益率的计算和比较，来做出投资哪种证券的决定。本期收益率的计算公式为：

$$\text{本期收益率} = \frac{\text{债券年利息}}{\text{本期市场价格}} \times 100\%$$

例如，一张面额为100元、利率为15%、期限为5年的债券，该债券发行时最初的认购者在购买后的第3年初以90元卖出，那么，该债券新的购买者的本期收益率为：

$$\frac{15}{90} \times 100\% \approx 16.67\%$$

（三）持有期收益率

债券的持有期收益率是指投资者从买入债券到卖出债券期间所得的实际收入。其计算公式为：

$$持有期收益率=\frac{卖出价-买入价}{买入价}\times\frac{360}{持有期限}\times 100\%$$

例如，某人在证券市场上以 100 元买了一张刚发行的、利率为 15%、期限为 5 年的债券，两年之后又以 120 元的价格卖出，其持有期的收益率为：

$$\frac{120-100}{100}\times\frac{360}{720}\times 100\% = 10\%$$

（四）到期收益率

债券的到期收益率是指投资者从买入债券到债券到期时止的收益率，其计算公式为：

$$到期收益率=\frac{债券到期后的本金和利息总额-买入价}{买入价\times 待偿还的期限}\times 100\%$$

例如，某人以 120 元购买了一张面值为 100 元、利率为 15%、期限为 5 年的债券，由于该投资者买入这张债券时，该债券已发行了 3 年，那么该投资者待 2 年后债券到期时的收益率为：

$$\frac{100+(15\times 5)-120}{120\times 2}\times 100\% \approx 22.92\%$$

三、债券的收益曲线

（一）收益曲线

债券的收益曲线也称债券的收益率曲线，它反映的是在一定的时点不同期限的债券与到期期限之间的关系。债券的收益取决于市场利率、价格、期限长短的相互作用。在不同的时期和阶段，它们对债券价格影响的大小是不同的。债券的收益曲线实际上是一种时点图，假设上述三种因素对债券价格的影响力都是相同的，在考察债券的到期收益时间对到期收益的影响时，我们可以看到不同的到期时间，具有不同的收益。通过计算不同时间到期时间的债券收益，并分别将计算出的到期收益以点的形式标在纵轴上，横轴表示时间，然后将各点连接起来变形成了一条收益曲线。

债券的收益曲线表示的就是债券的利率的期限结构，而利率期限结构就是债券的到期收益率与到期期限之间的关系。债券的收益率曲线体现出的仅仅是利率在一定时点上不同到期时间的关系，而不能反映债券的质量，只有在假设质量相等的情况下，才能使利率进行对比，并会形成收益曲线。

（二）收益曲线的种类

收益曲线大致有以下四种：

1. 正常收益曲线

正常收益曲线显示（见图 11-1），在正常情况下，近期利率低于远期利率，时间越长，不确定因素越多，风险也不断加大。因此，需要较高的利率来补偿。

2. 负坡度收益曲线

负坡度收益曲线也称反方向收益曲线。该曲线显示（见图 11-2），短期利率高，而远期利率在降低，这种情况一般发生在银根紧缩时期。

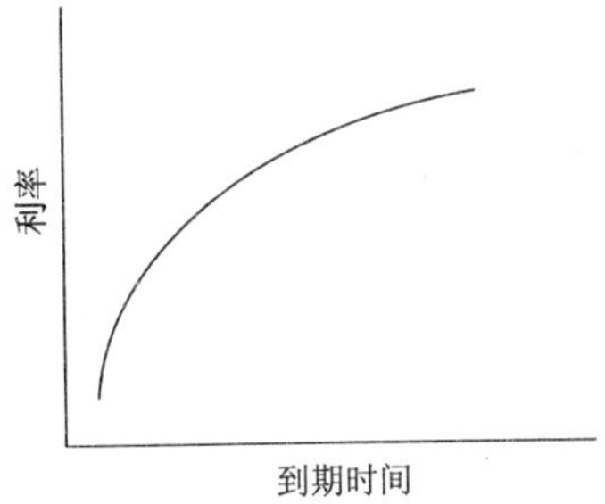

图 11-1 正常收益曲线图

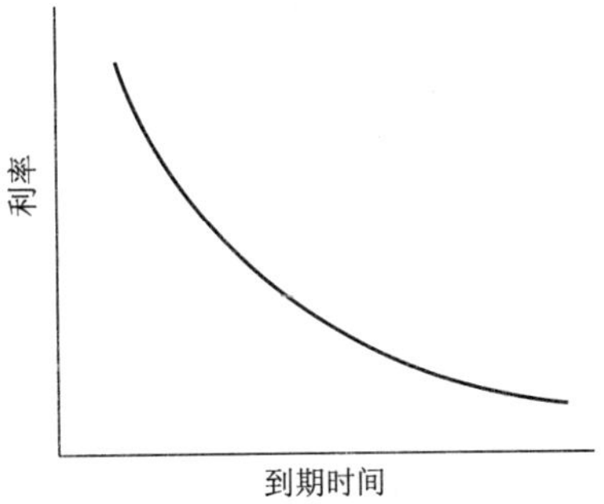

图 11-2 负坡度收益曲线图

3. 驼背收益曲线

驼背收益曲线图显示（见图 11-3），在货币累缩的时候，短期利率不断飙升，过了一段时间短期利率又开始下降，长期利率又开始上升。

4. 水平收益曲线

水平收益曲线表明（见图 11-4），短期利率与长期利率水平差不多，总体波动很小。

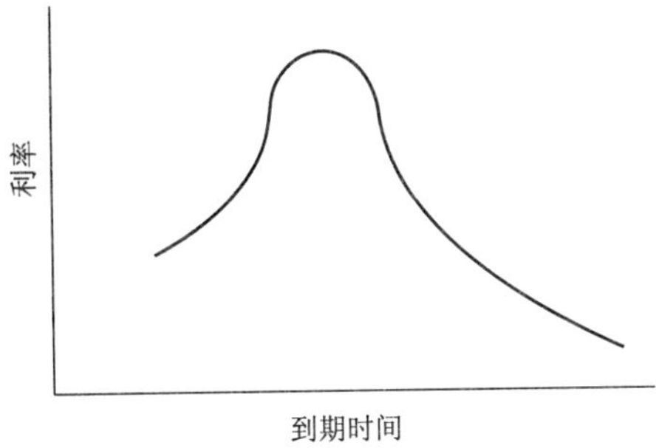

图 11-3 驼背收益曲线图

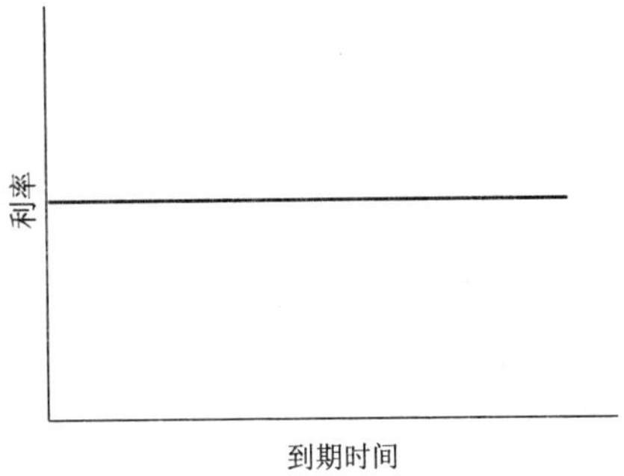

图 11-4 水平收益曲线图

（三）收益曲线的理论解释

1. 市场预期理论

市场预期理论认为，利率的期限结构取决于投资者对未来市场利率一致的预期。如果投资者预期利率将会上升，他们会购买当前短期利率，则利率期限结构会呈上升趋势；如果投资者预期未来的债券收益会下降，则短期利率会比长期利率高，则利率期限结构会呈下降趋势。在某些情况下，投资者预期中长期债券的利率都是一致的，说明市场是均衡的。按预期理论，投资者对债券的到期时间并不在乎，而债券短中长期利率高低取决于投资者对未来的预期。

2. 流动性偏好理论

流动性偏好理论的观点认为，投资者更愿意接受收益较低的到期时间较短的债券，而不是收益较高到期时间较长的债券。这是因为到期时间较长的债券，有很多的不确定性，投资者为此要承担流动性风险。要想让投资者接受长期债券，必须加上一些流动性补偿，期限越长，补偿越多。补偿主要体现在长期债券的利率要高于短期利率债券。按照该理论的观点，流动性溢价的存在，如果预期利率上升较大，其利率期限结构应该是向上倾斜的；如果投资者预期利率是下降的，利率期限结构应该是向下倾斜的或者是水平的。由此可见，该理论认为，远期利率不再是对未来即期利率的无偏估计，还包括了一种流动性溢价，收益曲线的形状也是由对未来利率预期和延长偿还期所必需的流动性溢价共同决定的。

3. 市场分割理论

市场分割理论认为，投资者对长期和短期债券有不同的爱好，他们不可能自由地在利率预期的基础上从债券的一个偿还期部分转移到另一个偿还期部分。在市场分割的情况下，投资者的偏好受到法律、偏好和投资期限习惯的制约，很难从一个市场转到另一个市场，结果市场分成短期和长期两部分资金市场。在市场分割理论下，利率期限结构取决于短期资金市场供求曲线交叉点的利率与长期资金市场供求曲线的交叉点的利率对比。如果短期资金市场供求曲线交叉点的利率高于长期资金市场供求曲线交叉点的利率，利率期限结构呈现向下倾斜的趋势；如果短期资金市场供求曲线交叉点的利率低于长期资金市场供求曲线交叉点的利率，利率期限结构则呈现向上倾斜的趋势。

第四节　国际债券市场及债券的发行

一、国际债券市场

国际债券市场是发行和买卖国际债券的市场。国际债券市场也分为一级和二级市场：一级市场是新债券的发行市场，是各级政府、银行以及工商企业等为筹措资金，向社会发行企业团体或个人债券的市场；二级市场是债券买卖的市场，亦即证券流通市场。债券二级市场的活动并不增加发行者的筹资额，但却增强了债券的流动性和变现能力。二级市场对推动各类新债券的发行、活跃债券市场起到了重要的作用。

二、国际债券的评级

国际债券的评级是指由证券市场上专门从事证券研究、统计和咨询的机构，根据债券发行者的请求，对债券发行者支付的可能性和信用度进行等级评定。

按国际惯例，债券一般分为三等，每一等中又分三级，即三等九级。

AAA 级：等级中的最高级，表明债券发行者还本付息的能力极强。

AA 级：属高级，表明债券发行者还本付息的能力很强。

A 级：属中高级，表明债券发行者还本付息的能力较强。

BBB 级：属中级，表示债券发行者具有一定的还本付息能力，但需要一定的保护措施。

BB 级：属中低级，本金和收益缺乏足够的保障。

B 级：属于较低级，本金和收益保障很小。

CCC 级：属于低级，本金和利息没有保障。

CC 级：经常违约，具有较高的投机性。

C 级：属于最低级，不能承担还本付息的义务。

在上述等级中，一般在 BB 级以上的债券属于可投资级别，B 级以下的债券属于不可投资的级别。债券评级的目的就是将发行者的信誉和偿债的可靠度公之于投资者，使投资者可据此做出投资选择，以保护投资者的利益。债券评级是根据债券发行者的自愿申请而进行的；未经评级的债券，在国际证券市场上是难以找到销路的。

三、国际债券的发行

（一）国际债券市场对发行者的要求

国际债券市场一般有严格的管理制度，但也有一些国家的债券市场相当自由。管理较严的国家一般对发行者均有如下要求：

1. 必须经过正式申请和登记，并由专门的评审机构对发行者进行审查。

2. 发行者必须公布其财政收支状况和资产负债情况。

3. 在发行期间，每年应向投资人报告资产负债及盈亏情况。

4. 债券发行获得批准后，必须根据市场容量，统一安排发行的先后次序。

5. 债券的发行与销售一般只许证券公司或投资银行经营，一般银行只能办理登记及还本、付息、转让等业务。

6. 一般须由发行者的政府或中央银行进行担保，担保必须是无条件的和不可撤销的。

（二）国际债券的发行程序

国际债券的发行分公募发行和私募发行。公募发行是通过中介机构的承包，公开向社会募集资金；而私募发行则是在中介机构的协助下，向有限的特定投资者募集资金。其具体发行程序大致可分为以下几个步骤：

1. 发行者选任一家金融公司作为此债券发行的组织者，即主干事银行或主干事证券公司。双方就此债券的形式、发行市场、发行数量、币种、利率、价格、期限以及发行的报酬和费用等进行磋商。

2. 向当地外汇管理部门提出发行债券申请，经该部门审查并提出意见后，报经该国政府有关管理部门批准。

3. 向国外有关资信评审机构申请评级。申请评级以前，需先向国内的审查管理机构提出书面申请，并提供评级机构名称和用于评级的资料等。发行者应在得到评级结果的三日内向审批管理部门报告评级结果。

4. 向拟发行证券的市场所在国政府提出申请，征得市场所在国政府的许可。

5. 发行者在得到发行许可后，委托主干事银行组织承销团，由其负责债券的发行与包销。

四、国际债券清算机构与清算程序

（一）国际债券清算机构

目前，国际上有两大债券清算机构，即欧洲清算系统和塞德尔国际清算机构。欧洲清算系统成立于1968年，总部在布鲁塞尔，它是一个股份制的机构，现有股东125个，主要从事债券的清算、保管、出租、借用并提供清算场所等业务。该系统还在世界上16个国家和地区设立了分支机构。塞德尔国际清算机构也是一个股份制机构，成立于1970年，总部设在卢森堡，与欧洲很多国家的银行建立了清算代理关系，其业务范围与欧洲清算系统大致相同。上述两家清算机构均有现代化的各种设施，目前，国际债券交易的清算，绝大部分是通过这两个机构进行的，它们已发展成为当今世界两家最大的清算机构。

（二）国际债券清算程序

国际债券的清算大致经过以下几个程序：

1. 开立债券清算账户和货币清算账户。申请加入清算系统的银行或证券公司必须开立债券清算账户和货币清算账户。债券清算账户用于债券面额的转账，而货币清算账户是用于买卖债券时，按市场价格和生息后计算出的总额转账。因此，国际债券交易既要转移所有权，还要按市场价格计算出的等值货币支付。

2. 发送债券清算指示。债券买卖成交以后，买卖双方分别向其清算机构发送清算指示。清算指示主要包括清算机构名称、买入或卖出债券的种类、买入或卖出对象、成交日期、结算日期、债券的面额和币种、成交价格、生息与否、货币总额、结算路线、清算指示的发送者名称和发送日期等。

3. 核对清算机构发回的有关交易细节的报告，以便及时纠正。

4. 在结算日进行内部账务处理。

5. 核对清算机构的对账单。如有不符，可立即向对方和清算机构查询；如无异议，便应制作对账平衡表。

第五节　发达国家的债券市场

一、发达国家债券市场

（一）美国债券市场

美国债券市场上发行的债券主要包括联邦政府债券、市政债券、公司债券和外国债券等几大类，这些债券分别在不同的债券市场，通过各个证券交易所和全国证券协商会自动报价系统进行交易。

1. 联邦政府债券市场

联邦政府债券分别由美国财政部和美国联邦代理机构发行，短期国库券、中期国库券和长期国库券是这种债券的主要品种。短期国库券是由美国财政部发行的短期债券，是货币市场上数量最大的一种，一般以不记名、贴现式发行并可以转让，其面额有 1 万、1.5 万、5 万、10 万和 100 万美元几种，期限通常为 91 天、182 天，最长不超过 365 天。中期国家债券是由美国财政部发行的期限在 1~10 年间的债券，属于记名式附息票债券，最小面额通常为 1 000 美元。这种债券利息收入可以免交州和地方政府税收。中期国家债券在美国资本市场的可转让证券中所占比重最大。长期国家债券是由美国财政部发行的期限在 10 年以上的债券。这种债券同中期国家债券相比基本相同，只是期限更长。长期国家债券在到期前可以由政府提前收回。长期国家债券在美国政府债券中所占的比重较小。

2. 市政债券

市政债券是由美国的州、县、城镇市政当局或其他公共机构为筹措资金用于平衡当地政府预算、建设大型项目集资、兴建公共设施而发行的债券。这种债券的购买者也可免交联邦所得税和多数地方所得税。这种债券的发行面额多为 100 美元、500 美元、1 000 美元、5 000 美元几种。市政债券以州和地方政府的税收为担保，或以当地政府所建项目得到的收益来还本付息，所以信誉也较高，仅次于联邦政府发行的债券，被称为最受投资者青睐的债券之一。市政债券的主要投资人为保险公司、商业银行和个人等。

3. 公司债券

公司债券顾名思义就是美国企业发行的债券，期限一般为 10 年或 20 年。公司债券持有人为公司的债权人，可以定期从公司得到预先规定的利息。由于公司债券风险要高于联邦、州和地方政府发行的债券，而且还要交纳所得税，所以公司债券的利率一般高于相同期限联邦政府债券及市政债券的利率。公司债券还可以细分为固定和浮动利率公司债、可转换公司债、附权公司债等，其债券种类不同，各自的利率也各不相同。

4. 外国债券

外国债券即“扬基债券”。它是由外国筹资人在美国发行，以美元为面值并还本付息的债券。这种债券的发行人为外国政府、外国企业或某些国际性组织。外国筹资者在美国证券市场发行债券，一般必须向美国证券交易管理委员会注册，提供有关文件、资料，并需经过信用评级机构的信用评级。

现在，债券已经成为美国政府和企业最重要的融资工具之一，美国的债券市场也成了汇聚全球资金的重要资本市场。截至 2009 年第二季度，美国债券市场余额已达 34 万亿美元。各类债券的交易主要通过场外交易电信系统和各交易所的债券自动交易系统进行。通过这些系统交易的债券的金额，目前已占到全部债券交易额的 90% 以上。在上述四大类债券中，联邦政府债券发行量和交易量均居首位。

（二）日本债券市场

1. 日本债券的种类

日本债券的种类有许多区分方式，有以发行者分类的，也有以有尢担保、票面形式、利率高低、偿还期限等多种分类方法。其中，按发行者分类，即以发行者性质差异做基准的分类最为普遍。

（1）国债：岁入债（长期附息、中期贴现、中期附息、短期贴现、超长期）、融通债（政府短期证券）、结转债；

（2）地方债：公募地方债、非公募地方债；

（3）政府关联机构债：政府保证债、非政府保证债；

（4）金融债：银行债（贴现金融债）、金库债（附息金融债）；

（5）公司债：普通公司债（电力债、电信电话债、一般公司债）、转换公司债、附权债；

（6）外债。

在上述债券中，岁入债是指为了维持各种财政支出而筹措收入的国债；融通债是指为维持国库日常资金周转而筹措收入的国债；结转债则是指为补充流动资金支出而发行的，可将支出延期到国债偿还日，从而间接地起到筹措资金作用的国债；金融债是长期信用银行法等特别法批准的金融机构所发行的债券。1989 年以前，日本的金融债只有日本兴业银行、日本长期信用银行、日本债券信用银行和东京银行四大银行，以及工商组合中中央金库和农村中央金库六家金融机构发行。1989 年 6 月，全国信用金库联合会也被允许发行金融债。

日本的外债实际上又可分为外国债和外汇债。外国债又可分为以下几种：

（1）日元外国债券（日元外债）

① 武士债券。武士债券是国外发债人在日本国内发行的以日元为面值的债券，一般来说，日元外债指的就是武士债券。武士债券与其他外债不同之处是，这种外债与国内债同样要受到国内法律的约束。因此，买卖武士债券与其他国内债的交易方法没有什么不同之处。武士债券的一个显著特征就是全部为无担保发行。

② 欧洲日元债券。欧洲日元债券是指欧洲发行的日元债券，发债人不仅有海外的发行体，也有日本的企业。欧洲日元债券的交易方法与外汇外国债的手续相同，不同之处是结算不用外汇而全部用日元，这点与国内债相同。由于 1989 年对欧洲日元债发行体的限制完全放开，所以发行欧洲日元债券比武士债券更便利，加上日元在 20 世纪 80 年代以后升值，造成非居民对日元债的兴趣提高，使欧洲日元债券的发行量急增。目前，欧洲市场日元债券的发行额仅次于美元债券。

③ 大名债券。大名债券是武士债的一种，但其结构与欧洲日元债相同。从法律上讲，大名债属于国内债券，但其发行与交易的方法却以欧洲日元债为基准。发债人只限于有日本参加的国际组织，如世界银行、亚洲开发银行、非洲开发银行、美洲开发银行等。大名债的显著特点是可以在欧洲金融市场上结算，从而使日本的非居民便于向日本债券投资。大名债券也可以说是国内债和欧洲日元债的复合债券，它增强了日元外债的流动性。

（2）外汇外国债

所谓外汇外国债就是非居民发债人以日元以外的货币发行的债券，根据发行市场和货币种类可以分为以下几种：

① 国内市场发行的外汇外国债券。这种债券通常被称为“将军债券”，1978 年、1979 年欧洲投资银行发行了美元债。东京外汇外国债市场于 1985 年 8 月发行世界银行美元债。随着欧洲美元债券市场的扩大，将军债券的市场规模呈现缩小趋势。

② 国外市场发行的外汇外国债券。在国外市场发行的这种债券的发行主体有政府、

金融机构、公司企业和国际机构等。日本国外市场实际上就是其他国家的国内市场。

③ 外汇日本债券。外汇日本债券是日本发行主体在国外发行的外汇债券。这种债券始于 1870 年日本政府发行的英镑国债，现已在美国市场、欧洲市场、德国马克市场和瑞士法郎市场等世界主要国家市场发行外汇日本债券。公司发行的外汇日本债券开始时只有普通公司债，近期转换公司债券及附权债券的比率有所上升。

2. 日本的债券发行市场

日本的债券发行市场基本上是由需求资金的债券发行人和供给资金的债券投资者构成，通常还要包括认购公司和受托公司等中介机构。日本的国债市场发行比较便利，但是日本的公司债发行市场尚存在灵活性不足的问题，如成本较高等。

3. 日本的债券交易市场

日本债券的交易市场主要是以场外交易为中心的市场。场外交易占到债市交易的 95% 左右，而交易所的交易则只占 5%。1978 年以前，转换公司债占交易所债券交易额的 90% 以上，此后引入了国债大额交易制度，使国债交易额急剧增加。目前，在日本债券市场上，转换公司债和国债在交易所交易中几乎各占一半，其他债券所占比例很小。在场外交易中，国债交易额占 95% 以上，其余的 5% 是以回购协议的形式完成的。回购协议是日本独有的交易形式。

（三）英国债券市场

英国的债券主要包括国库券、金边债券、地方当局债券、公司债券和外国债券五大类。

1. 国库券

英国债券市场上的国库券是由英国政府发行的短期债券，这种债券期限通常为 90 天，其流动性和变现性极高，以不记名贴现形式，由英格兰银行通过招标方式发行。这种债券的面额分有 5 000、1 万、2.5 万、10 万、25 万和 100 万英镑几种。

2. 金边债券

这种债券实际上就是英国国债或叫英国政府公债，它大致分为常规债、指数关联债、转换国债和变动附息债。金边债券的期限有 1~2 年的短期债、20~30 年的长期债和无偿还期限的永久债券等。

3. 地方当局债券

地方当局债券由英国和北爱尔兰的地方当局发行，但地方当局发行债券的额度由英格兰银行负责控制。地方当局债券的期限一般为 1~5 年，并可以上市交易。

4. 公司债券

英国的公司债券种类比较多，一般以公司资产作抵押，可以分为将公司资产抵押给银行、由银行担保发行的全面抵押公司债券，以公司固定资产作担保发行的固定公司债券，以公司流动资产作抵押发行的流动公司债券，只能从公司利润中支付利息的收益债券，可在规定的时间内或以抽签方式提高偿还的可赎回公司债券，无担保公司债券等。

5. 外国债券

英国债券市场交易的债券品种主要是以国债为主。1986 年 10 月英国证券制度变革以前，国债的交易主要是通过交易所内的自营商进行的；变革后取消了自营商和经纪人之间的限制，他们和造市经纪人一样都可以直接与顾客进行交易。

二、西方主要国家的债券发行制度及程序

（一）债券发行

世界各国的证券主管机关对债券发行都采取审核制度。审核方式主要有两种：一种是核准制，一种是注册制。

1. 核准制

核准制按照“实质管理原则”，由主管机关规定若干核准条件，其中包括发行人的性质、管理人员的资格和能力、发行人的资产负债结构、发行中介机构所得的报酬、债权人和债务人的权利和义务、募集资金投向、资料公开是否充分和真实等。发行人在符合债券发行基本条件的同时，每笔债券发行都需报请主管机关批准，按核准条件审查许可后，债券才能发行。

2. 注册制

注册制即按照“公开原则”，只要符合由主管机关规定的债券发行的法定条件并依照法定程序注册，主管机关就必须认可该债券的发行。登记注册须经主管机关审查；如发现有严重失实、遗漏、虚报，则发出终止命令，终止其注册；如属一般情节，则通知注册人加以纠正。未予注册或自动生效日之前，发行人不得发行债券。

（二）债券发行的程序

1. 政府债券的发行程序

（1）日本政府长期国债的发行程序

① 大藏大臣（财政部部长）根据国债法决定每月的发行额和发行条件。

② 举行起债（即发债）例会。长期国债每月都发行，故例会为每月一次。例会由参加承销集团的金融机构的常务董事和高级常务董事一级的人员参加，在该会议上对国债的发行额、发行条件等进行惯例审核。

③ 签订承销合同。

④ 签订承销集团内部合同。

⑤ 正式开始发售债券。

⑥ 发行结束后至付款日，日本银行接受承销集团成员缴来的债券款项，并将款项汇总一并上缴国库。

（2）日本政府中期和短期附息国债的发行程序（采用公募投标方式时）

① 大藏省根据资金需求情况以及市场情况决定发行时间、发行额度和招标的有关事项。

② 通过日本银行向有关的金融机构和证券公司发布招标时间、数额、条件等。

③ 委托日本银行组织招标。

④ 投标机构填写投标意向书。参加投标的机构要在意向书中写明自己所希望的承销价格或收益率以及承销额度。

⑤ 裁定中标者。

⑥ 日本银行将中标结果通知中标者。

⑦ 中标者向一般投资者销售债券。

⑧ 发行结束后至付款日，日本银行接受各承购集团成员缴来的债券款项，并将款项汇总上缴国库。

（3）美国政府国库债的发行程序

① 认购者索取投标单。美国财政部通常于每星期四宣布 7 日后发行国库券的数量、期限等情况，愿意认购者可以向联邦储备银行或其分行索取投标单。投标单主要包括下列各项内容：

A. 所希望购买的国库券数额。

B. 注明期限类别，如 3 个月、6 个月或 1 年期等。

C. 注明参加竞争性投标或非竞争性投标，如果为竞争性投标，则要注明年收益率。

D. 注明所购买的国库券到期时，是否愿意再进行投资。

E. 投标人的姓名及通信地址。

F. 投标人的社会安全号码。

G. 投标人在一般营业时期中的电话号码。

② 联邦储备银行接受投标单。

③ 决定中标者及中标价格。

④ 由财政部宣布投标结果。

⑤ 财政部正式发行国库券。

2. 公司债券的发行程序

公司债券的发行程序以发行人与承销商谈判为界，可以分为两个大阶段：第一阶段为债券发行的准备阶段，主要是公司内部就发行债券的金额、用途等问题进行研究决策；第二阶段为债券发行的实施阶段。

（1）公司债券发行的准备阶段

① 制定发行文件。发行文件主要包括债券发行所筹资金的用途、期限、利率、发行范围、发行方式、公司现有资金、收益分配状况、筹资项目的可行性研究或经济效益预测、还本资金来源等。

② 董事会决议。发行公司债，需要经董事会通过决议，而且要由 2/3 以上董事出席以及超过半数的出席董事通过方有效。董事会的决议应决定公司债券发行的总额、券面金额、发行价格、利率、发行日、偿还期限和偿还方式等内容。

（2）公司债券发行的实施阶段

发行债券的公司在董事会就发行的主要事项形成原则性决议之后，就进入了债券发行的实施阶段。一般需经过以下几个步骤：

① 债券的信用评级。公司发行债券首先要由证券评级机构对其所发行的债券进行评级。

② 发行人与承销商谈判确定发行的主要内容。发行人与承销商（在美国多是投资银行，在日本则多是证券公司）就承销问题举行各种会议，以决定发行的主要问题：

a. 决定发行债券的总额。

b. 决定债券的发行方式，决定是公募发行还是私募发行。

c. 就发行条件达成协议。承销商与发行人进一步就发行条件协商达成协议，该协议中应包括发行数量、债券到期日、票面利率及承销商的报酬等。

d. 确定承销方式。

③ 组织承销团。如果发行债券的数量颇大，承销商将组成承销团。

④ 申报发行及办理各种发行手续。在多数国家，公司发行债券都须向主管部门申请注册，未经批准不得发行债券。发行申报包括呈报债券发行申报书、印制债券认购申请书、撰写并公布债券发行公告等环节。

⑤ 向公众出售债券。

◇ 本章小结

本章主要介绍了债券的概念、特点、分类以及与股票的异同，债券分为外国债券、欧洲债券和全球债券三大类，并对这三大类债券做了较详细的介绍。对债券收益率的表示和影响收益率的因素进行了分析。除此之外，还对发达国家的三大主要债券市场进行了介绍。

◇ 关键概念

国际债券（International Bond）、外国债券（Foreign Bond）、欧洲债券（Euro Bond）、全球债券（Global Bond）、贴现债券（Discount Bond）

◇ 案例分析

2016 年 8 月 31 日，世界银行在中国银行间债券市场发行了首只以人民币结算的 SDR 债券（特别提款权计价债券），发行规模为 5 亿 SDR，折合人民币 46 亿元，期限为 3 年，票面利率为 0.49%，并取名为“木兰债”。这是时隔 35 年来全球发行的首只 SDR 债券，颇受机构投资者关注。“木兰债”的认购倍数达 2.47 倍，吸引境内外约 50 家机构踊跃参与。以“木兰”命名在我国发行的首只 SDR 计价债券，既有浓郁的中国元素，也彰显了世界银行促进性别平等的价值考量。世界银行副行长奥特女士称：“促进性别平等，对于全球经济发展至关重要。花木兰代父从军，立下赫赫战功，得到全球广泛尊敬和承认。”

世界银行在我国银行间债券市场发行 SDR 债券，具有多方面的积极意义。一是推动 SDR 金融工具市场化的有益尝试，有利于进一步促进扩大 SDR 的使用，从而增强国际货币体系的稳定性和韧性。当前，以主权信用货币作为主要国际储备货币是国际货币体系的固有缺陷，不仅储备货币的使用国要付出沉重的代价，发行国也在付出日益增大的代价。推动发展币值稳定、供应有序、总量可调的超主权国际储备货币，是改革和完善现行国际货币体系的根本途径，而 SDR 具有超主权储备货币的特征和潜力。二是

SDR债券能够规避单一货币工具的利率和汇率风险，有利于境内投资者以及国际投资者多元化配置资产。由于SDR的价值是由一篮子货币的当期汇率决定，SDR价值的波动幅度显著小于单一货币，因此，以SDR计价的债券所面临的汇率风险要远低于单一货币计价债券。SDR债券还提供了一种新的投资渠道，它为境内投资者提供了一个配置外汇资产而不涉及跨境资本流动的途径，有利于减少资本流出的压力。三是有利于丰富中国债券市场交易品种，促进债券市场开放与发展。近年来，中国债券市场借鉴国际经验并结合中国实际，坚持市场化的改革方向，迅速发展成为场内场外市场分工互补、功能齐全、开放包容、富有活力的债券市场体系。截至2016年6月末，中国债券市场存量接近60万亿人民币，公司信用债存量达到16万亿元，分别位居全球第三位和第二位。SDR债券发行有利于进一步推进发行主体和投资者多元化和金融产品多样性，进一步提升市场运行机制和效率。四是进一步巩固我国与国际货币基金组织、世界银行等主要国际组织的联系，有利于扎实推进人民币国际化。此次SDR债券发行主体为世界银行，发行地为中国，以人民币结算，既帮助国际货币基金组织（IMF）解决了SDR的推广问题，又帮助世界银行解决了融资问题，还成为人民币国际化的一个有效载体。五是有利于提高我国在全球治理中的话语权。此次SDR债券发行恰逢G20峰会再次在中国召开，恰逢中国人民币即将加入SDR。“IMF份额和治理改革、扩大SDR使用范围”也是此次G20杭州峰会的议题之一。中国推动SDR债券发展为契机，积极培育形成SDR债券的二级市场，将为提升我国全球金融地位奠定坚实基础。下一步，中国人民银行将与国际社会一道，继续配合国际货币基金组织，进一步扩大SDR的使用，提高各国市场主体对SDR产品的认可度；继续推动债券市场规则与国际接轨，完善交易机制安排，探索境内外交易平台、清算结算机构等基础设施的合作，努力提高人民币资产以及SDR计价资产的市场规模和流动性，积极为国内外发行人和投资人筹集和配置优质资产搭建良好的平台。

资料来源：工丰 . SDR债券 . 金融会计，2016（9）.

◇ 练习与思考

1. 选择题（其中至少有一个是正确的）

（1）债券投资者的收益可以来自（　　）。

A. 固定的债息
B. 发行者的收益以及红利
C. 高买低卖的买卖差价
D. 低买高卖的买卖差价

（2）债券的特征包括（　　）。

A. 收益性
B. 收益的无限性
C. 安全性
D. 流动性

（3）衡量投资者收益的标准可选用（　　）。

A. 名义收益率
B. 持有期收益率
C. 实际收益率
D. 到期收益率

2. 判断题

（1）债券的利率通常介于存款利率和贷款利率之间。

（2）除瑞士法郎市场以外，欧洲债券可以不受各国法规约束，进行自由流通。

（3）美国债券是指美国在国外发行的债券，亦称扬基债券，是美国在国际市场吸收资金的债券。

3. 简答题

（1）简述债券与股票的异同。

（2）简述国际债券的种类与类型。

（3）试分析债券价格的决定因素。

◇ 本章参考书目

[1] 葛永波．证券投资学［M］．北京：中国金融出版社，2010.

[2] 法博齐．债券市场：分析与策略：第七版［M］．北京：中国人民大学出版社，2010.

第十二章

国际风险投资

学习目标

本章的目的是使学生掌握国际风险投资的基本概念、风险投资的特点、制约风险投资的主要因素，熟悉风险投资的进入与退出等运作问题，了解风险投资与高科技企业的关系、风险投资的社会效益等。

第一节　国际风险投资概述

一、风险投资的含义

风险投资的英文名称是 Venture Capital，也被译作创业投资。多年来，国际上对风险投资的理解一直存在多种角度，因此，对于风险投资的概念，目前还没有一个能被普遍接受的解释。按美国风险投资协会的解释，风险投资是由金融家投入到新兴的、迅速发展的、有巨大竞争潜力的企业（特别是中小型企业）中的一种股权资本；经济合作与发展组织（OECD）对风险投资的定义是，以高科技与知识为基础，生产与经营技术密集的创新产品或服务的投资；英国学者认为，从广义上看，风险投资是指以股权资本方式对未上市企业的投资，以扶持该企业的未来发展并获得投资收益，投资是一种长期的风险性股权融资，它为风险投资者首先带来的是资本增值而不是红利；我国著名学者成思危先生在其发表的《积极稳妥地推进我国的风险投资事业》一文中，对风险投资的定义则是："所谓风险投资是指把资金投向蕴藏着较大失败危险的高新技术开发领域，以期获得成功后取得高资本收益的一种商业投资行为。"综上所述，笔者认为风险投资应有广义和狭义之分。从广义上说，风险投资是指对蕴藏着高风险的高新技术及其产品，伴有高回报预期的资金投入活动。从狭义上说，风险投资是为获取未来成熟企业高额转让收益而在其孵化阶段冒险投入的即期货币，即通过投资于一个高风险、高回报的项目群，将其中成功的项目进行出售或上市，实现所有者权益的变现；此时不仅能弥补失败项目的损失，而且还能使投资者获得高额回报。

风险投资是一种从事高技术并伴随高风险和高回报的活动，高新技术产业的创业风险是技术风险、产业化风险和规模化风险的综合体现。这些风险都与高科技产业有着直接的关系，如在高科技产业中，技术研究风险带来的技术开发风险，开发出的产品能否在现有生产状况下生产出来的生产风险，开发出的高科技产品能否被市场接受和广泛使用的市场风险，能否从售出的产品中获得利润的营销管理风险该产品能否继续被改进或发展的创业风险等。

对创业者而言，涉足和发展高新技术产业，不但要有研究开发能力，还要具有生产能力，进而还要具有市场开拓能力、营销管理和获利能力、再创业的发展能力等。这些能力的综合，构成了高新技术产业发展的全动力。割裂这些能力，高新技术产业的发展必然受阻。教学和科研机构具有研究开发能力和再开发能力，但缺乏生产能力、市场开拓能力以及营销管理能力。相反，企业具有生产、市场开拓和营销管理能力，但研究开发能力和再开发能力比较弱。因此，它们均不能单独完成高新技术产业的创业与发展。产、学、研的结合是高新技术产业发展的经济规律的客观反映。

二、风险投资的特点

（一）高风险、高收益性

风险投资顾名思义，是一种高风险的投资行为。这是风险投资有别于一般投资的首要特征。在美国硅谷，有一个广为流传的“大拇指定律”，即在 10 个从事风险投资的创业公司中，有 3 个会垮台，3 个会勉强生存，还有 3 个能上市并有不错的市值，只有 1 个能够脱颖而出并大发其财。风险投资是冒着九死一生的巨大风险进行技术创新投资的，虽然失败的可能性远大于成功的可能性，但技术创新一旦成功，便可获得高额垄断利润，进而弥补其他项目失败带来的损失。据一些国外风险投资公司估计，风险投资的失败率高达 80%～90%，成功率仅为 10%～20%，与高风险性相联系的则是高收益性。根据对美国 218 家风险企业的调查，投资完全损失的占 14.7%，部分损失的占 24.8%；但在成功项目中，有 60%的项目收益率可超过 100%。

（二）风险投资是一种长期投资

风险投资将一项科研成果转化为新技术产品，要经历研究开发、产品试制、正式生产、扩大生产、进一步扩大生产和销售等阶段，直到企业股票上市或通过出售等其他方式兑现才能取得收益。这一过程少则 3～5 年，多则 7～10 年，而且在此期间通常还要不断地对有成功希望的高新技术项目进行增资。因此，风险投资也被誉为“耐心的投资”。

（三）风险投资是一种组合投资

为了分散风险，风险投资通常投资于一个包含 10 个项目以上的高新技术项目群，以成功项目所获取的高回报来抵偿失败项目的损失并取得利益。

（四）风险投资是一种权益投资

风险投资是一种权益资本投资，而不是一种借贷资本投资，因此，其着眼点并不在于投资对象当前的盈亏，而在于它们的发展前景和资产的增值，以便能通过上市或出售来获取高额回报。

（五）风险投资是一种分阶段的投资

风险资本家通常把风险企业的成长过程分成几个阶段，并相应地把资金分几次投入，上一阶段发展目标的实现成为下一阶段资金投入的前提。这是风险资本家降低风险的一种重要手段。

（六）风险投资资金主要投向从事高新技术的中小企业

风险投资向来是以冒高风险为代价并以追求高收益为特征的。传统的产业无论是劳动密集型的轻纺工业，还是资金密集型的重化工业，由于其技术、工艺的成熟性和产品市场的相对稳定性，风险相对较小，因而收益也就相对稳定和平均。而高科技产业由于风险大、产品附加值高，因而收益也高，适应了风险投资的特点，理所当然地成为风险投资者选择的对象。

（七）风险投资是一种主动参与管理型的专业投资

风险投资不仅向创业者提供资金，而且其管理者即风险投资家们能够用长期积累的经验、知识和信息网络帮助企业管理人员更好地经营企业。风险投资者一旦将资金投入高技术风险企业，它与风险企业就形成了一种“风险共担，利益共享”的共生关系。这种“一荣俱荣、一损俱损”的关系，要求风险投资者必须参与风险企业的管理全过程。从产品的开发到商业化生产，从机构的设立到人员的安排，从产品的上市到市场的开拓，以及企业形象的策划、产品的广告宣传等，都离不开风险投资者的积极参与和管理。

（八）风险资本具有再循环性

风险投资是以“投入—回报—再投入”的资金运行方式为特征的，而不是以时断时续的阶段方式进行投资。风险投资者在风险企业的创业阶段投入资金，一旦创业成功，他们即在证券市场上转让股权或抛售股票，收回资金并获得高额利润。风险资本退出风险企业后，并不会就此罢休，而是去寻找新的风险投资机会，使高新技术企业不断涌现，从而推进高科技产业化的进程。

三、风险投资的作用

（一）风险投资是高科技产业化的助推器

风险投资是在高技术产业化的关键时刻，即中试或小批量生产阶段切入的，它填补了高科技产业化过程中研究与开发阶段的政府拨款或企业自筹与工业化大生产阶段的银行贷款之间的空白，使高科技产业化的各个环节由于有了资金的承诺而成为可能。正如前英国首相撒切尔夫人所说：“欧洲在高科技产业方面落后于美国，并不是由于欧洲在科学技术方面落后，而是由于欧洲在风险投资方面落后了美国 10 年。”

（二）风险投资为高科技中小企业开辟了新的融资渠道

融资渠道对于从事风险投资的企业的发展丨分重要，限制了企业的融资渠道就等于降低了企业的增长能力和竞争能力。与传统大企业相比，高科技中小企业具有很高的风险性，主要表现在：高科技中小企业的市场是需要开拓的潜在市场，现金流量存在巨大的不确定性，往往不是巨大成功就是完全失败，且企业在成长初期一般既没有资产可抵押，也很难找到合适的担保，同时往往还没有得到社会的承认。但是从技术创新角度看，中小企业比大企业更具有活力。风险投资以其特有的投资方式，为中小企业尤其是高科技中小企业的成长与发展开辟了新的融资渠道。

（三）风险投资有利于提高全社会资源的利用率

从宏观角度讲，风险投资优化了资源配置。传统的银行在资源配置上存在一个逆向选择的问题，即最需要资金、资金生产率最高的项目往往因为风险较高得不到贷款，反倒是发展成熟、收入趋于稳定的企业因风险较小而成为银行追逐的对象。风险投资看重的恰恰是企业的成长性，只有最具成长性的项目才可能吸引风险投资。另外，风险资本的目的是取得最大的预期资本增值，而不是保本付息。在市场经济下，对利润最大化的追求能带来资源的最佳配置。风险资本的特征，决定了其将大部分资源投向科技含量高、成长性高的高技术企业。风险投资一旦进入风险企业或项目后，风险投资者与风险企业就结成了一种“同舟共济”的关系，保证了风险企业或项目能始终运行在比较理想的状态之中，从而提高了风险资金的运营效益。

四、风险投资与高新技术产业的关系

（一）高新技术产业的含义

高新技术一词起源于美国，对于高新技术产业，目前国内国外在其基本概念的定性上是一致的，在界定高科技时一般考虑两个因素。

一是资金投入的产业是否属于高新技术产业。高新技术产业一般具有以下特征：

（1）智力密集，知识密集。高新技术通常都是尖端技术，其本身的研究难度很大，需要当代基础科学研究的成果做支撑，需要投入大量高级人才，然而高新技术从开发成功到最终实现产业化还有一定距离。

（2）高投入。高新技术的开发和产业化需要大量的资金投入，如研究开发所需的仪器设备、进行商业利用的设备投入等。例如美国20世纪80年代初提出的以高技术为基础的战略防御计划，耗资万亿美元，其中，高新技术研究与开发费用就达数千亿美元。又如英特尔公司在计算机中央处理器CPU上的研究开发费用每年多达十亿美元，建立一家CPU生产基地的设备投资也达到了数十亿美元。

（3）高风险。高新技术不仅投资巨大，而且作为一种开创性、探索性很强的工作，其难度非常高，所以相应的风险也很大。因此，当今世界一些同行业的大型跨国公司往往结成战略联盟，共同进行一些重大技术的研究开发。这些结成联盟的公司在市场上很多是竞争关系，之所以在技术开发上进行合作，其主要的目的是共同投资、共担风险和共享收益。

（4）高回报。尽管高新技术产业具有高风险的特点，但其回报也是惊人的。因为高新技术在后来者没有跟上来之前是具有垄断性的，而且对市场具有明显的吸引力，在后来者掌握之后，由于市场开发、规模经济等方面的原因，它仍然可以继续获得可观的经济回报，这种高回报可以从一些高新技术产业的快速发展得到证实。计算机和通信产业的发展在近几十年的时间里已经成为仅次于钢铁、汽车、化学工业的第四大工业部门，而其在利润回报上则远远超过这些传统产业，微软、英特尔等的获利能力是传统产业所望尘莫及的。

（5）带动性强。当代高新技术的发展已经不再像20世纪之前的传统产业，如蒸汽机、纺织机、电力等技术那样独立出现，而是多种技术同时出现。高新技术通常是一个群体，彼此之间有着密切的联系，相互渗透，这就使得高新技术的发展有着很强的带动性。从纵向看，高新技术之间的依赖性比较强，某一技术往往以其先导技术为基础并在其带动下才能得以成功开发；从横向看，由于高新技术多为交叉学科的技术综合而成，因此，它们的渗透力很强。如计算机技术的出现，推动了微电子技术的迅猛发展，并产生了软件工程技术，应用中又触发了数据库技术的诞生。在与通信技术结合的过程中，又产生了网络技术和信息高速公路。

（6）技术发展周期短。一方面，高新技术具有相对性，特别是在时间方面，新技术不断地替代旧技术。高新技术的巨大利益吸引人们投入巨大人力、财力和物力去研究和掌握。高新技术的发展对技术含量高的产业或某些与高新技术相关产业的发展有强力的推动作用。另一方面，高新技术以新概念、新方法、新手段去进行创造性的活动，使其得以超常规地快速发展。如计算机产业，CPU（中央处理器）从8086、80286等到奔腾二代、三代、四代，产品推出的速度越来越快，达到每年一次。

20世纪高新技术的研究与开发实践，为未来高新技术的发展奠定了强有力的基础，高新技术的发展趋向越来越成为人类社会共同关注的焦点。据专家预测，21世纪最具潜力的高新技术产业有以下几种：

（1）光电子信息产业。包括以电子器件、激光技术、光纤系统、全息图像、光电集成电路、光计算机等为基本内涵的新一代光电子信息系统。

（2）智能机械产业。将传统的各种机械工具广泛与微电子、光电子和人工智能技术相结合而形成的全新的智能机械产业。

（3）生物工程。即以动植物工程、药物及疫苗、蛋白工程、基因重组、生物芯片、生物计算机等为基本内涵的生物工程产业。

（4）超导体产业。超导电机、超导输电系统、超导蓄能装置、超导计算机等一系列高科技产业。

（5）空间产业。包括卫星及发射、载荷搭载、太空旅行等商业和科研活动与服务，以及利用微重力、超洁净在太空进行科学实验，生产高精尖产品。

（6）海洋开发产业。如南极开发、海水利用、深海采矿、海底城市建设等。

二是考虑资金投入开发和生产产品的技术含量。按要求，高新技术产品必须达到一定的技术含量，而对于技术含量的要求和哪些算作技术因素的规定，各国或机构标准不一。美国商务部对高技术产品中技术因素做了如下规定：（1）研究与开发支出占销售额的比重；（2）科学家、工程师和技术工人占职工总数的比重；（3）产品的主导技术必须属于所确定的高新技术领域；（4）产品的主导技术必须包括高新技术领域中处于技术前沿的工艺或技术突破。经济合作与发展组织制定的标准，是在国际标准产业分类统计的基础上，主要将研发强度（即研发经费占企业产值的比重）作为界定高新技术产业的标准，其比重在3%以上的为高技术产业，在1%～2%之间的为中技术产业，小于1%的则为低技术产业。

实际上各国对高新技术的理解是没有多大差异的，只是在表述上有所不同。美国学者纳尔逊认为高新技术产业是指那些投入大量研究与开发资金，以迅速的技术进步为标志的产业。在美国，高新技术产业泛指那些依赖先进的科学和工程技术的多种生产部门。日本学者则把高新技术定义为以当代尖端科技和未来科学技术为基础建立起来的技术群。而澳大利亚学者认为，高新技术产业是指那些投入大量研究与开发经费，与科学技术人员联系紧密，生产新产品的过程，并且有科学或技术背景企业的产业。笔者认为，凡是那些技术含量高的，而且可以代表未来技术发展趋势的产业，都应视为高新技术产业。

（二）风险投资与高新技术产业的关系

从西方发达国家风险投资发展的历程和高新技术产业近些年来迅速发展的原因来看，风险投资资金的注入是高新技术产业发展的基础，而风险资金背后的巨额收益又离不开高新技术产业的众多成就。高新技术创业企业正是在风险资本的支持下，使高新技术转化为高技术产品，使高技术产品的生产成熟化和规模化。

1. 风险投资可以成为高新技术产业重要的资金来源

高新技术产业由于运作周期长、失败率高，所以往往需要高额的投入。由于高科技产业的高风险，导致一般的金融机构和个人投资者不愿介入或无力承担所需的高额的资金。风险投资资金则为高新技术产业发展提供了资金支持。

2. 风险投资者分担了高新技术产业运营者的高风险

为了振兴科技发展经济，很多国家都设立了风险投资基金，供从事高科技产业的企业享用，这实际上便使得众多的投资者来一起分担高科技产业的风险。这种做法，不仅让更多的投资者分担风险，还会使更多的个人或企业加入高科技产业中去。

3. 高新技术产业能够给风险投资者带来高收益

由于投资者在风险企业中拥有较大比例的股权，一旦风险企业获得成功，风险投资者利用有效的退出机制和途径出售风险企业的股份，就能获取高额投资回报。

4. 风险投资增加了高新技术产业的数量并推动了高新技术产业的发展

风险投资资金多是在高新技术企业创立的初期，即研究与开发的成果转化阶段介入的，不仅弥补了高新技术企业发展过程中初期的资金短缺的空白，而且使高新技术企业在各个发展阶段均有特定的资金来源。风险投资以它特殊的、灵活的和高效的融投资方式，在高收益的驱动下，为高新技术产业投入资金，扶持高新技术创业企业的创建、成长和扩张，这就使更多的本无力承担巨额资金或无力承担巨大风险的企业加入风险投资这一行业中来，最终使高科技产业成为成熟的产业，并得到迅速发展。从国外的发展经验看，由风险资本组成的创业基金在培植高新技术企业中发挥了极其重要的作用，当今世界上著名的高新技术企业的发展无不与风险投资的支持相关。如微软（Microsoft）公司、戴尔（Dell）计算机公司、康柏（Compaq）计算机公司、苹果（Apple）电脑公司、莲花（Lotus）发展公司等。

高新技术产业是在风险资本的支持下才得以发展和成熟的，而风险资本也只有投资于高新技术产业才能实现其快速增值并获得巨额的利润，进而又产生更多的可投资于高新技术产业的风险资本。高新技术产业在风险资本的支持下发展，风险资本在高科技产业发展中增加。总之，风险投资与高新技术产业是相互依赖、相互促进、风险共担、利益共享的共生关系。

第二节 风险投资的运作

一、风险投资运行的主体

风险投资运行的主体主要包括风险投资家（或风险投资机构）、投资者和创业企业（或创业者）。从流动的角度看，风险资本首先从投资者流向风险投资机构，经过风险机构的筛选决策，再流向创业企业；通过创业企业的运作，资本得到增值，再回流至风险投资机构；风险投资机构再将收益回馈给投资者，构成一个资金循环。周而复始的循环，形成风险投资的周转。

（一）投资者

资本是在流动中增值的，不论是富裕的家庭和个人，还是大企业、保险公司、养老基金和其他一些基金会等，他们手里掌握着大量的闲置资金急需寻求投资出路，这样，他们就构成了风险资本的提供者。在政府的鼓励性政策与优惠税收政策的引导下，出于高回报的动机，他们极力想将其手中的资金投入收益高于其他投资方式的风险投资，但由于个人投资者的资金有限，其时间和能力也都制约着他们直接投资于风险企业。为规避风险，他们往往把一部分资金交给风险投资机构代为理财和运作。

（二）风险投资机构

风险投资机构既是风险投资的运作者，也是风险投资流程中的中心环节。事实上，风险投资机构并不是资金的最终使用者，其主要职能是辨认和寻找投资机会，筛选投资项目，决定投资方向，获益后退出投资。即资金经由风险投资机构的筛选，流向创业企业，取得收益后，再经风险投资机构回流至投资者。

在风险投资业较为发达的美国和欧洲，风险投资机构的组织形式一般分为公司制和有限合伙制。其中，有限合伙制更为流行，它包括负有限责任的股东（即有限合伙人）和负无限责任的股东（即普通合伙人）。有限合伙人一般提供99%的资本金，分得75%~85%的税后利润，其责任也仅以其在公司的出资额为限。普通合伙人一般提供1%的资本金，分得5%~25%的税后利润，其对公司要负担无限连带责任。有限合伙制的普遍存在是由风险投资机构的性质决定的，它把风险投资家的个人利益与公司利益结合起来，建立了激励与约束协调一致的运行机制，因而有限合伙成为风险投资机构的最佳组织形式。

（三）创业企业

创业企业才是风险资金的最终使用者。风险资金需求量往往随着风险投资的进程而不断加大，尤其当创业企业家从事新技术、新发明等创新活动进入最后阶段时，由于缺乏后继资金以及管理的经验和技能，必须寻求风险投资家的帮助。风险投资家有权力对创业企业进行鉴定、评估，确定创业企业的技术与产品是否为市场所需要，以及是否具备足够大的市场潜力或盈利能力，从而决定是否提供及如何提供资金；与此同时，创业企业家也有权对风险投资家进行考察，确定风险投资者的知识水平、资金状况、经营风格和运作能力。

二、风险投资的资金来源

风险资本属于一种权益资本，一般以股权投资方式进行投资，在相对较长的时期内不能变现。因为风险资本需要一个相对稳定的资金来源，不少研究风险投资的学者都探讨过风险资本的来源与构成。但由于分类角度的不同，即使同一国家的数据也会出现较大的差异。但归纳起来，风险资本主要有以下几个来源：

（一）一些基金

基金主要包括养老基金、退休基金和捐赠基金，其中，退休基金占的比重最大。例如，美国的养老基金、退休基金和捐赠基金分别占风险资本来源的19%、23%和11%，三者之和构成了资本总额的53%。由此可见，基金是美国风险资本的最大来源。

（二）银行控股公司

银行控股公司是风险资本市场的早期投资者。由于受有关银行法律的限制，银行控股公司一般通过资本分离的银行控股公司的附属机构向风险资本投资，直接投资则需通过特许的小型商业投资公司进行，对有限合伙人的投资则通过独立的分支机构进行。

（三）富有阶层

风险投资的早期，资金主要来自富有家庭和个人。除了消费以外，他们手上拥有大量的闲置资金，需要寻找投资渠道来使其资本增值。他们除了购买风险相对较低的债券、股票或直接办企业以外，还把部分资金投向了风险投资领域。因此，在风险资本的发展过程中，富有家庭和个人资金对风险投资事业曾经起到了重要的作用。但是随着各类基金投资的增长，富有阶层对风险投资的重要性已经大不如前。富有家庭的投资者群体既包括退休的首席执行官（CEO）及具有敏锐商业眼光和大量金钱的公司经理们，也包括商业银行和投资银行的富有客户们。

（四）保险公司

保险公司的风险投资业务是从公司的私募业务中衍生出来的。多年来，保险公司通过购买那些具有资产特性的债务为风险更大的公司客户提供资金。在公共的垃圾债券市场出现之前，保险公司通过麦则恩（Mevcanine）债务方式为一些早期的杠杆收购业务提供资金（即麦则恩投资方式，也称次级债务投资和半层楼投资，它属于一种中期投资，是一种介于传统风险投资和一般商业贷款之间的投资行为）。随着专业技术的发展，保险公司开始投资于有限合伙责任公司。

（五）投资银行

投资银行通常通过投资于自身就是合伙人的合伙公司，特别是通过风险投资合伙公司方式介入风险投资。这一点与商业银行不同，其业务目的是为大型收购项目提供融资和相应的服务。投资银行支持的合伙公司的业务方向是对已设立公司的发展后期的投资和风险小或无风险性投资，同时合伙公司的融资活动与投资银行的其他业务活动处于同一经营范围。在进行大型的收购交易时，投资银行也提供包销服务和并购咨询服务。

（六）非银行金融机构

非银行金融机构大约从20世纪60年代开始成为风险资本的来源之一，它们通常通过一些专设附属机构，主要是通过自己的直接风险投资计划进行投资。

三、风险投资的进入与退出

（一）风险投资的进入

1. 风险投资进入的目标企业的特点

（1）从事生产和经营的多是与高新技术行业有关的风险企业；

（2）一般都是中小型企业或是新型的风险企业；

（3）发展潜力大和成长快的风险企业；

（4）受益大且风险高的风险企业。

2. 风险投资进入的三个阶段

第一阶段：投资项目的产生与初步筛选。

风险投资公司每天接到的风险投资项目申请书是大量的，不可能每一个都去仔细研究，因此，第一步是去粗取精，初步筛选出可能有市场潜力并符合公司投资要求的项目。不同的风险投资公司会有不同的筛选标准，但不外乎这样一些标准：（1）投资产业。一方面，风险投资一般侧重于高新技术产业，若不是，则先行剔除；另一方面，随着风险投资的行业分工逐渐趋向于细化，有些风险投资公司会侧重于某些擅长行业，若该项目不在擅长之列，就有可能会被剔除。（2）技术创新的可行性。由于风险投资一般涉足高新技术产业，不少项目只是一项发明创造，有的甚至只是一个想法或一个概念。因此，这一项目是否可行，就成为风险投资家所关心的问题之一。他们需要判断产品的技术设想是否具有超前意识，是否可实现，是否需经过大量研究才能变为产品，产品是否会为市场所接受以及技术是否易于保密等。（3）市场前景。不管一项投资计划做得多漂亮、技术有多先进，如果没有市场，就不会有收益。因此，一个项目的市场前景是风险投资公司必须考虑的因素。（4）投资项目的发展阶段。一个风险企业的成长通常分为种子期、创业期、成长期和成熟期四个阶段，不同发展阶段的企业会面临不同的风险，并有不同的资金需求，因此，筛选时需要考虑其所处的阶段。一般来讲，处在种子期的企业资金需求量少，但风险大，同时面临着技术风险、市场风险和管理风险；处在创业期的企业资金需求量比种子期明显增加，但技术风险已有所下降；处在成长期的企业资金需求量比前者又有增加，此时主要面临的是加大的市场风险和管理风险；处在成熟期的企业各方面都比较成熟，资金需求量很大，但由于其收益相对较低，风险资本一般很少介入。（5）投资规模。考虑到风险问题，风险投资公司不会将资金全部投入一个项目中。此外，由于精力和时间有限，风险投资公司也不会投资于太多的小项目，而是要寻求一个好的组合。风险投资公司会结合自身的实际情况来综合权衡投资规模。（6）公司人员和管理状况。“一流的管理加上二流的项目，远优于一流的项目加上二流的管理。”这是风险投资界公认的准则。风险投资说到底还是对人的投资，因此，风险投资家在审核计划时，会有意识地捕捉有关公司的人员及管理状况方面的信息。

经过这几方面的审核和筛选，会初步产生一批有投资价值的项目。按照国外的经验，通过这一阶段筛选的项目所占比例一般为10%。

第二阶段：投资项目的调查、评价与选择。

在对风险投资项目进行初步筛选后，风险投资人即开始展开对这些项目的调查，做出相应的评价，并根据评价结果做出选择，确定项目。

风险投资人对风险企业的调查一般是通过向公司员工和有关管理人员提问、交流等方式进行的。但绝大多数风险投资人还会采取其他方式了解风险企业的状况，如搜集该公司以往的经营资料，向公司的供应商、客户、竞争对手以及其他熟悉该公司的人员了解情况，通过中介机构掌握资料、深入取证，分析企业的经营计划和财务报表，征求其他风险投资人的意见等。

经过调查，掌握充分确凿的资料后，风险投资人会对该项目的产品市场情况、人员素质情况、经济核算情况以及有关的法律和政策等进行进一步的评价。通过上述综合评价，确定有投资价值的项目。

第三阶段：投资项目的谈判与协议。

通过前两阶段的审查评价，风险投资人基本确定了有投资意向的项目，之后就开始与风险企业的有关管理人员进行谈判协商、共同设计、确定交易结构并达成协议。在达成协议后，双方会成为利益共同体，通过合作来推动风险企业的发展，实现各自的利益。同时，双方又有着各自的小算盘，都要追求自身利益的最大化。这一谈判阶段相当关键和艰难，需要确定一套相互协作的机制来平衡各自的权益。

3. 风险投资进入的风险管理

从风险投资本身而言，是在尽量减少风险、控制风险、管理风险的前提下来确保收益的实现。只有从风险投资进入的那一刻起就开始风险管理，才能减少今后的风险，保证收益的实现。风险投资进入的风险管理是通过以下几种方式进行的：

（1）组合投资。包括以下几个层次：一是对不同行业项目的投资组合；二是对处于不同阶段项目的投资组合；三是对不同风险程度项目的投资组合；四是对不同地域空间项目的投资组合。通过组合投资，可尽量减少风险，获取最大利润。

（2）联合投资。由于有些项目投资规模较大，单个投资家实力不够，风险投资公司有时会联合其他同行共同投资，这样也可以相互借鉴经验，取长补短，加大项目成功的可能性。

（3）专业投资。随着竞争的加剧以及风险投资公司自身人员构成的专业背景，风险投资公司越来越倾向于专门进行某一领域的投资、长期从事同一领域的投资，这样更易于挑选出真正优秀的投资项目。

（二）风险投资的退出

尽管风险投资在投入风险企业后占有相当一部分股份，但风险投资的目的并不是控股，而是带着丰厚的利润和显赫的功绩从风险企业中退出，继续下一轮的投资。因此，退出对风险投资企业是至关重要的。风险投资的退出主要有以下几种方式：

1. 公开上市

公开上市被誉为风险投资的黄金通道，对于风险投资公司和风险企业都能较好地实现各自的利益。公开上市可分为首次公开上市（IPO）和买壳上市。首次公开上市通常是在第二板市场发行上市，如美国和欧洲一些发达国家的中小风险投资企业一般通过在纳斯达克市场上市发行；而买壳上市又称借壳上市，是指收购公司通过一定的途径获得对上市公司的控股权，再通过资产置换或反向收购等方式，使收购的公司资产注入上市公司，从而达到非上市公司间接上市的目的。

2. 收购

收购方式的主要模式有以下两种：一是兼并，也称一般收购。随着第五次并购浪潮的兴起，兼并越来越受到重视。中小科技企业发展势头好，又有新技术做支撑，而价格往往不是很高，这对于一些想介入这一新领域或是想在这一领域保持领先地位的大公司来说，是很有吸引力的。同时，对于风险企业家来说，兼并有利于迅速变现或得到短期债券，能够迅速撤出，也是很好的退出方式。二是其他风险投资介入，也称第二期收购。经过几十年的发展，风险投资已经衍生出众多新品种，逐渐由传统风险投资向新兴的风险投资过渡，如麦则恩投资、杠杆购并等。第二期收购以麦则恩投资为主，这是一种中期风险投资，投资对象一般已进入发展扩张阶段，需要资金来增加人员、扩展生产，此时可能还没有盈利。

3. 回购

回购主要是指由风险企业购回风险投资公司所占的股份，有两种情况：一种是风险企业管理者从风险投资公司手中购回其所持股份，以达到对企业更大程度的控制；另一种则是由风险投资公司与风险企业在初始阶段就约定好的行为，主要是为了保证风险投资公司的利益，在该项投资不是很成功的情况下，风险投资公司可以要求风险企业购回股份。

4. 破产清算

风险投资的成功比例一般比较低，根据著名的“2-6-2”法则，风险投资很成功的项目一般占项目总数的20%，业绩平平的占60%，完全失败的占20%。一旦确认失败就该果断退出，以保证最大限度地减少损失并及时收回资金。破产清算固然痛苦，却是风险投资必不可少的一种退出方式。

四、风险投资的运作、评估与定价

（一）风险投资的运作

一个完整意义上的风险投资运作模式，一般涉及风险资本供给方（投资者）、风险资本运作方（风险投资公司）和风险资本需求方（风险企业）。这三方之间的相互关系及风险企业的运行机制见图12-1。具体而言，从风险资本的投入到退出，基本要经历如下几个阶段或程序见图12-2：筹措资本、建立投资公司或基金；选择投资项目；洽谈、评估、达成投资协议；投入资本并进行经营、监管和辅导；成功后退出。

（二）风险投资的评估与定价

风险投资是要从成百上千的投资项目中挑选出最具有市场前景和发展潜力的项目，因此，风险投资项目的评估与定价是风险资本运作成功与否的关键一环。

1. 风险投资项目评估指标的选择

在进行项目评估时，一般需要确认和分解评估指标，依据项目和投资公司的具体情况，就各项指标的重要性进行排序，给出定性或定量的描述，最后综合决策。对于某个

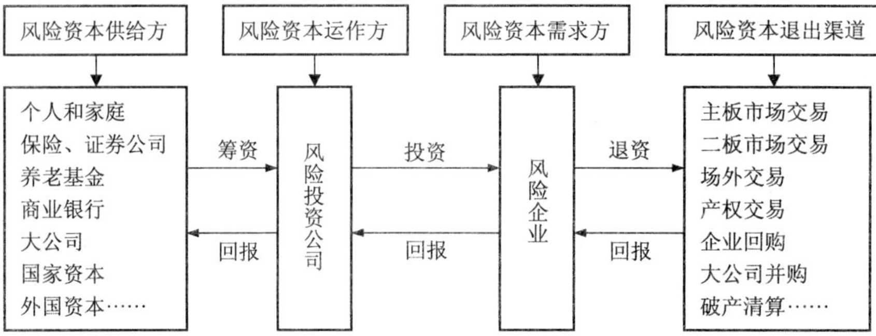

图 12-1　风险投资的运行机制

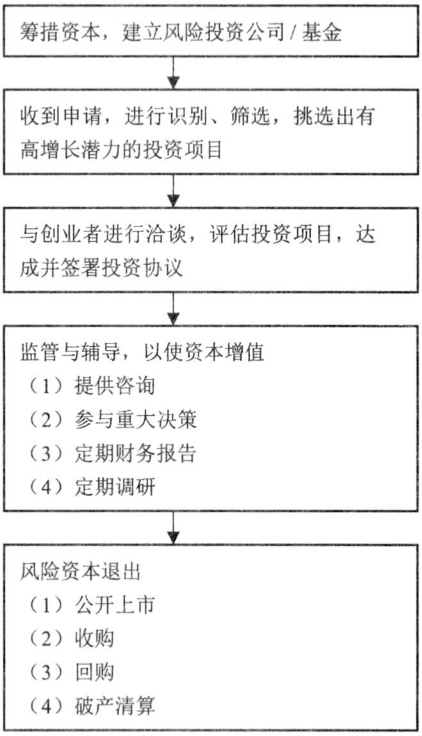

图 12-2　风险投资运作流程

具体项目的评估，涉及的指标和因素方方面面，这些指标的取舍和分解因项目的不同会有很大的差别，但总的来说，一个较好的投资项目评估指标体系至少应包含以下几个方面：

第一，市场评估。这一指标包括对现有市场的评估和对未来市场的预测，并侧重后者。主要考虑以下因素：产品的消费对象及主要竞争对手分析；产品的预期成本和价格以及该价格与消费水平是否相适应；产品的生命周期和升级潜力及替代产品的发展趋势；产品的运输、储藏、销售渠道和方式及成本分析。

第二，产品与技术评估。这主要包括现有产品与技术的纵向、横向延伸的空间和创新开发能力，着重考察被评估产品与技术的独特性、技术含量、边际利润、竞争保护及持续创新的可能性等。具体来说要分析：主要产品的技术特征、技术水平、技术壁垒及知识产权保护情况，产品的竞争优势、更新周期、技术发展的方向和重点，产品的研究开发能力、生产能力及其各种支撑条件等。

第三，投资项目的规模评估。一个投资项目规模的确定，需要考虑多方面的因素，应着重把握好如下几条原则：一是规模经济。这可以从规模能否导致成本的最小化或利润的最大化两个不同角度进行判断。对于风险投资项目来说，考虑规模经济问题时，要视项目自身的行业、产品特点而界定。二是供求状况。项目的投资、生产规模受制于市场供求状况。生产规模反映了公司可以提供的市场供给能力，而供给能否充分实现，最终要看市场对其需求的容纳情况。在评估风险投资项目时，要从动态的角度对市场供求长期趋势进行预测。三是筹资能力。风险投资项目的规模，还受资金筹措能力的制约。规模不同，所需投资额就不同，对项目的筹资能力的要求也就不同。对这一指标的评估，一方面要考虑国家宏观的金融政策、资本市场的完善程度，另一方面还要考虑项目公司的资信状况、融资方案的选择等。四是生产要素的持续供给。项目投产后，要充分发挥其生产能力，需要在其寿命期内有稳定而充足的生产要素的供给。

第四，项目人员构成与能力的评估。风险投资是对项目的投资，更是对人的投资。"一流的项目加二流的人，远不如二流的项目加一流的人"这句名言，就很直接地表明了对人的重视程度。在具体评估时，主要对项目人员的知识结构、工作经验、地域分布、技术状况以及团队的总体素质及互补情况等进行评估。

第五，财务评估。这一指标主要包括项目投产后未来五年的财务预测及投资回报的预测。其中，财务预测主要预测损益表、现金流量表、资产负债表。投资回报的预测主要是根据创业投资项目的特点，选择和确定能够正确反映项目风险的贴现率，建立合理的现金流量模型，并使用这一贴现率计算项目的投资效率、净现值和投资回收期、投资回报率等。

第六，风险及退出方式的评估。风险投资项目所面临的风险主要有产品的技术风险、市场风险、财务与融资风险、管理风险、法律风险、道德风险、退出变现风险、宏观经济环境风险等。

总体而言，风险投资家对投资项目的评估可以概括成一个公式：

$$V = P \times S \times E$$

其中，V（Venture Capital）指对投资项目的评估，P（Problem）指解决的问题或机会的大小（产业前景），S（Solution）指对问题解决的程度（商业模式），E（Entrepreneurship）指风险企业家素质（创业团队）。这个公式的含义是：首先，如果一个项目能够解决社会或产业中现存的一个重大问题或缺陷（如采用基因技术治疗癌症）；其次，这一项目解决问题的方法（即技术）具有不易被模仿的独到之处和良好的市场前景；最后，风险企业家具有较强的管理能力，从而保持这种技术的领先优势，并能将其转化为商业利润，那么风险投资家对于这项投资会给予很高的评价。

2. 风险投资项目的定价方法

风险投资项目的定价方法很多，其评价指标也各不相同，大体有以下两种分类：

- 风险投资定价方法
  - 静态指标
    - 简单投资收益率
    - 静态投资回收期
  - 动态指标
    - 动态投资回收期
    - 净现值
    - 净现值比率
    - 内部收益率

（1）简单投资收益率（Return on Investment）

简单投资收益率是反映项目获利能力的静态评价指标，是指项目正常年份的净收益与总投资之比。其计算公式为：

$$\text{Rr} = \frac{\text{年平均利润}}{\text{投资总额}}$$

在采用简单投资收益率这一指标时，应事先确定企业要求达到的投资收益率标准。在进行决策时，只有高于企业投资收益率标准的方案才能入选。

简单投资收益率法的优点是计算简单，考虑了整个投资收益年限内的收益；其缺点是没有考虑资金的时间价值。很明显，由于资金是有时间价值的，早期支出比后期支出负担重，收入同样的钱，早期收入比后期收入更为有利。

（2）静态投资回收期（Payback Time）

静态投资回收期指用项目投产后的净收益及折旧来收回原来的投资支出所需的时间，通常以年数表示。投资回收期的计算时间应从投资实际支出算起，其计算公式为：

$$\sum_{i=1}^{Pt}(C_i - C_o)_t = 0$$

式中，C_i 为现金流入量；C_o 为现金流出量；$(C_i - C_o)_t$ 为第 t 年的净现金流；$\sum_{i=1}^{Pt}$ 为自投资开始年至 Pt 年的总和；t 为投资回收期。

静态投资回收期还可直接用全部投资现金流量表推算。累计净现金流量等于零或出现正值的年份，即为项目投资回收期的最终年份。投资回收期的小数部分（即不足一整年的部分）可用上年累计净现金流量的绝对值除以当年现金流量求得。其计算公式为：

$$\text{投资回收期} = \frac{\text{累计净现金流量}}{\text{开始出现正值年份数}} - 1 + \frac{\text{上年累计净现值流的绝对值}}{\text{当年净现金流量}}$$

静态投资回收期法的优点是计算简便、容易理解；但它未考虑资金回收之后的情况、项目寿命期内的总收益情况以及获利能力；同时，它还忽略了资金流入和流出的时间因素。

（3）动态投资回收期

动态投资回收期是按现值法计算的投资回收期，采用如下方程式求 P_t'，即为项目自投资开始年算起的动态投资回收期。其计算公式如下：

$$\sum_{i=1}^{P_t'} (C_i - C_0) a_t \cdot t = 0$$

式中，P_t' 为动态投资回收期；a_t 为第 t 年的贴现系数，$a_t = \frac{1}{(1+i)^t}$；i 为基准收益率或设定的贴现率。

动态投资回收期也可直接用全部投资现金流量现值表推算。其计算公式为：

$$动态投资回收期 = \frac{累计净现金流量现值}{开始出现正值年份数} - 1 + \frac{上年累计净现金流量现值的绝对值}{当年净现金流量现值}$$

与静态投资回收期相比，动态投资回收期的优点是考虑了现金流入和流出的时间因素；缺点一方面是计算较麻烦，另一方面是它和静态投资回收期一样，也未考虑资金回收后的情况、项目寿命期的总收益及获利能力。

（4）净现值（Net Present Value）

净现值是指在投资方案的整个寿命期内，各年的净现值流量按规定的贴现率或基准收益率折现到基准年的所有值之和。其计算公式为：

$$NPV = \sum_{i=1}^{n} (C_i - C_o)_t \cdot a_t$$

式中：C_i 为现金流入量；C_0 为现金流出量；$(C_i - C_o)_t$ 为第 t 年现金流量；a_t 为第 t 年的贴现系数（与设定的折现率或基准收益率 i 相对应）；n 为建设和生产服务年限的总和。

如果净现值是正数，说明投资方案按现值计算的投资报酬率高于所用的贴现率，是盈利的方案，可以初步被接受。在选择方案时，净现值越大越好。

净现值指标的优点是考虑了资金流入与流出的时间。其缺点是不能反映开发项目的获利程序。如果两个投资方案所需的投资额不同，收益也不同，对他们的收益水平就难以比较了。同时，净现值中的基准收益率也不容易确定。

（5）净现值比率（Net Present Value Ratio）

净现值比率是指项目净现值与投资现值的比值，即单位投资提供的净现值数量。计算公式为：

$$NPVR = \frac{NPV}{P(I)}$$

式中：NPV 为净现值；$P(I)$ 为投资现值。

显而易见，净现值比率越高，说明经济效果越好。

在实际应用中，对投资方案的经济效益进行评价最常用的指标是“净现值”“净现值比率”和“内部收益率”三种，“简单投资收益率”“静态投资回收期”和“动态投资回收期”只起辅助作用。

五、风险投资的运作过程

作为风险投资的对象，风险企业发展的不同阶段相应地对风险资本有不同的需求，其营运方式也各有特点。高科技创业企业的发展大致可以划分为 5 个阶段，即种子期、导入期、成长期、扩张期和成熟期。

（一）种子期（Seed Stage）

种子期是指技术的酝酿与发展阶段。这一阶段仅有产品的构想，没有产品的原型，所以难以确定产品在技术上和商业上的可行性，它的失败概率超过了 70%，即风险投资中的大部分风险企业在“种子期”就被淘汰了。种子期的主要任务是研究与开发，研究与开发的目标主要有三个：（1）开发出有应用价值的产品并力图得到专利；（2）开发出的产品不仅高于竞争对手，而且难以让对手模仿；（3）开发出的技术和产品有广泛的用途，并能在此基础上进一步发展。这一时期的资金需求量很少，从创意的酝酿到实验室样品，再到粗糙制品，一般由科技创业家自己解决。有许多发明是工程师和发明家在进行其他实验时的“灵机一动”，但这个“灵机一动”在原有的投资渠道下无法成为样品并进一步形成产品，于是发明人就会寻找新的投资渠道。这个时期的风险投资称作种子资本（Seed Capital），其来源主要有个人积蓄、家庭财产、朋友借款、申请的自然科学基金等。如果还不够，则会寻找专门的风险投资家和风险投资机构进行投资。要得到风险投资家的投资，仅凭一个“念头”是远远不够的，最好能有一个样品。然而，仅仅说明这种产品的技术如何先进、如何可靠、如何有创意也是不够的，必须对这种产品的市场销售情况和利润情况进行详细的调查、科学的预测并形之成文，才能将它交给风险投资家。此外，发明人还必须懂得管理企业并对市场营销、企业理财有相当的了解。经过考察，风险投资家同意出资，就会合建一个小型股份公司。风险投资家和发明家各占一定股份，合作生产，直至形成正式的产品。这种企业主要会面临以下风险：一是待开发技术成功的不确定性风险；二是待开发技术完善的不确定性风险；三是高新技术企业的管理风险。风险投资家在种子期的投资占其全部风险投资额的比例是很少的，一般不超过 10%，但却承担着很大的风险。这些风险一是不确定性因素多且不易测评，二是离收获季节时间长，因此也就需要更高的回报。

（二）导入期（Start-up Stage）

导入期一般也被称为初创期，它是技术创新和产品试销阶段。在这一阶段，企业已经掌握了新产品的样品、样机或较为完善的生产工艺和生产方案，但还需要通过与市场的结合对产品和生产技术进行改进和完善。这一阶段的经费投入显著增加，约是种子期的 10 倍。这个阶段的资金要想让银行提供借贷是十分困难的，其资金主要来源于原有风险投资机构增加的资本投入。这一时期投入的资本被称为导入资本（Start-up Capital）。如果这种渠道无法完全满足需要，还有可能从其他风险投资渠道获得。这一阶段的主要工作是中试，中试就是一个在扩大生产的基础上进行反复设计、试验和评估的过程。此外，中试还需要解决两个问题，一是解决产品与市场的关系，即通过小批量产品让客户试用，然后根据反馈回来的信息对产品和生产工艺进行改进；二是解决产品与生产的关系，通过改进制造方法和生产工艺，使产品能够大批量的生产，以提高生产效率。这一阶段的风险主要包括技术风险和市场风险。技术风险主要包括产品生产的不确定性和新产品技术效果的不确定性，市场风险主要是指市场接受新产品的能力、时间及产品的普及速度。这一阶段所需资金量大，是风险投资的主要阶段。对于较大的项目来说，往往一个风险投资机构难以满足，风险投资机构有时组成集团（Syndicate），共同向一个项目投资，这样做也可分散风险。这个阶段风险投资要求的回报率也是很高的，一旦风险投资者发现无法克服的技术风险或市场风险超过自己所能接受的程度，投资者就有可能退出投资。这时无论是增加投资还是退出，都要果断，力戒观望。该投资时缩足不前，可能错过一个大好机会，并且使原有投资作用无法充分发挥；在该退出时犹犹豫豫，食之无味，弃之又嫌可惜，很可能会陷入无底的深渊。是进入还是退出，除了科学冷静地判断分析外，还要依靠直觉，这就是个艺术的问题了，大约有 10% 的风险企业在这个阶段夭折。初创期企业的组织结构不仅有研发部门，还配有生产部门和市场营销部门。各部门把研究出适销对路的产品作为自己的职责。

（三）成长期（Development Stage）

成长期是指技术发展和生产扩大阶段。经历了初创期的考验后，在这一阶段风险企业在生产、销售、服务等方面基本上有了成功的把握。新产品的设计和制造方法与工艺已经定型，并具备了批量生产的能力。这一阶段的主要工作是市场开拓，随技术不确定因素风险的减少和新产品被市场的逐渐接受，技术风险和市场风险将相对降低。而管理却成为这一时期最突出的风险。在企业快速成长中，实际上这时是风险企业的增长转型期，即企业从研发型转向生产经营型，这时出现的管理风险主要是由两个原因导致的：一是由于新研发出的产品收益大，造成企业急于扩大规模，有时增长的速度达到 300% ~ 500%，而企业管理人员的扩充需要时间并且新上岗的管理人员需要一个适应的过程，所以企业会出现力不从心的现象；二是这时的企业管理人员大多是工程师出身，他们习惯把精力用于技术的创新上，而缺乏企业管理、财务和法律等知识，这种种忽视或缺乏管理技能的状况会使企业停留在那种原始的管理状态中，从而给企业带来风险。这一阶段的资本需求相对前两个阶段又有大幅度的增加，一方面是为扩大生产，另一方面是为开拓市场、增加营销投入，其资金需求量往往是初创期的 10 倍。这一阶段的资金被称作成长资本（Expansion Capital）或扩展资本，其主要来源于原有风险投资家的增资和新风险资本的进入。另外，通过产品销售出现了回笼的资金，银行等稳健资金也会开始择机而入。这一阶段的风险相比前面两个阶段而言已大大减少，但利润也在逐步降低。一般来说，风险投资家在帮助企业提高价值的同时，也应开始考虑退出问题。

（四）扩张期（Expansion Stage）

这一时期，风险企业由研发、试验和把产品拖入市场阶段走进营销阶段。在扩张期，创新企业已经开始出售产品和服务，但支出仍大于收入。在最初的试销阶段获得成功后，企业需要投资以提高生产和销售能力。在这一阶段，公司的生产、销售、服务已经具备成功的把握，公司可能希望组建自己的销售队伍，扩大生产线、增强其研究发展的后劲，进一步开拓市场或拓展其生产能力和服务能力。

这一阶段的融资活动又称作为“Mezzanine”，在英文里意思是“底楼与二楼之间的夹层楼面”。可以把它理解为“承上启下”的资金，是拓展资金或是公开上市前的拓展资金。这一阶段意味着企业的融资介于风险投资和传统市场投资之间。

（五）成熟期（Mature Stage）

成熟期是指技术成熟和产品进入大工业生产阶段，这一阶段的资金称作成熟资本（Mature Capital）。该阶段资金需要量很大，但风险投资家已很少再增加投资了。一方面是因为企业产品的销售本身已能产生相当的现金流入，另一方面是因为这一阶段的技术成熟和市场稳定，而且企业这时已有足够的资信能力去吸引银行借款、发行债券或发行股票。更重要的是，随着各种风险的大幅降低，利润率也已不再是诱人的高额，对风险投资不再具有足够的吸引力。成熟阶段是风险投资的收获季节，也是风险投资的退出阶段。风险投资家可以拿出丰厚的投资回报给投资者了。风险投资在这一阶段退出，不仅因为这一阶段对风险投资不再具有吸引力，而且也因为这一阶段对其他投资者，如银行和一般股东具有吸引力，风险投资可以以较好的价格退出，将企业的接力棒交给其他投资者。这时风险投资的退出方式有多种可以选择。

美国风险投资协会（NVCA）的统计表明，2015 年风险投资主要集中在处于早期成长阶段和扩张阶段的创新企业，约有 71% 的风险投资资金投在这两个阶段，仅有 2% 左右投在种子期，另有 27% 左右投资于成熟期。

第三节　国际风险投资发展的制约因素

风险投资是金融市场的一种创新形态，它的运作有其内在的特殊规律性，其产生和发展需要与之相适应的环境。制约影响风险投资发展的因素很多，涉及社会、经济、文化、法律等多方面。总结美英、日德、中国台湾三种风险投资发展模式的经验和教训，可以把这些因素归纳为以下几方面。

一、法律法规的完整性及契约的有效性

与一般资本市场相比，风险投资具有较高的不确定性和信息不对称性。在这种高风险环境中，需要有一整套相应的法律法规来界定和规范各市场参与者的资格、行为及其相互之间的关系，这样才有可能有效地保护投资者的权益，增强投资者的信心，降低投资风险。

涉及风险投资的法律法规有很多，其中包括投资主体的确认、投资管理机构的组织与管理、风险资本二级市场的组织与监管、企业产权与知识产权的保护、风险投资企业的会计审计制度等。风险投资的法律法规既要能有效地降低市场风险，又要有利于市场的发展。其中，最关键的是要适应风险投资的特点。例如，在理论和实践上都证明了有

限合伙制是适应风险投资发展的一项制度创新，它最能降低风险投资的运作成本和代理成本，因此，在法律法规上就应给予其相应的地位；又如，风险资本的本质特征是其资本和投资活动的循环流动性，因此，应该从法规上尽可能减少风险资本所投资企业股份流动的障碍；再如，风险资本的投资对象主要是具有一定知识产权的高新技术企业，因此，需要有一套保护知识产权和反不正当竞争的法律。另外，为适应风险投资信息高度不对称的特点，需要有相应的会计审计制度和规范中介机构的法规。总之，适应风险投资特点的一套法律法规是保证其顺利发展的前提条件。

有了相应的法律法规之后，还必须确保建立在此基础上的契约的有效性。风险投资是一种长期的股权投资，风险投资各参与者之间特殊的委托代理关系是通过一系列特殊的契约来确定的。其中，最主要的是投资者与投资管理者之间的有限合伙契约、投资管理者与企业之间的可转换优先股份契约。只有确保这些契约的有效性，才能降低市场风险，增强投资者信心，保证风险投资的顺利发展。

二、政府的政策措施扶持

各国的实践都证明，政府的政策措施在风险投资的发育和发展过程中具有十分重要的作用。尽管各国的实践各不相同，但总结起来，以下几方面的政策措施被证明在风险投资发展过程中是至关重要的：

（1）增加风险资本的供给。第一，政府在政策上允许一定比例的退休基金和保险基金等机构投资者进行长期风险投资；第二，政府利用税收政策激励个人和民间机构进行风险投资；第三，政府出资介入风险投资，起到引导和示范作用。

（2）降低投资者风险。政府通过资助投资前的技术评估和审计，通过对风险投资的部分股份担保或损失补偿，来降低投资者风险。

（3）增加流动性。政府采取多种政策措施，如通过鼓励企业收购兼并、培育产权交易市场、培育高新技术企业股票二级市场等退出渠道，来提高风险资本的流动性。

（4）促进企业化。政府采取多种政策措施来促进高新技术企业化，这些措施包括风险分担税制、特许贷款制度、信息咨询服务等。

总之，作为一种新兴的资本市场形态，风险投资的发展需要政府的强力扶持。政府政策措施扶持是吸引风险投资，特别是民间投资的主要条件。

三、高新技术产业化基础与成熟的企业制度

风险投资是一种将资金、技术、管理与创业精神有机结合起来，在支持创新活动与培育高新技术产业过程中使参与者获取超额利润的一种新型市场形态。

理论上讲，市场的发展总是依赖于供求双方的增长。从供给方面看，风险投资的发展需要一定的高新技术产业化基础。只有存在一定数量的投资机会，风险资本才有足够的选择空间，才有可能产生与高风险相对应的超额利润，从而刺激风险投资。从实践上看，美国风险投资之所以起步早、发展快、功能健全，其重要原因之一就是在半导体、计算机、生物技术等领域内的研究与开发基础较强。如数据设备公司、苹果计算机公司等有巨大超额利润的投资项目的产生，极大地刺激了美国风险投资的发展。当然，高新

技术产业与风险投资存在着相互促进的关系，不能把前者作为独立外生变量来解释后者。但可以肯定地说，在一个缺乏创新的经济环境中，投资利润已经被平均化，以追求超额利润为主要目标的风险投资不可能有快速的发展。

有了一定的产业化基础，还必须具备较成熟的企业制度。从历史发展的过程看，企业组织制度经历了个人企业、合伙制企业和股份制企业三种基本企业制度的演变。风险资本作为一种长期的权益资本，当然要求股份制的企业组织制度与之相对应。不仅如此，作为一种创新的投资方式，风险资本对所投资企业的组织制度还有一些特殊的要求。例如，由于风险投资人承担比企业家更大的风险，因而他们往往要求控股权，即使单个风险投资者不处于控股地位，在可转换优先股份合同中也必须被赋予比其所占股份大的权利。又如，在风险投资企业中，风险投资者不仅要进入董事会，还要直接参与企业的经营管理。相反，不成熟的个人业主制、家族制的企业制度，容易产生内部人控制，加大代理成本，同时不太可能放弃对企业的控制权，因此，这些企业不太可能成为风险资本的投资对象。

四、文化的适宜性

作为创新的市场形态，风险投资要在一个适宜的文化环境中才能顺利发展。文化因素从多个方面制约影响着风险投资的发展。

第一，风险投资的发展需要一种勇于冒险的创业文化。这种文化的精髓就是敢于凭借丰富的想象力和创造力，通过建立生产新产品、引进新工艺、开发新资源和采用新组织形式的企业，来实现自己的抱负和理想。这种创业精神在科技企业家和风险资本家身上得到了具体体现。

第二，风险投资的发展需要“以人为本”的文化氛围。在高新技术产业诞生和发育的过程中，人才是关键的因素。风险资本家和科技企业家是社会的精英，他们的共同特点是敢于冒险、勇于开拓，并兼有对科学技术的前瞻力和对市场的敏锐性。这些人才不是天生的，而是从“以人为本”的高科技文化环境中孕育出来的。“以人为本”的高科技文化主要体现在以下几个方面：一是鼓励个人创新，鼓励个人创办企业；二是尊重知识和人才，提倡人才流动；三是鼓励专业人才通过创新和建立高新技术企业获取高额报酬；四是尊重和鼓励科技企业家和风险资本家的个性化发展。

第三，风险投资的发展需要一个活跃的高科技股份投资文化。风险投资是一种股份投资，市场参与者通过股份运作获得收益，企业则从中获得不断成长所需的资金。从企业的角度讲，创业者要有开明的态度，必须克服“独立性”与控股心态，为了企业的长远发展，要敢于让外部投资者参股进来，甚至放弃或暂时放弃企业的控制权；同时，要有一种向股东负责、与股东坦诚相待、追求股东价值最大化的企业文化。从投资者的角度看，要有一种敢于冒风险、愿意进行长期股份投资的高科技投资文化。

五、规范有效的中介服务体系

风险投资是有组织有中介的投资，是一个有明显特性的经济活动领域，除了风险资本家本身就是一个中介外，还需要一系列针对风险投资机构、高科技企业、政府、投资人以及公众等的中介服务机构。这些中介服务机构主要包括标准认证机构、知识产权增值机构、项目市场咨询机构、专业融资担保机构、行业协会等。随着风险投资的不断深入发展，市场分工越来越细，对中介服务机构的要求会越来越高。

从理论上讲，中介服务机构的经济功能主要体现在两个方面：其一是通过专业分工提高效率；其二是通过规范化和规模化的信息搜集和传播降低市场信息不对称性。风险投资具有高度专业化和信息不对称的特点，这就要求有较完善的中介服务与之配合。

不仅如此，由于技术、产品、市场、财务等方面存在高度的不确定性，而市场参与者之间又是依靠一定契约相连接，因此，要求有较规范的中介服务体系。

六、资金供给的数量和价格

风险资本的供给是影响风险投资发展的重要因素之一。资金供给的数量和价格是紧密联系在一起的，主要受两方面因素的影响和制约。

一是政府的限制，即政府规定可以进入风险投资领域的资金类型和数量，这包括国际资本和国内资本两部分，其中对国内资本的限制主要表现在机构投资者上。美国风险投资的发展，在相当程度上依靠退休基金和保险基金提供资本，其所提供的资本占风险资本总额的一半以上。可以想象，如果美国政府没有放宽风险资本的供给限制，就不可能有今天这样一个繁荣的风险投资业。

二是经济环境的影响，风险资本供给的数量和价格取决于其所处经济环境所能提供的机会收益。一个低利率的经济环境有利于增加风险资本的供给，而一个泡沫化程度较高的经济环境则不利于从事长期的风险投资。

七、专业人才及与之相配套的人才市场

在风险投资主客观诸多要素的组合中，最重要的是人才资源。那些开创高新技术产业的科技企业家和风险资本家，无一不是具有冒险精神和创业精神的社会精英。不管是英特尔的罗易斯、DEC的奥尔森等科技企业家，还是朋山的创始人多里奥特、多家著名公司的投资人洛克等风险资本家，都是敢于冒风险、勇于开拓并兼有对科学技术的前瞻力和对市场敏锐性的复合型人才。这些人才在市场上的聚集与竞争，是推动风险投资发展的最重要的力量。

◇ 本章小结

本章主要介绍了风险投资的概念、特点、作用，风险投资对经济发展的促进发展和技术进步的促进作用，风险投资与高新技术产业的关系，风险投资的资金来源，风险投资进入与退出等的运作过程等。

◇ 关键概念

风险投资（Venture Capital）、高新技术（High-and-New Technology）、投资回收期

（Payback Time）、种子期（Seed Stage）、导入期（Start-up Stage）

◇ 案例分析

2017年6月，全球智能共享单车行业首创者摩拜单车宣布完成一笔超过6亿美元的新一轮融资，创下共享单车行业单笔融资最高纪录。本轮融资由腾讯领投，新引入的战略和财务投资者包括工银国际、交银国际、Farallon Capital等重磅投资人，TPG、红杉中国、高瓴资本等多家现有股东继续增持跟投。

2016年4月，摩拜单车在上海投入运营，此后迅速扩展至北京、广州、深圳、成都、天津、新加坡等城市。近日登陆英国曼彻斯特和索尔福德两市后，其在全球布局城市突破100座，运营车辆超过500万辆，日订单量最高超过2 500万，注册用户超过1亿，是全球最大的智能共享单车平台和互联网出行平台。

腾讯继C轮投资、D轮领投摩拜单车后，再一次领投摩拜。此外，双方还在多个层面上展开合作，包括摩拜单车首批入驻微信“小程序”、入驻微信钱包“九宫格”等。腾讯董事会主席兼首席执行官马化腾表示，腾讯将继续开放包括微信在内的核心资源，为摩拜单车持续提供成长动能，助力摩拜单车的创新和业务扩张。分析人士认为，摩拜单车此轮融资将加速行业优势资源向头部企业靠拢。

但从目前看来，共享单车在资本疯狂注入后迎来野蛮式的崛起，但在这背后，仍有两大难题需要攻克。

第一大难题是各地政策的不明朗。对于共享单车，政府部门首先要考虑的是保障公共交通和共享交通的平衡，比如解决停车需求与公共资源之间的冲突，如何保障共享单车在服务过程中的安全等。在行业人士和媒体看来，我国尚未针对互联网单车租赁市场出台明确的政策，但若以打车软件行业的发展历程来看，政府监管势必将成为共享单车未来发展的一大挑战。不出意外，各地政府针对共享单车的监管也会表现出差异性，有的鼓励，有的严谨，有的甚至会严厉。

共享单车的另一大难题是，服务提供者们做得仍然不够出色，需要再接再厉。比如，很多企业会通过大力投放新车来提升市场占有率，但这就要占据更多公共资源，也会对公共交通秩序造成压力。

另外，用户也不时会遭遇到共享单车发生故障、体验不便等问题。不久之前，媒体曾报道了摩拜单车车锁出现大面积故障，造成用户无法使用，摩拜官方回应是合作的运营商网络出现问题，但据了解，这并非是摩拜第一次发生集体故障了。所以，目前备受宠溺的共享单车市场仍然像一个未成熟的孩子，其成长受到诸如盈利模式不清晰、服务亟待优化等主观条件，以及监管政策不明朗等客观条件的制约。这些难点靠钱解决不了，但如果在扩张过程中将其忽略，这些问题只会在未来变本加厉。

资料来源：刘景丰．摩拜单车完成超6亿美元E轮融资，创共享单车行业单笔融资最高纪录．新京报即时新闻，2017.

◇ 练习与思考

1. 选择题（其中至少有一个是正确的）

（1）风险投资运行的主体包括（ ）。

A. 投资者　　B. 风险投资机构

C. 创业企业　　D. 商业银行

（2）高科技创业企业的发展阶段包括但不限于（ ）。

A. 导入期　　B. 衰退期

C. 扩张期　　D. 成熟期

（3）风险投资的退出方式有（ ）。

A. 公开上市　　B. 收购

C. 回购　　D. 破产清算

2. 判断题

（1）大型企业或新型的风险企业是风险投资进入的目标企业。

（2）著名的“2-6-2”法则说的是风险投资很成功的、业绩平平、完全失败的项目所占比例分别为20%、60%、20%。

（3）高科技创业企业的扩张期指技术发展和生产扩大的阶段。

3. 简答题

（1）简述风险投资的特点。

（2）简述高新技术产业的特征。

（3）简述风险投资项目的定价方法。

◇ 本章参考书目

[1] 汤普森. 风险投资实务 [M]. 北京：机械工业出版社，2012.

[2] 张陆洋. 风险投资发展国际经验研究 [M]. 上海：复旦大学出版社，2011.

[3] Douglas J. Cumming, Sofia A. Johan. Venture Capital and Private Equity Contracting. [M]. USA: Academic Press, 2014.

第十三章

国际多双边投资协定

学习目标

通过本章的学习，应掌握国际双边投资协定产生的历史背景、主要内容及类型，了解区域投资协定产生的背景、特点以及重要的国际多边投资协定等；其难点在于理解国际多双边协定的作用等。

第一节　国际双边投资协定

为了促进协定双方之间的投资，最初是在发达国家和发展中国家之间签订双边投资协定（BITs），但随后，越来越多的是在发达国家之间或发展中国家与转型国家之间签订双边投资协定，而发展中国家之间也在签订这类协定。20 世纪 90 年代以来，全球范围内签订双边投资协定的数量陡增，至 2011 年已有 170 多个国家（地区）签署了累计近 3 000 个双边投资协定。发达国家和发展中国家之间签订的双边投资协定占 40%，发展中国家之间的协定占 25%，发展中国家和转型国家之间的协定占 10%。其中，所签订的 70% 的协定处于正在执行中。①

双边投资协定对国际直接投资政策框架产生了一些影响，被外国投资者认为是在过去几十年里产生的制度结构的标准特征。双边投资协定通过帮助改善投资环境，特别是通过提高双方贸易保护的标准和外国投资者的待遇以及建立解决争议的机制，减少了在签约国的投资风险。当然，这类协定没有改变对外直接投资的经济决定因素，也很少规定政府应采取的积极的投资促进措施。

一、双边投资协定的产生

第二次世界大战后，国际直接投资规模有了很大发展。但随着发展中国家的纷纷独立，为恢复和维护自己的经济主权，从 20 世纪 50 年代开始，发展中国家开展了大规模

① World Investment Report 2011, OECD.

国有化运动；同时，发展中国家政局的不稳也给国际直接投资带来很大风险，从而妨碍了国际直接投资从发达国家向发展中国家的流动。对发展中国家而言，他们需要吸收大量国外资本以促进本国经济的发展，虽然在国内立法方面对外国投资有许多鼓励与保护措施，但这些并不足以消除外国投资者的顾虑。因而，发展中国家吸收外资和发达国家保护其投资的共同需求促成了保护国际直接投资双边条约的出现。

二、双边投资协定的内容

双边投资协定适用于缔约国双方投资者，它保证为外国分支机构提供非歧视政策条件（国民待遇）和投资保护。虽然各国间签订的保护和鼓励投资协定的内容在表述上有诸多差异，但在一些核心条款上却是大同小异。协定一般包括以下几部分内容：

（1）投资的定义：以资产为基础，包括有形资产和无形资产，一般适用于现有的投资，同时适用于新投资或再投资。

（2）投资准入：受各主权国家法律和法规的约束，在投资准入和开业方面，大多数双边投资协定没有授予开业权。

（3）国民待遇和最惠国待遇：这些待遇通常以具体的标准予以描述，如禁止任意的或歧视性的措施，有义务遵守有关投资的承诺。一般给予国民待遇，但有若干限制和例外。所有的双边投资协定都包括保证最惠国待遇的条款。

（4）没收和补偿：所有的双边投资协定都承认东道国拥有在一定条件下没收财产的权力，但这种没收必须出于公众的目的且是非歧视性的，应符合法定程序并且给予补偿。

（5）转移支付：双边投资协定都保证对投资有关的转移支付不应加以限制，但在发生国际收支困难时可以有例外。

（6）争端解决：双边投资协定包括解决国与国之间的争端以及投资者与东道国政府之间争端的条款。

此外，双边投资协议大多还包含东道国政府应保证外国投资者可以获得与国家法律有关的信息；禁止向外国投资者施加业绩要求，如以当地含量、出口和雇佣要求等作为投资进入或经营的条件；允许与投资经营有关的外国公民进入、居留或为之提供方便。

三、双边投资协定的类型

国际直接投资的双边性国际法规范主要有友好通商航海条约、双边投资保证协议和双边税收协定。

（一）友好通商航海条约

友好通商航海条约所调整的对象和规定的内容主要为确认缔约国之间的友好关系，双方对于对方国民前来从事商业活动应给予应有的保障，赋予航海上的自由权等。但此类条约由于范围较大，对于外国投资者的法律保护往往缺乏具体的规定。这类条约主要为早期的一些双边协定。

（二）双边投资保证协议

为弥补友好通商航海条约的缺陷，从 20 世纪 50 年代初期起，美国大力推行双边投资保证协议。双边投资保证协定是两国政府间签订的，以促进和相互保护彼此在对方国家的投资为目的的国际协议。

国际上签订的双边投资保护协定可分为以下两种类型：

1. 美国式“投资保证协定”

此类协定的特点是重在对政治风险的保证，特别是着重对代位求偿权及投资争议处理程序的规定。由于美国海外投资保险制度的实行以美国和东道国订有双边投资保证协定为前提，因而政治风险的担保及代位权是其主要内容。

2. 德国式“促进与保护投资协定”

这类协定虽以政治风险保证为主，但有关规定具体而详尽，诸如利息汇回本国的具体保证措施，国有化补偿的具体标准和计算方法等。德国式的投资协定因规定明确、具体，有利于保证投资安全，因而大多数欧洲国家，如法国、意大利、荷兰、瑞士及日本等国基本都签订这种形式的协定，故又称为欧洲式“促进与保护投资协定”。

（三）双边税收协定

双边税收协定主要是指避免双重征税协定。

1. 避免双重征税协定的产生

由于外国投资企业在一体化的国际生产体系中分散配置其生产经营活动，而且各国税收标准不尽相同，母国和东道国如果在征税时既考虑收入的来源地又考虑纳税者的所在地，那么就可能对同一母公司的外国子公司的收入都征税，从而造成双方利益冲突。双重征税就是两个国家同时行使征税权力的一种现象，这会对对外直接投资产生直接影响。为避免双重征税的发生，解决征税权问题，产生了避免双重征税的双边税收协定，以解决国家之间的收入分配和利益均衡问题。作为东道国，是要寻找到一种合适的均衡，使其既能从境内经营的外国子公司获得一部分收益，又能保持吸引外资的环境；而作为投资母国，一方面是要使他们的子公司从东道国的税收减让中获益，以维持公司的国际竞争力，另一方面是要平等对待所有的纳税人。

政府间签订避免双重征税协定的目的不是建立征税的一般标准，而是建立防止双重征税的税收标准，在母国和东道国都为投资者提供了法律的确定性。避免双重征税协定通过协议，限制缔约双方各自的税收管辖权范围，避免对跨国所得双重征税，排除国际资本自由流动的障碍，实现对跨国纳税人公平地征税，促进国际经济交往。避免双重征税协定发展迅速，截至 2016 年 11 月，我国已对外正式签署 102 个避免双重征税协定，其中 98 个协定已生效；和香港、澳门两个特别行政区签署了税收安排，与台湾签署了税收协议。

2. 避免双重征税协定的内容

避免双重征税协定一般包括下述内容：

（1）明确表明解决双边税收问题的目标，界定有关法人或自然人及征税的适用范围；

（2）对于各类收入，如在来源国可不加限制予以征税的不动产收入和在来源国征税的利息收入的详细分配原则；

（3）以正常交易原则作为税收部门对关联企业内部交易所用的转移价格进行调整

的标准；

（4）当收入在来源国征税时，在居住国免税或对国外税款抵免优待的规则；

（5）关于非歧视、相互援助和交换信息的规则；

（6）建立税务机构之间相互一致同意的程序，以避免发生争端时的双重征税。

3. 避免双重征税的方法与范本

避免双重征税的方法主要有免税法和税收抵免法。免税法的主要特点是投资者居住国对来自国外的某些项目的收入免税，主要是对主动收入免税；而对被动收入，如利息、专利费或红利等一般要征税。税收抵免法的主要特点是投资者居住国在一定的法定限制范围内，将外国征收的税款视为本国征收的税款，协定的每一方都征收收入税，但居住国允许在投资者的收入税中扣除在来源国已缴纳的税款。

当前，国际避免双重征税协定有两个范本：一个是经济合作与发展组织（OECD）于1977年正式通过的《关于对所得和资本避免双重征税的协定范本》（简称为OECD范本），发达国家之间签订的避免双重征税协定多以该范本为依据；另一个是联合国经济及社会理事会成立的税收专家小组为促进发达国家与发展中国家之间缔结税收协定，于1979年通过的《关于发达国家与发展中国家间避免双重税收协定范本》（简称为联合国范本）。两个范本的结构完全相同，都包括协定的范围、定义、对所得的征税、避免双重征税的方法、特别规定等内容。不同方面是OECD范本倾向于发达国家利益，未能全面反映发展中国家的要求；而联合国范本则较多地照顾到发展中国家的征税权。

（四）双边投资保护协定与双边税收协定的互补关系

双边投资保护协定与双边税收协定都有其各自的特定目的。投资保护协定的主要目的是保护产生收入的对外投资的利益，而双边税收协定的主要目的是解决国家间因投资而产生的收入分配问题。二者的目的虽然不同，但在保护投资与促进投资方面的终极目标是一致的，因而二者彼此形成一种互补关系。

从历史上看，由于发达国家是传统的主要投资母国和东道国，双边税收协定问题主要发生在发达国家之间，因而早期的双边税收协定大多是在发达国家之间签订的。而双边投资保护协定最初主要是在发达国家和发展中国家之间签订的，而发达国家之间没有双边投资保护协定，因为一般认为在发展中国家投资风险较大。但是，随着发展中国家逐步开展对外投资，而且大部分投资的东道国是其他发展中国家，发展中国家之间也开始签订上述两类协定。因而除去发达国家之间签订的协定数目外，双边税收协定与双边投资保护协定的地区分布也变得逐渐相似了。

实证研究发现，各国签订的双边税收协定的数量与双边投资保护协定的数量之间一般存在正相关关系。20世纪80年代，这种关系明显得到了加强，并且在20世纪90年代进一步被强化，形成了互补型的全球协定网络。1980年，全球投资保护协定和双边税收协定分别只有181个和719个，到2011年，则分别增至2 807个和2 976个。发达国家作为对外投资的主要来源国签订双边投资保护协定的倾向和签订双边税收协定的倾向已经变得几乎相同了。与此同时，发展中国家对签订这两种协定也有自身的需求。

总之，尽管双边投资保护协定和双边税收协定的管辖范围和目的不同，但二者存在互补的关系，它们正朝着相同的方向发展。这两类协定都签订的倾向已经增加，这反映出国际直接投资在经济全球化中的作用日益提高，也反映了各国为对外直接投资提供便利条件的愿望。

第二节　国际投资的区域协定

一、区域投资协定的产生

20 世纪 80 年代以来，区域内贸易的发展速度大大超过了世界贸易的发展速度，而区域内贸易增长与区域内外国直接投资增长之间有着密不可分的关系。随着企业超越国界发展业务，区域内相互直接投资增加，贸易也随之增加，生产一体化也就出现了，因而在区域一体化进展的过程中，伴随着政策一体化与生产一体化。区域一体化能够为其成员国提供扩大贸易的机会，鼓励企业在区域内扩大经营以谋取规模经济效益。随着区域性经济合作和经济一体化的发展，以前以国家为单位的投资法律规范趋向于以区域为单位实行多边调整的投资法律规范，以解决区域与区域之间、区域内的国家间关于外国投资的保护问题，区域投资协定就在这样的背景下产生了。区域投资协定主要包含在自由贸易区协议或区域一体化安排之中，其发展十分迅速，截至 2015 年，区域投资协定已超过 500 个。①

二、区域投资协定的特点

与双边层次相比，区域层次上国际直接投资协定所涉及的投资问题更为广泛，各地区所采取的方法也更多样化，这表明地区之间在兴趣与需要、发展水平和未来发展目标等方面存在较大差异。区域投资协定的主要目的在于放松对外国直接投资进入与开业的限制、进而取消歧视性经营条件，具体包括逐步取消现有的限制、公布现有管理制度及其变化，以保证政策与管理措施的透明度和自由化计划的进一步实施。

区域协议发展的基本趋势是：所包括的自由化和保护内容不断增多；逐步取消限制的机制进一步增强；增加了投资者与东道国争端解决条款。但也有些区域性协议没有达到这种程度，如经合组织的国际投资与多国公司声明及其相关的决议，亚太经济合作组织非约束性投资原则等。

具体来说，区域投资协议的发展表现出以下几个方面的特点：

（一）规定进入与开业权

越来越多的区域协议规定了进入与开业权，如经合组织资本流动自由化法典和北美自由贸易区协定都含有此类条款，但亚太经合组织则是原则上要求其成员方在这方面做出最大努力。

（二）经营业绩要求受重视程度有限

经营业绩要求在区域层次上受到重视的程度较为有限。只有北美自由贸易协定明文规定禁止使用对投资者采取的业绩要求措施。但一些区域协议，特别是经合组织的相关

---

① http：//www. wto. org，2012. 1. 1 .

声明与决议已开始涉及投资鼓励措施问题，或者通过业绩要求条款，或者通过竞争规则条款，间接地对优惠鼓励政策予以限制。

（三）进入后待遇和保护条款内容和结构与双边投资协定类似

区域协议与双边协议一样，对进入后待遇和保护规定了一般标准，如国民待遇、最惠国待遇、公平公正待遇、根据国际法提供的待遇以及在征收问题上具体的保护义务。许多涉及自由化和待遇标准的区域协定还涉及与投资相关的资金自由转移问题及争端仲裁程序，如果通过协商不能解决投资争端，则可依据东道国与他国居民投资争端解决惯例或其他机制与规则来解决。

（四）区域协议涉及一些其他重要问题

区域协议还涉及其他一些重要问题，包括技术转让、竞争、环境保护、税收、信息披露、雇佣与劳资关系、科技创新以及与不正当支付（转移价格）等与跨国公司经营行为有关的标准。

虽然区域协定背后存在不同的需要和不同的利益，但区域协议成员却对国际直接投资有着相同或相似的看法，因而与双边和多边安排相比，因发展水平不同而给缔约方以特殊待遇的做法较少。如果确实需要予以特别照顾，则大多采用类似多边层次上的做法。如北美自由贸易协定是通过例外、部分免除、保障和承诺义务等进行。亚太经合组织在原则上没有标明法律约束力而只要求尽最大努力，这就意味着在加强合作这一总的精神指导下，各国在具体实施过程中允许有差异。

三、典型的区域投资协定

（一）欧盟的相关规范

欧盟的前身——欧洲共同体国家在 1957 年签订的《罗马条约》中已要求在欧洲共同体内逐步废止成员之间的资本流动限制。

于 1993 年生效的《马斯特里赫特条约》规定，原则上禁止对欧盟成员之间及成员和第三方之间的资本跨国流动和支付加以限制，从而将资本跨国流动自由化原则规定扩大到适用于非成员和欧盟之间的资本流动，但如果出于税收和公共安全等方面的考虑可允许成员另行规定。《马斯特里赫特条约》大大促进了成员之间和成员与第三方之间的直接投资。

（二）《北美自由贸易协定》

1992 年 8 月，美国、加拿大和墨西哥三国达成《北美自由贸易协定》，于 1994 年 1 月 1 日正式生效。该协定的宗旨是：取消贸易壁垒；创造公平条件，增加投资机会；保护知识产权；建立执行协定和解决贸易争端的有效机制，促进三边和多边合作。

由于三国在对外国投资的限制程度上有很大差异，因此协定中对于投资问题进行了专门规定。其中，有关投资方面的规定与一般双边投资协定内容相似，基本为美式双边投资保护协定的翻版和改进，但它对外国投资的保护比一般协议更进了一步。根据该协议，北美三国各自对外国投资者的限制大部分不再适用于来自其他两国的投资者，因而实际上大大促进了美国和加拿大对墨西哥的投资。但是墨西哥出于保护本国经济的考虑，对外国投资做了一些限制性规定，如在娱乐、能源、汽车等行业仍可对外国投资者进行限制。

《北美自由贸易协定》的签订，对北美各国乃至世界经济产生了很大影响。第一，不仅工业制造业企业受益，高科技的各工业部门也增加了对加拿大、墨西哥的出口；第二，由于生产和贸易结构的调整，因而大量劳动力集中于关键工业部门；第三，该协定对墨西哥向美国的移民问题起到制约作用。

（三）《洛美协定》

1975 年 2 月 28 日，非洲、加勒比海和太平洋地区 46 个发展中国家（简称非加太地区国家）和欧洲经济共同体 9 国在多哥首都洛美签订了《欧洲经济共同体——非洲、加勒比和太平洋地区（国家）洛美协定》，简称《洛美协定》或《洛美公约》，于 1976 年 4 月 1 日起生效，这是第一个《洛美协定》。

第二个《洛美协定》于 1979 年 10 月 31 日在多哥续签，自 1980 年 4 月起生效，有效期 5 年。该协定引入稳定矿产品出口收入的机制，以保证非加太地区国家向欧共体出口矿产品的稳定收益。

第三个《洛美协定》于 1984 年 12 月 8 日在多哥续签，自 1986 年 5 月 1 日起生效，有效期 5 年。该协定确定了双方之间的平等伙伴和相互依存关系。根据协定，欧共体在 5 年内向非加太地区国家提供财政援助 85 亿欧洲货币单位。签署该协定的非加太地区国家增至 65 个。

第四个《洛美协定》于 1989 年 12 月 15 日在多哥续签，1990 年 3 月 1 日其贸易条款生效，有效期 10 年。协定的正式全面实施从同年 6 月 30 日开始。根据该协定，欧盟向非加太地区国家提供的援助分为两个阶段：第一阶段（1990~1995 年），提供财政援助 120 亿欧洲货币单位（约合 132 亿美元），其中，108 亿为欧洲发展基金拨款，12 亿为欧洲投资银行贷款，总额比前一个《洛美协定》增加了 40%；第二阶段（1995~2000 年），援助总额为 146.25 亿欧洲货币单位（约合 190 亿美元），比第一阶段增加了 22%，其中，129.67 亿为欧洲发展基金拨款，16.58 亿为欧洲投资银行贷款。此外，欧盟用于稳定非加太地区国家农业和矿产品出口收入机制的两项资金，分别增加了 62% 和 16%，达 15 万和 4.8 亿欧洲货币单位。

第五个《洛美协定》于 2000 年 2 月 3 日在布鲁塞尔达成，有效期 20 年。其主要规定是：民主、人权、法制为执行该协定的基本原则，欧盟有权中止向违反上述原则的国家提供援助；欧盟逐步取消对非加太地区国家提供单向贸易优惠政策，代之以向自由贸易过渡，双方最终建立自由贸易区，完成与世贸规则接轨；欧盟将建立总额为 135 亿欧元的第九个欧洲发展基金，用于向非加太地区国家提供援助，并从前几个发展基金余额中拨出 10 亿欧元用于补贴重债穷国等。

四、区域投资协定中的“强规则”与“弱规则”

在区域层次上，国际直接投资政策安排有“强规则”和“弱规则”之分。一般认为《北美自由贸易协定》的投资条款是“强规则”，而亚太经合组织中的投资原则被认为是“弱规则”。

“强规则”协议源于具有法律约束性的协议，它意味着签约方需根据法律履行其义务，并且是依法可以在法庭诉讼裁决的义务。“强规则”协议不仅涉及外国投资者及其投资待遇方面的新规则的制定，还规定有减少和降低现有限制的条款，并且包括国与国和国家与投资者两方面的争端解决机制，其仲裁决议对争端各方具有法律约束力。“强规则”协议中对投资的定义较宽，包括所有类型的资产，且含有无保留地提供国别待遇和最惠国待遇的规定，并禁止业绩要求。

“弱规则”则是一些非约束性协议，缔约方政府只承担政治义务，但无法强制执行其协议。在自由化义务方面只是做出一般性承诺，不存在争端解决机制，对投资的定义也比较严格地限定在直接投资上。它一般提供国民待遇和最惠国待遇，也不要求完全取消业绩要求，“弱规则”更多地强调自主、自愿和渐进性，并有许多例外。

第三节　国际多边投资协定

随着国际直接投资的进一步发展、投资范围的进一步扩大，南北国家之间在国际投资方面的利害冲突日益增多，涉及的矛盾问题更加错综复杂，为此，缔结一项全面规范国际投资行为的世界性公约，来协调国际投资多边矛盾是十分必要的。为此，国际社会付出了很大努力，并在建立全球性投资规则方面取得了一些成果。

一、国际多边投资协定的发展过程

国际多边投资协定的发展经历了三个阶段：

（一）国际多边投资协定发展的第一阶段（第二次世界大战后至20世纪60年代）

1948年的《哈瓦那国际贸易组织宪章》是第二次世界大战后有关外国直接投资的最早的国际协议。由于美国国会拒绝批准有关成立“国际贸易组织”的“哈瓦那章程”，该组织未能成立，这份由国际贸易与就业会议制订的多边国际协议也最终未获批准。

1948年《关税与贸易总协定》（简称GATT）的诞生为国际投资规则的发展提供了条件。由于关贸总协定是在哈瓦那国际贸易组织大宪章的贸易条款基础上形成的，因此一生效就提出将投资条款的内容纳入该协定的范围。

1949年，由国际商会制订的《外国投资公平待遇国际法则》成为第一份获得通过的关于外国直接投资的专门性国际协议，但这份由非政府组织制订的协议并没有实际约束力。

1949年之后，关于外国直接投资的国际协议逐渐增多，且绝大多数获得通过。这些地区的、非政府的和多边的协议，无论是否具有实际的约束力，共同构成了对国际直接投资的行为规范。

（二）国际多边投资协定发展的第二阶段（20世纪60年代至80年代）

20世纪60年代特别是70年代以后，有关外国直接投资的国际多边协议越来越多，这是因为70年代以后经济全球化的发展要求建立与之相对应的全球化的投资规则，从而大大促进了有关建立国际投资规则的努力。

这个阶段比较重要的是1976年由经济合作与发展组织制订的《国际投资和多国企业宣言》。它对跨国公司在各国的行为准则做了界定，提出了跨国公司与东道国相互关系的基本原则，但是没有把东道国对跨国公司的态度写入条款，因此不能完全适应经济全球化发展的要求。

（三）国际多边投资协定发展的第三阶段（20世纪80年代以后）

20世纪80年代以后，经济全球化的发展达到了一个新的高度，因而迅速暴露出以往多边投资规则的不足。为克服这些不足，国际社会做出了很多努力，国际多边投资协定的发展进入第三阶段。

其中，1988年1月1日签订的《美加自由贸易协定》具有历史性的重要意义。该协定对国际多边投资规则的贡献在于，该制度的建立本身就是一种制度创新。它制定了一个模式，为后续的贸易和投资谈判及各项投资协定的签订提供了重要范例。例如，关于外国直接投资的部分被作为《北美自由贸易协定》的模式；关于免税部门以及与文化、医疗保健、社会服务、教育、交通和能源部门有关的国民待遇条例是多边投资协议模式基础；关于服务贸易的部分又是作为《关税与贸易总协定》和世界贸易组织的模式。

二、重要的国际多边投资协定

（一）由世界银行主持制订的多边协定

1.《华盛顿公约》

（1）《华盛顿公约》的产生

在世界银行的主持下，1965年3月18日在美国华盛顿市正式签署了《解决国家与他国国民间投资争端公约》，也称《华盛顿公约》。该公约于1966年10月14日正式生效。

《华盛顿公约》是目前国际上仅有的关于解决投资争端的多边公约，根据公约而成立的“解决投资争议国际中心”（International Center for Settlement of Investment Disputes，ICSID），是现代处理国际投资争议的专门的国际仲裁机构。目前，世界上已有100多个国家签署了该公约，中国也已于1992年11月1日正式签署了该公约。

（2）《华盛顿公约》的主旨

《华盛顿公约》制订的目的是加强各国之间在经济发展事业中的伙伴关系，创立一个解决国家和外国投资者之间争端的便利机构，以促进私人资本的国际流动。

ICSID为解决争端提供各种设施和方便，为针对各项具体争端而组成的调解委员会和国际仲裁庭提供必要的条件，便于他们开展调解或仲裁工作。该公约受理的争端限于一个缔约国政府（东道国）与另一缔约国国民（外国投资者）直接因国际投资而引起的法律争端。

（3）调解和仲裁程序

《华盛顿公约》中规定的调解和仲裁程序是：

① 由希望采取调解或仲裁程序的缔约国或缔约国公民向秘书长提出书面请求。

② 请求被接受后，由当事双方协议任命调解员或仲裁员组成调解委员会或仲裁庭，

若双方当事人难以达成协议或一方拒绝任命，经任何一方请求，行政理事会主席应在尽可能同双方磋商之后，予以任命。

③ 在调解或仲裁开始或进行中，若当事人任何一方对 ICSID 的管辖权提出异议，则由调解委员会或仲裁庭自行决定是否有管辖权。

④ 在进行调解的场合，调解委员会应向双方提出建议，并促成双方达成协议，若调解失败，则应结束调解程序并做出有关报告。

⑤ 在提交仲裁的场合，仲裁庭应依据当事人双方协议的法律规范处理争端。无此种协议时，仲裁庭应适用作为争端当事国的缔约国的法律（包括它的法律冲突规范）以及可适用的国际法规范。

⑥ 裁决一旦确立，争端的当事人各方应当遵守和履行裁决的规定。与此同时，公约的全体缔约国都应当承认依照本公约做出的裁决具有约束力，将该裁决视同本国法院的终局判决，并在其各自的领土内履行该裁决所规定的义务。

2.《汉城公约》

（1）《汉城公约》的产生

为缓解或消除外国投资者对政治风险的担心，世界银行于 1984 年重新修订了《多边投资担保公约》，又称《汉城公约》，并于 1985 年 10 月正式通过。根据该公约，于 1988 年 4 月建立了多边投资担保机构（Multilateral Investment Guarantee Agency，MIGA），它在财务和法律上是一个独立于世界银行的实体，有自己的业务和法律人员，以进一步加强法律保障。

（2）《汉城公约》的宗旨

根据公约的规定，MIGA 的目标是通过自身业务活动来推动成员相互之间进行以生产为目的的投资，特别是向发展中国家会员进行生产性投资，以补充国际复兴开发银行、国际金融公司和其他国际性开发机构的活动；并对投资的非商业性风险予以担保，以促进向发展中国家会员和在发展中国家会员间的投资流动。

（3）多边投资担保机构的主要业务

为促进国际直接投资，多边投资担保机构对“合格的投资”提供如下非商业性风险担保：① 东道国对货币兑换和转移限制产生的转移风险；② 东道国的法律或行动造成投资者投资所有权的丧失；③ 武装冲突或国内动乱而造成的风险。

设立多边投资担保机构并非为了与官办投资保险机构竞争，而是对其进行补充。由于各国投资保险机构受本国政府控制，又受本国法律约束，它们对投保公司国籍问题往往设限制性规定，且其一般对国家的违约风险不予承保，因而 MIGA 在填补海外投资保险业务空白方面发挥了很大作用。MIGA 的优势在于：由于成员均持有一定股份，所以它给吸收外资的每一个国家赋予双重身份，它们既是外资所在的东道国又是 MIGA 的股东，从而部分承担了外资风险承保人的责任。这样，一旦在东道国境内发生 MIGA 承保的风险事故，使有关投资方遭受损失，则作为侵权行为人的东道国，不但在 MIGA 行使代位求偿权以后，间接向外国投资者提供了赔偿，而且作为 MIGA 的股东，它又有必要在 MIGA 对投保人理赔之际，就直接向投资者部分提供赔偿。因此，在实践上，MIGA 加强了对东道国的约束力。另外，作为一个国际性海外投资保险机构，具有单个国家的保险机构所无可比拟的优势。

（二）与世界贸易组织有关的多边投资协定

国际协调的目的是为了减少矛盾和纠纷，是为了制订和执行一些各国都能遵守的国际规范和规则，以推动国际直接投资的发展。如世界贸易组织谈判等国际协调对促进国际投资产生了重要影响。

1.《与贸易有关的投资措施协定》

（1）《与贸易有关的投资措施协定》产生的背景

《与贸易有关的投资措施协定》（Agreement On Trade Related Investment Measures，TRIMs）是乌拉圭回合多边贸易谈判的成果之一。

在乌拉圭回合谈判开始之前，在关贸总协定的框架之内，贸易与投资的关系所受关注不多。随着国际直接投资迅速发展，东道国政府对国际直接投资采取了相应措施，但此类措施对贸易产生了限制和扭曲效应，因而在乌拉圭回合谈判中，将“与贸易有关的投资措施”列入议题。《与贸易有关的投资措施协定》列举了影响国际贸易自由进行的投资方面的措施，并要求成员在一定时期内将其取消。随着世界贸易组织的成立和运作，这一协议已在其成员间生效，成为国际经济贸易方面的通行规则和惯例，各国的有关政策与法规也因此做出了相应的修改与调整。

（2）《与贸易有关的投资措施协定》中的规定性

投资措施通常是东道国针对外国直接投资行为所实施的。有些时候，投资措施还包括投资国为保护本国海外投资者的利益而采取的一些海外投资保险措施。但 TRIMs 所探讨的范围目前仅限于前者。另外，该协定仅考虑东道国政府所实施的投资措施，而不包括投资企业本身所实施的措施。

与贸易有关的投资措施是指由东道国政府通过政策法令，直接或间接实施的与货物贸易有关的对贸易产生限制和扭曲作用的投资措施。在理解多边投资担保机构时需要注意以下几点：① 多边投资担保机构仅与货物贸易有关，不包括服务贸易；② 多边投资担保机构仅为东道国政府对外商投资所采取的投资措施中的一小部分；③ 多边投资担保机构指的是那些对贸易产生限制和扭曲作用的投资措施，不包括对贸易产生积极推动作用的投资措施；④ 多边投资担保机构是要求世界贸易组织成员限期取消的投资措施。

（3）《与贸易有关的投资措施协定》的主要内容

① 当地成分（含量）要求：在生产中使用一定价值的当地投入；

② 贸易平衡要求：进口要与一定比例的出口相当；

③ 外汇平衡要求：规定进口所需外汇应来自公司出口及其他来源的外汇收入的一定比例；

④ 外汇管制：限制使用外汇，从而限制进口；

⑤ 国内销售要求：要求公司在当地销售一定比例的产品，其价值相当于出口限制水平；

⑥ 生产要求：要求某些产品在当地生产；

⑦ 出口实绩要求：规定应该出口一定比例的产品；

⑧ 产品授权要求：要求投资者以规定的方式生产指定产品供应特定的市场；

⑨ 生产限制：不允许公司在东道国生产特定产品或生产线；

⑩ 技术转让要求：要求非商业性地转让规定的技术和（或）在当地进行一定水平和类似的研究与开发活动；

⑪ 许可要求：要求投资者取得与其在本国使用的类似或无关技术的许可证；

⑫ 汇款限制：限制外国投资者将投资所得汇回本国的权利；

⑬ 当地股份要求：规定公司股份的一定百分比由当地投资者持有。

《与贸易有关的投资措施协定》根据国民待遇原则和取消进出口数量限制的原则，规定属于禁止使用的投资措施主要有四项，即当地成分要求、贸易平衡要求、外汇平衡要求和国内销售要求。

此外，考虑到发展中国家在贸易和投资方面的实际情况和特殊要求，它们可以暂时自由地背离国民待遇和取消数量限制原则，但这种自由地背离应符合 1994 年关贸总协定第 18 条的规定，即主要是为了平衡外汇收支和扶植国内幼稚产业的发展等目的。

（4）《与贸易有关的投资措施协定》对国际直接投资的影响

《与贸易有关的投资措施协定》是到目前为止在国际范围内第一个正式实施的有关国际投资方面的多边协定。该协定扩大了多边贸易体系的管辖范围，将与贸易有关的投资措施纳入了多边贸易体系之中，对国际投资和国际贸易的自由化发展起到了推动作用。

总体而言，由于《与贸易有关的投资措施协定》构成了对与贸易有关的投资措施的有力约束和限制，所以东道国对国际投资的管制将放松，政策法规的透明度增强，投资环境改善，因而为国际直接投资的发展提供了更大的空间。

从产业结构的角度来看，由于电信、化工、汽车、制药等行业的国际直接投资受与贸易有关的投资措施影响最大，所以是该协定最大的受益行业，其利用外资将比其他行业获得更快的发展。

从地区结构的角度来看，由于发展中国家使用与贸易有关的投资措施更多一些，所以发展中国家的投资环境将会得到更大的改善，区位优势会较以前有进一步的加强，国际直接投资的增长速度也会比以前加快。

《与贸易有关的投资措施协定》的实施对发达国家和发展中国家也会产生一些消极影响，相对而言，对发展中国家的消极影响会更大一点。许多发展中国家常常利用与贸易有关的投资措施引导外资流向，保护相关产业。随着协定的实施和这些措施的逐步取消，与此有关的一些产业政策将不复存在。另外，由于当地成分要求、贸易平衡要求和外汇平衡要求的禁用，发展中国家的市场开放度扩大，某些市场有可能被国外大企业垄断，同时出口数额会减少，进口规模会扩大。

2.《服务贸易总协定》

（1）《服务贸易总协定》确立的服务贸易方式

《服务贸易总协定》（General Agreement On Trade in Service，GATS）的目标是通过发展服务贸易促进所有贸易伙伴的经济增长和发展中国家的发展。

货物与服务的不同特点决定了其国际交易方式的不同。货物的国际贸易涉及货物从一国到另一国的地理流动，而服务的交易活动仅有少数与跨越国境有关，跨境交易仅是那些可以通过电子流传输的服务，如银行的资金转移等。服务的国家间提供是通过一种或同时通过如下四种方式进行的：第一，服务产品的跨境流动；第二，消费者向出口国的流动；第三，在要提供服务的国家建立商业存在；第四，自然人向另一个国家的临时流动，以便在那里提供服务。

（2）《服务贸易总协定》成员方的义务

① 最惠国待遇与例外

《服务贸易总协定》规定一个成员可以在 10 年的过渡期内维持与最惠国待遇不符的措施，但要将这些措施列入一个例外清单。这些例外是临时性的，而且维持这些例外的必要性在 5 年之后要进行定期审议。10 年之后，最惠国待遇的规则原则上应无条件地在服务贸易中实施，如同在货物贸易中那样。

② 自由化承诺

《服务贸易总协定》规定市场准入自由化的承诺应通过修改国内规定，为服务产品和服务提供者提供更多的市场准入机会。这种承诺可能涉及的内容是：第一，对于最高外国所有权的限制，例如，对于外国持股的最大百分比限制或对于单个或总体外国投资总额的限制；第二，对于建立某种当地企业实体的限制；第三，对于服务业务总数的限制或对于服务产出总量的限制；第四，对于某一特定的服务部门所雇佣的服务人员总数的限制；第五，对于服务提供者选择他们所希望经营的商业形式（如公司、合伙）能力的限制；第六，由于配额制度或垄断的情况，对于市场内服务提供者总数的限制。

《服务贸易总协定》规定，在做出自由化承诺时，发展中国家成员可以设置条件，要求在那里投资的外国提供者，在服务业中投资并建立子公司（或其他形式的商业存在），同东道国合作设立合资企业，向当地公司提供技术或信息和销售渠道。

（3）《服务贸易总协定》对国际投资的影响

GATS 对国际投资的影响是多方面的，包括：

① 促进科学技术的进步与传播，推动世界经济贸易的发展

总协定所倡导的服务贸易自由化的原则为企业以技术创新为特征、对生产要素实行新的组合创造了条件。

② 促进生产国际化

第二次世界大战后，全球经济生产国际化是世界经济发展的主要规律及特征。总协定的签署为各国以服务业为投资行业的对外直接投资创造了良好的条件，加速了服务业的国际资本移动，推动服务生产的国际化。服务业对外直接投资成为许多服务业跨国公司全球经营战略的重要组成部分，也是制造业跨国公司在经济日益服务化的形势下，为增强自身在国际化经营中的竞争力的客观要求。

③ 有助于发展中国家服务业引进外资

制造业和农业生产者的效率和竞争能力在很大程度上依赖于服务（银行、保险和其他服务）的可获得性，依赖于电信系统的存在和信息的基础设施。但是，在大多数发展中国家，服务业的增长落后于制造业的增长；而且，由于过度的保护，服务业的效

率很低。因此，发展高效兴旺的服务业是许多发展中国家至关重要的大事。而发展中国家成员在 GATS 中所做出的承诺，将导致在这些国家建立更多的外国银行、保险公司和证券公司，这有利于制造业和农业以及整个国民经济效益和竞争力的提高。

3.《与贸易有关的知识产权协定》

世界经济贸易的发展及其历史表明，在全球经济中，知识是关键。科学技术进步是社会生产力发展的原动力，善于创新知识、把新的知识转化为新技术和新产品是促进经济发展的重要因素和渠道。《与贸易有关的知识产权协定》（Agreement on Trade-related Aspects of Intellectual Property Rights，TRIPs）虽然没有直接涉及外国直接投资问题，但涉及外国直接投资法律环境的内容，即对知识产权的保护问题。随着科技与经济发展关系的日益密切，国际社会越来越认识到，各国采取不同的知识产权保护标准和执法力度，对经济发展具有重要意义。

（1）《与贸易有关的知识产权协定》保护的范围

TRIPs 规定知识产权保护的范围是：专利、版权及相关权、商标、工业设计、集成电路布图和未公开的信息或商业秘密。

（2）《与贸易有关的知识产权协定》的构成

协定包括七个部分，共 73 条。其中，第一部分为一般规定和基本原则；第二部分为知识产权效力、范围和使用的标准；第三部分为知识产权的执法；第四部分为知识产权的取得、维持和相关程序；第五部分为争端的防止和解决；第六部分为过渡安排；第七部分为机构安排和最后条款。

（3）《与贸易有关的知识产权协定》的基本原则

《与贸易有关的知识产权协定》的基本原则有国民待遇原则和最惠国待遇原则。

① 国民待遇原则

同其他基本的知识产权保护国际公约一样，TRIPs 强调国民待遇原则。它明确规定："在保护知识产权方面，除《巴黎公约》《伯尔尼公约》《罗马公约》和《集成电路知识产权保护条约》中规定的例外情况，各成员方应为其他成员方的国民提供不低于本国国民的待遇。"

② 最惠国待遇原则

与其他公约不同，协定还规定了最惠国待遇原则，协定第 4 条规定："在保护知识产权方面，一个成员方给另一成员方的公民提供的利益、优惠、特权或者豁免，应当同时无条件地给予所有其他成员方的公民。"

（4）《与贸易有关的知识产权协定》对国际投资的影响

协定第一次以国际法的名义，要求世界贸易组织成员方的国内立法对知识产权保护提供有效程序和补救措施。从各成员方看，协定要求许多发展中国家成员改革和完善其知识产权保护制度，并为各成员方知识产权的保护制订了一套最低标准，体现在知识产权保护范围、实施程序等方面，可执行性强。这有利于改善发展中国家的投资环境，有力地促进了国际直接投资的进一步发展。

知识产权保护的强化，有利于技术开发和技术转让。因为知识产权保护水平的提高使发展中国家成员的工商企业通过反向工程或其他手段获得和利用外国公司的专利技术变得越来越困难，这将极大地推动发展中国家成员的公司通过合资或其他合作形式，利用商业手段来获得技术。研究显示，知识产权保护水平在其他工业的投资和技术转让决策中也日益成为一个重要的变量，特别是在那些易模仿的制造业领域，如电子和计算机产品等。同时，知识产权保护程度的提高将鼓励合资企业中的外国合作伙伴在发展中国家成员内承担更多的研究与开发工作。目前很多跨国公司把研发中心转移至东道国，提高了跨国经营程度，促进了对外投资的发展。

（三）《多边投资协定》

1.《多边投资协定》提出的背景

第二次世界大战以后，国际投资迅猛发展。随着国际投资和跨国公司的大发展，尤其是20世纪80年代以来，对国际投资自由化、便利化和规范化的要求越来越强烈。但是，相对于国际贸易领域而言，国际投资领域的国际协调要落后许多，至今还没有制订出类似于货物贸易领域的GATT和服务贸易领域的GATS那样的一整套国际规范。因此，加强国际投资方面的国际协调努力，推动具有全球性国际投资规范性质的《多边投资协定》(Multilateral Agreement on Investment，MAI）的制订显得尤为重要。为此，经合组织做出了很多努力。

1991年以来，经合组织下属的“国际投资与多国公司委员会”和“资本流动与无形交易委员会”一直在进行多边投资协定问题的研究。1994年，经合组织部长级会议讨论了建立全面的投资协定框架的积极作用和可行性，并于1995年5月决定启动《多边投资协定》的谈判，并为协定准备了框架草案。根据原先计划，《多边投资协定》应当“为国际投资提供一个广泛的、拥有高标准的投资制度自由化和投资保护，以及有效的争端解决程序的多边框架”，并且“是一个独立的国际条约，它对所有经合组织成员国以及欧盟成员国开放，并允许非经合组织成员国加入，这一点将随着谈判的进展予以磋商”。《多边投资协定》提出的核心原则包括透明度、国民待遇、最惠国待遇、资金转移、业绩要求、征用、争端处理等方面，考虑到每个国家的具体情况，还规定了一般例外、临时性保护措施、某一成员特定的例外等条款，以照顾申请国的发展利益。但由于种种原因，《多边投资协定》于1998年宣告失败。

2.《多边投资协定》的特点

《多边投资协定》在货物贸易、服务贸易、与贸易有关的投资措施和与贸易有关的知识产权方面与世界贸易组织在部分内容上是一致的。与《与贸易有关的投资措施协定》相似，《多边投资协定》同样提出对限制贸易发展或产生贸易扭曲的投资措施加以限制和规范，但它在涵盖的范围和约束的程度上要超过《与贸易有关的投资措施协定》，因为《与贸易有关的投资措施协定》仅对货物贸易加以约束。

经合组织设想的《多边投资协定》与世界上现存的各类投资协定相比，具有以下几个特点：一是标准高，要求东道国向投资者提供安全、永久的保护和公平合理的待遇，禁止法律上和事实上的歧视做法，除非被列为一般例外、临时背离和国家保留；二是范围广，涉及国际直接投资与国际间接投资，有形资产和无形资产，法人与自然人，与贸易有关的投资措施和与贸易无关的投资措施等；三是约束力强，将世界贸易组织的争端解决机制引入；四是侧重考虑投资者利益，以此为核心来制定该协定，相反，对于如何制止投资者的不正当行为，如何保护东道国及东道国合作者的利益考虑较少；五是未考虑发展中国家的利益和要求，经合组织由发达国家组成，所以主要考虑发达国家利益，对发展中国家的要求未予反映；六是具有开放性，非经合组织国家也可申请加入。

3.《多边投资协定》的失败原因

过于宽广的范围和过强的义务要求可能是导致《多边投资协定》流产的原因之一，但在MAI谈判期间受到的政治因素影响也不可忽略，且其影响颇大。首先，谈判期间政治气候发生变化，出现反全球化浪潮。尤其是1997年发生了东南亚金融危机，各国的政治家们为了保护其团体的政治利益，再也无法顾及整体的经济效益，使一场技术性谈判转变为政治谈判。其次，在某些国家引起的公开争论的激烈程度远远超出预料。例如，在北美，尤其是加拿大，反对《多边投资协定》的非政府组织关于劳工、环境等问题的讨论影响很大。再次，由于大多数经合组织国家已经实现投资自由化，让发展中国家参加到《多边投资协定》中来才是该协定的真正意义所在，然而，大多数发展中国家不能直接参与谈判，而只能通过已经成为观察员的阿根廷、巴西、智利、爱沙尼亚、中国香港等国家和地区来表达他们的意见，影响了其积极性。最后，税收条款从《多边投资协定》中删除、劳工和环境问题被提上日程后，连原先对《多边投资协定》抱很大希望，而且是《多边投资协定》的重要支持者的企业界也对MAI失去了兴趣。由于以上种种因素的干扰，该协定最终没有达成。

◇ 本章小结

本章介绍了国际双边投资协定的产生、内容和类型以及第二次世界大战后双边投资协定的新发展，阐述了国际投资区域协定的产生和特点、典型的区域投资协定以及区域投资协定中的“强规则”和“弱规则”，最后介绍了国际多边投资协定的发展过程以及几个比较重要的国际多边投资协定。

◇ 关键概念

国际双边投资协定（Bilateral Investment Treaty）、北美自由贸易协定（North American Free Trade Agreement）、华盛顿公约（Convention on International Trade in Endangered Species of Wild Fauna and Flora）、与贸易有关的投资措施协定（Agreement on Trade-Related Investment Measures）、多边投资协定（Multilateral Agreement on Investment）

◇ 案例分析

2017年1月9日，美国奥巴马政府发布了任期内最后一份有关中美贸易的分析报告——由美国贸易代表办公室（下称“USTR”）递交的近200页的《中国执行世界贸易组织承诺2016年度报告》。该报告除了表扬奥巴马政府执政期间同中国在贸易和投资方面取得的进展，还揭露了中美双边投资协定（下称“BIT”）未能在其任期结束之前完成的原因。

外媒报道称，美国候任总统特朗普及其新的USTR班底如何看待此份报告内容，很可能关乎中美经贸未来关系发展态势。目前特朗普所挑选的USTR候任代表莱特希泽（Robert Lighthizer）是一位老练的贸易谈判代表和对华贸易“鹰派”。

入世15年中美双赢

上述报告显示，2015年，美国对中国货物出口达到1 160亿美元，自2001年中国入世以来，增长了505%，成为美国在北美之外的最大货物出口目的地；2015年，美国对华服务出口达到480亿美元，自2001年以来增长了802%，中国的经济改革对于中美来说实现了双赢。

如果中方能够持续改革，将有利于中美经贸关系释放潜力：一方面将促进中国经济持续健康发展，一方面则将令美方获益，并促进美国对中国的贸易增长以及中美贸易与投资关系平衡，进而帮助全球经济实现增长。

该报告认为，虽然中国入世15年来逐渐朝向以市场为导向的经济发展方向，但中美贸易依然难免分歧。而在贸易执法方面，美国通过世贸组织（下称“WTO”）发起的针对中国的贸易争端调查数量也远超其他WTO组织成员。

报告还指出，在2016年，中美在过剩产能和ICT产业等方面做出了有效沟通。如在过剩产能方面，中方承诺将采取有效措施解决产能过剩问题，增强市场功能并鼓励调整。在其中有关钢铁行业的产能过剩问题上，中国发布了有关“从2016年开始，用5年时间再压减粗钢产能1亿~1.5亿吨”的指导方针，并承诺采取进一步措施，确保在钢铁工业发展中具有更强的市场导向以提高效率，并在此过程中逐步减少过剩产能。

对此，中方认为：“中美经贸关系本质上是互利共赢的。中美是世界前两大经济体，两国经济高度互补，开展互利共赢合作潜力巨大。经过将近40年的合作，它为中美双方和两国人民带来了很多实实在在的经济社会效益，比如增加就业等，同时也为世界经济增长提供了重要动力。”

为何BIT仍未达成？

自2008年始，中美BIT谈判已经进行了8年之久，并立志要达成一份“高质量”的双边投资协议，且在2016年奥巴马政府任期结束之前屡次传出加速消息。奥巴马政府更是由美国财长卢多次亲自放风表示，要在奥巴马政府任期内完成BIT谈判，且如果不能完成谈判，也要尽力推动谈判接近完成。

在上述报告中，USTR指出，中美持续寻求缔结一项高标准的双边投资协定。2013年，中国同意以准入前国民待遇和负面清单为基础与美方开展BIT谈判。但截至2016年12月，该谈判仍在进行中。

该报告指出，在2016年12月，当中方全力同美方进行BIT谈判时，中方仍未能够决定是否可以“充分减少其投资限制，以便顺利完成这些谈判”。

此前，中国美国商会主席吉莫曼在接受《第一财经》专访时指出，预期BIT将在2017年末或2018年初完成，“确实能够预见，在2017年，将会有更多人关注双边贸易与投资关系的基本公平，也会有更多人关注美国公司是否获得互惠待遇，来确保它们在华市场的机遇等同于中国在美国市场得到的机遇”。

而 11 月中旬在美国华盛顿出席第 27 届中美商贸联委会的国务院副总理汪洋表示，在中美 BIT 谈判最新负面清单出价中，中方在银行、证券、保险、电信、文化、互联网、汽车等美方关心的领域开放度都高于自贸试验区。

美国去 WTO 投诉中国最主动

不过奥巴马政府在这份报告中抱怨道，中美之间在贸易和投资关系中出现的许多问题都源于中方在经济中的政策以及国企在经济中的作用，导致了贸易扭曲以及贸易摩擦，而当中美无法进行有效对话时，美方也积极使用 WTO 争端解决机制。

上述报告指出，自中国加入 WTO 以来，美国在 WTO 向中国提出了 20 例起诉案件，是 WTO 其他成员对中国提出的 WTO 案件的两倍多。

就在 2016 年 12 月底距离卸任仅剩一个月左右时间，奥巴马政府在任内第 15 次向 WTO 投诉中国，指控中国通过关税配额（TRQ）制度限制美国的大米、小麦和玉米等农产品进口，受影响产品总价值在 35 亿美元左右。

仅在 2016 年一年，奥巴马政府就在 WTO 向中方起诉了 3 例新的案件。而在过去 8 年中，美国在 WTO 针对贸易伙伴发起的 24 次法律行动中，超过一半目标都针对中国。在外界猜测特朗普上台可能在对华贸易问题上采取强硬态度的背景下，奥巴马政府此举令局势变得更加紧张。

美国副总统拜登则在美国第 13 次向 WTO 投诉中国时表示，在推行美国贸易法方面，这届政府“比史上任何一届政府都要更积极主动”。

资料来源：冯迪凡 . BIT 为何 8 年未谈成　中美贸易报告解密原因 . 第一财经，2017.

◇ 练习与思考

1. 选择题（其中至少有一个是正确的）

（1）区域投资协议的发展表现出的特点有（　　）。

A. 规定进入与开业权

B. 经营业绩要求受重视程度有限

C. 进入后待遇和保护条款内容和结构与双边投资协定类似

D. 区域协议涉及一些其他重要问题

（2）下列属于区域投资协定的是（　　）。

A.《北美自由贸易协定》　　B.《华盛顿公约》

C.《洛美协定》　　D.《多边投资协定》

（3）《服务贸易总协定》中，成员方的义务有（　　）。

A. 有计划地减免税收　　B. 最惠国待遇与例外

C. 自由化承诺　　D. 发达国家率先承担责任

2. 判断题

（1）政府间签订双边避免双重征税协定的目的不是建立征税的一般标准，而是建立防止双重征税的税收标准，在母国和东道国都为投资者提供了法律的确定性。

（2）投资保护协定的主要目的是保护产生收入的对外投资的利益，而双边税收协定的主要目的是解决国家间因投资而产生的收入分配问题，二者是对立关系。

（3）在区域层次上，国际直接投资政策安排有“强规则”和“弱规则”之分。一般认为亚太经合组织中的投资条款是“强规则”，而北美自由贸易协定的投资原则被认为是“弱规则”。

（4）《服务贸易总协定》的目标是通过发展服务贸易促进所有贸易伙伴的经济增长和发达国家的发展。

3. 简答题

（1）简述双边投资协定的内容构成。

（2）简述双边投资协定的类型。

（3）列举重要的国际多边投资协定。

（4）简述《汉城公约》的宗旨。

◇ 本章参考书目

[1] 蔡宏波．双边自由贸易协定的理论重构与实证研究［F］．北京：中国经济出版社，2011.

[2] 叶兴国，陈满生译．北美自由贸易协定［F］．北京：法律出版社，2011.

[3] 陈延忠．国际税收协定解释问题研究［F］．北京：科学出版社，2010.

练习与思考答案

第一章　国际投资导论

1. 选择题

（1）ABCD　（2）C　（3）AB　（4）D

2. 判断题

（1）正确　（2）正确　（3）错误

3. 简答题

（1）

第一，投资活动既有金融投资也有实际投资，其交易多表现为实际的交割；而投机活动基本上只在金融投资领域和期货交易中进行，其交易多表现为买空卖空的信用交易。

第二，投资者的行为具有长期性，因为他们往往以获取长期而稳定的收益为目标；而投机者的行为具有短期性，这是因为他们往往急功近利，想抓住市场价格短期涨落的机会迅速出击，其目的仅在于谋取短期利益。

第三，投资者由于着眼于获取长期的稳定收益，因而所冒的风险相对较小；而投机者由于着眼于短期的厚利，因而所冒的风险相对较大。

（2）

当代国际投资具有以下几个特征：

第一，国际投资的领域呈现不完全竞争性；

第二，国际投资的目的呈现多样性；

第三，国际投资的主体呈现双重性，就某一项投资而言，无论这一投资主体为国外的官方投资还是私人投资，政府面临的都是与投资主体和投资国的双重关系；

第四，国际投资所使用的货币呈现多元化；

第五，国际投资的环境呈现差异性；

第六，国际投资的运行呈现曲折性；

第七，国际投资的过程呈现更大风险性。

（3）

无论是国际直接投资还是国际间接投资，二者的最终目的都是盈利。但是，作为国际投资的两种不同方式，国际直接投资和国际间接投资又有所区别，这主要体现在以下四个方面：

第一，能否有效地控制国外企业的经营管理权；

第二，二者资本移动形式的复杂程度不同；

第三，投资者获取收益的具体形式不同；

第四，投资者投资风险的大小不同。

（4）

国际金融学和国际投资学的区别有：

第一，二者的研究领域不同。国际金融学仅仅研究货币领域；而国际投资学不仅涉及货币要素，还研究各种生产性要素，如设备、原材料、技术、管理、专利等。

第二，二者研究的侧重点及行为主体不同。国际金融学的行为主体是国家或国际组织；国际投资学的行为主体是私人投资者，即跨国公司。

第三，二者分析问题的角度不同。国际金融学主要是分析国际资本运动对国际金融市场、国际货币体系、各国国际收支状况等方面的影响；国际投资学主要是分析国际资本运动对国际竞争、国际贸易，以及对投资国和东道国经济发展的影响。

第二章　国际投资理论

1. 选择题

（1）ABCD　（2）ACD　（3）A

2. 判断题

（1）错误　（2）正确　（3）正确　（4）错误

3. 简答题

（1）

国际生产折衷理论的核心是“三优势模式”，即厂商特定所有权优势、内部化优势和区位优势。三个变量不分主次，它们之间的相互联系和不同组合决定了国际投资活动方式。只有当上述三个条件都得到满足时，投资者才愿意进行对外直接投资。

（2）

比较优势理论的核心内容是：在对外直接投资应该从本国已经处于或即将处于比较劣势的产业依次进行。在本国已处于或趋于比较劣势的生产活动都应通过直接投资依次向国外转移，因此可以扩大投资国与东道国的比较成本差异，实现数量更多的贸易，使两类国家在直接投资中都能受益，形成新的互补格局。

（3）

意义：马柯维茨的证券投资组合理论用量化的方法来进行证券投资组合分析，结束了只进行技术分析和基本分析的证券投资的理论研究时代，它也为证券投资理论研究的发展奠定基本的理论框架。

局限性：马柯维茨的证券投资组合理论是建立在所有的资产都是有风险的基础之上的，忽略了对无风险证券的理论研究，这是他的证券投资组合理论不够全面之处。由于证券投资者关心的主要问题就是在获取较大利益的情况下如何回避风险，这就使马柯维茨理论的缺憾显得微不足道。

（4）有效市场理论的主要观点包括以下几个方面内容：

第一，市场信息是完全充分的。市场上信息是随时随地出现的，它们独立地进入市场，证券价格波动也是随意的，证券价格波动仅仅是对即时信息的反应，与上一次价格的变动没有关系。

第二，追求利润最大化的投资者充斥着整个市场，他们不受其他人对市场和证券评论的影响，而是根据自己的判断和得到的信息独立地对股票进行买卖操作。

第三，对市场上的最新信息，所有的投资者都能及时、准确地对市场做出反应，调整股票结构，致使股价波动，没人能够利用新信息在市场上获取超额利润。

第三章　国际直接投资

1. 选择题

（1）AD　（2）C　（3）B

2. 判断题

（1）错误　（2）正确　（3）正确

3. 简答题

（1）外国直接投资是投资者在其所属的经济体以外的地方，为获得对一个企业经营的持续的管理权（10%及以上有投票权的股份）而进行的投资的净流入量。

（2）第一，市场导向型动机。第二，降低成本导向型。第三，动机技术与管理导向型。第四，动机分散投资风险导向型。第五，动机优惠政策导向型动机。

（3）

国际独资经营：国际独资经营企业是指由某一外国的投资者依据东道国的法律，在东道国境内设立的全部资本为外国投资者所有，投资者独自享有企业利润并独自承担经营风险的企业。

国际合资经营：国际合资经营企业是指由两个或两个以上国家或地区的投资者，在选定的国家或地区（一般在投资者中的一方所在国家或地区）投资，并按照该投资国或地区的有关法律组织建立起来的，以营利为目的的企业。

国际合作经营：国际合作经营企业是指外国投资者和东道国投资者在签订合同的基础上依照东道国法律共同设立的企业。

（4）① 相对其他企业形式而言，独资企业受政府控制较少；② 企业经营管理具有特别的灵活性；③ 税负较轻；④ 容易保守商业秘密；⑤ 竞争性和进取性较强。

第四章　国际直接投资方式

1. 选择题

（1）AB　（2）ABD　（3）ABCD　（4）ABC

2. 判断题

（1）正确　（2）正确　（3）错误

3. 简答题

（1）

兼并与收购的相同点：第一，基本动因相似；第二，都以企业的产权为交易对象。

兼并与收购的区别：第一，在兼并中，被合并企业作为法人实体不复存在；而在收购中，被收购企业可仍以法人实体的形式存在，其产权可以是部分转让。第二，兼并后，兼并企业成为被兼并企业新的所有者和债权债务的承担者，是资产、债权、债务的统一转换；而在收购中，收购企业是被收购企业的新股东，以出资收购的股本为限承担被收购企业的风险。第三，兼并多发生在被兼并企业财务状况不佳、生产经营停滞或半停滞之时，兼并后一般需调整其生产经营、重新组合其资产；而收购一般发生在企业正常生产经营状态，产权流动比较平和。

（2）非股权经营是指跨国公司在东道国企业中不参与股份，通过向东道国提供技术、管理、销售渠道等与股权没有直接联系的各项服务（无形资产）参与企业的经营活动，从中获取相应的利益与报酬。

（3）非股权经营的形式有许可证贸易和合同安排。

第五章　跨国公司

1. 选择题

（1）ABCD　（2）BD　（3）C　（4）ABCD

2. 判断题

（1）错误　（2）正确　（3）错误

3. 简答题

（1）跨国公司主要是指发达国家的一些大型企业为获得巨额利润，通过对外直接投资，在多个国家设立分支机构或子公司，从事生产、销售或其他经营活动的国际企业组织形式。

（2）价格策略包括定价目标、定价影响因素、转移价格等方面。

第一，跨国公司的定价目标。主要有：追求利润最大化；实现预定的投资利润率；市场占有率的维持或扩大；竞争的应付和防止。

第二，影响跨国公司产品定价的因素：成本因素、市场因素和政府的行政干预。

第三，转移价格。转移价格是指跨国公司在内部（母子公司之间和子公司之间）进行商品、劳务及其他资源相互转让的规定价格。

（3）跨国银行与一般的国内银行相比，具有如下几个特点：

第一，跨国银行具有派生性；

第二，跨国银行的机构设置具有超国界性；

第三，跨国银行的国际业务经营具有非本土性；

第四，跨国银行的战略制定具有全球性。

第六章　国际直接投资环境

1. 选择题

（1）ABD　（2）ABC　（3）ABD

2. 判断题

（1）错误　（2）错误　（3）正确　（4）错误

3. 简答题

（1）① 按国际直接投资环境所包含的内容和因素的多寡，可划分为狭义的投资环境和广义的投资环境；② 按地域，可划分为国家宏观投资环境和地区微观投资环境；③ 按各种环境因素所具有的物质和非物质性质，可划分为硬环境和软环境；④ 按因素的稳定性，可划分为自然因素、人为自然因素和人为因素。

（2）影响国际直接投资环境的因素：对外商的歧视和管制程度、货币的稳定性、政治稳定性、关税保护程度、当地资金的可供性等。

（3）

投资障碍分析法的优点在于简单易行。它的缺陷是评估的准确性大打折扣。

等级评分法的优点在于，其所选取的因素都是对投资环境有直接影响的以及为投资决策者所最关切的因素；所需的各种因素的资料易于取得，易于比较。其缺陷是等级评分是主观的。

关键因素投资法的优点在于，评估的结果可能对目的性强的项目决策更有参考价值。缺陷是该方法的评估结果不能代表整个国家和地区的投资环境。

动态分析法的优点在于，充分考虑未来环境因素的变化及其结果有助于公司减少风险，保证收益，但它也具有较强的主观性，而且操作复杂，工作量大，应用起来较为困难。

第七章　国际直接投资项目管理

1. 选择题

（1）ABCD　（2）ABCD　（3）ABD　（4）AC

2. 判断题

（1）错误　（2）正确　（3）正确　（4）错误

3. 简答题

（1）管理是人们或企业为充分和有效利用各种要素，达到其某种目标而进行的一系列的组织活动。管理实际上是一种追求效率的组织活动，它包括为实现某一目标而制定的各种制度，遵循的某几个程序以及采用的某种方法和手段。管理的内容是项目，而项目是以一种独特的相互联系的任务为目标的，有效和合理地利用资源，为实现项目的特定目标而进行的各种努力都属于项目管理的工作。

（2）现代项目管理的特征主要表现在：第一，管理思想的现代化；第二，管理组织的现代化；第三，管理方法的现代化；第四，管理手段的现代化。

（3）可行性研究在项目管理中的地位和作用主要表现在：第一，投资者制定投资决策的依据；第二，投资者进行项目设计的依据；第三，政府机构审批项目的依据；第四，投资者向银行申请贷款的依据；第五，投资者签订各种合同或协议的依据；第六，环境保护机构审批项目的依据；第七，项目评估的依据；第八，后续或未来项目决策的依据。

（4）① 由企业承担编制任务，同时聘请一些专家作为顾问；② 委托专业咨询公司编制。要注意合作的程序和可行性研究咨询费用的计算方式。

第八章　国际证券投资

1. 选择题

(1) ABD　(2) BC　(3) C　(4) B

2. 判断题

(1) 错误　(2) 正确　(3) 错误　(4) 错误

3. 简答题

(1) 证券投资的特征有：投资的收益性；投资行为的风险性；价格的波动性；流通中的变现性；投资者的广泛性。

(2) 投资者在选择投资对象时应遵循的原则有：安全性、收益性、增值性、变现性。

(3) 中国证券市场开放性的具体体现有：发行 B 股；外国证券公司进入中国；实施 QFII 制度。

(4) ① 企业所有制改革的需要；② 中小投资者的需要；③ 稳定证券市场的需要；④ 证券市场发展的需要。

第九章　国际股票投资

1. 选择题

(1) AB　(2) AD　(3) ABCD

2. 判断题

(1) 正确　(2) 错误　(3) 正确

3. 简答题

(1) ① 股票是一种证权证券；② 股票是一种要式证券；③ 股票是一种有价证券；④ 股票不是物权及债权证券；⑤ 股票是一种可转让的证券；⑥ 股票是一种虚拟资本。

(2) 与普通股相比，优先股：表决权受到限制；股息固定，一般不能享受公司利润增长的利益；具有可赎回性。

(3) 存在问题：第一，股权结构多元化，流通股比例小；第二，特有的市场因素。如中国股票市场参与者行为分析，交易成本、市场监管与信息披露，中国股票市场的微观结构-指令驱动；第三，股票衍生产品结构较为单一。

第十章　国际投资基金

1. 选择题

(1) AC　(2) ACD　(3) ABC　(4) BD

2. 判断题

(1) 错误　(2) 错误　(3) 正确　(4) 正确

3. 简答题

(1)

开放型投资基金和封闭型投资基金都是相对而言的，它们是不同经济发展阶段的

⑥ 技术发展周期短。

（3）风险投资项目的定价方法大体分为静态指标和动态指标两种。其中静态指标包括简单投资收益率和静态投资回收期，动态指标包括动态投资回收期、净现值、净现值比率和内部收益率。

第十三章　国际多双边投资协定

1. 选择题

（1）ABCD　（2）AC　（3）BC

2. 判断题

（1）正确　（2）错误　（3）错误　（4）错误

3. 简答题

（1）双边投资协定的内容包括：投资的定义、投资准入、国民待遇和最惠国待遇、没收和补偿、转移支付和争端解决。

（2）双边投资协定的类型有友好通商航海条约、双边投资保证协议、双边税收协定、双边投资保护协定与双边税收协定的互补关系。

（3）由世界银行主持制定的多边协定，如《华盛顿公约》《汉城公约》等；与世界贸易组织有关的多边投资协定有《与贸易有关的投资措施协定》《服务贸易总协定》《与贸易有关的知识产权协定》等。

（4）《汉城公约》的宗旨是：根据公约的规定，多边投资担保机构（MIGA）的目标是通过自身业务活动来推动成员国相互之间进行以生产为目的的投资，特别是向发展中国家会员国进行生产性投资，以补充国际复兴开发银行、国际金融公司和其他国际性开发机构的活动；并对投资的非商业性风险予以担保，以促进向发展中国家会员国和在发展中国家会员国间的投资流动。